요동의 학이 되어

– 서간도 망명 우국지사 이건승 · 안효제 · 노상익 · 노상직 · 예대[illegible] · 조정규와 안창제를 중심으로 –

요동의 학이 되어

이은영 저

학자원

책머리에

1910년 나라가 망하고 일제강점기가 시작되었을 때 요동, 곧 서간도로 망명을 떠난 유학자들이 있다. 바로 경재耕齋 이건승李建昇(1858~1924), 수파守坡 안효제安孝濟(1850~1916), 대눌大訥 노상익盧相益(1849~1941), 소눌小訥 노상직盧相稷(1855~1931), 이산伊山 예대희芮大僖(1868~1939), 서천西川 조정규趙貞奎(1853~1920), 그리고 송은松隱 안창제安昌濟(1866~1931) 등이 그들이다. 이들 대부분은 '입산자정入山自靖'만으로도 의義를 실천할 수 있는 환갑 전후의 노구를 이끌고 망명을 떠났다.

경재는 강화江華에서 계명의숙啓明義塾을 세우고 계몽운동을 펼치던 중 경술국치를 당하자 그해 9월 24일 망명길에 나섰다. 수파는 의령宜寧에서 경술국치 후 은사금 거부로 창녕昌寧 감옥에 갇혔다가 석방되었다. 그 후 일제의 감시를 받던 중, 감시가 느슨해진 틈을 타 1911년 11월 7일 망명을 떠났다. 대눌은 밀양密陽에서 은사금 거부로 태룡동파출소泰龍洞派出所에 구금되었다 풀려났다. 그 후 이어지던 일제의 감시를 피해 망명길에 나서 1911년 11월 17일 압록강을 건넜다. 소눌은 밀양에서 전념하던 강학講學이 경술국치로 중단된 후, 형 대눌이 망명을 떠나자 그로부터 1개월 후인 12월에 망명을 떠났다. 청도淸道의 사림 이산은 경술국치 직후 병이 깊은 모친 때문에 망명을 떠나지 못했다. 그 후 1912년 모친의 담제禫祭를 마치고 망명길에 나섰다. 또 함안咸安의 사림 서천은 1913년 봄 직접 망명할 곳을 돌아보고 오던 길에 서간도에서 대계大溪 이승희李承熙와 수파와 대눌을 만났다. 이때 함께 경작하기로 약속하고 돌아와 1914년 3월 망명을 떠났다. 그리고 수파의 동생 송은은 의령宜寧에서 학문에 전념하던 중 경술국치를 당하자 요동으로 떠났다가 한 달 만에 돌아와 가솔들을 거느리고 1910년 11월 25일 망명길에 나섰다.

이처럼 망명 유학자들은 망명 전부터 국내에서 계몽운동, 또는 전직관료 출신으로 은사금을 거부하거나 지역 사림으로 활동하면서 일제에 대한 저항 정신을 익히 드러냈던 인물들이다. 이들은 망국의 시점에 자결을 결심하기도 했다. 그러나 자결로는 나라에 아무런 도움이 못 된다는 생각에 망명을 떠나 그곳에서 자신들이 할 수 있는 일을 찾고자 했다. 이들은 망국의 시점에 지식인으로서의 양심과 애국심의 발로로 '부해거수浮海去守'를 방향 지표로 삼아 망명을 떠났던 것이다.

이들이 서간도를 망명지로 택한 이유는 민족고토民族故土라는 자부심과 우리의 영토라는 확고한 신념에서였다. 망명을 떠난 이들은 정착지 선택에서부터 언어소통과 이국풍토에 대한 적응, 중국정부의 각종 제도로부터의 차별, 비적匪賊들의 습격 등 온갖 고난을 겪었다. 그러나 이들은 이를 고난으로 여기지 않고, 오히려 국내에서 먹을 것이 없어 떠나온 유민流民들을 위해 자신들의 재산을 기꺼이 내놓으며 유민 보호에 힘썼다. 이는 유민 보호 목적과 함께 집단으로 거주하면서 국권회복을 도모할 기회를 삼고자 한 것이다. 더욱이 이들은 서간도를 국권회복을 관망할 수 있는 기대의 땅으로 여기고 그곳에서 자신들이 할 수 있는 역할을 찾았다.

따라서 이들은 망명지에서 조용히 자정만 하면서 지낸 것이 아니라 군자금모집 등의 분야에서 활약하며 독립운동가들을 도왔다. 이러한 사실은 일본 외무성外務省 외교사료관外交史料館에 남아있는 일제 문건들을 통해 확인된다. 이처럼 망명지에서 자신들의 역할을 찾아 활동에 나선 이들 가운데 수파, 소눌, 송은은 이미 오래 전에 독립유공자로 지정되었다. 그리고 이산은 2016년 3월 1일 독립유공자로 지정되었다.

노쇠한 나이로 망명 생활을 이어가던 이들 유학자들은 기본적으로 갖추고 있던 한문학적 소양을 바탕으로 망명지에서의 생생한 체험을 저항 문학으로 꽃피웠다. 이들이 망명지에서 피워낸 저항 문학에는 격변하는 시대에 대한 비분과 망국의 한이 응축되어 나타났다. 이에 더해 간절한 마음으로 자기 성찰을 위한 자전적自傳的 기록을 남겼다. 아울러 이들은 망명지에서 망국의 역사와 전장문물典章文物이 후손들에게 왜곡되어 전해질 것을 염려하여 조선의 역사와 전장문물을 보수保守했다. 그리고 망국의 후손들이 이국을 떠돌면서 정체성을 잃을 것이 걱정되어 가문과 관련된 책도 저술했다. 이처럼 일제강점기 서간도 망명 유학자들은 자신들의 문학작품을 통해 일제에 대한 비폭력 저항의식을 고스란히 드러냈다.

그러나 경재는 1924년에, 수파는 1916년에 망명지에서 병사病死했다. 대눌은 일제에게 1914년에 이어 두 번째 군자금 모집책으로 몰리던 1922년 급히 환국하였다. 그 후 김해 천산재天山齋에서 두문불출하며 여생을 보내다 1941년 생을 마감했다. 소눌은 망명지에서 아들을 잃고 형의 강력한 권유에 따라 1913년 환국한 후 밀양의 자암서당紫巖書堂에서 후학양성에 힘썼다. 그리고 1919년 제자들과 함께 파리장서에 서명한 일로 옥고를 치르고 나온 후에도 계속 강학을 이어가면서 여생을 보내다 1931년 생을 마감했다. 이산은 집안사람이 비적들로부터 습격을 받아 죽은 뒤 부친을 안전하게 모실 수 없게 되자 1916년 어쩔 수 없이 환국하였다. 그러나 환국 후 고향으로 돌아가지 못하고 충청도에서 여생을 보내다 1939년 생을 마감했다. 서천은 1918년 풍토병을 이기지 못해 환국한 후 2년 뒤인 1920년 병사했다. 또 송은은 일제가 꾸민 만보산萬寶山 사건 때 중국인들에게 조선인은 일제와 한통속이라는 누명을 쓰고 처자식과 함께 죽임을 당하면서 1931년, 22년간 지속하던 망명생활을 끝냈다.

이 책은 필자가 논문『20세기 초 유교지식인의 망명과 한문학-서간도 망명을 중심으로』로 학위를 취득한 후 공부한 송은 관련 내용을 덧붙이고 수정한 것이다.

서명 '요동의 학이 되어'는 경재의 시에 나오는 '이 몸은 마치 요동[遼陽]의 학처럼, 도리어 천년을 기다려 옛 거처로 돌아왔네[此身正似遼

陽鶴, 却待千年返舊居]'라는 시구詩句에서 따온 것이다. 그리고 책의 성격을 정확히 규명해주기 위해 부제로 '서간도 망명 우국지사 이건승 안효제 노상익 노상직 예대희 조정규와 안창제를 중심으로'를 달았다. 이들 유학자들은 우국의 충정으로 망명을 떠났기 때문에 부제에는 유학자 대신 우국지사로 명명했다.

망명 유학자들의 순서는 망명을 떠난 시점에 따랐다. 그런데 경재 다음으로 일찍 망명을 떠난 송은의 이름을 끝에 넣었다. 이유는 필자가 학위 논문을 쓸 때 서간도로 망명을 떠난 송은은 다른 유학자들과는 달리 서간도 깊숙한 곳에서 망명생활을 했기 때문에 학위 논문에 함께 수록하지 못했다. 그 후 필자는 2014년 학계에 서간도로 망명을 떠난 안창제와 관련한 논문을 발표했고, 이를 본 책의 부록으로 수록하면서 송은의 이름이 부제 끝에 자리하게 되었다.

그리고 본 책에는 각주가 많아서 각 장마다 각주를 새 번호로 시작했다. 또 경재의 시詩 가운데에는 서주序註로 생각 될 만큼 긴 제목의 작품들이 많다. 그래서 경재의 시 가운데 제목이 긴 작품은 필자가 본문에서는 임의로 줄여서 서술하되, 각주에는 본래의 제목을 그대로 명시해 두었다. 다른 유학자들의 작품들 가운데에서도 제목이 긴 경우 경재의 예에 따랐다. 따라서 작품의 원제는 반드시 각주를 참고하기 바란다. 그리고 본 책에는 논문에서 대눌이 망명지에서 익힌 한어漢語 일부를 다룬 것과는 달리 대눌이 익힌 120개의 한어를 모두 수록

해두었다. 아울러 1910년 대 당시에 그려진 접리수도接梨樹圖와 안민산도安民山圖, 당시 서간도와 밀양에서 주고받은 엽서 9점 및 망명지에서 쓰인 책으로 국내 유일본인 대눌의 『도강록渡江錄』 사진을 본문 중에 첨부했다. 이에 더해 2016년 5월 서간도와 일본 외무성을 방문하고 찍은 사진과 일본 문건 및 각 인물과 관련된 국내 지역을 탐방하고 찍은 사진 몇 점을 아울러 첨부했다.

이 책이 출간되기까지 여러 은사님들의 지도 편달이 있었다. 먼저 연구 주제 선정부터 아낌없는 지도 편달로 학위 논문이 완성되도록 해주신 지도 교수님이신 이희목 선생님에 대한 감사의 마음을 어찌 글로 다 표현할 수 있을까. 아울러 논문 제목부터 목차에 이르기까지 세심히 지도해주신 임형택 선생님, 부족한 논문을 위해 한 여름에 부산에서 서울까지 두 차례나 상경하신 경성대학교의 정경주 선생님, 꼼꼼한 가르침을 주신 성균관대학교의 진재교 선생님과 고려대학교의 정우봉 선생님께 거듭 감사의 말씀을 드린다.

또 부족한 실력이 바닥을 드러낼 때마다 구원해주신 김채식 선생님, 예심 때 빨간펜 선생님을 자처해준 이채경 선생님, 심산사상연구소에서 동고동락한 배종석 박사, 석사 때부터 한결같이 응원해주고 있는 정은주 박사, 그밖에 일일이 이름을 거론할 수 없을 정도로 많은 선배님들과 동학들의 도움이 있었다. 지면을 통해 감사한 마음을 전한다. 그리고 뒤늦게 공부하느라고 동분서주하는 나를 위해 물심양면

지원을 아끼지 않고 있는 가족들에게도 진심으로 감사한다. 마지막으로 책 간행에 뜻을 같이 해주신 학자원 사장님과 편집진에게도 사의謝意를 표한다.

내 이름이 실린 책으로는 2015년에 동학들과 함께 출간한 『철로 위에 선 근대 지식인』이 있다. 그러나 내 이름만으로 나오는 책은 이 책이 처음이다. 따라서 그에 대한 책임감으로 어깨가 무겁다.

고백하자면 일제강점기 때 서간도로 망명을 떠난 유학자들의 저항 정신과 문학적 역량을 모두 밝혀내기엔 나의 역량이 터무니없이 부족했다. 그래서 나는 이들이 망명지에서 남긴 문학작품에 대한 관심의 지평을 넓혔다는 것으로 위안을 삼을 뿐이다. 다만 이 책이 간행된 것을 계기로 서간도로 망명을 떠난 유학자들과 이들이 일제에 대한 비폭력 저항 정신으로 빚어낸 망명 문학에 대한 관심이 연구자들로부터 일반 독자들에게까지 확충되기를 바란다.

2016년 6월

국회도서관에서 이은영 근지

차 례

I. 서 언序 言

아시아 국가 중 가장 먼저 서양 문물을 받아들여 근대화에 성공한 일본은 신무기를 들고 대륙정복의 꿈을 실현시키기 위한 첫걸음을 조선에 내디뎠다. 결국 1910년 8월 29일 합방조약이 발표되면서 519년의 조선왕조는 막을 내리게 되었다.

개항기 이후부터 1910년 일제강점기 시작 전까지 조선의 상황은 이민족에게 나라를 빼앗겨 가는 과정으로 점철되었다. 왕조의 교체는 경험했지만 이민족에게 국권을 침탈당하고 급기야 식민지로 전락된 것은 일찍이 경험해보지 못한 일이었다. 이에 처음으로 겪는 격변기의 현실 속에서 그에 대처하는 유학자들의 자세 또한 예전과는 같을 수 없었다.

당시 유학자들의 민족적 경향에서의 대처 방안으로는 외세에 맞선 의병들의 무장투쟁과 을사늑약 체결 이후 활발하게 전개된 애국계몽운동이 대표적이다. 그러나 1909년 9월 일제에 의해 자행된 야만적인 남한대토벌작전으로 국내에서는 더 이상의 의병투쟁이 불가능해지는 상황에 이르게 되었다. 또 대중들을 상대로 하는 애국계몽운동의 경우도 국문이 아닌 한문으로는 더 이상 효과를 보기 어려운 한계상황에 다다르게 되었다. 이에 대한 반성은 주체적인 민족문화를 담기 위한 적극적인 수단으로 국문을 활용하려는 '동국시계혁명東國詩界革命' 등의 모습으로 나타나게 되었다. 계몽운동의 특성상 정보의 공유는 매우 중요한 문제이고, 대중과 정보를 공유하자면 당대 지식인들의 특권적 향유이기도 했던 한문으로는 불가능해지는 상황에 이르렀던 셈이다. 민족사적 전환기가 문학사에도 바로 영향을 끼쳐 한문이 국문에게 주인의 자리를 내주는 중요한 동인으로 작용했다고 볼 수 있다.

항일의 기치를 든 무장투쟁이 더 이상 국내에서는 불가능해지고, 일제에 의해 국권을 송두리째 빼앗겨 식민지로 전락되어가는 현실에서 당대의 민족적 지식인들인 유학자들이 대처할 수 있는 방안은 극히 제한적일 수밖에 없었다. 이에 의암毅菴 유인석柳麟錫은 '처변삼사處變三事' 즉, '거의소청擧義掃淸'·'부해거수浮海去守'·'자정치명自靖致命'[1]을 유학자들의 현실 대처 방안으로 제시하였다. 유인석은 국내에서의 을미의병이 실패로 돌아가자 1897년 서간도 회인현(현 환인현)으로 망명을 떠나 의병활동을 전개하였다. 그러나 일제에 의해 무장해제를 당한 유인석은 통화현으로 옮겨갔다가 재기를 노리기 위해 러시아로 망명을 떠났다.[2] 따라서 유인석은 '거의소청'과 '부해거수'를 동시에 실천한 대표인물이 되었다. 그런가 하면 매천梅泉 황현黃玹은 경술국치 후 자결함으로써 '자정치명'을 실천한 대표 인물로, 창강滄江 김택영金澤榮은 1908년 중국으로 망명을 떠남으로써 '부해거

1) 宋相燾 編, 『騎驢隨筆』(국사편찬위원회, 1985) "又會士友, 議處變三事, 曰擧義掃淸也, 曰浮海去守也, 曰自靖致命也, 俱無不可, 令各行其志."

2) 윤병석, 『간도역사의 연구』, 국학자료원, 2003. 25쪽 참조.

수'를 실천한 대표 인물로 일컬어지게 되었다.[3] 이렇듯 국권 및 외교권을 박탈당한 을사늑약 후부터 1910년 일제 강점기가 시작될 때까지 해외로 망명을 떠난 유학자들이 줄을 이었다.

이들은 국권을 지키기 위한 의병투쟁이 국내에서 불가능해지자 1910년 단재丹齋 신채호申采浩가 망명을 떠났던 것처럼, 투쟁을 위한 모색으로 망명을 떠났다.[4] 또 대중들의 호응을 받은 '동국시계혁명'으로 국문 연구가 점차 활기를 띠는 가운데 한학자들은 국문학자들에게 자리를 내어주고 김택영이 망명을 떠났던 것처럼 조국을 떠나는 경우도 있었다. 이처럼 유학자들의 줄지은 망명은 항일의식을 바탕으로 한 국내의 여러 사정에 의해 이루어진 것이다.

이에 앞서 일제에 의해 1900년에는 경인선이, 1905년 1월에는 경부선이, 이듬해 4월에는 경의선이 완전히 개통되었다. 그 후 한반도의 전국토를 지배하게 된 일제는 1911년 11월 경의선 끝에서 중국 안동安東(현 단동)을 연결하는 압록강 철교를 개통시켰다. 이때부터 유학자들의 망명 숫자는 급속도로 증가되었다.

망명문학이란 일반적으로 한글로 기록된 신문학 주류의 망명문학을 일컫는다. 그러나 근대화시기에 나라가 망하고 한문학이 청산되어 가는 마당에 망명을 떠난 유학자들은 기본적으로 한문학적 소양을 갖추고 있었다. 그러므로 이들이 망명지에서의 직접적인 체험을 문학작품으로 표출시킨 것은 모두 망명 한문학에 속한다. 따라서 망명 한문학이란 한문학적 소양을 지니고 망명지에서 엮어낸 작품들을 총

---

3) 이희목, 「小訥 盧相稷 漢詩 硏究-〈辛亥記行〉을 中心으로」, 『漢文學報』 17집, 우리한문학회, 2007. 530쪽 참조.

4) 임형택, 「東國詩界革命과 그 歷史的 意義」, 『韓國文學史의 視角』, 창작과 비평사, 1984. 250~251, 259쪽 참조.

칭하는 말이다.

평생 배운 학적學的 소양을 몸소 실천하기 위해 망명을 떠난 유학자들은 망명지에서 많은 문학작품을 남겼다. 그러나 이들 망명 유학자의 문학작품에 대해 정당한 평가는 고사하고 몇몇 학자들을 제외하고는 연구대상에서조차 소외시키고 있는 것이 현실이다. 망명문학이 망명지에서 유학자들이 겪은 실질적인 체험과 심회를 표출해낸 작품이라는 점을 감안하면 이들에 대한 연구는 결코 소홀히 해서는 안 되는 것이다. 망명한 유학자들이 망명지에서 남긴 문학적 발자취를 통해 그곳에서 어떻게 삶의 터전을 개척하고, 그들이 고국에서 겪어보지 못한 자발적 선택의 고난을 어떠한 방법으로 극복했으며, 그들이 자신들의 망명 체험을 어떻게 문학작품으로 승화시켰는지에 대해 그들의 작품을 통해서 연구하는 것은 매우 의미 있는 일이다.

따라서 본 책에서는 망명문학 가운데 간도間島(일명 墾島, 艮島), 특히 서간도西間島[5]로 망명을 떠난 유학자들의 망명문학에 대해 다루었다.

간도는 백두산 동북방으로 두만강 대안인 북간도와 백두산 서남방으로 압록강 대안인 서간도를 아우르는 말이다. 지리적으로 서간도는 안동安東 · 집안輯安 · 통화通化 · 유하柳河 · 회인懷仁 · 관전寬甸 · 임강臨江 · 장백長白 · 무송撫松 · 안도安圖 · 흥경興京 · 해룡海龍 등의 현이 속해 있으며, 압록강만 건너면 국내 진입이 가능한 접근성으로 인해 독립운동거점지역으로도 주목을 받았던 곳이다.

---

5) 盧相益,『渡江錄(草稿1)』第三,「西間島」"西間島, 則懷仁縣婆瀦江, 以內之地, 吉林省八道溝之水, 注於鴨綠江, 以內是間道也. 水道自六道溝分波, 貫通化縣中幅, 經老地頭境, 環懷仁縣作渾江, 注入鴨綠江, 則渾河口也(婆猪江). 其內地廣, 約三百里, 連鴨江之邊有太平溝, 湯子溝, 凉水泉子, 縣東北, 有恒道村, 裏岔溝, 伯王村, 有尉那巖城, 卽句麗王所都兀剌山城. 輯安縣, 亦間島之幅, 有皇城莅."

역사적으로 서간도는 회인과 집안을 중심으로 고조선·고구려의 한민족 고대문화가 형성된 민족고토民族故土이다. 그곳은 봉금지대封禁地帶 후에도 생계형 이주가 꾸준히 이어졌으며, 1864년과 1869년에 있었던 극심한 가뭄[6] 이후에는 대규모 한인사회가 형성되기 시작한 곳이다. 1875년 봉금령 폐지 후, 1880년 간도 영유권분쟁이 다시 불거짐과 동시에 한인 이주민이 크게 늘자,[7] 조선에서는 관리를 파견하여[8] 이주민 보호와 정착에 힘썼다. 그러나 일제가 1909년 9월 4일 중국으로부터 만주 철도부설권과 채탄권採炭權을 얻어내며[9] 대륙침략정책을 실현시킬 '간도협약'을 체결한 뒤부터는 더 이상 조선 땅이 아니게 되었다.[10]

북간도로의 이주는 대체로 생계형 이민자 가운데에서도 두만강과 접하고 있는 함경도 지역 농민들이 주를 이루었다. 그리고 서간도로의 이주는 압록강을 접하고 있는 평안도 지역 농민들의 생계형 이민, 1884년 갑신정변 후 국경지역 군대로 추방된 군사들의 망명, 범죄자들의 도피형 이주 등이 주를 이루었다. 그러나 경술국치 후에는 유학자들이 김택영처럼 무장 항쟁과 자결로는 현실적 도움이 못 된다는 생각과 일제의 신민臣民으로 살 수 없다는 신념으로 '부해거수'를 실천하기 위해 망명을 떠났다. 전국적으로 유학자들의 망명이 줄을 이

---

6) 윤병석, 위의 책, 3~12쪽 참조.

7) 연변조선족략사편찬조, 『조선족략사』, 서울;논장, 1989. 7쪽 참조. 1897년 이주민은 3만 7천 명에 이르렀다.

8) 玄圭煥, 『韓國流移民史』上, 語文閣, 1967. 139~140쪽 참조.

9) 국사편찬위원회, 『한민족독립운동사 2』, 1897. 573~582쪽 참조.

10) 柳承宙, 「朝鮮後期 西間島移住民에 대한 一考察」-'江北日記'의 해제에 붙여, 『아세아연구』 제21집, 고려대학교 아세아문제연구소, 1978. 305~306쪽 참조.

었지만, 특히 안동지역의 대규모 망명과 영남지방의 식자층 망명이 두드러졌다. 안동의 석주石洲 이상룡李相龍을 비롯해 문원汶園 홍승헌洪承憲·기당綺堂 정원하鄭元夏·동전東田 맹보순孟輔淳·추담秋潭 채희동蔡熙東·송은松隱 안창제安昌濟·백산白山 안희제安熙濟 등이 바로 그들이다. 아울러 양반 지주들 중에 대규모 농장 건설을 위한 이주 망명도 꾸준히 이어졌다.

그 중에서도 '입산자정入山自靖'만으로도 의義를 실천할 수 있는 환갑 전후의 나이로 노구를 이끌고 서간도로 망명을 떠난 대표적인 유학자들이 있었다. 바로 조선 말기 문신이자 4대문장가 중 한 사람인 이건창李建昌의 동생으로 계몽운동에 힘쓰던 경재耕齋 이건승李建昇(1858~1924), 전직관료 출신으로 은사금을 거부한 수파守坡 안효제安孝濟(1850~1916)와 대눌大訥 노상익盧相益(1849~1941), 지역 사림 중에 대눌의 동생으로 영남의 대학자인 소눌小訥 노상직盧相稷(1855~1931)과 이산伊山 예대희芮大僖(1868~1939)와 서천西川 조정규趙貞奎(1853~1920) 등이다.

그러나 20세기 초반 한문 지식인들의 작품은 방대한 양에도 불구하고 문집 정리가 제대로 되어있지 않은 형편이다. 특히 망명문학에 있어서의 상황은 더욱 심각하다. 이는 당시 어려워진 경제적 상황과 일제의 극심한 언론통제로 검열을 거쳐야 하는 출판문화 현실 등 제반 사회상 때문인 것으로 보인다. 이에 더해 후손들이 생계에 급급한 나머지 조상의 문집을 보관할 정신적 여유가 없었던 탓도 있다. 또 설사 보관하고 있었더라도 한국전쟁 중에 분실되거나 불타버린 작품도 많을 것이다. 그 후 국문학이 자리잡아가는 사회 분위기 속에서 더 이상 한문 문집 발간은 빛을 발하지 못하였을 뿐더러 문집을 발간

해야 할 후손들조차 한문에 대한 무지와 죽은 글이라는 생각 속에서 어쩔 수 없이 현실과 타협했기 때문이다.

본 책에서는 서간도로 망명을 떠났으나 유고가 아직 발견되지 못하였거나, 유고는 발견되었으되 북간도 및 타 지역에서도 생활한 유학자들까지 다 아우르지 못하였음을 앞서 밝혀둔다. 따라서 본 책에서는 서간도로 망명을 떠나 서간도에서 생활한 유학자들[11] 가운데 현재 유고가 세상에 전하고 문학적 성과가 돋보이는 경재 이건승, 수파 안효제, 대눌 노상익과 소눌 노상직 형제, 이산 예대희, 서천 조정규의 망명문학에 대해 연구하였다.

그동안 망명 유학자들에 대한 선행연구를 살펴보면, 경재의 경우 단독 선행연구는 2편[12]이며, 나머지는 강화학파를 언급할 때 단편적으로 다루어졌을 뿐이다. 수파에 대한 단독 선행연구는 서간도 망명을 다룬 필자의 연구 1편[13]과 수파의 생애와 저서, 수파가 임금께 올린 상소문을 다룬 연구가 있고,[14] 이외에는 경재나 대눌을 언급하

---

11) 盧相益, 『渡江錄(草稿1)』 第三, 「自誌」를 통해 "李敏應, 李慶一, 蔡熙東, 黃圭顯, 朴尙林, 安衡遠, 盧相迪, 李承熙, 安孝濟, 李建昇, 朴東欽, 朴址永, 金天稷, 李章善, 李在基, 崔學述, 韓鳳壽, 張錫英, 鄭元夏, 李斗勳, 孟輔淳, 趙貞奎, 金相頊, 芮大禧, 蔡熙東, 崔榮致 등이 있음이 확인되었고, 盧相益, 『大訥手卷續編』 卷之四, 「梨社記(丁巳)」를 통해서 鄭民和, 朴在懿, 申伯雨, 盧喜容, 盧國淵, 黃圭顯 兄弟, 金·孫·南 三家 등이 더 있음이 확인되었다.

12) 이희목, 「耕齋 李建昇의 시와 '西行別曲'」, 『이건창 문학연구』, 성균관대학교 대동문화연구원, 2005; 호광수, 「이건승의 망명 한시에 나타난 상황성」, 『중국인문과학』 제34집, 중국인문학회, 2006.

13) 이은영, 「수파 안효제의 서간도 망명과 우국시」, 『漢文學報』 제25집, 우리한문학회, 2011.

14) 金義煥, 「守坡 安孝濟의 生涯와 思想」, 『又軒丁仲煥博士還歷紀念論文集』, 1974; 呂運弼, 「安孝濟의 삶과 文學」, 『白楊人文論集』 제1집, 신라대 인문과학연구소, 1996.

는 자리에서 함께 언급되고 있다.[15] 대눌의 경우 단독 선행연구는 5편[16]이며, 나머지는 수파와 함께 언급[17]되거나, 성호학파星湖學派 관련 논문에서 단편적으로 다루어져 왔다.[18] 대눌의 동생 소눌에 관한 단독 선행연구는 방대한 문집에도 불구하고 생애와 학문적 경향을 연구한 논문[19]만 있고, 그 밖에는 대눌과 마찬가지로 성호학파나 자암서당 관련 논문[20]에서 학자로서 언급될 뿐이었다. 그러나 최근 소

---

15) 정경주, 「20세기초 西間島 亡命 文學의 한 斷面 - 大訥과 守坡의 경우」, 『문화전통논집』 제2호, 경성대학교 한국학연구소, 1994; 호광수, 「이건승의 망명 한시에 나타난 상황성」, 『중국인문과학』 제34집, 중국인문학회, 2006.

16) 이은영, 「大訥 盧相益의 亡命 意義 硏究 - 獨立有功者 指定과 관련하여」, 『동양한문학연구』 제37집, 동양한문학회, 2013; ______, 「大訥 盧相益의 生涯와 思想」, 『국제언어문학』 제32호, 국제언어문학회, 2015; ______, 「大訥 盧相益의 『幼孫須知』 연구」, 『동양한문학연구』 제41집, 동양한문학회, 2015; ______, 「大訥 盧相益의 著述 槪略」, 『대동한문학』 제44집, 대동한문학회, 2015; 이희목, 「大訥 盧相益의 亡命生活과 遺民詩」, 『漢文學報』 제19집, 우리한문학회, 2008.

17) 정경주, 「20세기초 西間島 亡命 文學의 한 斷面 - 大訥과 守坡의 경우」, 『문화전통논집』 제2집, 경성대학교 한국학연구소, 1994.

18) 강동욱, 「경상우도 性齋 許傳의 學團을 중심으로 : 性齋 許傳의 江右地域 門人考察」, 『南冥學硏究』 제31집, 남명학연구소, 2011; 柳鐸一, 「星湖係 實學者 文集刊行의 出版社會學的 硏究」, 『교사교육연구』 제30집, 부산대학교 사범대학, 1995.

19) 정경주, 「小訥 盧相稷의 생애와 학문 경향」, 『동양한문학연구』 제18집, 동양한문학회, 2003.

20) 강동욱, 「경상우도 性齋 許傳의 學團을 중심으로 : 性齋 許傳의 江右地域 門人考察」, 『南冥學硏究』 제31집, 남명학연구소, 2011; 김철범, 「小訥 盧相稷의 저술 및 문헌출간활동 - 구한말 영남 지식인의 지식소통의 공간과 방식」, 『동양한문학연구』 제27집, 동양한문학회, 2008; 김철범 · 정수미, 「小訥 盧相稷의 女性 敎育觀」, 『文化傳統論集』 제11권, 한국학연구소, 2003; 송정숙, 「소눌 노상직의 「女士須知」 분석 - 서문과入敎편을 중심으로」, 『서지학연구』제32집, 서지학회, 2005; 정순우, 「자암서당의 성격과 그 교육사적 의미 - 소눌 노상직의 서당교육론」, 『문학전통논집』 제10집, 경성대학교 한국학연구소, 2003; 정우락, 「嶺南儒學의 傳統에서 본 小訥 盧相稷 學問의 實踐的 局面들」, 『南冥學硏究』 제24집,

눌의 서간도 망명에 관련된 논문 1편[21]이 발표되면서 학자에서 나아가 문인으로서의 자질도 주목받게 되었다. 이산의 경우 단독 선행연구는 서간도 망명을 다룬 필자의 연구 1편[22]이 있고, 그밖에 청도 지역 한문학 관련 논문[23]에서 일부 언급되고 있을 뿐이며, 서천의 경우에는 단독 선행연구 1편[24]이 있다.

이상의 기존 연구에서는 선행연구자들이 각 개인의 생애 등을 밝혀냄으로써 망명한 유학자들의 문학 연구에 초석을 다져주었다. 이에 더해 망명을 통해 지조를 지킨 점, 일제의 극심한 통제로부터 벗어나기 위한 소극적 저항의 표시로 망명을 떠난 점, 망명과정과 망명생활에서 표출된 시문詩文이 망국 전후 독립 운동 한문학의 한 양상을 살피는 유력한 단서가 된다는 사실 등을 밝혀내었다. 아울러 망명지에서 망국의 문화적 전통과 가치를 지키려는 각오 등으로 드러냈던 저항의지도 밝혀내는 성과를 거두었다.

그러나 그동안의 연구 성과가 각 개개인에 대해 산발적으로 이루어졌기 때문에 전체 망명 한문학을 거론하기에는 다소 부족한 점이 있

남명학연구소, 2007; 柳鐸一, 「星湖係 實學者 文集刊行의 出版社會學的 硏究」, 『교사교육연구』 제30집, 부산대학교 사범대학, 1995; ______, 「『小訥先生文集』(小訥 盧相稷) 刊行攷」, 『교사교육연구』 제38집, 부산대학교 사범대학, 1999; 韓相奎, 「小訥 盧相稷의 書堂教育論」, 『文化傳統論集』 제9집, 한국학연구소, 2001.

21) 이희목, 「小訥 盧相稷 漢詩 硏究 - 〈辛亥記行〉을 中心으로」, 『漢文學報』 제17집, 우리한문학회, 2007.

22) 이은영, 「伊山 芮大僖의 西間島 亡命과 憂國詩」, 『한문학보』 제27집, 우리한문학회, 2012.

23) 李相瞳, 「淸道 漢文學의 歷史的 展開 - 地域 漢文學 硏究를 위한 試論」, 嶺南대학교(박사논문), 2010.

24) 尹浩鎭, 「西川 趙貞奎의 삶과 詩世界」, 『한암의 인물과 학문(Ⅰ)』, 함안군 · 함안문화원, 도서출판 술이, 2010.

었다. 따라서 망명 한문학으로서의 문학사적 위치를 제대로 잡아주지 못하였음도 사실이다. 이에 본 책에서는 기존 연구에서 더 나아가 총체적인 서간도 망명문학의 실상에 접근하여 이를 좀 더 구체화 시키고자 한다.

본 책의 기본 텍스트는 다음과 같다. 경재는 『속가승續家乘』[25]과 『해경당수초海耕堂收草』[26]를 바탕으로 살펴보려고 한다. 단, 『해경당수초』는 기존에 김관호金觀鎬 옹이 『경재집耕齋集』으로 명명한 것[27]에 따라 『경재집』으로 명명하도록 한다. 그러나 『경재집』은 현재 두 개의 본이 존재함에 따라 경재의 필체로 이루어진 국사편찬위원회본을 정본으로 삼고, 서울대규장각본[28]을 이본으로 삼아 서울대규장각본은 『해경당수초』로 이름하도록 한다. 수파는 『수파집守坡集』[29]과 『국

---

25) 『家乘續』(성균관대학교 존경각 소장)의 표지는 『家乘續』上・下로 되어 있으나, 『家乘續』의 서문은 「續乘序」로 실려 있고, 『耕齋集』에도 「續家乘序」로 실려 있으므로, 본 책에서는 『家乘續』을 『續家乘』으로 명명한다.

26) 국사편찬위원회 소장 복사본으로 耕齋 필체로 쓰여 있다. 상권은 '西來偶存'으로만 기록되어 있으나 망명지에서의 문장뿐만 아니라, 고국에서 쓴 편지글 「答梅天敷書」 등이 수편 포함되어 있다. 하권은 詩로 구성되어 있는데 크게 '西來偶存・興道收草・接梨吟稿'로 나뉘어져 있다. 따라서 국사편찬위원회 소장본은 시를 제외한 나머지 작품이 망명후의 작품만으로 구성된 것은 아님을 유념해야 한다.

27) 이희목, 「耕齋 李建昇의 시와 '西行別曲'」, 『이건창 문학연구』, 성균관대학교 대동문화연구원, 2005. 254쪽 참조.

28) 서울대규장각 소장 필사본인 『海耕堂收草』는 6권 4책으로, 卷之一은 說・論・祭文・序・記・跋・銘・贊・辨・敍, 卷之二는 墓誌銘, 卷之三은 行狀・哀辭・誄, 卷之四는 傳・書牘, 卷之五는 망명 전의 詩, 卷之六은 망명 후의 詩가 수록되어 있다. 특히 망명 후의 시가 실린 卷之六은 크게 세 부분으로 나뉘어져 있는데, 출발에서부터 망명 여정에 지은 시들과 '興道收草', '接梨收草'로 구분되어 있다. 따라서 경재 생애 전반의 문학작품 연구에 도움이 된다.

* 국사편찬위원회본 『耕齋集』과 구별하기 위해 본 책에서 서울대규장각본은 『海耕堂收草』로 명명한다.

역 수파집』[30]을 기저로 연구하도록 한다. 대눌은 여러 문집 가운데 망명을 위한 출발부터 망명지에서의 생활을 다룬 『도강록渡江錄』과 『견문쇄록見聞瑣錄』, 『통사절요痛史節要』[31]를 바탕으로 하여 연구하고자 한다. 단, 『도강록』의 경우 별도로 2개의 초고본[32]이 존재하고, 또 『도강록』의 교정본인 『대눌수권속편大訥手卷續編』[33]이 존재하기 때문에 본 책에서는 『대눌수권속편』을 기저로 서술하도록 한다. 아울러 소눌은 『소눌선생문집小訥先生文集』[34] 가운데 망명과 관련된 작품들과 『소눌선생편년小訥先生編年』[35]을 바탕으로 연구하도록 한다. 그리고 이산은 『이산문집伊山文集』[36]에서, 서천은 『서천선생문집西川先生文集』[37]에서 각각 망명 관련 작품들을 선별하여 연구하고자 한다.

본 책은 다음과 같은 순서로 연구를 진행할 것이다. 먼저 기존의 연구 성과를 바탕으로 망명 유학자들이 시대 상황에 대응하는 자세와 망명을 떠난 명분, 그리고 서간도로 망명지를 선택하게 된 이유와 망명 과정 및 경로에 대해 알아볼 것이다. 그런 다음 망명 유학자들의 망명지에서 생활하는 동안 공통적으로 겪는 제반 생활상과 일제의 감시, 그리고 망명지에서 가진 교유와 소통에 대해서 고찰해볼 것이다. 마지막으로 망명 유학자들의 작품을 통해 시대에 대한 비분과

---

29) 安孝濟, 『守坡集』(慶北大學校, 1983)

30) 安孝濟 저, 박준원 외 역, 『국역 수파집』(신지서원, 2008)

31) 盧相益, 『見聞瑣錄』(후손 소장)과 『痛史節要』(후손 소장)

32) 盧相益, 『渡江錄』 草稿1, 草稿2(필자 소장)

33) 盧相益, 『大訥手卷續編』(후손 소장)

34) 盧相稷, 『小訥先生文集』(남명학고문헌DB)

35) 편자 미상, 『小訥先生編年』(후손 소장)

36) 芮大僖, 『伊山文集』(국립중앙도서관 소장, 1940)

37) 趙貞奎, 『西川先生文集』(국립중앙도서관 소장, 1922)

망국의 정조, 객고와 망향, 망명객으로서의 의지와 독립정신, 저술활동의 성과와 의미 등을 살펴봄으로써 망명문학의 성격과 향방에 대해서 면밀히 분석해보고자 한다.

이상의 연구를 통해 20세기 초 이들이 처한 시대현실에 어떠한 자세로 대응하였고, 이들의 망명 명분이 가지는 의의가 무엇인지 규명될 것이며, 서간도로 망명지를 택한 이유와 함께 이들의 망명 과정과 경로 또한 밝혀질 것이다. 또 이들이 망명 정착과정에서 겪는 생활상을 비롯한 일제의 감시와 핍박, 그리고 이들의 교유관계 등을 통해 유학자들의 망명지에서의 제반 생활상이 파악될 것이다. 더하여 망명문학의 성격과 향방에 대해 분석된 결과를 토대로 망명 한문학이 지니는 문학적 특성이 분명하게 드러날 것으로 생각된다. 이로 인해 한국문학사에 있어서 20세기 초 망명 한문학의 위상이 확립되고, 이를 통해 그동안 미진했던 망명 한문학에 대한 연구가 활발해지기를 기대한다. 아울러 망명 유학자들의 문집 발굴이 활발해졌으면 하는 바람이다.

II. 망명의 행동논리와 과정

1. 시대 상황과 망명객들의 자세와 명분

근대전환기에 유학자들은 왕조 통치권이 무너지고 일제에 의한 강압통치가 극렬하게 자행된 변혁의 시대를 거쳤다. 그들이 자신들이 처한 시대현실에 대응했던 자세와 명분을 알기 위해서는 그 시대현실에 대해 살펴보는 것이 우선이다. 이에 따라 시대적 배경을 이해할 필요가 있는 바, 여기에서는 기왕의 연구 성과[1]를 바탕으로 유학자들이 처했던 시대현실에 대해 알아보도록 하겠다.

1) 20세기 초 시대 상황

근대전환기를 맞이한 한반도는 외부적으로 중국 중심의 세계가 해체되고 서구 주도의 근대적 세계로 편입되면서 문명적 전환이 불가피

1) 임형택,「東國詩界革命과 그 歷史的 意義」,『韓國文學史의 視角』, 창작과 비평사, 1984. 239~274쪽 참조; ______,「수당 이남규와 그의 주의에 대한 이해 - 근대전환기의 한 대응논리」,『한국문학사의 논리와 체계』, 창작과 비평사, 2002. 327~350쪽 참조.

하게 되었다. 종주국으로 군림하던 청나라는 제국주의적 지배논리를 펴면서 조선을 자국의 속국으로 규정하고 조선의 독자적 외교활동을 방해하였다. 이에 조선이 근대적 국가로 자립하기 위해서는 청나라와의 조공관계 청산이 최우선 과제였다. 동아시아지역의 패권을 노리던 일본 또한 조선을 병탄하기 위해서는 청나라로부터 조선을 분리시켜야 한다는 계산이 있었다.

1875년에 발생한 운양호雲揚號 사건을 빌미로 일본은 1876년 불평등 강화도 조약을 강제로 체결하였다. 이어서 일본은 조선에 통리기무아문을 설치하고, 신사유람단과 영선사를 파견하는 등 조선 병탄을 위한 침략 야욕의 범위를 조금씩 넓혀가고 있었다. 그러던 중 1894년 전라도 고부 군수 조병갑이 권력을 이용한 착취를 가혹하게 하자 이에 대한 반발로 동학농민전쟁이 일어났고, 그와 함께 갑오개혁이 시작되면서 봉건사회는 붕괴되고 말았다. 이때 국가 밖에서는 청·일전쟁이 일어났다.

1895년 일제는 자신들의 세력 확장에 장애물이던 민황후를 살해하였다. 그리고 일제는 친일내각을 사주하여 민황후를 폐위하고 단발령 실시와 노비제도 폐지 등 일련의 개혁적 법령을 공포하였다.[2)] 이에 따라 지식인들과 갑자기 풀려난 노비들의 대응방식은 각양각색으로 나타났다. 이들은 그동안 살아오던 생활방식을 타의에 의해 강제적으로 탈바꿈해야 하는 현실에 직면하면서 대응방법을 찾지 못해 우왕좌왕할 뿐 뚜렷이 나아갈 방향을 찾지 못하고 있었다. 그런 와중에 일제에 의해 내려진 민황후 폐위조칙은 유생들을 분개하게 만들었다. 이

2) 임형택, 「수당 이남규와 그의 주의에 대한 이해 - 근대 전환기의 한 대응논리」, 『한국문학사의 논리와 체계』, 창작과 비평사, 2002. 342쪽 참조.

때 이건창李建昌과 홍승헌洪承憲 · 정원하鄭元夏는 연명 상소를 올려 진상 규명 촉구와 함께 나라의 적을 칠 것을 주장하였다. 그런가하면 이남규李南珪처럼 독자적으로 상소를 제출하는 등 유생들은 '을사토역소乙巳討逆疏'를 연이어 올렸다. 또 국모를 시해한 원수를 갚기 위한 일환으로 창의소倡義所 등이 설치되고, 친일내각을 포함한 일본세력 축출을 위한 의병운동이 전국적으로 일어났다.

을미의병은 단발령 철폐와 함께 친일내각 및 일본군 축출을 목표로 관청이나 일본인 거주지 등을 공격하였다. 이때 친일내각은 서울을 수비하던 군부대를 출동시켜 전국 의병을 해산 시키려고 하였으나 의병들은 군수를 항복시키거나 추방하는 등의 방법으로 단발령을 차단한 뒤 관청이나 향교에 잠시 머물다 대부분 해산하였다. 그러나 단발령을 강행하려는 군수나 관찰사 · 경무관 등에 대해서 의병들은 처단 등의 방법을 동원하여 적극적으로 대응하며 의병활동을 지속하였다.

고종과 세자는 1896년 2월 11일 조정과 의병진 사이에 벌어진 갈등으로 혼란해진 틈을 타 친러파인 이범진李範晋 등의 권고를 받아들여 러시아 공사관으로 옮겨갔다. 고종은 그곳에서 약 1년여 간 생활하면서 친러내각을 수립하였고, 마침내 전국 의병은 해산하게 되었다. 이는 의병들이 친러내각이 내건 단발령 철폐와 임금이 내린 해산명령을 따른 결과였다. 또 친러정권이 의병 봉기의 명분을 없애기 위해 각종 세금 탕감 조치 등을 내림으로 인해 더 이상 의병 유지의 명분이 사라져버렸기 때문이기도 하다. 아울러 의병들 대부분이 농민이었기 때문에 농사철을 맞이하여 돌아가야 하는 이유도 있었다.

1897년 조선은 대한제국으로 국호를 바꾸고 새로운 방향을 모색하고자 하였다. 그러나 1904년 러일전쟁에서 승리한 일본이 1905년 을사늑약을 체결하고 외교권을 박탈하면서, 대한제국은 실질적으로 국권의 일부를 상실하게 되었다. 그 후 일본은 영국과 미국의 동의를 얻어 조선에 대한 보호정치 단행을 본격화하기 시작하였다. 그 일환으로 일본은 식민 지배 준비기관인 통감부를 조선에 설치하였고, 이에 유학자들 가운데 일부는 일본을 몰아내기 위해 전국 각지에서 의병을 일으켰다.

1907년 고종은 헤이그 만국평화회의에 이상설李相卨 · 이준李儁 · 이위종李瑋鍾 등의 밀사를 보내 일제 침략의 만행과 부당함을 알리고 강제 체결된 을사늑약의 무효를 주장하고자 하였다. 이는 침략 야욕을 노골적으로 드러내는 일제에 위기의식을 느낀 고종이 세계열강의 도움을 얻어 일제를 몰아내기 위한 계책이었다. 그러나 일본과 영국 등의 방해로 고종의 밀사는 회의장 입장도 허락되지 않았다. 이에 이준은 일제 만행에 대한 화를 참지 못하고 병에 걸려 현지에서 병사하고 말았다.

일본은 고종이 헤이그에 밀사를 파견한 것을 문제 삼아 정미 7조약을 체결한 뒤, 고종을 강제 퇴위시키고 순종을 즉위시켰다. 이어 일제는 대한제국의 군을 해산시키고, 일제의 입맛에 맞게 제정한 신문지법 · 보안법 등을 통해 일제에 저항하는 세력의 무력화에 힘썼다. 이에 일제는 대한제국의 내정까지 완전히 장악함으로써, 단계적으로 추진해 오던 일제의 대한제국 식민지화 조치는 실질적으로 마무리 단계에 들어섰고, 오직 형식적인 합병 절차만을 남겨놓게 되었다.

더욱이 1909년 안중근安重根이 이토 히로부미[伊藤博文]를 사살한 사건을 빌미로 일제는 기유각서己酉覺書를 체결토록 하여 대한제국의 사법권마저 빼앗아가 버렸다. 대외적으로는 일본과 청나라가 대한제국을 배제하고 '간도협약'을 체결하기에 이르렀다. 당시 국내에서는 전국 의병들이 서울 진공작전을 펼쳤으나, 9월 일제는 남한대토벌작전을 실행하면서 의병들을 무자비하게 진압하였다. 이에 많은 의병들이 간도로 떠나 국권회복운동의 재기를 도모하게 되었다.

안중근이 이토 히로부미를 처단한 후 더더욱 거세지던 일제에 대한 한인들의 저항은 같은 해 12월 이재명李在明이 이완용李完用을 저격함으로써 더욱 격렬해졌다.[3)]

1910년 3월 일제는 토지조사국을 설치하여 대한제국 약탈의 기반을 마련하였으며, 통감 데라우치[寺內正毅]가 대한제국에 들어오면서 한일합병은 속도를 내기 시작했다. 같은 해 6월 경찰권마저 빼앗아간 일제는 헌병경찰제를 시작했다. 그 후 국내 모든 옥내외에서 집회금지령이 내려지고, 신문 잡지 등의 언론은 일제로부터 검열과 통제를 심하게 받게 되었다. 8월 22일 고종과 순종의 거처 및 서울 안팎의 요지에 약 2,600여 명의 무장 일본군과 헌병들을 배치한 상태에서[4)] 합병조약은 체결되었다. 그리고 한인들의 반대를 우려하여 합방조약 발표는 8월 29일에서야 이루어졌다. 마침내 순종이 양위조서를 내리면서 통감부는 조선총독부로 바뀌고, 데라우치는 조선총독부 초대 총독에 올랐다. 이로써 대한제국 성립 18년 만이자, 519년 역사의 조선왕조는 끝이 나고, 일제강점기가 시작되고 말았다. 이에 전국 각지 각계각층 사람들은 합병조약에 대한 치욕과 울분을 토해내며 잇달

---

3) 한철호, 「일제의 한국병탄에 대한 한국민의 대응과 인식」, 『史叢』 제72집, 고려대학교 역사연구소, 2011. 165쪽 참조.

4) 한철호, 앞의 논문, 171쪽 참조.

아 순절함으로써 일제에 저항의지를 드러냈다. 이들의 순절은 항일의식 고취와 독립 투쟁에 큰 영향을 끼쳤으며, 유생들 또한 음양으로 배일사상 고취에 힘쓰게 되었다.[5)]

그렇다면 격변하던 근대전환기 시대현실 속에서 문학적인 현실은 어떠하였는가에 대해서 살펴보지 않을 수 없다.

우리 근대 문학은 특수한 시대적 현실로 두 갈래의 상반된 길을 걷게 되었다. 하나는 주체적인 저항의식을 지닌 민족문학의 길, 다른 하나는 일제에 편승한 식민지 종속문학의 길이다.

시대현실을 민감하게 반영하는 문학은 항일 의병들만으로는 신무기로 무장한 일제를 이길 수 없는 현실에 맞춰 대중 속에 잠재해있던 애국심을 고취시키거나 계몽운동이라는 문화투쟁의 도구로 활용될 시기를 맞이하였다. 그러나 천년도 넘는 세월 동안 사용되었던 지식인의 전용물인 한자는 국민 대중을 상대로 벌이는 문화투쟁에는 적합한 언어가 아니었다. 이에 애국적인 식자층은 갑오경장 이래 공인된 국문 내지 국한문의 사용범위가 확대되어가던 추세에 발맞추어 국문을 표현수단으로 하는 '동국시계혁명'을 일으켰고, 국민들의 큰 호응으로 문화투쟁은 확산되어갔다.

그러자 다급해진 일제는 서둘러 언론 탄압에 들어갔다. 일제는 신문지법 등을 공포하여 일반출판물은 물론 교과서까지 단속 대상으로 삼아 일부 강경 논조가 비치기라도 하면 '치안방해죄'로 출판을 금지시키거나 압수해갔다. 그로 인해 꾸준히 발간될 수 있었던 언론들이란 민족을 배반하여 일제가 원하는 방향으로 국민을 현혹시키거나 통속적인 내용을 실으며 일제의 이익을 대변하는 것들뿐이었다.

---

5) 한철호, 앞의 논문, 175쪽 참조.

하지만 한문을 대치해서 쓰일 만큼 국문은 아직 익숙지 못했을 뿐 아니라, 당대 한문계에서 손꼽히던 여규형呂圭亨(1848~1921)은 국문 운동을 거역하고 나섰다. 또 정통 유학자이던 전우田愚(1841~1922)는 구체제 유지 입장에서 신문화를 완전히 이단시하고 항일투쟁 참여도 거부하는 등, 봉건적 구사상과 근대적 신사상 사이에서 갈등하였다. 그러나 국민이 호응하는 국문이 대세가 될 것임은 이미 예정된 것이었다.

더욱이 서당교육에서 탈피한 학교 교육은 일제 통제 하에서 신문화를 주입시키고, 친일 언론들은 한문학을 구문화로 취급하며 몰아내야 할 학문으로 치부하면서 일본의 신문화 정책에 힘을 쏟았다. 이러한 분위기로 신문화를 방해하는 한문학은 신세대들이 몰아내할 대상으로까지 전락하게 되었다. 그래서 깨어있는 유학자들 가운데에는 애국심 고취와 계몽운동의 도구로 쓰이기에는 한문보다 국문이 적합하다는 판단 하에 국문학에 자리를 내어주고 김택영처럼 망명을 떠난 사람도 있었다.

그렇다면 이러한 시대현실 속에서 문학가들은 어떤 논리와 방식으로 시대현실에 대응하였는가에 대해서 살펴볼 필요가 있다.

한문학이 청산되어가는 마당에 한문의 소양을 갖춘 유학자가 망국의 시대현실 속에서 할 수 있는 시대 대응 방식은 크게 세 가지로 구분된다. 첫째, 현실타협 순응방식, 둘째, 국내에 머물고 최소한의 비타협방식, 셋째, 일제 치하에서 살수 없는 선택으로 자결과 망명의 방식이다.

유학자들 가운데 현실에 타협하고 순응한 사람들은 국민들을 선동하는데 필요한 일제의 도구로 쓰였다. 또 국내에 머물면서 최소한의 비타협방식을 택한 이들은 일제가 하는 일마다 비협조적인 자세를 취하거나 은둔하였다. 그리고 일제 치하에서 살수 없던 유학자들은 자결 또는 망명을 통해 '의義'를 지켰다.

그 중 일제 치하에 살수 없던 유학자들 가운데 망명의 길을 떠난 부류에 주목할 필요가 있다. 이들은 일제강점기로 들어서면서 유인석이 말한 '처변삼사處變三事(거의소청擧義掃淸, 부해거수浮海去守, 자정치명自靖致命)'를 망국의 시점에서 자신들이 처신해야 할 방향의 지표로 삼았다. 유인석은 삼사三事가 표출해내는 행동은 다르지만, 몸을 고결하게 하려는 뜻에 있어서는 동일하기 때문에 자신의 처지에 맞는 행동을 선택하면 된다며 처변삼사에 어느 것을 우위로 두지 않았다. 그렇기 때문에 유학자들은 20세기 초 자신들이 처한 시대현실의 대응자세의 하나로 의병을 일으키거나, 망명을 떠나거나, 자정은둔이나 자결을 선택하면 되는 것이었다.

2) 망명객들의 현실 대처 자세

유학자 가운데 망명객들은 시대현실에 어떠한 자세로 대응했는지에 대해서 살펴보도록 하겠다.

조선의 유학자는 크게 세 부류로 나눌 수 있다. 송시열宋時烈부터 이항로李恒老를 거쳐 최익현崔益鉉에 이르는 도학자道學者, 김창협金昌協부터 김매순金邁淳, 이건창에 이르는 문학가文學家, 이익李瀷이나 정약용丁若鏞 같은 실학자實學者이다. 도학자들은 유자儒者이지만 처사적處士的 지향을 추구하고 절대적으로 이념을 고수하며 학통에 얽매인다. 그러나 문학가는 전공이 문학인 유자儒者이면서 종정從政을 추구하지만, 학통에 구애받지 않고 사고방식이 상대적으로 자유로운 편이다. 그리고 실학자들은 변화를 받아들이고 현실 개혁적이다.[6]

밀려드는 서양문물과 제국주의 침략 등 서세동점西勢東漸의 근대 전환기를 맞이하여 유교전통을 지켜왔던 조선정부와 유학자 사이에 입장차가 크게 나타나기 시작하였다. 곧 유교전통의 조선정부는 개화정책을 추진하면서 이념 기반이 약화되고 자주성을 상실하였으며, 외세에 의존하다가 망국의 길로 들어섰다. 조선정부의 보호를 상실한 유학자는 독자적인 행보를 하며 유교전통을 고수하거나 유교의식과 제도에 대한 개혁을 추구하게 되었다.[7]

이때 대체로 실학자들은 개화론자로 발전하였으며, 도학 계통의 유학자들은 위정척사론자로 발전하였다. 문학가는 개방과 개혁에 있어서는 다소 부정적이고 소극적이었지만 '동도서기론東道西器論' 입장에 서서 유동적 자세를 취하며 '유자형儒者型 문학가'로 발전하였으니, 곧 이건창 · 이남규 · 황현이 그 대표이다. 유자형 문학가의 상당수는 애국계몽기로 오면서 향리에서 신교육에 선도적 역할을 하였다. 이에 더해 이들은 외세를 물리치기 위해서는 외학外學이 필수라고 여기기에 이르렀다.[8]

현실인식과 세계관에 있어 공자와 유교를 빼고 논할 수 없던 유학자는 유교사회체제를 지켜가던 정부를 상실하면서 기존의 유교로는 계몽운동과 민족운동의 방향에 사상적 무기로 더 이상 기능할 수 없

---

6) 임형택, 위의 논문, 334쪽 참조.

7) 금장태, 「한국근대유교와 종교운동」, 『대동문화연구』 제37집, 대동문화연구원, 2000. 255~256쪽 참조.

8) 임형택, 위의 논문, 345, 347~348쪽 참조.

다고 판단하고[9] 유교개혁을 통한 조직을 도모할 것을 생각하였다. 그래서 이들은 유교를 종교로 자각하기 시작하고, 유교전통의 폐단과 제도적 모순에 대해 신랄한 비판을 하거나 자성적 비판을 하였다. 아울러 이들은 국권 상실 과정에서 민족의식을 새롭게 각성하기 시작하였다.[10] 이러한 유학자들의 반응양상은 당시 제국주의 침략을 당한 국가 존망의 위기라는 역사적 상황의 궤도 위에 있던 중국의 유학자들이 국민정신을 고취할 수 있는 근거를 종교에서 발견한 것으로부터[11] 상당한 영향을 받았다. 이에 조선의 유학자들은 강유위康有爲를 중심으로 하는 중국의 공교孔教운동을 수용함으로써 개혁방향을 찾아갔다.[12]

유교개혁사상은 종교적 각성을 통해 조직과 제도 및 이념의 재해석을 모색하였고, 일제 침략에 저항하는 민족적 자각을 통해 대중과 역사에 대한 책임의식을 강화하여, 이를 통한 독립의 가능성을 엿보았다.[13]

그렇다면 서세동점의 시대에 국권 상실에 따른 민족의식이 고조되면서 다양하게 자기 전환의 길을 모색해가던 유학자[14] 가운데 경재 · 수파 · 대눌과 소눌 형제 · 이산 · 서천의 현실대응 자세는 어떠하였을까? 그에 대해서는 이들의 생애를 살펴봄으로써 보다 확실해진다.

---

9) 진재교, 「秋帆 權道溶의 민족운동과 현실 대응의 양상」, 『漢文教育硏究』 제32호, 한국한문교육학회, 2009. 554, 562쪽 참조.

10) 금장태, 위의 논문, 256쪽 참조.

11) 진재교, 위의 논문, 555쪽 참조.

12) 금장태, 위의 논문, 256, 298쪽 참조.

13) 금장태, 앞의 논문, 298쪽 참조; 진재교, 위의 논문, 555쪽 참조.

14) 진재교, 앞의 논문, 566쪽 참조.

가. 강화江華의 경재耕齋 이건승李建昇

경재의 생애는 『속가승續家乘』[15]과 1918년에 경재가 손수 쓴 「경재거사자지耕齋居士自誌」[16] 등을 통해서 자세히 알 수 있다.

이건승의 자는 보경保卿이고, 호는 경재耕齋이며, 본관은 전주全州이다. 1858년 11월 28일 강화 사기리沙器里에서, 증 이조참판贈吏曹參判 이상학李象學과 윤자구尹滋九의 딸 파평윤씨坡平尹氏의 3남 가운데 둘째 아들로 태어났다.

경재 집안은 소론의 명문가였으나 18세기 중엽에 일어난 나주괘서사건羅州掛書事件을 계기로 강화로 옮겨와 세거하였다. 5대조인 이광명李匡明(1701~1778)이 정제두鄭齊斗(1649~1736)의 손녀사위가 되면서부터 집안은 양명학과 일정 연관을 가지게 되었다.[17] 그래서 가학을 이어받은 조부 이시원李是遠(1790~1866)과 숙조부 이지원李止遠(?~1866)이 1866년 병인양요로 강화도가 함락되었을 때 유소遺疏를 올리고 함께 음독 자결하기[18] 전까지 경재는 형 이건창과 동생 이건면李建冕(1862~1894)[19], 그리고 재종제 이건방李建芳(1861~1939)[20]

---

15) 李建昇, 『續家乘』上・下.

16) 李建昇, 『耕齋集』上, 「耕齋居士自誌(戊午)」

17) 이희목, 「寧齋 李建昌 硏究」, 『성균한문학연구』 제10집, 성균관대학교 성균한문학교실, 1983. 9쪽 참조.

18) 『承政院日記』 고종 3년 병인(1866, 동치 5) 2월 20일(경술) "1866년에는 特旨로 正憲大夫에 올랐다. 이해 가을 이른바 병인양요가 일어나 강화도가 함락되자, 아우 止遠과 함께 유서를 남기고 음독 자결하였다. 뒤에 영의정에 추증되고 忠貞의 시호가 내려졌다."

19) 李建昇, 『續家乘』下, 「附謙山㑊藁敍傳」 "得年僅三十二. …… 甲午六月朔朝, 胞兄鳳藻泣書."

20) 李建芳 : 자는 春世, 호는 蘭谷, 본관은 全州이다. 친부는 李象晏이며, 숙부 李象夔에게 입양되었다. 친부와 양부을 잃은 후 양가의 어머니를 모시고 살았다. 1885

과 함께 조부들로부터 강화학을 전수받았다.

경재는 형 이건창만큼 현달하지는 못했지만 1891년 34세 때 치른 증광시增廣試에서 진사 3등으로 합격하였다.[21] 하지만 갑오개혁 직후 국사國事는 날로 그릇되어 가는데 난역배들이 날뛰는 것을 보고, 병을 이유로 체직하고 더 이상 벼슬길에 나아가지 않았다.[22] 그 뒤부터는 형 이건창과 함께 독서와 농사에 힘쓰면서 스스로 '경재거사耕齋居士'라 부르며 강화에서 은거생활에 들어갔다.

그런데 가족들 가운데 모친은 1884년에, 양산군수로 재직하던 부친은 1888년에, 동생은 1894년에, 믿고 따르던 형은 1898년에 47세의 나이로, 연이어 생을 마감하였다. 이어서 1903년에는 양자로 들인 아들 이석하李錫夏가 죽고,[23] 1904년 이석하의 유복자이자 경재의 유복손이 태어났으나,[24] 1906년 며느리마저 어린 손자를 두고 죽었다.[25] 연이은 친족의 사망은 개인적으로 큰 타격일 수밖에 없었다. 후에 이건창의 막내아들인 이범하李範夏의 아들 이우상李愚商으로 이

년 진사시에 합격하였으나 노모 봉양을 위해 고향으로 돌아왔다. 제자로 鄭寅普를 두었으며, 저서로 『蘭谷存稿』가 있다.

21) 『司馬榜目』, 高宗 28년(1891) 辛卯 增廣試 進士 三等 합격.

22) 『承政院日記』, 고종 31년 갑오(1894, 광서 20) 9월 1일(갑술) '"韓善會, 李建昇, 金在演은 身病으로 遞職을 청하였습니다. 모두 改差하고, 그 대임의 성명을 아래와 같이 開錄하여 삼가 어람하시도록 올립니다."하니, 幼學 李建初, 徐丙建, 安壽南, 李周源을 주사로 삼고 계자인을 찍었다.'

23) 李建昇, 『續家乘』下, 「亡兒墓誌銘」 "烏乎, 此完山李建昇耕齋居士之子之藏也. 居士無嗣, 取族兄建繪第三子爲子. …… 光武七年癸卯孟冬."

24) 鄭寅杓, 『春耕臺集』(민창사, 2007) 「李耕齋建昇遺腹孫生, 有洗兒詩, 和以賀之(甲辰)」; 「又一首」

25) 李建昇, 『耕齋集』上, 「子婦豊山洪氏墓誌銘」 "爲吾兒完山李錫夏妻, 錫夏以族兄建繪子爲吾嗣, 十三而娶二十而夭. 婦擧遺腹男不育, 後三年亦夭. 婦以太皇帝二十年癸未生, 丙午二月八日歿."

석하의 뒤를 이었다는[26] 사실만 현재 확인되고 있다.

경재는 1905년 을사늑약이 체결되었을 때 정원하(1855~1925)와 함께 자결하려 하였으나, 자신들의 죽음이 국가와 민족에 아무 이익도 되지 못할 것이라고 생각을 고쳐 전 재산을 기울여 향리에 계명의숙啓明義塾[27]을 세우고 민족주의 교육에 전념하였다.[28] 그러나 경술국치 후, 위자금慰藉金을 거부한[29] 경재는 서간도로 망명할 것을 결심하고, 그 해 9월 24일 망명길에 나서 12월 1일 압록강을 건넜다.

경재는 13년여 간의 망명생활을 끝내고 1924년 2월 18일 67세를 일기로 생을 마감하고, 4월 29일에 반장되어 선영인 상길면 길죽리 조부 충정공 이시원의 분묘 옆에 안장되었다.[30]

---

26) 李建昇, 『耕齋集』上, 「耕齋居士自誌(戊午)」 "無子取族兄建繪季子錫夏爲嗣, 不育而夭. 以兄子範夏子愚商爲後."

27) 李建昇, 『耕齋集』下, 「余嘗於丙午歲, 建私立啓明義塾, 卒業十二人, 以銀盃及匙箸, 遙爲孤辰之壽, 其意可感, 以詩謝之」

28) 李建昇, 『耕齋集』上, 「耕齋居士自誌(戊午)」 "乙巳, 日本奪我國權. 居士與參判鄭元夏, 約死而不能死, 閉門不見人, 旣而歎曰; "我雖瘦死室中, 何益." 乃傾貲建學校, 以教育爲己任曰; "吾豈不知精衛塡海, 徒勞無成, 姑以盡吾心而已.""

29) 국사편찬위원회, 『不逞團關係雜件 - 朝鮮人의 部 - 在滿洲의 部(31)』, 「排日鮮人의 情況에 관한 건」(普通受 제16호)(1922).

30) 『東亞日報』(1924.03.29) 「李建昇氏長逝」 "〈감회만흔그의일생〉, '문장과 정절로일흠이놉흔경재리건승(耕齋李建昇)선생은지난삼월이십일일에중국안동현접리수백가보(中國安東縣接梨樹白家堡)에서 육십칠세로국사의일생을마치엇다 …… 선생의 림종에는 그손자와 종칠이 시축을하엿고 부고를바든 국내친지들은 조위할방책을생각하는중이라고"; 『東亞日報』(1924.04.18) 〈耕齋先生遺骸〉 강화선영에 안장 - '십륙년동안 이역풍상을격고 륙십칠세를 최후로한 경재 리건승(耕齋李建昇) 선생은 십여일전에 안동현(安東縣)에서 장서하엿다함은 임의 보도한바어니와 그족하되는 리범하(李範夏)씨의주선으로그유해는가족과한가지 안동현을ㅅ더 나 일전에 고향되는 강화군에 도착하야 지난십삼일하오오시에 그의 선영인 상길면길죽리에잇는 그 조부 충정공 시원(是遠)씨 분묘엽헤 안장하얏다고(강화)'(출처 : 한국사데이터베이스(http://db.history.go.kr/))

〈경재의 영향을 받은 인물〉

강화학 마지막 행동가로 평가받는 경재의 영향은 재종제 이건방과 이건방의 제자 정인보鄭寅普(1893~1950)에게로 전해졌다.[31] 정인보는 경재가 회인현 흥도촌에서 우거하던[32] 1911년과 1912년에 이건방의 심부름으로 경재를 만나고 온 것으로 보인다. 또 정인보가 충청도 목천木川(천안의 옛 지명)에 있을 때 경재는 열흘을 넘기지 않고 편지를 보내 정인보의 거친 학문을 바로 잡아주기도 하였다.[33] 이를 통해 정인보는 이건방 뿐 아니라, 경재로부터도 학문적 영향을 받았음을 알 수 있다.

정인보 외에 경재의 영향을 받은 인물로 소론의 반향班鄉인 충청북도 진천鎭川 출신의 부재溥齋 이상설李相卨(1870~1917)을 들 수 있다. 경재와 이상설의 관계는 이미 형 이건창 때부터 시작되었다고 할 수 있다. 왕양명을 공부하며 정제두 등의 강화소전江華所傳을 읽고[34] 이건창을 흠모한 것으로 확인[35]되는 이상설이 경재와 이건방의 영향을 받았음은, 1917년 이상설이 러시아 니콜리스크에서 병으로 사망했다

31) 閔泳珪, 『江華學 최후의 광경』, 又半, 1994. 74~75쪽 참조. 1910년부터 이건방 문하에서 수학한 정인보는 1911년과 1912년에 鴨綠江을 건너 회인현 홍도촌과 柳河縣 三源堡와 通化縣 哈泥河 등을 다녀온 것으로 추측되는데, 이때 선조로부터 물려받은 富平의 전답 사오백 石을 팔아 서간도로 보냈다는 이야기가 전해진다.

32) 李建昇, 『續家乘』上, 「續乘序」 "庚戌秋, 建昇西入淸, 僦懷仁縣. 翌年, 從子範夏挈眷至."

33) 鄭寅普, 『薝園文錄』(연세대학교 출판부, 1967)一, 「耕齋李丈祭文」 "我僑木川, 公在鴨濱, 函訊千里, 不曠以旬, 鹵莽之辭, 謂近曾歸, 我書在公. …… 惟公與我, 胸懷獨契, 我實師公, 公實我愛, 何論骨肉, 性命是視, 情深室遠, 寤寐十載, 異地相望, 今亦已矣."; 李建昇, 『耕齋集』下, 「鄭景施(寅普)示其所作墓文甚佳因作論文十絶寄贈」; 下, 「附景施此韻」; 下, 「懷景施」; 下, 「景施游湖南歸, 示其紀行詩, 又以其小照寄之」

34) 閔泳珪, 위의 책, 52쪽 참조.

35) 閔泳珪, 앞의 책, 13~15쪽 참조.

는 소식을 접하고 지은 경재의 시[36]와 이건방이 술을 마시고 취중진언으로 지어 보낸 시[37] 등을 통해서도 확인된다.

경재와 이건방, 정인보로부터 강화학의 영향을 받은 인물로는 황현의 동생 석전石田 황원黃瑗(1890~1944)과 황현의 아들 황위현黃渭顯(1891~1966)을 들 수 있다. 이는 경재와 주고받은 글[38] 등을 통해서 확인된다. 또 경재 망명 후 이건방과 황원이 주고받은 글과 만남[39], 정인보가 황원에게 보낸 편지글[40] 등을 통해서 자연스럽게 경재와 이건방의 강화학이 황원에게 영향을 끼쳤음을 알 수 있다.

황위현은 구례장터 3·1 만세운동 등의 활동을 벌인 인물이다. 정인보와는 친구 사이로 정인보를 통해[41] 황위현에게까지 강화학의 영향이 미쳤음을 알 수 있다.

일본의 양명학에서 상당한 영향을 받은 것으로 확인되는 백암白巖 박은식朴殷植(1859~1925)[42]은 양명학에 심취해 있던[43] 1911년 회인

---

36) 李建昇, 『耕齋集』下, 「聞李舜五病沒于魯西亞, 以詩代哭」

37) 李建芳, 『蘭谷存稿』(靑丘文化社, 1971) 卷一, 「酒後放歌, 寄李舜五」

38) 李建昇, 『耕齋集』下, 「黃季方喪隅人勸畜妾, 季方不肯曰; "吾今脫累自在, 子何勸我畜累, 決意不畜姬." 次其韻嘲之季方梅泉弟名瑗」; 下, 「黃季方爲文字交十餘年, 不識面, 余回甲日, 寄其小照」; 下, 「黃季方饋海衣」

39) 李建芳, 『蘭谷存稿』 卷一, 「到求禮與黃石田諸人, 登垂楊山, 訪金君(炯奭)」; 卷一, 「病中聞黃石田晬筵已過, 感念存沒, 隨意賦長句奉寄」

40) 鄭寅普, 『薝園文錄』一, 「復黃石田文書」

41) 鄭寅普, 『薝園文錄』五, 「故人黃渭顯以其叔父石田翁, 今年登壽七十, 遠求余言. 余初喪蘭翁, 念石田愈深, 輒爲七古一篇, 托宣君太燮歸致之, 翁發函當爲泫然」; 七, 「石田黃先生墓碑」

42) 대종교교종경종사편수위원회, 『대종교중광60년사』, 대종교총본사, 1971, 837쪽 참조; 금장태, 「근대적 변혁기의 한국양명학」, 한국종교학연구회, 『종교학연구』 제26집, 2007. 20쪽 참조.

43) 宋相燾 편, 『騎驢隨筆』, 266쪽 참조. 〈朴殷植〉 "好王陽明學, 日誦陽明傳習錄其文

현에서 경재를 처음 만났다. 이때 박은식은 경재로부터 일부 영향을 받았을 것임은 부정할 수 없는 사실이다.

경재 생애 마지막 편지[44)]를 받은 인물은 심재深齋 조긍섭曺兢燮(1873~1933)이다. 그리고 경재는 조긍섭의 문인인 임당臨堂 하성재河性在(1901~1970)와 후당厚堂 성순영成純永(1896~1970), 소눌의 문인이자 조긍섭의 문하에도 출입한 김재화金在華(1887~1964) 등[45)]과는 편지로써 교유하였다. 이를 통해 경재의 학문은 조긍섭은 물론 조긍섭의 문인들에게까지 직간접적으로 영향이 끼쳐졌음을 알 수 있다. 정인보의 연희전문학교 제자 민영규閔泳珪[46)] 역시 정인보를 통해 경재의 영향이 있었음을 미루어 알 수 있다.

나. 의령宜寧의 수파守坡 안효제安孝濟

수파의 생애는 『수파집守坡集』에 실린 글[47)]과 기존의 연구[48)] 등을

章, 雖無學者的深刻味, 而圓滑暢達, 雖謂之當世第一實非過也."

* 박은식이 1909년과 1910년에 지은 『儒敎求新論』과 『王陽明先生實記』는 정인보의 『陽明學演論』과 함께 독립운동의 밑거름이 된 책으로 양명학의 '致良知' 사상을 드러낸 것으로 평가 받고 있다.

44) 李建昇, 『耕齋集』上, 「答曺仲謹書(癸亥)」

45) 李建昇, 『耕齋集』下, 「東河生(性在)兼示曺深齋(兢燮)」 "(河生因深齋示其所作文, 皆佳. 年今二十餘, 方受學於深齋.)"; 上, 「與金君在華書」; 上, 「答成生純永書」; 上, 「答成生純永論曺烈婦事」; 上, 「答諸生瑛根」 "近聞大嶺以南, 多文學之士. …… 年來得與成君純永・金君在華, 以文字結識. 今又足下遠貽惠函辭旨縄綣如久要, 欣喜滿心. …… 足下與僕, 未相識面, 今崎嶇寄書於數千里之外, 求益於僕至此之勤也."

46) 劉準基, 『韓國民族運動과 宗敎活動』, 국학자료원, 2002. 348~349쪽 참조.

47) 安孝濟의 생애는 『守坡集』 卷之八의 동생 安昌濟가 쓴 「家狀」과 耕齋 李建昇이 생전 수파가 한 부탁을 받고 쓴 「行狀」, 曺兢燮이 쓴 「墓碣銘 幷序」, 李建芳이 쓴 「墓誌銘 幷序」, 盧相稷이 쓴 「墓誌」, 金澤榮이 지은 「傳」 등을 통해서 자세히 알 수 있다.

통해서 살펴볼 수 있다.

안효제의 자는 순중舜仲이고, 호는 수파守坡이며, 본관은 순흥順興이다. 임진왜란 때 곽재우郭再祐 휘하에서 많은 전공戰功을 세운 증 병조참의贈兵曹參議 안기종安起宗(1556~1633)의 후손으로, 고조는 안덕문安德文, 증조는 안종수安宗洙, 조부는 안희로安禧老이다. 1850년 3월 3일 경상남도 의령군 부림면富林面 설뫼[立山, 雪山里]에서 부친 증 통정대부贈通政大夫 안흠安欽과 모친 이민의李敏儀의 딸 증 숙부인贈淑夫人 인천이씨仁川李氏 사이에서 장남으로 태어났다.

어려서는 백부 설암공雪巖公에게서, 장성하여서는 권인두權仁斗·허전許傳·이종기李種杞의 문하에서 수학하였다. 권인수權仁秀의 딸과 혼인하여 1남 안철상安喆相(1880~1919)과 상산인商山人 김상호金相浩와 김해인金海人 참봉 허석許銽에게 시집간 2녀를 두었다.

1883년 과거 급제 후, 승문원부정자承文院副正字[49]·성균관전적成均館典籍·지평持平·정언正言 등을 역임하였다. 1893년 정언 재임시절 무당 관황녀關皇女 이씨李氏의 목을 벨 것을 청하는 상소를 올렸다가 유배를 당하였다. 1894년 유배지[50]에서 풀려난 후에는 홍문관수찬지제교겸 경연검토관弘文館修撰知製敎兼經筵檢討官·춘추관기사관春秋館記事官 등

48) 安孝濟의 생애는 필자의 「수파 안효제의 서간도 망명과 우국시」, 『漢文學報』 제25집, 우리한문학회, 2011. 428~429쪽을 수정 보완하여 서술하였다.

49) 安孝濟, 『守坡集』 卷之二, 「請勿改衣制疏(戊子)」 1884년 承文院副正字 때 의복제도 변경에 대한 令이 내려지자 부당함을 상소하였다.

50) 安孝濟, 『守坡集』 卷之二, 「請斬北廟妖女疏(癸巳)」 1893년 고종의 총애를 받던 무당 關皇女 李氏가 眞靈君에 봉해지고 온갖 전횡을 저지르자 목을 벨 것을 상소했다가 楸子島로 유배되었다가, 1894년 전라남도 荏子島로 이거 되었으나 바로 풀려났다.

* 『高宗實錄』 高宗 31年 6月 8日(癸丑) 기사 참조.

에 제수되었으나 나아가지 않다가, 9월 흥해군수興海郡守[51])를 제수 받고 나아갔다. 1895년 낙향하였는데, 같은 해 8월 민황후 시해 사건과 왕후폐위조칙王后廢位詔勅이 내려지자 참판 이용원李容元 · 최익현崔益鉉과 함께 민황후 복위를 건의하고, 단발령 반대 의사를 개진하였다.

1910년 경술국치를 당하자 죽기 위해 7일 동안 금식하였으나 실패하자 칩거생활에 들어갔다. 그 해 11월 26일 은사금 거부 사건으로 창녕 감옥에 갇혔을 때 4일간 금식투쟁을 벌이자, 일제는 어진 사람을 죽였다는 비방을 받지 않으려고 풀어주었다. 그 후 일제로부터 모든 동정을 감시 받으며 살다가 감시가 소홀해진 틈을 타서 1911년 11월 7일 망명길에 올랐다.

1913년 수파는 이승희李承熙(1847~1916)의 '동삼성東三省 한인공교회韓人孔敎會'에 동참하였다. 망명지에서도 고국에서처럼 일제의 감시를 벗어나지 못하던[52]) 수파는 '삶은 붙어있는 것이요, 죽음은 돌아가는 것[生寄死歸]'[53])이라는 말을 남긴 채, 수년 동안 앓던 풍비風痺, 일명 중풍을 이겨내지 못하고 1916년 12월 17일 망명지에서 생을 마감하고,[54]) 1917년 2월 17일 안동현安東縣 하심구河深溝에 장사지냈다. 당시 수파의 아들 안철상이 장지葬地를 사려는데 중국 정부로부터 불가하

---

51) 安孝濟, 『守坡集』 卷之二, 「辭興海郡守呈巡營狀」, 「再辭狀」, 「三辭狀」, 「辭四狀」 등 4차례의 사직소를 올렸다.

* 安孝濟, 『守坡集』 卷之三, 「曲江日記」는 12월 15일 흥해군수로 부임해서 흥해군수를 지내고 와서 쓴 일기이다.

52) 국사편찬위원회, 『不逞團關係雜件 - 朝鮮人의 部 - 在滿洲의 部(3)』, 「排日朝鮮人의 狀況에 관한 건」(機密公信 제51호)(1914.07.28).

53) 安孝濟, 『守坡集』 卷之八, 「行狀[李建昇]」 "諷誦生寄死歸, 語意氣如平日, 翛然而逝."

54) 安孝濟, 『守坡集』 卷之八, 「墓誌銘 幷序[李建芳]」 "公居安東數年患風痺, 以丙辰十二月干支卒於寓舍."

다는 답을 받았다.[55] 그런데 현지 중국인이 자신의 땅을 내주며 충신 안공安公을 자신의 땅에 묻는 일은 영광이라며 땅값을 받지 않았을 뿐 아니라, 중국과 일본 경관들까지 조문하러 와서 부의를 전하고 탄식하며 눈물을 흘렸다.[56] 그 후 1919년에 고국으로 반장하여[57] 고향 의령의 구래곡龜來谷에 안장되었다.

수파는 1990년 독립유공자로 지정되었다.

〈수파정 현판(사진 : 이인수 감독(2016.04.28.))〉

55) 국사편찬위원회, 『중국 · 대만 소재 한국사 자료 조사보고 II』, 「中國 · 臺灣 所在 日帝時期 在滿韓人 關聯資料 解題 7」. 韓僑土地案(安東韓人購墳地案) 수집번호 : 04070093. 1917년 3월 1일자 문건으로, 安東縣 梨樹村에 기거하던 한인 安喆相이 부친 安孝濟의 묘지구입을 요청했는데, 중국국적을 취득하지 않은 한인이므로 內地의 토지 구입이 불가능하다는 외교부의 입장을 指令으로 내려 보낸 사실이 확인된다.

56) 安孝濟, 『守坡集』 卷之八, 「行狀[李建昇]」 "丁巳二月辛亥, 葬于中國安東縣河深溝坐辛原. 將卜地求買葬地, 地主中國人借地, 不受直曰; "吾聞安公忠臣. 吾地得埋忠臣榮矣, 吾受不亦厚耶." 中國日本警官皆弔賻, 至有歎息泣下者."

57) 呂運弼, 「安孝濟의 삶과 文學」, 『白楊人文論集』 제1집, 신라대학교 인문과학연구소, 1996. 11쪽 참조; 安昌濟, 『松隱遺稿』(국립중앙도서관 소장, 1965) 1965. 卷之一, 「伯兄卜葬後述懷」 "欲埋吾伯奈無土, 今此安東古首陽. 猶愧首陽周地內, 肯令遺骨返家鄉."

〈의령의 안효제 생가 수파정(사진 : 이은영(2016.04.28))〉

〈수파의 영향을 받은 인물〉

수파의 영향을 받은 인물 가운데는 동생 송은松隱 안창제安昌濟(1866~1931)와 족제族弟 백산白山 안희제安熙濟(1885~1943) 등이 있다. 안창제는 수파를 곁에서 지켜보면서 살았다. 따라서 안창제가 생애 전반에 걸쳐 수파의 삶과 같은 전적을 보여준 일련의 행동 등[58]은 가학家學과 함께 수파의 영향을 받았다는 중요한 징표이다.

족제 안희제는 수파로부터 직접 가르침을 받은 인물이다. 그는 일찍이 은혜를 생각해서 수파의 기대를 저버리지 않을 것임을 맹세한 바 있다.[59] 그리하여 안희제는 국내외에 학교를 여러 개 설립하고

58) 安昌濟, 『松隱遺稿』 卷之一, 「請不背淸國疏(甲午)」; 卷之一, 「典獄中偶吟」; 卷之一, 「同十三道儒生上疏(乙巳十月變後, 凶徒反有自鳴疏, 故條下上疏, 仍爲疏首)」
* 안창제는 갑오경장 때 상소문을 올려 옥고를 치른 일, 을사오적 참수 상소문을 세 차례나 올린 일 등이 있으며, 1910년 11월 수파보다 1년 앞서 망명을 떠난 일 등을 통해 수파와 다르지 않은 思考를 하였음을 알 수 있다.

59) 安孝濟, 『守坡集』 卷之七, 「祭文[族弟熙濟]」 "顧此無狀, 髫齡摳衣, 深蒙薰炙, 恩義幷至. …… 撫念疇昔, 每被謬詡, 期望鵬程, 言猶在耳, 今作何狀. 壟斷丈夫, 靈若有

기미육영회己未育英會를 조직해서 인재들을 발굴해 해외유학을 보내는 등 평생 육영사업에 힘썼다. 또 국권회복 방책 등을 강구하고 독립운동자금 조달과 민족 언론역할에 힘쓰면서 수파 생전에도 수파의 가르침을 실천하였으며, 수파 사후에는 자신이 맹세한대로 지성을 다해 수파의 기대에 부응하기 위해 노력하였다.

안희제의 영향을 받은 인물은 1919년 기미육영회의 도움으로 유학을 다녀온 안호상安浩相(1902~1999)·이극로李克魯(1893~1978)·전진한錢鎭漢(1901~1972) 등이 있다. 안호상은 초대 문교부장관과 한성대학교 이사장 등을 지내며 교육계에서, 이극로는 1929년 조선어학회 결성과 신간회 대표 등을 지낸 국어학자로, 전진한은 1948년부터 1963년까지 1·2·3·5·6대 국회의원과 민정당 부총재 등을 지낸 정치가로 활약했다. 안희제의 영향을 받은 안호상·이극로·전진한 또한 안희제를 통해 수파의 영향을 간접적으로 받았음은 부인할 수 없는 사실이다. 그밖에 수파의 영향을 받은 인물로 종제從弟 안명제安命濟(1866~1934), 족제族弟 안충제安忠濟, 사위 허석許銽 등이 있다.

다. 밀양密陽의 대눌大訥 노상익盧相益

대눌의 생애는 『도강록渡江錄』의 「자지自誌」와 기존의 연구[60]를 통해서 자세히 알 수 있다. 1918년에 지은 「자지自誌」는 『대눌수권속편大訥手卷續編』에 실려 있는 「기도강이후사記渡江以後事」[61]의 초고본으

知, 於渠何誅. 熙雖不才, 亦有彝性, 庶竭至誠, 矢勿負公."

60) 盧相益의 생애는 盧相益, 『渡江錄(草稿1)』 第三, 「自誌」와 정경주, 「20세기초 西間島 亡命 文學의 한 斷面-大訥과 守坡의 경우」, 『문화전통논집』 제2호, 경성대학교 한국학연구소, 1994. 139쪽을 기조로 서술하였다.

로, 「기도강이후사」보다 앞뒤로 상세한 부분이 있어 대눌의 생애를 살펴보는데 있어 좋은 자료가 된다.

노상익의 자는 치삼致三이고, 호는 대눌大訥 외에 모헌某軒이 있으며, 본관은 광주光州이다. 고려가 망하자 만수산萬壽山으로부터 고성固城으로 거주지를 옮겨 은거생활을 한 노인정盧仁正과 조선조의 사간司諫 노선경盧善卿, 은일隱逸로 주부主簿가 된 후 창녕昌寧으로 옮겨간 노극홍盧克弘, 김해金海에 은둔한 증 이조판서贈吏曹判書 노한석盧漢錫의 후손이다.62) 증조는 증 통훈대부贈通訓大夫 사헌부감찰司憲府監察 노우수盧禹壽이고, 조부는 증 통훈대부 사헌부감찰 노봉문盧奉文이다.63)

대눌은 첨지중추부사僉知中樞府事 노필연盧佖淵과 현령縣令 성욱호成郁鎬의 딸 숙부인淑夫人 창녕성씨昌寧成氏 사이에서 1849년 11월 12일 김해 금곡金谷에서 장남으로 태어났다.64) 동생으로 소눌 노상직이 있다. 부친이 창녕으로 거주지를 옮긴 후에는 창녕 국동菊洞과 밀양 가실[蘆谷]에서 살았다. 16세부터 김해부사로 부임한 성재性齋 허전許傳의 문하에서 수학하였으며, 1882년 별시別試 문과文科에 제일인第一人으로 급제했다.65) 관직은 1883년 권지승문원부정자權知承文院副正字를

61) 盧相益, 『大訥手卷續編』 卷之三, 「記渡江以後事」

62) 盧相益, 『渡江錄(草稿1)』 第三, 「自誌」 "盧氏, 中國范陽之族, 翰林公諱穗東, 渡朝鮮有九子, 分爲九本, 光州其一也. 麗亡十八代祖, 諱仁正, 官侍中, 自萬壽山浮海隱居固城. 十四代祖, 諱善卿, 文科司諫, 始居草溪. 十代祖, 諱克弘, 逸主簿移居昌寧. 七代祖, 諱漢錫, 贈吏判, 遯居金海."

63) 李家源, 〈通訓大夫 行弘文館侍講 大訥先生盧公竪碑告由紀文〉, 通訓大夫 行弘文館侍講 大訥先生盧公竪碑告由紀念 小册 17쪽. "曾祖贈通訓大夫司憲府監察禹壽, 祖贈通訓大夫司憲府監察奉文."

64) 盧相益, 『渡江錄(草稿1)』 第三, 「自誌」 "相益妣淑夫人, 昌寧成氏, 縣令郁鎬之女. 己酉十一月十二日相益生."

65) 盧相益, 『渡江錄(草稿1)』 第三, 「自誌」 "十六受學于性齋先生. 二十讀七書八大家

시작으로, 1884년 성균관전적 · 사헌부지평司憲府持平 등을 역임했다. 슬하에 2녀를 두어 동생인 소눌의 아들 노식용盧寔容을 사자嗣子로 삼았으나, 뒤늦게 노우용盧右容과 노희용盧喜容을 두었다.

1884년 4월 부친상을 당하고, 1886년 모친상과 스승 허전의 상을 연이어 당했다. 1892년 사헌부司憲府 장령掌令과 전적典籍을 지내던 중 1894년 갑오개혁을 당하자 낙향한 후 밀양으로 거주지를 옮기고 후학양성에 힘썼다. 벼슬은 5년이 못 되는 기간 동안만 하였다.[66] 1905년 5월 홍문관시강弘文館侍講에 제수되었으나, 경연經筵을 오래 열지 않음에 대한 상소를 올리고 고향으로 돌아왔다.[67] 그는 1906년 2월 이토 히로부미가 부산에 올 때 요주의 인물로 지목되어 영남루嶺南樓에 구금되었으며, 1910년 7월 순종이 강제 퇴위를 당했을 때는 분한 마음에 몇 개월 몸져누웠다. 경술국치를 당한 해 11월 은사금 거부로 태룡동파견소泰龍洞派遣所에 일시 구금되었다 풀려났으나, 다시 영남루에 압송[68]되어 사흘 만에 풀려난 뒤 일제의 감시를 받으며 살았다. 그 후 살아서는 일본의 지배를 받는 고국으로 돌아오지 않을 생각으로,[69] 일제의 감시를 피해 망명길에 나서 1911년 11월 17일 압록강을 건넜다.[70]

濂洛外史之書, 魯鈍不成學, 三十四登文."

66) 盧相益, 『渡江錄(草稿1)』 第三, 「自誌」 "其後遭內外親喪, 又當甲午之世變, 退居田里, 所謂從宦不滿五年."

67) 盧相益, 『大訥手卷』(부산대 소장) 卷之三, 「辭弘文館侍講疏(乙巳)」

68) 盧相益, 『渡江錄(草稿1)』 第三, 「自誌」 "拘留於南樓, 縲絏於台獄, 未死之咎也."

69) 국사편찬위원회, 『不逞團關係雜件 - 朝鮮人의 部 - 在滿洲의 部(3)』, 「排日朝鮮人의 狀況에 관한 건」(機密公信 제51호)(1914.07.28).

70) 盧相益, 『大訥手卷』 卷之九, 「大訥手卷跋[盧相稷]」 "辛亥 …… 七月至大邱而還, 十一月辭家廟而行, 所持惟薄被一, 殘編數三而已. 途中次送族弟相大婦人鄭烈婦旌

대눌은 1913년 이승희의 유교개혁운동인 '동삼성 한인공교회'에 동참하는 등 망명지에서 생을 마치고자 결심하여 집까지 짓고 살았다. 그러나 중국이 초기 이주 한인들에게 인정해주던 토지 소유권을 점점 중국인과 차별하자, 한인들은 차별을 피하기 위해 머리를 짧게 깎고 중국옷을 입으며 치발역복薙髮易服을 하거나 귀화 또는 입적을 하게 되었다. 이에 더해 중국의 입적 강요가 점점 더 거세지고,[71] 중국 조정에서 한인들에게 부당한 세금을 과중하게 거두어가자 한인들의 삶은 더욱 팍팍해져갔다.[72] 그러던 중 국내에 있던 소눌이 1919년 제자들과 함께 파리장서에 서명한 일로 대눌에 대한 일제의 감시는 더욱 심해졌다. 또 1922년 중국에 남북분쟁이 일어나 정치적 상황이 어수선해지자, 일제의 손길이 만주까지 뻗쳐와 망명지 한인들의 박해는 더욱 가혹해졌다. 더욱이 1922년, 1914년에 이어 또다시 군자금모집軍資金募集 관련 인물로 대눌의 이름이 거론되면서 더 이상 망명생활을 유지할 수 없게 되자 급히 환국하였다. 그 후 그는 김해의 금곡에 천산재天山齋를 짓고 두문불출하며 은거생활을 하다가, 1941년 9월 16일 93세를 일기로 생을 마감하였다.[73]

閭韻, 有主辱國亡, 猶不死孤臣, 還媿食人烟之句, 讀者悲之. 渡鴨綠江, 安東縣而止焉."; 盧相益, 『渡江錄(草稿1)』 第三, 「自誌」 "辛亥十一月十七日, 渡鴨綠江."

71) 趙東杰, 『白下 金大洛의 망명일기』, 한국근현대사학회 월례발표회 발표요지문, 안동대, 2000. 14쪽 참조.

72) 연변조선족략사편찬조, 『조선족략사』, 서울;논장, 1989. 21쪽 참조. 총 30여종에 달하는 세금이 있었으며, 그 가운데는 민족차별성 잡세도 있었다. 한인들이 논농사를 지으면 '수리세', 소를 사육하면 '소사양세', 관청에 드나들면 '문턱세', 남에게 고용된 사람에게는 '고용세', 기타 '인두세', '굴뚝세', '소금세', '입적료' 등이 있었다. 중국 지주들은 소작료를 3~4할 또는 5할 정도까지 착취하였던 것으로 파악된다.

73) 정경주, 위의 논문, 139쪽 참조.

〈천산재 현판(사진 : 노규현 옹)〉[74]

〈김해의 천산재(사진 : 노규현 옹)〉

〈대눌의 영향을 받은 인물〉

대눌의 망명지 제자 박지영朴址永 · 김천직金天稷 · 이장선李章善 · 이재기李在基 · 최학술崔學述 · 한봉수韓鳳壽 등[75]은 망명지에서 대눌

---

74) 현재 천산재는 터만 남아 있는데, 망명 전에 살던 怡怡亭을 환국 후 현재의 터에 옮겨 지은 것이다. 천산재 현판과 이이정 현판은 小訥의 증손자 노규현 옹이 소장하고 있다.

75) 盧相益, 『渡江錄(草稿1)』 第三, 「自誌」 "盖西溝設始, 天所以定境界也. …… 諸子(朴址永, 金天稷, 李章善, 李在基, 崔學述, 韓鳳壽)負笈來, 讀好文學也.

의 영향을 받았을 것임에 틀림없다. 그러나 현재 이들에 대한 간단한 인물 정보조차 확인되지 않고 있다. 망명지에서 골육지친처럼 지낸 신백우申伯雨[76]가 독립운동 등을 통해서 보여준 일련의 행동[77]들 또한 대눌로부터 받은 영향이 적지 않다. 그리고 봉천성奉天省 환인현桓仁縣에 동창학교東昌學校를 설립한 윤세용尹世茸은 평생 항일투쟁에 전념한 인물로, 대눌로부터 학문을 질정 받았다.[78] 윤세용이 항일투쟁에 전념한 것 또한 대눌이 1922년 군자금모집 관련 인물로 일제 문건에 기록된 사실과 무관하지 않을 것이다. 따라서 윤세용은 학문적으로는 물론 항일사상에 있어서도 대눌의 영향이 있었음을 유추할 수 있다.

그밖에 철산鐵山에 거주하던 임병용林秉庸은 대눌로부터 사단칠정四端七情의 가르침을 받았고,[79] 서간도에서 함께 생활한 박상림朴尙林(1869~?)·김석원金碩遠·정민화鄭民和·최치훈崔致薰·최영치崔榮致·안형원安衡遠(1876~?)[80] 등 또한 대눌로부터 학문적 영향을 받은 것으로 파악되나 현재 이들 또한 기본적인 인물정보 조차 파악되지 않고 있는 형편이라, 구체적인 기술은 불가능하다.

---

76) 盧相益,『大訥手卷續編』 卷之一,「與申友(伯雨)乘氷車至九連城」; 卷之二,「答申(伯雨)」; 卷之四,「梨社記(丁巳)」"相益與孟輔淳, 鄭民和, 朴在懿, 申伯雨歷覽縣內地方. …… 同苦諸家, 便如骨肉之親."

77) 申伯雨의 행적은 畊夫申伯雨先生紀念事業會 編,『(畊夫)申伯雨』, 畊夫申伯雨先生紀念事業會, 1973. 62~72, 572~576쪽과 공훈전자사료관(http://e-gonghun.mpva.go.kr/) 申伯雨 포상자 공적조서를 통해 알 수 있다.

78) 盧相益,『大訥手卷續編』 卷之二,「答尹參奉(世茸)問目」

79) 盧相益,『大訥手卷續編』 卷之二,「答林(秉庸)問目(居鉄山)」

80) 盧相益,『大訥手卷續編』 卷之二,「答朴可見」; 卷之二,「別紙」; 卷之二,「答金(碩遠)」; 卷之二,「答鄭(民和)問目」; 卷之二,「答崔(致薰)問目」; 卷之二,「答崔主事問目」; 卷之一,「賜安錫模(衡遠)」; 卷之二,「答安錫模」

라. 밀양密陽의 소눌小訥 노상직盧相稷

소눌의 생애는 『소눌선생편년小訥先生編年』과 기존 연구[81]를 통해서 자세히 알 수 있다.

노상직의 자는 치팔致八이고, 호는 소눌小訥 외에 눌인訥人과 자암병수紫巖病叟가 있다. 생부 노필연과 숙부인 창녕성씨 사이에서 1855년 11월 21일 대눌이 태어난 금곡에서 둘째 아들로 태어나 노호연盧滈淵에게 입적되었다. 형으로 대눌 노상익이 있다. 12세부터 형 대눌과 함께 허전의 문하에서 수학했다. 1880년 경과慶科 한성시漢城試에 입격入格하였으며, 1882년 대눌이 급제하였을 때 동당시東堂試에 입격하였고, 1883년 응제應製에 응하여 급분給分을 받았다.

생부의 상과 스승의 상을 당한 후로 과거공부를 접고 독서와 강학에 전념했다. 임오군란과 갑신정변 등을 거치면서 외세의 영향으로 정국이 극도로 어지러워지자, 1895년 금곡에 금산서당錦山書堂을 건립하고 후학양성에 더욱 힘썼다. 1896년 노곡에 자암초려紫巖草廬를 짓고 강학을 확대하였으나, 1910년 경술국치를 당해 중단되었다.

대눌이 은사금 거부로 옥에 갇혔을 때, 옥 밖에서 여러 날을 모셨다.[82] 대눌이 1911년 11월 망명길에 나서 11월 17일 압록강을 건너자[83] 소눌은 그로부터 한 달 후인 12월에 가솔들을 이끌고 대눌을

---

81) 정경주, 「小訥 盧相稷의 생애와 학문 경향」, 『東洋漢文學硏究』 제18집, 동양한문학회, 2003. 197~201쪽 참조.

82) 『小訥先生編年』 32장 후면 "[庚戌]十一月, 侍講公被囚酉獄, 時侍講公却金被拘, 絶食罵賊. 府君侍立獄外累日不倦."

83) 盧相益, 『大訥手卷』 卷之九, 「大訥手卷跋[盧相稷]」 "辛亥 …… 七月至大邱而還, 十一月辭家廟而行, 所持惟薄被一, 殘編數三而已. 途中次送族弟相大婦人鄭烈婦旌閭韻, 有主辱國亡, 猶不死孤臣, 還媿食人烟之句, 讀者悲之. 渡鴨綠江, 安東縣而止焉."; 盧相益, 『渡江錄(草稿1)』 第三, 「自誌」 "辛亥十一月十七日, 渡鴨綠江."

따라 압록강을 건너가 안동현安東縣(현 단동)에 거주하였다.[84] 그리고 소눌은 1912년 11월 대눌에게 입적시킨 아들 노식용을 안동현에서 잃었다.[85] 그 후 대눌의 강력한 권유로 1913년 1월 사판을 모시고 완전히 환국하였다.[86] 환국 후에 소눌은 여섯 차례나 대눌을 만나러 중국을 다녀왔다.[87]

환국한 소눌은 1913년 5월 형 대눌의 문집을 엮은 『대눌수권大訥手卷』의 발문跋文을 지었으며,[88] 1914년 자암서당을 건립하고 강학을 재개하는 한편, 이익李瀷의 문집을 위시하여 안정복安鼎福 · 황덕길黃德吉 · 허전 등 제현의 문집과 『이자수어李子粹語』 · 『동현학칙東賢學則』 등 원고 상태로 보존되어 오던 서적 간행사업에 힘썼다.

그러다가 소눌은 1919년 독립만세 운동 때 전국 유림에서 곽종석郭鍾錫(1846~1919)을 중심으로 전개된 파리장서에 제자들과 함께 김해 대표로 서명하였다가 옥고를 치렀으나, 강학과 저술 간행 사업은 지속하였다. 1919년 9월 노곡에서 조금 떨어진 말방秣方으로 옮겨 사남서장泗南書庄에서 강학하였다. 1926년 자암서당을 다시 중수하고 강학에 힘쓰던 중, 1931년 1월 22일 생을 마감하였다.[89]

---

84) 『小訥先生編年』 33장 전면 "[辛亥]十二月, 挈家從侍講公, 住安東縣興隆街(有紀行詩)."

85) 『小訥先生編年』 37장 전면-후면 "[壬子]十一月, 寔容卒于安東縣."

86) 『小訥先生編年』 37장 전면 "[癸丑]正月, 奉祠版還蘆谷."

87) 『小訥先生編年』에 의하면, 1913년 7월, 1914년 4월, 1915년 4월, 1916년 7월, 1917년 4월, 1918년 4월이다. 그 후 건강이 좋지 않자 1919년, 1920년, 1921년에는 아들과 손자를 시켜 문안을 시킨 것으로 확인된다.

88) 『小訥先生編年』 37장 전면 "[癸丑]五月, 跋大訥手卷."

89) 盧相稷의 생애는 정경주, 위의 논문, 197~201쪽과 『小訥先生編年』을 기조로 서술하였다.

〈밀양의 자암서당(사진 : 이은영(2016.04.23.))〉

소눌은 2003년 독립유공자로 지정되었으며, 현재 대전 국립묘지에 안장되었다.

〈소눌의 영향을 받은 인물〉

소눌의 영향을 받은 제자는 총 807명으로 확인된다.[90] 그 중에서 1919년 파리장서에 함께 서명하였다가 옥고를 치른 제자로 강신혁姜信赫 · 김정기金定基 · 김태린金泰麟 · 노도용盧燾容 · 박상윤朴尙允 · 박정선朴正善 · 배종순裵鍾淳 · 손병현孫柄鉉[손상현孫上鉉] · 안종달安鍾達 · 안효진安孝珍 · 유진옥柳震玉 · 이돈호李墩浩 · 이정후李定厚 · 이학규李學奎 · 허평許坪 등을 확인할 수 있다.

김태린은 소눌의 가르침을 반영해 민족정신 고취를 위한 『동몽수독천자문童蒙須讀千字文』을 저술하였다.[91] 또 노도용盧燾容은 기왕의

---

90) 정경주, 앞의 논문, 200쪽 참조. 1898년 12월부터 1931년 8월까지 문하에서 수학한 명단 『紫巖契帖』을 통해 총 807명으로 확인된다.

91) 백두현, 애국지사 김태린이 지은 『동몽수독천자문(童蒙須讀千字文)』, 『어문학』

연구에서 노수용盧壽容[92]으로 거론되기도 하는데, 파리장서에 서명한 인물은 노수용이 아닌 노도용이다. 또한 이들 중 손상현孫上鉉은 소눌의 글[93]을 통해 이름을 손병현孫柄鉉으로 바꾼 사실이 확인되었다. 따라서 손상현에 대한 정보는 손병현으로 접근하며 그의 삶과 행적을 탐색할 필요가 있다.

그밖에 대눌과 소눌 문하에서 수학한 대눌의 사위 뇌헌磊軒 정종호鄭宗鎬가 있다. 그는 회당晦堂 장석영張錫英으로부터 받은 파리장서를 윤상태尹相泰에게 전달한 일로 옥고를 치른 후 학문연구와 후학양성에만 힘썼다. 수파의 행장을 지은 족질族姪 성암誠庵 노근용盧根容은 소눌로부터 경전·제자백가 등을 익힌 후, 면우俛宇 곽종석郭鍾錫 문하에서도 수학한 인물로, 두 스승의 영향으로 후학 양성에 힘씀과 동시에 일제가 행하는 모든 일에 강력히 저항한 것으로 유명하다. 또 수파의 사위 허석許銛이 소눌의 행장을 쓴 것으로 보아 허석 또한 소눌로부터도 일부 영향을 받았음을 알 수 있다. 평재平齋 권태직權泰直(1886~1950) 또한 자암서당에서 공부한[94] 제자이다.

제95집, 한국어문학회, 2007. 62, 72쪽 참조.

92) 盧壽容 : 자는 纘奎, 호는 晩翠, 본관은 光州이다. 부친은 盧命世이고, 性齋 許傳의 문인이다. 盧相稷이 지은 行狀과 許埰가 지은 묘갈명이 있다. 春沙 李炳觀의 序文이 붙은 문집이 있는 것으로 전해진다.

* 『고등경찰요사』, 경상북도경찰부, 1934. 247쪽 표 〈1934년 3월 25일자 儒林代表ノ獨立請願事件〉에 盧壽容으로 기록되면서 헷갈리게 된 것으로 파악 된다.

93) 盧相稷, 『小訥先生文集』 卷之十九, 「孫柄鉉字說」 "孫氏子有欲節其剛柔者, 以其大人之命, 而取鼎之上九, 玉鉉在上之義, 名之曰上鉉, 字以亨九. …… 思所以卑己尊人者, 稟于庭復得一卦曰謙, 謙者德之柄也. 爲德者之用謙, 猶斧刃之有柯柄, 宜執持而不可失也. 遂改上爲柄, 而以自勵焉."; 卷之十三, 「答孫謙叟(柄鉉)禮記問目」

94) 權泰直, 『平齋文集』(국립중앙도서관 소장, 1974) 「平齋文集序」 "盧小訥先生, 設丈席于蘆山之紫巖書堂也. 負笈鼓篋之士, 日盈門而進焉. 升堂入室者多有之, 若故

그밖에 소눌의 마지막 문하생인 신암新庵 허격許格(1910~1991)과 허격의 종숙從叔 과재寡齋 허철許哲(1904~1958)[95] 등이 있다. 허격은 해방 후인 1946년부터 1960년대 중반까지 이회서실以會書室을 운영하며 학문적 신념을 흔들림 없이 견지하는[96] 한편, 자암서당의 운영방식을 이어받아 기록한 『이회서실자료선집以會書室資料選集』[97]을 남겼다.

마. 청도淸道의 이산伊山 예대희芮大僖

예대희의 생애는 1935년에 쓴 「자지自誌」[98]와 김재화金在華가 지은 「행장行狀」[99]을 통해서 자세히 알 수 있다.

예대희의 자는 국언國彦이고, 호는 이산伊山 또는 소남小南 · 희재希齋[100]이며, 본관은 부계缶溪 곧 의흥義興[101]이다. 고려 문하찬성사門下

平齋權公其一也. 公未冠時已終先生, 學得聞道德文章之旨, 而屢蒙奬詡."; 盧相稷, 『小訥先生文集』 卷之四, 「權敬夫泰直, 訪余泗南, 請留數月, 託嚇燁兩孫」; 卷之五, 「答權敬夫」; 權泰直, 『平齋文集』 卷之一, 「謹次小訥盧先生紫巖書堂韻」; 卷之一, 「紫巖講會與諸友共賦」; 卷之一, 「小訥盧先生挽」; 卷之二, 「上小訥盧先生」; 卷之二, 「上小訥盧先生」; 卷之二, 「上小訥盧先生」

95) 許格, 『新庵先生文集』(신암선생문집발간편찬위원회, 뿌리문화사, 2002) 「祭小訥盧先生文(甲戌)」 "歲在己巳往拜臯席."; 「新庵先生行狀」 "其教則, 自小學之灑掃應對, 以至於窮理盡性, 隨其賢愚而傳授也. 最留意於字音之高低淸濁, 此亦有所受於小訥先生者也."; 盧相稷, 『小訥先生文集』 卷之十七, 「答許知卿格」; 卷之十七, 「答許子亨哲」

96) 정경주, 위의 논문, 216쪽 참조.

97) 신암선생문집발간편찬위원회, 『以會書室資料選集』, 뿌리문화사, 2002.

98) 芮大僖, 『伊山文集』 卷之七, 「自誌(乙亥)」

99) 芮大僖, 『伊山文集』 卷之八, 「行狀[金在華]」

100) 李相瞳, 「淸道 漢文學의 歷史的 展開 - 地域 漢文學 硏究를 위한 試論」, 嶺南대학교(박사논문), 2010. 147쪽 참조.

101) 芮大僖, 『伊山文集』 卷之八, 「行狀[金在華]」 "缶溪卽義興也."

贊成事 부계군缶溪君 예낙전芮樂全과 조선 성종 때 형조참판을 지낸 예승석芮承錫의 후손이다. 5세조는 예일신芮日新이고, 고조는 예흠문芮欽文, 증조는 예지열芮之烈, 조부는 예시능芮時能이다. 1905년 기로사에 들어 통정대부通政大夫에 제수된 부친 예동채芮東彩와[102] 모친 영헌공英憲公 김지대金之岱의 후손이자 김경권金景權의 딸 청도김씨淸道金氏 사이에서 1868년 3월 5일 경상북도 청도군 대전리大田里에서 태어났다.[103] 17세에 밀양 박치우朴致佑의 딸 밀양박씨를 아내로 맞았으며,[104] 슬하에 아들 예현기芮鉉基와 예용기芮鎔基를 두었다.[105]

1897년 봄 송시열宋時烈의 5대손 문경공文敬公 송환기宋煥箕(1728~1807)의 유집 간행일로 송시열의 8대손인 문헌공文獻公 송근수宋近洙(1818~1903)를 만난 것을 인연으로, 1898년부터 송시열의 9대손으로 1905년 을사늑약 후에 유서를 남기고 음독 자결한 문충공文忠公 송병선宋秉璿(1836~1905)에게서 가르침을 받았다.[106]

을사늑약 때 이산의 스승 송병선은 임금을 대면하려 하였으나 대면하지 못한 채 일본헌병대에 끌려 고향으로 강제 이송되었다. 이때

---

102) 芮大僖, 『伊山文集』 卷之七, 「自誌」 "吾芮之上祖無傳, 麗朝有諱樂全, 以門下贊成事封缶溪君, 歷七世有諱承錫, 我成宗朝卒官刑曹參判, 十五世祖也. 五世祖諱日新號畸齋, 陶菴李文正公門人. 高祖諱欽文號思軒, 受知于閔文獻百祥. 曾祖諱之烈號敬養齋, 從學于性潭宋文敬公, 祖諱時能. 父諱東彩號蘭坡, 高宗光武九年, 耆社覃恩授通政大夫."

103) 芮大僖, 『伊山文集』 卷之七, 「自誌」 "高宗戊辰三月初五日戌時, 生于淸道郡北大田里第."

104) 芮大僖, 『伊山文集』 卷之七, 「自誌」 "大僖年十七娶密陽朴致佑之女."

105) 芮大僖, 『伊山文集』 卷之七, 「自誌」 "有二男長鉉基娶密陽朴致義女, 生一男三女, 女長適閔興基餘幼. 次鎔基娶全州李範錫女, 生一男二女, 再娶全州崔氏."

106) 芮大僖, 『伊山文集』 卷之七, 「自誌」 "丁酉春以性潭宋文敬遺集刊事, 歷謁立齋宋相公. …… 戊戌春以書贄謁淵齋宋先生. …… 乙巳先生殉節."

일제를 규탄하는 유서를 남기고 스승이 음독 자결을 하자 이산은 큰 충격을 받았다. 이 충격이 채 가시기도 전에 경술국치를 당하자 이산은 그해 겨울 요동 만주에 가서 풍토를 두루 돌아보고 왔다.[107] 원통함과 분함을 견딜 수 없어 몇 개월간 만주를 돌아보고 왔는데, 이때부터 이산은 세상을 피해 만주로 망명 은둔하려는 뜻을 지녔다.[108] 그러나 모친의 병환으로 떠나지 못하고 있었는데, 1911년 3월 모친상을 당하면서 망명계획은 다시 미루어졌다.[109]

1912년 2월 스승 송병선의 동생이자, 이산의 또 다른 스승인 송병순宋秉珣(1839~1912)이 두문불출하면서 일제의 은사금을 거부하며 자정하고 있었다. 그러다가 일제에 의해 경학원經學院 강사로 천거되자 이를 수치로 여겨 음독 자결하였다.[110] 이 일로 이산의 망명 의지는 더욱 확고해졌고, 그 해 5월 모친의 담제禫祭를 마치자, 7월 부친을 모시고 가족들과 함께 망명길에 나섰다.[111] 이때 이산을 따라나선 족당과 문하생은 십여 가구나 되었다.[112]

이산은 망명지에서 처음 만난 이승희의 '동삼성 한인공교회'에 동참하며 유교개혁운동에도 동참하였다. 이산 또한 망명지에서 부족한 군자금 충당을 위해 중국화폐인 마제은馬蹄銀을 위조한 주모자로 일

---

107) 芮大僖, 『伊山文集』 卷之七, 「自誌」 "庚戌竟有屋社之禍, 其年冬往北至遼滿, 歷覽風土."

108) 芮大僖, 『伊山文集』 卷之八, 「行狀[金在華]」 "庚戌竟有屋社之禍, 公痛憤如不欲生, 往至遼滿遊歷數月, 因有避地之志."

109) 芮大僖, 『伊山文集』 卷之七, 「自誌」 "辛亥三月丁母憂."

110) 李相瞳, 위의 논문, 147쪽 참조.

111) 芮大僖, 『伊山文集』 卷之七, 「自誌」 "壬子五月釋禫, 七月侍先君率妻子, 渡鴨綠江."

112) 芮大僖, 『伊山文集』 卷之八, 「行狀[金在華]」 "族黨門生從之者, 十餘家."

제의 극비 문건에 거론[113]되는 등 일제로부터 삼엄한 감시를 받으며 살았다. 그럼에도 불구하고 망명지에서 삶을 마감하고자 했던 이산은 집안으로 뛰어든 비적匪賊에 의해 집안사람이 목숨을 잃는 사건을 겪었다.[114] 이 사건 이후 그는 날로 날뛰는 비적들 때문에 더 이상 부친을 편하게 모실 수 없다는 친족들의 강력한 권유를 이기지 못하고,[115] 3년 8개월간의 망명생활을 접고 1916년 3월 원치 않는 환국을 하였다.[116] 망명지에서 생을 마치지 못한 마음으로 고향에 돌아갈 수 없던 이산은 호서湖西 옛 공주의 명암리鳴岩理에 우거하면서 훗날의 진퇴를 도모하고자 하였다.[117] 그 후 1922년 4월 부친상을 당하여[118] 상을 치렀지만, 너무 늙고 병이 들어 다시 중국으로 갈 수가 없자 중국 땅에 뼈를 묻지 못한 것을 한으로 여기며 지냈다.[119]

---

113) 국사편찬위원회, 『不逞團關係雜件 - 朝鮮人의 部 - 在滿洲의 部(4)』, 「排日朝鮮人의 狀況에 관한 건」(朝憲機 제616호)(1914.09.15.).
* 문서에는 인명이 芮大囍로 되어 있는데, 이는 芮大僖의 오류이다.

114) 芮大僖, 『伊山文集』 卷之八, 「遺事[芮鉉基]」 "一夜匪至同室, 一人中丸喪命."

115) 芮大僖, 『伊山文集』 卷之七, 「自誌」 "甲寅二月, 還到桓仁寓舍, 時有匪亂不可居."; 卷之八, 「遺事[芮鉉基]」 "族姻同渡江者, 且十餘家, 皆欲還國, 强府君, 府君曰; "生死命也." 蘭坡府君癃老, 諸人曰; "如老人何." 府君乃權且奉還."

116) 芮大僖, 『伊山文集』, 「伊山文集序[金甯漢]」 "扶老携幼渡馬訾, 而北止于桓仁縣之老黑山下. 因樹爲屋種荳養秫, 以爲畢生之. 所自中土大亂寇掠, 公行殺人如麻, 老親不得一日寧矣, 不獲已奉還故國."

117) 芮大僖, 『伊山文集』 卷之八, 「行狀[金在華]」 "丙辰春奉還, 而猶不肯至故鄕, 寓于湖西舊公州之鳴岩里, 以爲異日進退計."

118) 芮大僖, 『伊山文集』 卷之七, 「自誌」 "壬戌四月丁先君憂, 葬于舍南乾坐之原後, 癸酉移葬先妣于先君兆下."

119) 芮大僖, 『伊山文集』, 「伊山文集序[金甯漢]」 "寓居公山佳水川者, 幾年親歿終喪. 公亦老且病矣, 居平忽忽恨不埋骨於中土. 寓居公山佳水川者, 幾年親歿終喪. 公亦老且病矣, 居平忽忽恨不埋骨於中土."

이산은 공주 골짜기에 사는 동안 농사를 지으면서 후학들을 가르쳤다.[120] 그리고 유림[斯文]의 일로 황해도에 가서는 석담구곡石潭九曲을 돌아보았고, 풍천에서는 벗 조용승趙鏞昇을 방문하였으며, 길주에서는 최봉소崔鳳韶와 수창하였고, 경성鏡城에서는 어랑포漁郎浦를 돌아보고 도북서원道北書院에 배알하였다. 또 강릉 오죽헌에 이름을 올리고 풍악산을 기행하고, 통영의 충무공 사당에 참배하는 등 수년 동안 온 나라 구석을 두루 돌아보았다.[121] 그 후 그는 일제가 다스리는 땅에서 생을 마치는 것을 한으로 여기며 1939년 7월 23일 생을 마감하였다.[122]

이산은 2016년 3월 1일 독립유공자로 지정되었다.

〈이산의 영향을 받은 인물〉

이산의 영향을 일부 받은 것으로 확인되는 인물로는 이산이 학문을 권면하는 편지 등을 보내 준 이산의 내제內弟이자 소눌의 문하생 소강小岡 김태린金泰麟(1869~1927)[123]이 있다. 또 수차례 글을 주고받은

120) 芮大僖, 『伊山文集』, 「伊山文集序[金甯漢]」 "湖西峽中耕, 且養門人尙多."

121) 芮大僖, 『伊山文集』 卷之七, 「自誌」 "因斯文事, 西入黃海觀石潭九曲, 至豊川訪友人趙鏞昇, 北至吉州, 與崔鳳韶相唱酬, 入鏡城觀漁郎浦拜道北院. 東至江陵題名於尋軒錄, 歷觀楓岳, 南至統營謁忠武祠, 數年之間殆遍一國."

* 전국유람 당시 작품으로는 芮大僖, 『伊山文集』 卷之七, 「北征日錄」; 卷之七, 「關北風俗論」; 卷之七, 「東遊錄」 등이 있다.

122) 芮大僖, 『伊山文集』 卷之七, 「己卯七月二十三日, 考終于寓舍, 享年七十二」

123) 芮大僖, 『伊山文集』 卷之四, 「與金仁吉(庚戌)」 "悶煎時變, 古今天下, 寧有此事. 秉彝所同, 孰不憤痛. 雖然旣已不死, 則不得不生, 旣已生矣, 則宿昔朋友間, 不得不往還. 嗚乎. 乃知古人之登山蹈海者, 眞萬古高士也. 姪輩近做甚工, 當今一線之陽, 猶在讀書種子加勉加勉."; 卷之四, 「答內弟金仁吉(泰麟)(壬寅)」; 卷之四, 「與金仁吉(庚戌)」; 卷之四, 「與金仁吉(甲寅)」

복암復庵 장화식蔣華植(1871~1947)[124]과 이산이 이석대李碩大로부터 전해들은 러시아 거사 계획을 전해 준[125] 서간도 신흥학교 교장 고광古狂 이세영李世永(?~1938), 일제의 토지수용령 거부로 자신의 집을 불태우고 애국투사들의 행적을 서술한 조희제趙熙濟의 비사秘史『염재야록念齋野錄』에 서문을 써준 일로 옥고를 치른[126] 흠재欽齋 최병심崔秉心(1874~1957) 등에게 일정량 영향을 끼친 것으로 파악된다.

또 육군보병참위 · 육군참령 등을 지낸 오석烏石 김학소金學韶(1875~1936)는 1907년 대한제국의 군 해산명령 후 항일투쟁에 전념하는 동안 거주지가 일정하지 않은 상태에서 이산과 편지를 주고받으며[127] 교유를 한 사실이 있다. 이로써 김학소 또한 이산의 영향을 일부 받았을 것으로 확인된다.

그 밖에 스승 송병순의 아들 후암後菴 송증헌宋曾憲(1878~ 1947)과는 함께 금강산 유람을 다니는 등의 교유가 있는 것으로 확인되어 일부 영향을 끼쳤을 것으로 추측된다.

바. 함안咸安의 서천西川 조정규趙貞奎

서천의 생애는『서천선생문집西川先生文集』에 실린 글[128]과 기존 연

124) 芮大僖,『伊山文集』卷之三,「與蔣孝重(華植)(己亥)」; 卷之三,「與蔣孝重(庚申)」, 卷之三,「與蔣孝重(庚申)」; 蔣華植,『復菴先生文集』(남명학고문헌DB) 卷之二,「芮友國彦以五言一絶遠寄慇懃憐其同懷而和之」; 卷之二,「同芮國彦朴聖中李仁玉登華溪齋」; 卷之二,「挽芮國彦」; 卷之二,「祭芮國彦文(辛巳)」

125) 芮大僖,『伊山文集』 卷之四,「答李正尉(世永)(甲寅)」"人來拜書慰浣如對承審. …… 昨見李碩大, 得聞北來消息, 湯海諸公, 旣已入俄, 而似當有大擧措云. 雖未詳其裏, 許庶幾有望焉."

126) 芮大僖,『伊山文集』 卷之四,「與崔欽齋(秉心)(乙丑)」

127) 芮大僖『伊山文集』卷之四,「答金正尉(學韶)(丁巳)」; 卷之四,「答金正尉(壬戌)」

구[129]를 통해서 자세히 알 수 있다.

조정규의 자는 태문泰文이고, 호는 서천西川이며, 본관은 함안咸安이다. 생육신生六臣 가운데 한 사람인 정절공靖節公 조려趙旅(1420~1489)와 임진왜란 의병장으로 황석산성에서 순절한 조종도趙宗道(1537~1597)의 후손이다. 증조는 조국의趙國毅, 조부는 조주익趙柱翊이다. 1853년 10월 17일 경상남도 함안 안도安道 유암리流巖里에서 부친 조희린趙熙麟과 모친 이유보李有甫의 딸 재령이씨載寧李氏 사이에서[130] 태어났다. 부인은 안정매安鼎梅의 딸 순흥안씨順興安氏와 배진수裵縉綬의 딸 분성배씨盆城裵氏이다. 슬하에 배씨 소생의 딸 셋만을 두어, 동생 조중규趙中奎(1861~1942)의 아들 조용원趙鏞元(1886~1972)으로 후사를 이었다. 15세에 모친상을 당하고, 큰어머니와 큰형 조극규趙極奎마저 모두 전염병으로 잃었다.[131]

1889년부터 1890년까지 박치복朴致馥・김인섭金麟燮 등과 함께 1886년에 죽은 선사先師 성재문집性齋文集 발간에 참여하였다.[132] 함께 문

128) 趙貞奎, 『西川先生文集』 卷之五, 「行錄[李正浩]」; 卷之五, 「行錄[李正浩]」; 卷之五, 「墓碣銘(並序)[盧相稷]」; 卷之五, 「墓誌銘(並序)[宋鎬坤]」; 卷之五, 「傳[金梖]」

129) 尹浩鎭, 「西川 趙貞奎 의 삶과 詩世界」, 『한암의 인물과 학문(Ⅰ)』, 함안군・함안문화원, 도서출판 술이, 2010. 120~142쪽 참조.

130) 趙貞奎, 『西川先生文集』 卷之五, 「墓碣銘(幷序)[盧相稷]」 "公諱貞奎, 泰文其表德也, 西川其別號也. 趙氏咸安人, 貞節公漁溪先生旅爲莊陵生六臣之一, 忠毅公大笑軒先生宗道, 爲昭敬王朝死事臣, 於公間十五世・十世. …… 有國毅柱翊熙麟, 曾祖以下三世也. 妣載寧李有甫女, 屹峯贇望玄孫."

131) 趙貞奎, 『西川先生文集』 卷之五, 「墓碣銘(幷序)[盧相稷]」 "公以哲宗癸丑十月十七日, 生于咸安安道流巖里. …… 配順興安氏鼎梅女, 聚友灌后墓祔左. 繼配盆城裵氏縉綬女, 以弟中奎之子鏞元爲嗣. 育三女許昌・崔驥鎬妻, 一未笄並裵氏出. …… 十五丁母憂, 伯母伯兄俱犯疫歿."

132) 趙貞奎, 『西川先生文集』 卷之五, 「墓碣銘(幷序)[盧相稷]」 "己丑庚寅之間, 朴晩醒・金端磎諸賢, 倡多士刻先師性齋先生文集, 公往從之. 咸許其詞彩幹局, 請與共

집 발간에 참여한 일대一代의 인사들로부터 문장의 재능과 역량에 대해서 인정을 받았으며, 김진호金鎭祜와는 교유가 돈독했다.[133] 1895년 부친을 잃었고,[134] 1903년 곽종석으로부터 학문을 익혔다.[135]

1910년 경술국치를 당하자 서산당西山堂에서 통곡을 하고, 자고산紫皐山으로 들어가 춘추春秋를 강의했다. 그리고 은둔할 곳을 찾기 위해 조카 조용돈趙鏞惇을 시켜 요하遼河의 풍토를 돌아보고 오게 하였다.[136] 1913년 봄 망명을 실행하기에 앞서 조병택趙昺澤・김상욱金相頊・조용훈趙鏞薰과 함께 직접 망명할 곳을 돌아보기 위해 중국을 기행하고 왔다. 당시 서천은 천진天津과 북경北京 등지를 돌아보고 오는 길에 이승희를 비롯한 수파와 대눌을 만나 서간도에서 함께 경작耕作하기로 약속을 하고 돌아왔다.[137] 1913년 환갑날 동생 조중규의 아들 조용원으로 후사를 잇고,[138] 1914년 3월 하순에 본격적인 망명길에

事, 因周旋其間, 而竣功焉, 時一代賢流多會, 公深有觀感."

133) 趙貞奎,『西川先生文集』卷之五,「行狀[趙亨奎]」"晩醒稱之曰;"泰文在座, 重於山嶽." 自此盛譽藉, 蔚交遊日博, 如許后山愈・金端磎麟燮・趙月皐性家・鄭艾山載圭・尹膠宇胄夏, 皆服其器局, 而尤與金勿川鎭祜許以道義, 終始無斁."

134) 趙貞奎,『西川先生文集』卷之五,「墓碣銘(幷序)[盧相稷]」"乙未丁父憂."

135) 趙貞奎,『西川先生文集』卷之五,「墓碣銘(幷序)[盧相稷]」"癸卯見郭俛宇鍾錫, 論天下大勢, 俛宇曰;"國士也." 見其文曰;"志氣高故口氣亦高.""

136) 趙貞奎,『西川先生文集』卷之五,「墓碣銘(幷序)[盧相稷]」"庚戌七月痛哭于西山堂, 入紫皐山, 講春秋. 趙一山昺奎・趙錦溪錫濟・趙一軒昺澤・李斗山準九・李芋山熏浩・裵文昶性和・安鍾彰致行・趙炳奎明五偕焉. 論避地之方, 遣從子鏞惇, 觀土風於遼河."

137) 趙貞奎,『西川先生文集』卷之五,「墓碣銘(幷序)[盧相稷]」"癸丑春與趙一軒・金勿窩相頊・趙鏞薰, 入中國到天津. …… 至北京謁先聖先師于國子監, 歸路遇李韓溪承熙・安學士孝濟, 及余兄大訥, 約共耕作."

138) 趙貞奎,『西川先生文集』卷之五,「墓碣銘(幷序)[盧相稷]」"以弟中奎之子鏞元爲嗣."; 卷之一,「生朝述志」"維癸丑之冬十月十有七日. …… 在今而我立子, 則我得

나섰다.[139)]

어려운 유민들을 돕기 위해서 망명을 떠난 서천은 이승희와 함께 주선하던 농사일이 계획대로 진행되지 않아 좌절하면서도 동지들을 돕기 위해 수차례 고국을 드나들었다.[140)] 그 사이에 서천은 1916년 이승희가 생을 마감하기 전까지 이승희의 유교개혁운동에 동참하였다. 그 후 서천은 망명생활 동안 얻은 풍토병을 이겨내지 못하고 병든 몸으로[141)] 5년간의 망명생활을 접고 1918년에 환국한 후, 벗들과 함께 이택당麗澤堂을 다녀왔다.[142)] 단성丹城 법물法勿 황매산黃梅山 아래의 이택당에는 자신이 함께 참여해서 발간한 『성재허선생집性齋許先生集』이 보존되어 있었기 때문이다. 그 후 병을 앓다가 손수 '충효문忠孝門'을 크게 제題하고, 그 아래에 "자손들은 영원토록 충효를 대대로 이어 전하라."는 글을 써서 아들 조용원과 조카 조용돈에게 전해주고 절필絶筆하였다.[143)] 1920년 7월 23일 68세를 일기로 생을 마감하였다.[144)]

子之日."

139) 趙貞奎, 『西川先生文集』 卷之五, 「墓碣銘(幷序)[盧相稷]」 "甲寅復入治田事."

140) 安昌濟, 『松隱遺稿』 卷之一, 「挽趙西川(貞奎)」 "經學西川子, 南州士望高. 文章成體格, 氣概儘英豪. 棄我田園富, 傷時滿野逃. 欲致同志士, 周旋往返勞. 還鄉遽升仙, 素志誰能褒."

141) 趙貞奎, 『西川先生文集』 卷之五, 「墓碣銘(幷序)[盧相稷]」 "身且病乃歸國."

142) 趙貞奎, 『西川先生文集』 卷之一, 「戊午夏江西紀行」 "五年中華客, 還國懷友人, 麗澤堂之約, 曰李薰浩·安有商·趙慶奎三人."

143) 趙貞奎, 『西川先生文集』 卷之五, 「墓碣銘(幷序)[盧相稷]」 "留奉天前後凡五載, 及還手書忠孝門三大字題, 其下曰; "子孫永世忠孝相傳." 以遺子姪. 此絶筆也."

144) 趙貞奎, 『西川先生文集』 卷之五, 「墓碣銘(幷序)[盧相稷]」 "第六十八歲卒于昌里正寢, 庚申七月二十三日也."

〈서천의 영향을 받은 인물〉

서천의 영향을 받은 제자로는 이정호李正浩·조형규趙亨奎·이광흠李光欽 등을 확인할 수 있다.[145] 현재 세 사람의 행적을 확인할 수 있는 자료가 발굴되지 않아 구체적인 정보는 알 수 없다. 그밖에 서천 문하에서 7년간 수학한 정와靜窩 안정현安鼎鉉(1871~1928)[146]도 확인되는데, 그는 관직에 나아가지 않으면 후학양성에 힘써야 한다는 서천의 가르침을 평생 실천한 인물이다.

그리고 망명지에서 서천의 영향을 받은 사람으로 외재畏齋 정태진丁泰鎭(1876~1959)[147]과 서주西洲 김사진金思鎭[148] 등이 확인된다. 그들은 1916년부터 2년 동안 서천이 구입한 덕흥보德興堡에서 농장을 경작한 사실을 미루어 서천으로부터 받은 영향 또한 적지 않다고 하겠다.

그밖에 동생 조중규와 조카 조용돈, 조용돈의 아들 만우晩愚 조홍제趙洪濟(1906~1984), 양자 조용원 등도 서천의 영향을 받았음은 물론

---

145) 趙貞奎, 『西川先生文集』 卷之五, 「墓碣銘(幷序)[盧相稷]」 "辛酉公之高第子李正浩·趙亨奎, 奉公遺草, 屬余編摩. 明年李光欽周幹與亨奎來曰; "先生稿方入木, 乞更勘勘訖.""

146) 安鼎鉉, 『靜窩遺稿』(국립중앙도서관 소장 聚友亭, 1935) 卷之四, 「行狀[趙正來]」 "丁酉從西川趙先生于仁山, 讀六經四子書七八年, 融會貫通, 知有古人爲己之學, 以眞知實踐爲務. 諸經微詞奧旨無不硏. 窮體驗見解益精, 至論心性理氣之說, 鑿鑿中竅. 先生謂諸生曰; "才思穎悟, 踐履篤實, 未有如安某.""; 卷之二, 「上西川先生」; 卷之二, 「答西川先生」; 卷之二, 「上西川先生」; 卷之二, 「與西川文集校正所諸賢」

147) 丁泰鎭의 행적은 공훈전자사료관(http://e-gonghun.mpva.go.kr/) 丁泰鎭 포상자 공적조서와 丁泰鎭, 『畏齋文集』(국립중앙도서관 소장, 1961) 卷之十四, 「行狀[李家源]」 등을 통해서 확인할 수 있다.

148) 金思鎭은 세간에 '遼行日記'를 저술한 것으로 알려져 있으나 현재 행방이 확인되지 않고 있다.

이다.

조중규는 영농과 치산에 힘써 모은 천석의 재물을 독립운동 후원금에 썼다. 부농富農이 된 조용돈은 서천의 명으로 서간도를 다녀왔고, 절필에 앞서 마지막 글을 남겨준 만큼 서천의 영향이 상당했을 것으로 여겨지나, 현재 행적을 알 수 있는 자료가 발굴되지 않고 있다. 또 조용돈의 아들 조홍제는 중앙고등보통학교 재학 중 6·10만세사건으로 옥고를 치르고, 일본 유학을 다녀와 자작농 육성에 힘썼으며, 해방 후에는 사업 수완을 발휘해서 효성그룹의 창업주가 되었다. 조중규가 독립운동을 후원한 일은 서천이 망명지에서 이승희에게 거금을 내놓아 한인들에게 농토를 경영할 수 있도록 힘을 보탠 행동과 일맥상통하는 것이다. 또 조용돈이 부농으로 성공한 것과 조홍제가 자작농 육성 등에 힘쓴 행동 또한 서천이 망명지에서 유민 자활을 위해 애쓴 것과 동일한 취지에서 나온 결과라고 하겠다.

양자 조용원이 함안 장터의 3·1 만세운동으로 징역 6월형을 받은[149] 일련의 행동 또한 서천의 영향을 받은 사실이 확인되는 부분이다. 또 족손 조형진趙亨進에게도 독서를 권면한 편지[150] 등을 통해서 영향을 준 사실이 있다.

급변하는 정세 속에서 같은 유학자 가운데에서도 행동 양식은 달리 나타났다. 유학자들은 자신들의 신념에 따라 일제에 협력하거나 비타협, 또는 일제 치하에서 살수 없어 자결이나 망명을 택하였다. 앞에

149) 趙鏞元의 행적은 공훈전자사료관(http://e-gonghun.mpva.go.kr/) 趙鏞元 포상자 공적조서와 丁泰鎭, 『畏齋文集』 卷之十四, 「行狀[李家源]」 등을 통해서 확인할 수 있다.

150) 趙貞奎, 『西川先生文集』 卷之二, 「答族孫正來」

생애를 살펴본 망명객들은 현실에 타협하며 일제에 협력하는 순응방식의 삶을 살 수 없었다. 이는 자신들이 평생 추구해온 학문과 가학의 영향으로 유자적인 양심과 애국심의 발로로 인해 일제치하에 살 수 없는 환경 속에서 살아왔기 때문이다. 그리고 이들은 자결과 망명가운데 자결로는 아무런 도움이 되지 못한다는 생각을 갖고 '부해거수'를 택해 망명을 떠났다.

또 '부해거수'를 택한 망명 유학자는 국권 상실로 민족의식이 고조되던 시기에 유교에 대해 비판적인 현실 대응자세를 보여주었다. 이들 가운데 경재는 박은식朴殷植이 양명학陽明學을 유교개혁사상에 적극적으로 끌어들이던 것처럼 강화학자로서 이미 고국에서부터 유교개혁사상에 마음을 쓰고 계명의숙을 세우고 신학문을 통한 민족주의 교육에 힘썼다. 또 경재를 제외한 나머지 망명 유학자들은 자성의 관점에서 유교를 비판하고 변화를 모색하였다. 망명지 유교개혁운동은 중국 공교孔教운동의 중심인물인 강유위康有爲·진환장陳煥章 등과 직접 관련을 맺은 이승희를 중심으로 전개되었다. 이승희는 '동삼성한인공교회'를 통해 전통유교의 폐단을 성찰하고 극복하며, 중국의 공교운동을 수용함으로써 개혁방향을 찾아가려는 자세를 취하였다. 이에 동참한 망명 유학자 수파·대눌·이산, 그리고 후발 주자로 동참한 서천은 공교운동으로 종교적 각성을 하는 변혁과 민족적 자각을 통한 책임의식을 강화하는 등 유교개혁론적인 자세를 취하였다.[151] 이들은 유교개혁을 통해 일본에 저항하고, 민족적 자각을 위해 자국의 역사에 깊은 관심을 보이고, 대중 계몽을 위한 교육활동에 주력하였다. 이는 이들이 역사에 대한 책임의식을 갖고, 구국의 일환으로

---

151) 금장태, 앞의 논문, 286, 291, 298쪽 참조.

유교개혁사상의 자세를 취하였음을 뜻한다.[152]

3) 망명의 명분

유학자의 망명은 자신의 처지에 따라 각자 다른 명분을 갖고 있다. 이는 크게 세 가지 계몽운동가로서의 명분, 전직관료로서의 명분, 지역사림으로서의 명분으로 분류해 볼 수 있다.

가. 계몽운동가로서의 명분

계몽운동가 가운데 망명 유학자의 경우로는 강화에서 민족주의 계몽운동에 힘쓴 경재를 들 수 있다.

경재는 1905년 강화에서 조용히 살던 자신의 삶을 뒤바꿔놓은 을사늑약이 체결되자 정원하와 함께 자결하려 하였다. 그러나 자신들의 죽음이 국가와 민족에게 현실적으로 아무런 도움이 되지 못할 것이라고 생각을 고쳤다. 그리고 1907년 전 재산을 기울여 향리에 계명의숙을 세우고, 젊은이들을 계몽하는 민족주의 교육에 전념하는 등[153] 현실에 적극적으로 대응하는 행동양식을 표출하였다.

그런 경재는 을사늑약 후 구례에 있는 황현에게 아래의 편지 「여황매천서與黃梅泉書」를 보냈다.

---

152) 진재교, 위의 논문, 564쪽 참조.

153) 李建昇, 『耕齋集』上, 「耕齋居士自誌(戊午)」“乙巳日本奪我國權, 居士與參判鄭元夏約死, 而不能死, 閉門不見人, 旣而歎曰; “我雖瘦死室中何益.” 乃傾貲建學校, 以教育爲己任曰; “吾豈不知精衛塡海, 徒勞無成, 姑以盡吾心而已.””

"황운경黃雲卿은 여전히 인간 세상에 머물러 계신지요? 이보경李保卿은 재주가 없고 어리석어 구차하게 살아 있을 따름입니다. 나라가 망했다고 말하면서 여전히 살아있는 것, 사람이 마땅히 죽어야 할 때 오히려 살아있는 것은 모두 떳떳한 도리가 아닙니다. …… 제가 일찍이 몇몇 충정어린 사람들을 위하여 만시輓詩를 지었는데, 지금에야 보낼 생각을 했습니다. …… 선형[이건창]께서 만약 살아계셨다면 의義를 어떻게 지키셨을지는 모르겠으나, 천수대로 살지 못했을 것임은 분명합니다."154)

운경雲卿은 황현의 字이고, 보경保卿은 경재의 자이다. 경재는 을사늑약 때 정원하와 함께 자결을 시행하다 실패하여 살아있는 자신의 삶을 구차하게 돌아보며 위의 편지를 보냈다. 경재는 편지 말미에 을사늑약 때 자결한 우국지사 조병세趙秉世(1827~1905), 민영환閔泳煥(1861~1905), 홍만식洪萬植(1842~1905), 학부주사學部主事 이상철李相哲(?~1905), 평양 진위대鎭衛隊 상등병上等兵 김봉학金奉學(?~1905)이 자결로 떳떳한 도리를 실천한 것에 대한 느낌을 만사로 지어 함께 보냈다.

편지에서 알 수 있듯이 경재는 을사늑약 때 이미 나라가 망했다는 의식을 가지고 있었다. 그래서 그때 죽었어야 하는데 떳떳하지 못하게 살고 있음에 대해 경재는 스스로를 구차하게 여기고 있음을 알 수 있다. 이때 경재는 형 이건창이라면 '의義'를 지키기 위해 어떤 선택을 했을까를 생각하고, 역시 천수대로 살지 못하고 자결을 택했

---

154) 최승효, 『黃梅泉 및 관련인사 「文墨華編」』 상권, 未來文化社, 1985. 「與黃梅泉書」 "黃雲卿尙留在人間耶. 李保卿頑癡苟存而已. 國云亡而尙存, 人宜死而猶活, 皆非常理. …… 僕曾爲諸忠作輓, 今送覽. …… 先兄若在, 未知處義如何, 而早晩不得天年終則審矣."

을 것이라는 결론을 내렸다. 그 후 경재는 계명의숙을 통해 계몽교육을 실천하였다. 그러나 이러한 경재의 노력에도 불구하고 망국의 현실은 분명하고도 확실하게 닥쳐왔다.

1910년 8월 한일합방 조약이 체결되었다는 소식을 접한 직후 경재는 곧바로 서울로 들어가서 아래의 시 「경술팔월입도庚戌八月入都」[155]를 지었다.

사회와 조정의 모든 적신들이	社會朝廷盡賊臣
다투어 국토를 받들어 강한 이웃에 바치네	爭擎國土獻强隣
수중에 만약 상방검尙方劍이 있다면	手中若有尙方劍
다른 사람 벨 것 없이 우리나라 적신을 베리라	不斬他人斬我人
	(2수 중 제1수)

두 조정을 섬긴 영수 팔십 늙은이	兩朝領袖八旬翁
어찌 생각했으랴 우산虞山 우리나라에 다시 날 줄	何意虞山復我東
안타깝구나, 당년에 이름 있는 선비들이여	可惜當年名下士
부질없이 흉중에 문자만 가득 찼구나	空敎文字滿胸中
(위는 김윤식金允植을 가리킨다)	(右指金允植)
	(2수 중 제2수)

제1수에서는 경술국치 때 사회와 조정, 그리고 나라와 임금 모두를 배반한 적신들이 앞 다투어 국토를 일본에 바치고 있음을 언급하였다. 이에 대해 경재는 울분에 차서 수중에 만약 적신을 벨 상방검尙方劍[156]이 있다면 일본인들을 베기보다 나라를 일제에 바친 적신을 먼

155) 李建昇, 『海耕堂收草』 卷之五, 「庚戌八月入都」

156) 尙房劍 : 漢나라 때 御刀를 만들던 상방에서 만든 명검의 이름. 한나라 때 朱雲이

저 베겠다고 다짐하고 있다. 위의 시에서 언급한 '참아인斬我人'은 경재가 자주自註에 "우매일진회급제대관右罵日進會及諸大官"이라고 밝혀 놓았듯이 일제 협력단체인 일진회 소속 인사들과 대관들을 가리킨다. 수중에 상방검이 있다면 적신들의 목을 손수 베고 싶다는 마음을 드러내어, 경재는 일제보다 일제에 협력하는 적신들이 훨씬 더 증오의 대상임을 주저 없이 언급하였다.

제2수에서 언급한 두 조정을 지낸 영수 팔십 늙은이란 다름 아닌 중추원의장 김윤식金允植(1835~1922)을 가리킨다. 우산虞山은 청나라의 우산종백虞山宗伯 전겸익錢謙益이다. 전겸익은 1644년 청나라로 인해 명나라가 망했을 때 명나라 황족 주유숭朱由崧이 남경에 세운 조정에서 예부상서를 지냈다. 명나라 황족이 새로 남경에 세운 조정을 1645년 청나라가 다시 함락시키자 전겸익은 청나라 조정에 들어가서 예부우시랑을 지내면서 『명사明史』 편찬에 참여하였다. 그러나 전겸익 사후에 건륭제乾隆帝로부터 두 왕조를 섬긴 불충한 신하라는 공격을 받아, 전겸익의 저서는 모두 불태워졌다.

김윤식은 대한제국에서 벼슬을 한 사람이다. 그런데 조선 통감부 외사과장 고마쓰 미도리[小松綠]가 제안한 합방 문제를 토의하기 위해 1910년 8월 22일 창덕궁 대조전 흥복헌에서 어전회의가 열렸을 때 회의에 참석했던 김윤식은 이완용과 윤덕영尹德榮의 설득에 넘어가 반대의사를 개진하지 않았다. 그래서 경재는 전겸익처럼 두 조정을 섬긴 불충한 신하가 우리나라에서 나올 줄은 생각지도 못했다고 언급

"상방검을 빌려 망령된 신하 장우의 목을 베고자 하옵니다.[願借尙方劍, 斬妄臣張禹]"라는 글을 황제에게 올린 이후 간신을 베는 칼의 대명사로 일컬어지고 있다.

하며 김윤식을 비판하였다. 김윤식은 당대의 명사名士로 이름을 날리던 사람인데[157] 이름난 명사조차 소신을 굽히는 모습을 보고 평생 배운 바를 실천하지 못하는 김윤식을 꼬집어, 부질없이 흉중에 문자만 가득 차있을 뿐이라고 질타한 것이다. 그 후 전겸익이 두 조정에서 벼슬을 한 것처럼 김윤식은 일제 치하에서 중추원부의장을 지내면서 자작子爵과 은사금까지 받았으나, 이후로는 우여곡절의 인생역정을 살았다.

흉중에 문자만 가득차서 나라와 임금을 배반하기에 이른 적신들에 대해 분개한 마음을 갖고 있던 경재는 경술국치를 당한 지 한 달 만에 망명길에 올랐다. 경재가 망명을 떠나기로 결심하게 된 명분은 1918년에 경재가 자신의 삶에 대해 기술한 아래의 글 「경재거사자지耕齋居士自誌」를 통해서 구체적으로 드러난다.

> "경술년에 나라가 망해 집을 버리고 중국 만주로 길을 떠나고자 하여 참판參判 홍승헌洪承憲에게 편지를 써서 붙이기를, '저는 을사년에 죽지 못하고 지금까지 구차하게 살아있는데, 일본 신민臣民이 되는 짓만큼은 차마 못하겠습니다. 저는 지금 떠나렵니다.'라고 하였다."[158]

경재는 을사늑약 때 죽지 못해 구차하게 살아있었는데 일본의 신민이 되는 짓만큼은 차마 하지 못하겠다는 말로 망명 명분을 분명하게 드러냈다. 이때도 경재는 을사늑약 때처럼 형이라면 의義를 지키기

---

157) 송건호, 『송건호 전집(3) 한국현대사1』, 한길사, 2002. 67쪽 참조.

158) 李建昇, 『耕齋集』上, 「耕齋居士自誌(戊午)」 "庚戌國亡, 棄家向中國滿洲, 將行寄洪參判承憲書曰; '吾旣不死於乙巳, 今又苟活, 爲日本臣民, 不忍爲也. 我今去耳.'"

위해서 어떻게 처신했을까를 떠올리며 자신의 대응을 고민했을 것이다. 그렇다면 의를 지키면서 국가와 민족에 이익을 줄 수 있는 방법이 없을까에 대한 고민이 없을 수 없다. 경재는 을사늑약 때 자결을 실패한 후 계명의숙을 세워 국가와 민족에 이익을 주는 방법을 택했으나, 일제의 탄압으로 계명의숙의 운영이 순조롭지 못했다. 그런데 지금 망국의 현실 앞에서 경재는 자신이 국내에서 국가와 민족에 기여할 다른 방도를 찾는다는 것은 더 이상 불가능할 것임을 깨달았다. 그래서 경재는 일제의 신민으로 살아갈 수 없는 양심으로, 의를 지켜냄과 동시에 국가와 민족을 위한 다른 방도를 모색하기 위해서는 선산이 있는 고향을 등지고 망명을 떠날 수밖에 없다는 결론을 내렸던 것이다.

경재의 확고한 망명 결심은 아래 『동아일보』 기사 「이건승씨장서李建昇氏長逝」를 통해서 알 수 있다.

> <감회만흔그의일생>, '경술합병이되매 독립전에는 다시고국의 흙을 밟지아니하기로 결심하고 혈루를먹음고 만주로다라낫다'159)

위의 기사에서 알 수 있듯이 경재는 독립이 되기 전에는 다시는 고국의 흙을 밟지 않을 결심으로 혈루를 머금고 망명을 떠났다.

159) 『東亞日報』(1924.03.29.) 「李建昇氏長逝」(출처 : 한국사데이터베이스(http://db.history.go.kr/))

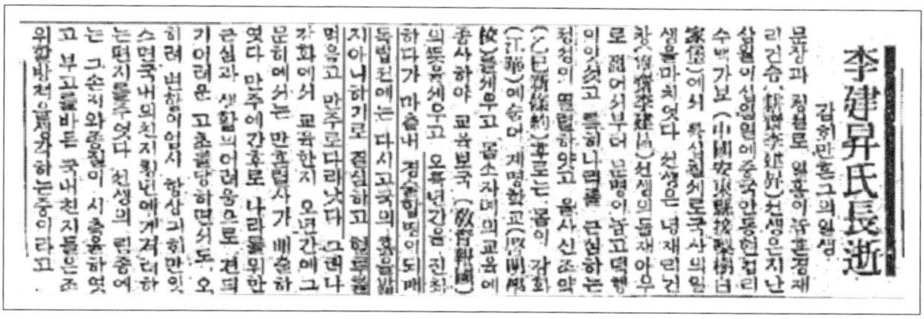

李建昇氏長逝

감회만흔그의일생

〈『동아일보』(1924.03.29.) 「이건승씨장서(李建昇氏長逝)」
(출처 : 한국사데이터베이스(http://db.history.go.kr/))〉

경재는 병인양요 때 자결한 조부 이시원과 숙조부 이지원의 손자이다. 형 이건창 역시 15세 때 병인양요로 조부가 자결하는 것을 목격하였고, 이어지는 신미양요 · 임오군란 · 갑신정변 · 갑오동학운동 · 명성황후 시해사건 등의 국란을 겪으면서도 꼿꼿한 성품으로 문신의 역할을 다하면서 살았던 인물이다.[160] 경재는 이러한 형을 곁에서 지켜보며 살아왔다. 충신의 역할이 무엇인지를 몸으로 보여준 집안에서 살아온 경재는 을사늑약 때 죽으려다 결과를 얻지 못해서 살고 있었다. 그런데 일제에 협력하는 단체와 적신들이 국토를 송두리째 일본에 바쳐 나라가 망한 지금, 일제의 신민으로 살아갈 수 없는 양심으로 의를 지켜냄과 동시에 국가와 민족을 위할 다른 방도를 모색하기 위한 명분을 찾기에 고심하였다.

을사늑약 후 민족주의 교육에 종사하던 계몽운동가로서의 경재가 망국의 시점에 국내에서 더 이상 할 수 있는 역할이 제한된 상태에서 자정만 한다는 것은 일제에 대한 항복의 의미가 된다. 따라서 경재는

160) 黃玹, 『黃玹全集』(亞細亞文化社, 1978) 下, 「梅泉野錄」 卷之二, 光武二年戊戌(六月) 〈李建昌卒〉 "前參判李建昌卒, 建昌淸介嫉惡, 不與時俯仰, 蹭蹬仕路, 釋褐四十年, 始階嘉善, 甲午(高宗三十一年)六月痛哭還鄕, 不復入都."

망명지에서 민족독립운동에 기여할 뚜렷한 방향의식을 갖고 계몽운동가로서 망명을 떠났음을 알 수 있다. 이에 더해 경재는 독립 전에는 결코 고국의 흙을 밟지 않겠다는 혈루를 머금고 망명을 떠났던 것이다.

나. 전직관료로서의 명분

전직관료 가운데 일제가 주는 은사금 거부로 옥고를 치른 후 망명을 떠난 유학자의 경우로는 정언 · 흥해군수 등을 지낸 수파와 사헌부 전적 · 홍문관시강 등을 지낸 대눌을 들 수 있다.

수파는 유배도 두려워하지 않고 임금에게 직언을 서슴지 않던 꼿꼿한 성품을 지닌 문신이었다. 수파 역시 경재처럼 을사늑약 때 이미 나라가 망했음을 직시했다. 그리고 그때부터 수파는 죽음을 각오하고 살았다. 이는 수파가 경술(1910)년에 생일을 맞이하여 쓴 「경술생조庚戌生朝」161)를 통해서 확인된다.

을사년부터 여러 해를 지낸지 이미 6년인데	乙巳經年已六載
지금까지 목숨 부지해온 나는 어떤 사람이랴	至今爲命我何人
백이숙제와 관용방關龍逄 비간比干의 영령이 있다면	夷齊逄比靈如在
구차한 삶 사는 망국 신하 관대히 대하지 않으리	不貸偸生亡國臣
	(2수 중 제2수)

위의 시는 경술국치를 바로 앞 둔 그해 3월 3일 수파가 자신의 환갑날을 맞이하여 쓴 시로, 해를 넘겨 6년이 지났다는 것은 을사늑약 때부터의 햇수를 가리킨다. 수파는 을사늑약 때 죽었어야 하는데 지

161) 安孝濟, 『守坡集』 卷之一, 「庚戌生朝二首」

금까지 살아온 자신은 어떤 사람이냐고 개탄하는 것으로 죽지 못해 사는 것임을 고백하고 있다. 그리고 결구結句에 '망국신亡國臣'이라는 구절을 통해 을사늑약 때부터 나라가 망했다는 인식을 가졌음을 드러내고 있다. 그래서 수파는 수양산에서 고사리를 캐먹던 백이숙제나 하夏나라 걸傑과 은殷나라 주紂에게 직간을 하다 죽임을 당한 관용방關龍逢과 비간比干의 영령이 있다면, 망국의 신하로 구차하게 살고 있는 자신을 결코 용서하지 않을 것임을 언급하며 절실한 마음을 드러내었다.

수파의 망명 명분[162]은 1911년 수파가 심양瀋陽으로 망명을 떠나던 길에 문중 장로長老에게 올린 시 「입심일정문장로入審日呈門長老」[163]와 망명지에서 문중 장로에게 올린 편지 「상문중첨장로上門中僉長老」를 통해서 확인된다.

> 외로운 신하 나라가 망한 날 죽지 못하여　　孤臣不死國亡日
> 굽어서는 남들에게 우러러는 하늘에 부끄럽구나　俯怍於人仰愧天
> (하략)

> "저는 박복한 운명이라 이미 모실 부모님이 안 계시고, 또 나라가 망하여 전장문물은 옛 제도를 회복할 수 없게 되었고, 온 산하는 오랑캐에게 삼켜져 몸 둘 곳 하나 없습니다."[164]

---

162) 安孝濟의 망명 명분은 필자의 「수파 안효제의 서간도 망명과 우국시」, 『漢文學報』 제25집, 우리한문학회, 2011. 429~432쪽을 수정 보완하여 서술하였다.

163) 安孝濟, 『守坡集』 卷之一, 「入審日呈門長老」

164) 安孝濟, 『守坡集』 卷之二, 「上門中僉長老」 "如我薄命, 旣無怙恃, 又當國亡, 典章文物無復舊制, 全幅山河爲夷狄所呑, 無一片置身之處矣."

을사늑약 때부터 죽지 못해 살아오던 수파는 경술국치를 당한 날 죽지 못한 것으로 남들과 하늘보기에 부끄러웠다. 더욱이 양친을 다 잃은 수파는 더 이상 모실 부모님도 안 계셨다. 그런데 나라까지 망해버려 전장문물 또한 옛날로 회복할 수 없게 되었고, 온 나라는 일제가 집어삼켜 자신의 몸 하나 맘 편히 둘 곳이 없었다. 그래서 수파는 망명을 떠나게 되었음을 시와 편지로 알린 것이다.

수파의 망명 명분은 아래 「요하일기遼河日記」를 통해서 보다 확실해진다.

> "(내가 말하기를) 나는 나라가 없어진 후로부터 국가를 구원할 계책 없이, 다만 서산西山과 율리栗里의 절개를 고수하면서 도리를 지키며 살기를 도모했다. 그런데 은사금을 받지 않는다는 이유로 두 차례나 옥살이를 치른 후로는 하는 일마다 조사를 해대서, 죽으려고 해도 죽지 못하고, 동작 하나조차 자유로이 할 수가 없었다. 원수와 한 하늘을 머리에 이고서 내가 어디로 돌아갈 수 있단 말인가? 온 지구를 돌아봐도 갈 곳이 없었다. …… 이런 까닭으로 부득이 가게 되었다."[165]

수파는 경술국치 후부터 국가를 구원할 계책을 생각하였으나 마땅한 방법을 찾지 못하여 절개를 지키기 위해 백이숙제나 도연명처럼 자정自靖을 하며 살겠다고 마음먹었다. 그러나 그도 여의치 않아 은사금을 거부했다는 이유로 두 차례나 옥고를 치렀다. 옥에서 풀려난

165) 安孝濟, 『守坡集』 卷之三, 「遼河日記」 "余自無國之後, 計無存楚, 但固守西山栗里之節, 以圖自靖, 而以金不受之故, 再困圄獄之餘, 隨事調査, 求死不得, 而一動一靜, 有難自由. 頭戴讎天, 我安適歸, 環顧全球, 無地可往. …… 故有此不得已之行."

후에 수파는 대한제국의 신하가 절개를 지키다 죽었다는 소문이 날 것을 두려워한 일제로부터 끊임없는 감시를 받는 바람에 죽지 못함은 물론, 모든 행동 하나하나가 자유롭지 못했다. 그래서 수파는 원수와 한 하늘을 이고 살지 않을 곳을 찾아 부득이하게 망명을 결심하게 되었던 것이다.

이러한 사실은 수파가 은사금을 두 번 거부한 일로 창녕 감옥에 4일간 갇혔다 풀려난 후, 사건의 전말을 기록한 「창안일기昌犴日記」에서도 확인된다.

> "(내가 말하기를) 나는 본디 초야의 하잘 것 없는 존재로 외람되게 과거에 급제해 삼사三司에 출입하면서 수차례 특별한 성은을 입었는데, 부끄럽게 조그마한 은혜도 갚지 못했다. 지금 국가가 망했는데, 또 다시 절개를 잃는다면, 무슨 면목으로 천하에 설 수 있겠느냐? 나에겐 죽음이 있을 뿐이니, 원컨대 빨리 죽여 다오."라고 하였다. 그[일본 경찰]가 말하기를, "공의 글에 '원수 나라[讎國]'라는 두 글자가 있던데, 어째서 원수 나라라고 한 것이냐?"라고 하였다. (내가) 말하기를 "우리의 모후母后를 죽이고 우리 군주를 폐하여 우리 종묘사직을 망하게 하였으니, 원수가 아니고 무엇이더냐?"라고 하였다."166)

수파는 임금의 성은을 입어 벼슬까지 한 몸으로 망한 나라를 구제하지 못한 부끄러움이 있다. 그런데 일제가 주는 은사금을 받아서 절개까지 잃는다면 천하에 살아갈 면목이 없음을 언급하며, 절개를

---

166) 安孝濟, 『守坡集』 卷之三, 「昌犴日記」 "我本草野微踪, 猥擢科第, 出入三司, 累蒙殊恩, 愧無尺寸之報. 今國家喪亡, 又復失節, 何面目立於天下乎. 吾職有死而已, 願卽速殺. 彼曰; "公之書, 有讎國二字, 何謂讎國." 曰; "殺我母后, 廢我君父, 亡我宗社, 非讎而何.""

꿰고 살아있느니 죽음을 택하겠다고 하였다. 그와 함께 수파는 모후인 명성황후를 죽인 원수요, 고종高宗을 폐하여 종묘사직을 망친 원수와 함께 살 수 없었기 때문에 망명을 떠남을 언급하였다. 이는 수파가 국가는 곧 임금이고, 임금은 곧 국가로 인식하는 전형적인 유학자로서의 사고를 드러낸 것이기도 하다.

위의 「창안일기」를 좀 더 살펴보도록 하겠다.

> "동생 창제昌濟 역시 죽고자 하였으나 죽을 곳이 없자, 곧 요동遼東으로 달아난 지 한 달 만에 돌아와 집을 정리하고 고국을 떠날 뜻으로 나에게 이별을 고했다. 내가 말하기를, "나는 죽음으로 절개를 지켜 복종하지 않고, 너는 고국을 떠나 목숨을 보전하니, 다른 임금을 섬기지 않는 절개는 한 가지이다."라고 하였다. …… (창제는) "형님께서 처음부터 끝까지 절개를 지킬 것은 제가 비록 미리 헤아리겠지만, 형제가 다시 보게 될지는 알 수 없습니다. 오직 원하는 것은 각자 몸과 마음을 지켜 부친께서 남겨주신 가르침을 잊지 말아서 저승에서 얼굴빛이 나기를 바랄 뿐입니다."라고 하였다."[167]

경술국치 후인 1910년 10월 국내에서 죽으려다 죽을 곳을 찾지 못해 요동으로 떠났던 다섯째 동생 송은松隱 안창제安昌濟가 한 달 만에 돌아온 11월 25일은 수파가 은사금 거부로 인한 일제의 강제소환에 불응한 날이었다. 안창제 역시 임금에게 올린 상소문이 문제가 되어 옥에 갇힌 일이 있었다.[168] 그런 동생이 가족들을 모두 거느리고

167) 安孝濟, 『守坡集』 卷之三, 「昌犴日記」 "舍弟昌濟, 亦欲死無地, 卽奔遼東, 月餘而還, 以掇家去國之意告別于余. 余曰; "我則守死不服, 汝則去國逃命, 其不事二姓之節一也." …… 兄主之始終守節, 我雖豫料, 而兄弟更見, 未可的知. 惟願各守其心身, 不忘吾父之遺敎, 以光來世云云."

망명을 떠날 뜻을 수파에게 전했다. 이때 수파는 동생에게 자신이 죽음으로 절개를 지켜 복종하지 않는 것과 동생이 고국을 떠나는 행위는 모두 다른 임금을 섬기지 않는다는 점에 있어서 동일하게 절개를 지키는 행위라고 하였다. 수파가 말한 다른 임금을 섬기지 않는다는 말은 곧 다른 나라를 섬기지 않는다는 의미로, 이 또한 수파의 전형적인 유학자로서의 사고를 드러낸 것이다.

위의 글에는 동생 안창제가 형제 모두 남은 삶을 부친의 가르침대로 살아서 죽은 후 저승에서 부친을 뵈었을 때 낯부끄러운 일은 하지 말자고 다짐한 말이 실려 있다. 이는 동생이 부친의 가르침을 저버리지 않기 위해 망명을 떠나는 것임을 내비친 것이다.

그러나 수파는 동생의 뒤를 이어 바로 망명을 떠날 생각은 아니었다. 이는 아래 수파가 은사금 거부로 갇혔던 창녕 감옥에서 풀려난 후, 문중의 고산재高山齋로 들어가면서 지은 시 「자창안귀입고산재自昌犴歸入高山齋」169)를 통해서 알 수 있다.

(상략)
칼날을 밟으리라 마음 확고히 정했는데 刃可蹈之心有定
돈은 어째서 주려는지 당연히 의리로 사양하였네 金何賜也義當辭
추자도 유배에서 어느 날에 풀려났던가 有還楸島曾何日
기자 나라 목숨 걸고 지킬 때는 바로 이때라오 守死箕邦正此時
신명의 가호로 감옥에서 돌아온 후에야 神護歸來牢獄後
고향의 송백 절개 있음을 알겠네 故山松柏歲寒知

---

168) 安孝濟, 『守坡集』 卷之一, 「立春日方賑饑, 聞五弟昌濟投疏見囚」; 安昌濟, 『松隱遺稿』 卷之一, 「請不背淸國疏(甲午)」; 卷之一, 「典獄中偶吟」

169) 安孝濟, 『守坡集』 卷之一, 「自昌犴歸入高山齋」

수파는 경술국치 후 죽으려고 7일간 금식을 했었던 만큼 죽음을 각오하고 살아왔다. 그런데 일제가 은사금을 내려준다고 한다. 은사금을 왜 주려는지 잘 알고 있던 수파로서는 의롭지 못한 이유로 주는 돈을 사양함은 마땅하다고 여겼다. 수파는 1893년에 무당 관황녀關皇女 이씨李氏의 목을 벨 것을 청하는 상소[170]를 올린 일로 추자도로 유배되었다가 풀려났다. 그리고 경술국치 후 은사금을 거부했다는 이유로 창녕 감옥에 갇혔다 풀려났다. 무당의 목을 벨 것을 청하는 상소를 올릴 때에도 수파는 자신의 목숨을 걸고 올렸는데, 지금 나라가 망한 지경에 이르렀으니 목숨 걸고 나라를 지키려함은 수파에게 있어 지극히 당연한 일이었다. 그래서 수파는 자정自靖하며 기자 나라를 지키겠다는 목표 의식을 갖고 고산재로 들어갔고, 그곳에서 마주한 송백을 보며 수파 자신도 송백처럼 끝까지 절개를 잃지 않을 것임을 천명하였다. 그런 수파는 일제의 거듭된 은사금 독촉과 감시를 피해 자신의 절개를 지킬 또 다른 방도로 망명을 떠났던 것이다.

그렇다면 안창제가 언급한 부친의 가르침이란 무엇일까? 이에 대해서는 계사(1893)년에 수파가 상소를 바치던 날 지은 아래의 시 「계사봉소일유작癸巳奉疏日有作」[171]의 시구詩句를 통해서 확인된다.

> "효도하는 마음으로 충성하라는 부친의 가르침"

위의 글에 드러난 대로 부친의 가르침이란 부모에게 효도하는 마음으로 나라에 충성하라는 것이다. 이어 추자도에 유배되었던 정황을

---

170) 각주 50) 참조.

171) 安孝濟, 『守坡集』 卷之一, 「癸巳奉疏日有作」 "移孝爲忠承父訓"

설명해 놓은 아래의 「추도일기楸島日記」[172] 가운데 부친이 수파에게 지어준 시와 수파가 아들 안철상(1880~1919)에게 부친 편지글 「기자철상寄子喆相」을 좀 더 살펴보도록 하겠다.

사내아이로 태어난 너를 처음 기르면서　　蓬矢初心養汝成
단지 가문의 명성 실추시키지 않기를 바랐네　　只希不墮古家聲
(하략)

"선군께서 살아계실 때 책을 보시다가 충신忠臣 · 의사義士가 순국한 부분에 이르면 나에게 그것을 읽게 하시고는 "사군자士君子가 군주를 섬기고 충성을 다하는 도리는 당연히 이와 같아야 하느니라." 라고 말씀하셨다."[173]

위의 세 글을 통해서 확인된 부친의 가르침이란 효도하는 마음으로 나라에 대한 충성의 도리를 지켜내기 위해서는 죽음도 불사하여 가문의 명성을 실추시켜서는 안 된다는 것이다. 안창제 또한 평소 사람의 도리를 다해 부모에게 효도하고 나라에 충성해서 천추토록 부끄럽지 않은 사람이라야 진정한 사람[174]이라는 생각을 갖고 있었다. 이 또한 부친의 가르침이었음이 분명하다. 그런 부친의 가르침을 실행하기 위해 동생이 망명을 떠났음을 알고 있는 수파였다. 따라서 수파가

---

172) 安孝濟, 『守坡集』 卷之三, 「楸島日記」 "老親以詩詔之曰; "蓬矢初心養汝成, 只希不墮古家聲. 晩就無妨全美節, 早榮猶恐露虛名. 紅雲北闕憂君志, 白髮南州送子情. 元來直道難容世, 一葉輕舟衽席平.""

173) 安孝濟, 『守坡集』 卷之二, 「寄子喆相」 "先君在世之日, 看書而到忠臣義士殉國處, 使余讀之曰; "士君子事君盡忠之道, 固當如此.""

174) 安昌濟, 『松隱遺稿』 卷之一, 「典獄中偶吟」 "天地之間我亦人, 人而盡道是爲人. 如何孝父忠於國, 大義千秋不愧人"

나라에 충성의 도리도 지키지 못하고 가문의 명성도 실추시킬 의롭지 못한 일제의 은사금을 거부하고 망명을 떠난 것은 자정에 이은 지극히 자연스러운 행동이었다.

가문의 명예를 소중하게 생각하던 유학자들은 국가 또한 가문의 명예를 이어가는 연장선상에서 인식하였다. 이는 부모에게 효도하는 마음을 연장하면 국가에 충성할 수 있다는 유교적 가르침[175] 때문이었다. 이렇듯 전형적인 유학자로서의 사고를 가진 수파로서는 나라가 망하면 원수를 갚을 계책을 세워 그것을 실천하여야 하는데 그렇지 못한 양심의 가책으로 망명을 떠났던 것이다.

수파는 을사늑약이 체결되던 날 나라가 이미 망했는데 죽지 못해 부끄러웠다. 이에 더해 은사금 거부 후 일제로부터 받는 치욕과 끊임없는 감시망도 피하고 부친의 가르침을 실천함과 동시에 원수와 한 하늘 아래서 살 수 없는 유자로서의 학자적 양심에 따라 망명길에 나섰음을 알 수 있다.

대눌은 홍문관시강 재임시절 오래도록 경연經筵이 열리지 않자 상소를 올리고 낙향할 정도로 강직한 성품을 지녔다. 이런 대눌은 망명을 떠나기에 앞서 수파처럼 일제로부터 수차례 핍박을 받았다. 그 중에 큰 사건으로는 1906년 2월 이토 히로부미가 부산에 올 때 영남루에 구금된 일, 은사금 거부로 태룡동파견소泰龍洞派遣所에 구금되었다 풀려난 일, 다시 영남루에 압송되었다가 풀려난 일 등을 들 수 있다. 그러나 그것으로 그치지 않고 대눌 또한 수파처럼 끊임없이 일제의 감시를 받으며 살았다.

---

175) 금장태, 「韓國 儒教文化의 特徵」, 『韓國學論集』 제27집, 한양대학교 한국학연구소, 1995. 145쪽 참조.

일제로부터 감시를 받고 살던 대눌이 망명을 떠나게 된 명분은 아래 대눌이 자신의 삶에 대해 기록해놓은 글 「자지自誌」를 통해서 확연히 드러난다.

> "저들[일제]이 말하기를, "뭣 때문에 왔나?"라고 하기에, 노인[대눌]이 "일본인을 피해서다."라고 하자, 저들은 미간을 찌푸리더니 더 이상 묻지 않았다."176)

대눌이 일제의 감시를 피해 서간도로 망명을 떠나와 살던 어느 날, 대눌의 집에 들이닥친 일본 경찰이 대눌에게 망명을 온 이유를 물었다. 이에 대눌은 한 마디로 '일본인을 피해서[避日人]'라고 답하였다. 일본 경찰에게 자신이 망명을 온 이유에 대해 구차하게 설명을 늘어놓지 않고, 오직 조선을 침략한 '일본인을 피해서' 왔다는 그 한 마디로 자신의 망명 동기를 분명하게 드러낸 것이다.

아래는 대눌이 망명하였다가 1922년에 환국하여 지은 「저도답문渚島答問」의 일부이다.

> "(어떤 이가) 말하기를, "그대가 (나라가 망했을 때) 이미 죽지 못하고 자정自靖하려고 했다면, 산으로 들어가 문을 닫고 절의를 굳게 지키는데 어느 곳인들 마땅치 않았겠습니까? 그런데 가볍게 변방으로 들어간 것은 어째서입니까?"라고 하였다. (대눌이) 말하기를, "무릇 일이란 처음에 잘 도모하는 것을 귀하게 여기고, 임기응변 역시 때를 따르는 데 있는데, 그대의 말은 때를 살피지 않은 경우입

---

176) 盧相益, 『渡江錄(草稿1)』 第三, 「自誌」 "彼曰; "何來耶." 曰; "避日人也." 彼皺眉而更無問."

니다. 나라가 망했을 때 임금은 욕을 당하고, 흉악한 것들은 권세에 아부하여 온 나라 백성들은 수족手足을 둘 곳조차 없었습니다."라고 하였다."[177]

위의 「저도답문」은 「대저도기행大渚島記行」[178]이라는 작품 뒤에 실린 것으로 보아 저도는 대저도를 가리키고 있음을 알 수 있다. 또 「저도답문」은 『도강록渡江錄』이 아니라 귀국 후에 거주하던 금곡의 천산재天山齋에서 쓴 『천산고天山稿』에 실려 있는 것으로 보아 귀국 후에 지어진 작품임이 분명하다. 대저도는 경상남도 김해에 있는 섬으로 「저도답문」은 그곳에서 만난 누군가의 질문에 답하는 형식으로 이루어져 있다. 위의 글을 통해서 대눌은 임금을 욕보이고 백성들이 수족조차 둘 곳이 없을 정도로 핍박하는 일제와는 한 하늘 아래서 함께 살 수 없기 때문에, 고국에서의 '자정은둔自靖隱遁'을 대신해 '부해거수浮海去守'를 택한 것임을 알 수 있다.

대눌은 임금을 욕보이고 백성들을 핍박하여 마음대로 할 수 있는 일이 없는 땅에서 일본의 감시를 받으며 사느니 일본인을 피해서 살기위해 망명을 한 것이었다.

전직관료 출신인 수파와 대눌이 일제로부터 은사금을 받는다는 것은 일제에 대한 항복이다. 그것은 개인과 가문에 대한 모독이요, 나아가 조선왕조에서 녹을 먹은 전직관료로서 일제를 섬기는 불충不忠인 것이다. 그래서 이들은 조용히 자정하며 절개를 지키던 소극적 저항

---

177) 盧相益, 『大訥手卷續編』 卷之七, 「渚島答問」 "曰; "子既不死而自靖, 則入山杜門, 堅守節義, 何處不宜, 而輕入絶塞何也." 曰; "凡事貴於謀始, 機變亦在趨時. 子之言不審時之境遇也. 國破之時, 主上遇辱, 諸兇附勢, 擧國臣民, 不能措其手足矣.""

178) 盧相益, 『大訥手卷續編』 卷之七, 「大渚島記行」

에서 보다 적극적인 저항 방법으로 망명을 떠남으로써 개인과 가문은 물론 조선왕조의 자존심까지 지켜내게 되었다.

다. 지역사림으로서의 명분

지역 사림 가운데 망명한 유학자의 경우로는 김해지역의 사림 소눌과 청도지역의 사림 이산, 그리고 함안지역의 사림 서천 등을 들 수 있다.

소눌은 대눌이 망명을 떠난 한 달 뒤에 망명을 떠났다. 이러한 소눌의 망명 명분은 아래의 『소눌선생편년小訥先生編年』을 통해서 확인된다.

> "[신해(1911)년] 12월 가족을 이끌고 시강공侍講公[대눌]을 따라 안동현安東縣 흥륭가興隆街에서 살았다(기행시紀行詩가 있다[179]). 부군府君[소눌]은 부친을 여의고부터 시강공을 부친처럼 섬기며 조석으로 문안하기를 비와 눈이 와도 폐하지 않았다. …… 창산昌山에서 수차례 이사를 하였는데, 한 번도 서로 떨어진 일이 없었다. 도강渡江 또한 이로 말미암은 것이다. ◇족질族姪 원용元容에게 답한 편지의 대략에 말하기를, "내가 가는 것은 오직 병든 형을 떠나지 않고자 해서일 뿐이지, 감히 스스로 옛사람이 은둔하던 뜻을 모방하려는 것이 아니다."라고 하였다."[180]

179) 盧相稷, 『小訥先生文集』 卷之三, 「辛亥記行」

180) 『小訥先生編年』 33장 전면 "[辛亥]十二月, 挈家從侍講公住安東縣興隆街(有紀行詩). 府君自失怙來, 事侍講公, 如事嚴父, 朝夕必省, 雨雪不廢. …… 自昌山累徙, 而一無相離, 渡江亦由是也. ◇答族姪元容書略曰; "吾之行, 專欲不離病兄而已, 非敢自擬於古人避地之義也.""

소눌은 부친이 돌아가신 후 부친처럼 따르고 모시던 형과 한 번도 떨어져 지낸 일이 없었다. 소눌은 그런 형이 병든 몸으로 망명을 떠났기 때문에 형을 모시기 위해서 망명을 떠나는 것이지, 옛사람이 은둔하던 뜻을 모방하려는 것은 아니라고 밝히고 있다. 소눌은 애써 옛사람이 은둔하던 뜻을 모방하려는 것은 아니라고 하였지만, 형과 떨어져 지낸 일이 없다는 소눌의 말을 살펴보면, 망명을 떠난 형 대눌의 뜻에 부합하기 위해 자신도 망명을 떠났음을 고백하고 있는 것이다. 따라서 소눌은 병든 형을 간호한다는 구실을 내세워 옛사람의 은둔하던 뜻을 따르기 위해서 망명을 떠났음을 알 수 있다.

이산이 망명을 떠난 명분은 이산이 가상假想으로 지은 「호상문답湖上問答」을 통해서 알 수 있다.

> "객이 말하기를 "조선은 이미 명나라를 섬겼다가, 또 청나라를 섬겼고, 백성들 또한 모두 복종하고 흠모하는데, 유독 일본에게는 복종할 수 없다는 것입니까?"라고 하였다."
>
> "(내가) 말하기를 "명나라는 삼대의 문물을 준수하여, 위로는 조정으로부터 아래로는 백성들에 이르기까지 오직 내복內服이 되지 못할까 두려워하였습니다. 청나라라면 변발을 하고, 왼쪽으로 옷깃을 여미니, 모두 옛 제도에 반대되는 것으로 거절함이 마땅했습니다. 다만 종묘사직과 백성들 때문에 권도權道로 복종하고 섬겼을 뿐입니다. 청나라가 우리를 대함에 역시 폭정은 없었는데도 오랑캐였기 때문에 우리나라 선비들은 청나라가 망할 때까지 연호를 사용하는 것을 수치로 여기고, 말할 때마다 오랑캐라고 일컬었습니다. 만약 임진왜란으로 말할 것 같으면, 군사는 명분도 없이 능묘陵墓를 파헤쳐 욕辱을 보이고 백성들을 도륙했으니, 지금 어린아이들까지도 또한 원수 됨을 알고 있습니다. (더구나) 우리의 국모를 시해하고, 우리

강토를 빼앗고, 우리 백성들의 머리를 깎게 만들고, 우리 종묘사직을 무너뜨리기에 이르러 놓고 마음으로 복종하기를 바라고자 한다면, 또한 어렵지 않겠습니까?"라고 하였다."[181]

위의 글은 총 655자로, 호숫가에서 객과 내[이산]가 7번에 걸쳐 주고받는 문답체로 구성되어 있다. 이산은 객으로부터 조선은 이미 명나라를 섬겼다가 청나라를 섬긴 전력이 있는데, 새삼스럽게 일본만 섬기지 못하겠다는 이유가 무엇이냐는 질문을 받았다. 이에 대해 이산은 명나라를 섬겼을 뿐이고, 청나라는 권도權道로써 섬겼을 뿐이라고 답하였다. 이는 이산이 대명의리對明義理를 우선하는 중화중심의 관념적 사고를 가진 전형적인 유학자임을 드러낸 것이다.

권도로써 섬긴 청나라는 그래도 조선을 대함에 있어서 폭정은 하지 않았다. 그러나 일본은 조선을 상대로 포악하게 군 사실을 들어 이산은 단호하게 일제에게 복종할 수 없는 이유를 열거하였다. 임진왜란 당시 서울에 머물던 왜적倭賊이 성종成宗과 정현왕후貞顯王后를 모신 선릉宣陵과 중종中宗을 모신 정릉靖陵을 파헤친 일과 죄 없는 백성들을 도륙한 일만으로도 일제는 이미 원수의 나라가 되었다. 그런데 임진왜란 때의 만행으로도 모자라 지금 또다시 명성황후를 시해하고, 강토를 빼앗고, 단발령을 내려 효의 도를 어지럽히고, 종묘사직마저 무너뜨려놓았다. 따라서 이산은 이처럼 포악함을 일삼아온 일제가 조선

181) 芮大僖, 『伊山文集』 卷之五, 「湖上問答」 "客曰; "朝鮮旣事明, 又事淸, 民庶亦皆服嚮, 獨不可服於日乎." / 曰; "明遵用三代文物, 上自朝廷, 下至民庶, 惟恐不爲內服. 淸則辮髮左衽, 一反古制義, 所當絶. 但以宗社生民之故, 權且服事. 淸之於我, 亦無苛暴, 惟其夷狄也, 故我人士終淸世, 羞用年號, 言必稱虜. 若曰則壬辰之亂, 其師無名, 掘辱陵墓, 屠戮生靈, 至今童孺, 亦知其爲讎. 至于戕我國母, 奪我彊土, 髡我民庶, 墟我廟社, 欲望其心服, 不亦難乎.""

이 마음으로부터 복종하길 바란다는 자체가 어불성설임을 강조하였다. 이는 이산이 그런 일제를 피해 은둔의 방법으로 망명을 택했음을 밝힌 것이다. 국모를 시해하고 단발령을 내리고, 종묘사직을 무너뜨린 일제에 대해 드러낸 이산의 생각 또한 전형적 유학자로서의 사고 범주에 머물러 있음을 알 수 있다.

이산은 자신의 삶에 대해 기록해놓은 「자지自誌」를 통해 자신의 성품에 대해 다음과 같이 밝히고 있다.

> "성격 또한 고집스럽고 편협하며, 불인不仁함을 미워하기가 너무 심하여, 이 때문에 남들이 나를 미워하기를 내가 다른 사람 미워하는 것보다 심하였다."[182)]

불인不仁함을 미워하기가 너무 심하다는 말은 달리 말하면 정의롭고 강직하고 대쪽 같은 성격을 지녔다는 말이다. 그런 성품을 지닌 이산이 불인의 극치라 할 수 있는, 이웃나라를 집어삼킨 일제가 다스리는 땅에서 일제를 외면하는 것에만 만족하며 살 수 없었음은 자명한 일이다.

『이산문집伊山文集』에 김영한金甯漢과 정인보鄭寅普가 지은 두 편의 서문에는 아래와 같은 내용이 실려 있다.

> "종묘와 나라가 망하는 것을 보고서는 책을 덮고 탄식하며 말하기를, "어찌 차마 여기 백성이 되랴."하고는 노친老親을 부축하고 어린 애들을 이끌고 압록강을 건넜다."[183)]

---

182) 芮大僖, 『伊山文集』 卷之七, 「自誌」 "性又狷隘, 惡不仁已甚, 是故人之惡我, 甚於我之惡人."

> "자라서는 연재淵齋 송선생宋先生의 문하에서 수학하였으며, 아울러 선생의 동생 심석心石을 섬겼는데, 두 선생이 앞뒤로 순절殉節하자, 늙은 나이에다 쇠해진 후에 압록강을 건넜다."[184]

두 서문을 종합해 보면, 이산은 두 스승 송병선과 송병순의 순절에 자극을 받아 늙고 쇠해진 몸이지만 일제가 다스리는 땅의 백성으로는 차마 살 수 없어 망명을 떠난 것임을 알 수 있다.

두 스승의 순절에 비분강개한 이산은 임진왜란 때 원수가 된 일제에 의해 또다시 국모가 시해를 당하고 종묘사직이 무너져 나라가 망하게까지 된 상태에서 일제의 백성으로는 살 수 없었다. 그래서 이산은 일제가 다스리는 땅을 피해 부친을 모시고 처자를 거느리고 망명을 떠났던 것이다.

서천은 망명에 앞서 자정自靖을 실천했다. 아래는 이를 확인할 수 있는 시로 한일합방조약이 체결된 1910년 음력 7월 18일(양력 8월 22일)에 동지들에게 지어 보낸 시 「기동지(경술칠월일)寄同志(庚戌七月日)」[185]이다.

텅 빈산에 가을비는 쏟아지는데	空山多秋雨
한바탕 곡을 해도 나는 미칠 것 같네	一哭我能狂
천하는 오히려 쓰러뜨릴 수 있어도	天下猶可仆
우리의 도道는 망할 수 없다네	吾道不可亡

---

183) 芮大僖, 『伊山文集』, 「伊山文集序[金甯漢]」 "及見宗國淪喪, 及廢書歎曰; "何忍爲氓於斯乎." 扶老携幼渡馬訾."

184) 芮大僖, 『伊山文集』, 「伊山文集序[鄭寅普]」 "長則負笈宋淵齋先生之門, 並事先生弟心石, 二先生先後以節殉, 而翁年且衰變後, 渡鴨綠."

185) 趙貞奎, 『西川先生文集』 卷之一, 「寄同志(庚戌七月日)」

생사生死는 오히려 웃어넘길 수 있지만	死生猶可笑
화華와 이夷는 잊을 수 없다네	華夷不可忘
성인聖人이 어찌 나를 속였으랴만	聖人寧欺我
석과碩果는 끝내 아득하기만 하네	碩果竟茫茫
벗들이 오면 어느 날인지 알려나	朋來知何日
그대에게 묻노니 희황羲皇의 시대는 오려는가	爲君問羲皇

합방조약이 발표된 양력 8월 29일에 앞서 합방조약이 체결되던 양력 8월 22일, 실제로 기상이 악화되어 온 하늘이 갑자기 캄캄해지더니 호우가 무섭게 쏟아지고 번개까지 내리쳤다.[186] 이런 날씨 속에 합방조약 체결 소식을 전해 듣고 한바탕 울고 났는데도 서천은 제정신을 차릴 수가 없었다. 서천은 이때 천하는 쓰러뜨릴 수 있어도 우리의 도, 곧 공자孔子의 학문은 없어질 수 없다고 생각했다. 또 죽고 사는 문제는 초월해서 웃어넘길 수 있어도 중화와 오랑캐의 구별은 잊을 수 없다고 생각했다. 즉 천지가 개벽을 하고 죽음이 코앞에 닥치더라도 자신이 지켜온 도와 오랑캐가 한 짓은 잊을 수 없다는 뜻이다. 조선후기부터 지켜오던 춘추대의의 기본 주제는 중화와 이적을 구분하여 중화를 높이고, 오랑캐를 물리치는 것이었다. 곧 '중화와 이적의 분별[華夷之辨]'의 의리를 가리키는, 일명 '존화양이尊華攘夷'라고 하는 것으로,[187] 이는 서천이 전형적인 유학자로서의 사고를 지니고 있음을 뜻한다.

서천은 지금까지 성현의 말씀을 믿고 그 말씀에 따라 살아왔다. 그런데 지금 공자의 학문인 우리의 도는 다 사라지게 생겼고, 오랑캐

---

186) 한철호, 위의 논문, 172~173쪽 참조.

187) 금장태, 위의 논문, 154쪽 참조.

들이 고국을 집어삼켜 나라는 망해버렸다. 그래서 서천은 성현이 어찌 자신을 속였겠는가를 반문하였다. 그리고 사람의 손길이 닿지 않아 가지 끝에 남아 있던 석과碩果가 훗날 종자가 되듯, 어지러운 세상에서 소인들의 해코지를 당하지 않을 큰 덕을 지닌 군자는 끝내 기대할 수 없는 것인가에 대해 탄식하였다. 그러면서 서천은 근심걱정 없이 살던 희황羲皇[복희씨伏羲氏]의 좋은 시대는 어느 날에나 오려는지 벗들이 오면 묻고 싶다고 하였다.

서천은 동지들에게 위의 시를 지어 보내면서 석과와 같은 군자가 나타나 나라를 구제해 하루빨리 복희씨 시대 같은 태평한 세상이 되어 백성들이 근심걱정 없이 살날이 오기를 기대하는 마음을 드러냈다. 이에 뜻있는 동지들은 그 날이 오기를 고대하며 서천과 함께 자고산으로 들어가 춘추를 강하면서[188] 자정하였다.

아래는 서천이 자고산으로 들어가게 된 직접적인 이유를 확인할 수 있는 조형규趙亨奎가 지은 서천의 「행장行狀」의 일부이다.

> "경술년에 나라가 망하자 선생은 슬퍼하며 말하기를 "종묘사직은 폐허가 되고, 백성들은 어육魚肉이 되겠구나."라고 하더니, 서산에서 통곡을 하고, 자고산紫皇山으로 들어가 버렸다."[189]

서천은 경술국치를 당하자마자, 종묘사직은 폐허로 변해버리고 백성들은 도마 위의 생선처럼 일제에 의해 짓밟힌 삶이 되고 말 것임을 예감하였다. 서천이 서산에서 통곡한 이유는 서천의 조상 조려趙旅가

---

188) 각주) 136 참고.

189) 趙貞奎, 『西川先生文集』 卷之五, 「行狀[趙亨奎]」 "庚戌國絶, 先生矗然曰; "宗社墟矣, 生民魚肉矣." 慟哭于西山, 內入紫皐山."

다른 생육신生六臣의 위패와 함께 서산서원西山書院에 모셔져 있었기 때문이다. 그러나 1868년 서원철폐로 인해 더 이상 서원으로서의 구실을 못하고 있었다. 이러한 때에 경술국치를 당해 조정의 종묘사직 또한 사라지게 되었다. 그러한 만큼 서천이 서산에서 통곡하면서 느낀 비애는 남달랐다. 그래서 자정할 곳을 찾아 서산西山보다 더 깊숙한 자고산으로 들어갔던 것이다.

서천이 자정할 곳을 찾아 들어간 것 등의 행위는 가문에 대한 자부심이 상당했기 때문이기도 하다. 이는 서천이 조려의 시 「구일등고九日登高」190)의 운자를 차운하여 지은 시 「근차어계선자謹次漁溪先子, 구일등고시九日登高詩」191)와 아래의 시 「위술세덕작시이증지爲述世德作詩以贈之」192)를 통해서 알 수 있다.

우리 집안 예부터 훌륭한 조상 있었으니	我家昔有皇皇祖
하늘에 닿은 명예와 절조 하늘과 더불어 푸르다네	名節于天天與靑
남국 풍진에 삼장사三壯士요	南國風塵三壯士
서산 일월에 육선생六先生이라	西山日月六先生
(중략)	

190) 趙旅, 『漁溪先生集』(한국고전번역원DB) 「九日登高」 "九月九日是重九, 欲酬佳節登高岡. 白雲飛兮雁南賓, 蘭有秀兮菊有芳. 山明水碧煙慘惔, 風高日晶氣凄凉. 荻花吐雪江之滸, 楓粧紅錦山之陽. 杜牧旣上翠微岫, 陶潛悵望白衣郞. 千載風流如昨日, 至今豪氣凜秋霜. 回頭擧目江山暮, 地闊天高思渺茫. 羲軒遠矣悲何極, 華勳不見心自傷. 沈吟筆下乾坤闊, 爛醉樽前日月長. 嗟哉潦倒生苦晩, 懷佳人兮不能忘."

191) 趙貞奎, 『西川先生文集』 卷之一, 「謹次漁溪先子, 九日登高詩」

192) 趙貞奎, 『西川先生文集』 卷之一, 「趙君文奎允吉, 貞奎之三從弟也, 寓居湖南之求禮, 今三十年矣. 有二子曰鏞範・鏞鐵, 皆不學業農. 嗚呼. 我祖用名節立家, 自麗季之罔僕, 典書公繼有皇祖, 曰漁溪, 曰大笑軒兩先生也. 余懼君遠擲殊土, 歲久埋沒, 爲述世德作詩以贈之」

두 아들에게 물려 줄 계책으로 무엇을 가르치랴 貽厥雙男何所訓
다만 충효로써 앞 명성을 이어가는 거라네 但將忠孝續前聲

위의 시는 30년 전에 구례로 거주지를 옮긴 삼종제 조문규趙文奎의 두 아들 조용범趙鏞範과 조용철趙鏞鐵이 독서는 하지 않고 농사에만 전념하자 서천이 전서공典書公 황조皇祖와 어계漁溪와 대소헌大笑軒을 들어 가문의 자부심을 갖고 독서에 힘써 절개와 충효를 기조로 가문을 빛낼 수 있기를 독려하기[寓居湖南之求禮, 今三十年矣. 有二子曰鏞範·鏞鐵, 皆不學業農. 嗚呼. 我祖用名節立家, 自麗季之罔僕, 典書公繼有皇祖, 曰漁溪, 曰大笑軒兩先生也.] 위해 지어준 시이다.

전서공 황조는 고려 말에 공조전서를 지낸 금은琴隱 조열趙悅을 가리킨다. 조열은 고려가 멸망하고 조선왕조가 수립되자 절개를 지키기 위해 관직을 버리고 고향인 함안으로 낙향한 후 거문고를 연주하며 여생을 보낸 인물이다. 삼장사三壯士[193]는 1597년 정유재란 때 황석산성에서 전사한 조종도趙宗道를 가리키며, 남국南國이란 영남 삼장사가 충성을 맹세한 장소인 진주 촉석루를 가리킨다. 육선생六先生이란 생육신 중 한 사람인 조려를 가리키고, 서산西山이란 세조가 단종을 쫓아내자 조려가 평생 고사리만 캐먹으며 살겠다는 마음으로 채미정採薇亭을 짓고 은둔을 한 곳을 가리킨다.

이렇듯 서천은 절개를 지키고 충을 실천한 훌륭한 조상을 둔 가문의 후손이었다. 이에 대한 자부심이 대단했던 서천 또한 일제가 다스리는 땅에서 살고 싶지 않은 마음이 꾸준히 있었을 것임은 부언을

193) 三壯士 : 삼장사에는 영남 삼장사와 호남 삼장사가 있다. 영남 삼장사는 임진왜란 때 진주 촉석루에서 충성을 맹세한 金誠一·趙宗道·李魯를 가리키고, 호남 삼장사는 진주성 함락 때 투신 자결한 金千鎰·崔慶會·高從厚를 가리킨다.

요하지 않는다.

아래는 소눌이 지은 서천의 「묘갈명(병서)墓碣銘(幷序)」의 일부이다.

> “경술국치 이래로 제생諸生들을 물리치고, 서쪽의 마자하馬訾河[압록강]를 건너 삼성三省을 두루 유람하였다. 이때 우리나라 사람들은 고향에서 편히 살수가 없어서 짐을 지거나 이고 요하遼河에 이른 자가 수만 명이었다. 생이별로 헤어지거나 엎어지고 자빠져서 사망하는 자가 서로 이어졌다. 공[서천]은 눈물을 흘리면서 동지들에게 말하기를 “차마 선왕의 백성들로 하여금 다른 나라 땅강아지나 개미의 먹이가 되게 해야 하겠는가.”라고 하고는, 돌아와 세간살이를 버려두었다. …… (망명을 떠나) 봉천奉天에 이르렀다.”[194]

서천은 경술국치 후 자고산에서 강학을 하는 동안 망명의 피난처를 찾기 위해 조카 조용돈을 시켜 요하의 풍토를 돌아보고 오게 한 일이 있다.[195] 그리고 1914년 망명을 떠나기에 앞서 1913년에 직접 망명할 곳을 미리 돌아보고 왔다. 서천이 다녀온 이유는 망명지에서 필요한 것이 무엇인가를 직접 확인점검하기 위해서였다. 이때 직접 돌아본 요하에서 서천은 고국을 떠난 선왕의 백성들이 이국에서 떠돌다 죽어 미물의 먹이가 되는 모습을 목격하였다. 그래서 서천은 귀국 후 그들이 더 이상 비참한 생활을 하지 않고 살 수 있는 방도를 찾아주기 위해 세간을 정리하고 망명길에 나섰던 것이다.

그러나 무엇보다도 서천 자신이 평소 배우고 익혀 내면에 스며든

---

194) 趙貞奎, 『西川先生文集』 卷之五, 「墓碣銘(幷序)[盧相稷]」 “自庚戌以來, 謝遣諸生, 西渡馬訾河遍遊三省. 時東人不能安於鄕土, 負戴至遼河者屢萬人. 仳離顚沛, 死亡相繼. 公涕泣語同志曰; “忍令先王赤子爲殊邦螻蟻食乎.” 歸而捐家. …… 而至奉天.”

195) 각주 136) 참고.

유교적 이념인 인仁을 실천하는 방향의 하나로 자연스러운 선택의 길이 망명으로 이어졌음은 아래의 글 「묘갈명(병서)墓碣銘(幷序)」를 통해서 알 수 있다.

> "장부가 배우지 않았다면 그만이겠지만, 배웠다면 진정한 사업을 해야 한다. 나아가서는 나라에 이롭고 백성들에게 은혜를 끼칠 수 있어야 하고, 머물러서는 후진들을 분발시킬 수 있으면 되는 것이니, 단지 출불출에 얽매일 필요 있겠는가. …… 비록 친히 뭇사람들이 도탄에서 곤욕을 치루는 것을 보았다고 해도 그들을 구제해줄 바를 생각지 못한다면 그 어찌 배웠다 할 수 있겠는가."196)

평소 서천은 장부가 배우는 이유는 벼슬길에 나아가서는 나라를 이롭게 하는 것과 백성들에게 은혜를 끼치는데 있고, 벼슬에 나아가지 않고 있을 때는 후진들을 분발시키는 교육에 힘쓰는데 있으므로, 반드시 벼슬길에 나아가야만 되는 것은 아니라는 생각을 가지고 있었다. 또 뭇사람들이 도탄에 빠져 허우적대는 걸 보고 그들을 구제해줄 방법을 찾지 못한다면 배웠다고 할 수 없다는 유학자의 전형적 자세를 가지고 있었다. 이는 서천이 요하로 흘러들어간 유민 수만 명이 힘들게 사는 모습을 목격하고 그냥 지나치지 못하는 실천적 유학자이였음을 뜻한다. 가진 재산으로 나 하나 자정하면서 사는 것에 만족하는 서천이 아니었다. 그래서 서천은 자신이 배운 바를 실천하기 위해서 망명을 떠났던 것이다.

---

196) 趙貞奎, 『西川先生文集』 卷之五, 「墓碣銘(幷序)[盧相稷]」 "丈夫不學則已, 學則做眞正事業. 出可以利國澤民, 處可以振發後進, 但出不出繫乎. …… 雖然親見衆生之困於塗炭, 而不思所以拯求之, 烏在其爲學哉."

아래는 『서천선생문집西川先生文集』의 발문跋文에 실린 내용의 일부이다.

"경술년 나라가 망한[社屋] 후부터 세상을 어떻게 해볼 수 없음을 알고, 동지들과 함께 바다로 떠나가는 심정으로 요동 들판에서 농사 지을 것을 약속하였다."[197)]

나라가 망한 후 서천은 공자가 말한 부해지탄浮海之歎의 심정으로 고국을 떠나 요동 들판으로 가서 농사지을 결심을 하였다. 이에 앞서 서천은 평소 다음과 같은 말을 자주하였다.

"(서천은) 늘 말하기를 "우리나라 사람들의 기가 세고 편협한 것은 도량이 작기 때문이고, 도량이 작은 까닭에 식견이 낮다고 생각한다. 이것은 거처하는 땅이 좁은 것으로 말미암아 보는 바가 한정되어 있기 때문이다."라고 하였다. …… 이에 북쪽 중주로 유람을 떠나, 다섯 번 요하를 건넜다."[198)]

서천은 평소에 우리나라 사람들의 기개가 편협한 이유는 도량이 작기 때문이고, 도량이 작기 때문에 식견이 낮다는 생각을 갖고 있었다. 그런데 그 식견이 낮은 이유는 바로 땅이 넓지 못하기 때문에 보는 바가 한정이 되어서라고 생각하였다. 그래서 서천은 평소에 식견을 높이고 도량을 크게 하고 기개를 넓히기 위해 중국의 넓은 땅을

197) 趙貞奎, 『西川先生文集』 卷之五, 「跋[安有商]」 "自庚戌社屋之後, 知世之不可爲也, 內與同志約浮海耕遼野."

198) 趙貞奎, 『西川先生文集』, 「序[河謙鎭]」 "恒言以爲東人氣褊故量小, 量小固識卑. 此由居地狹, 而所見者局也. …… 於是北遊中州, 五涉遼河."

가보고 싶어하였다.

아래는 서천이 지인 김성직金性稷에게 답장한 편지글 「답김형국(성직)答金馨國(性稷)」이다.

> "나는 늙고 또 병들었는데도 해마다 북으로 건너갔다. …… 같은 뜻을 가진 정학正學[성리학]을 한 사람들 한 무리가 함께 건너가서 우리의 도道를 창명倡明하여 천하가 바르게 되는 것을 보는 것, 이것은 진심으로 한결같이 생각한 것이다."199)

서천이 해마다 북을 건너갔다는 말은 1913년과 1914년, 두 해에 이어 서간도로 건너간 것을 가리킨다. 늙고 병든 몸으로 서천이 북으로 간 까닭은 같은 뜻을 가진 성리학자들과 건너가서 평생 공부한 학문을 창도하여 밝힐 기회를 가져서 천하가 바르게 되는 것을 보려는 생각 때문이었다. 이 또한 앞에서 살펴본 화이지변華夷之辨과 함께 서천이 전형적인 유학자적인 세계관으로 세계를 인식하고 있음을 드러낸 것이다.

가문에 대한 자부심이 컸던 서천은 평소에 넓은 대륙에 가서 견문을 넓혀 기개를 키우고 싶은 마음을 가지고 있었다. 그런데 경술국치를 당해 종묘사직은 폐허가 되고, 백성들은 일제 치하에서 힘든 삶을 살게 될 것을 직감하고 요동 들판으로 가서 농사를 지으며 살 결심을 하였다. 그 결심을 실천하기 위해 서천은 현지 상황을 직접 알아보기 위해 1913년 요하로 건너갔다가 유민들의 비참한 현실을 목격하였다. 평소 도탄에 빠진 사람들을 구제하는 것을 배운 자의 자세로 생각하

---

199) 趙貞奎, 『西川先生文集』 卷之二, 「答金馨國(性稷)」 "貞老且病年年北渡. …… 思與同志正學人, 一隊同渡, 倡明吾道, 以觀天下之正, 此是赤衷一念."

던 서천으로서는 떠남에 있어 한시도 망설일 이유가 없었다. 그래서 돌아오자마자 농기구와 나귀 · 송아지 등 생활에 필요한 도구만을 싣고 망명을 떠났다. 한 마디로 서천은 평소 지론대로 인仁을 실현시키고 평생 배운 학문을 통해 천하가 바르게 되는 것을 보기 위해 망명을 떠났던 것이다. 그러나 서천은 전형적인 성리학적 세계관인 화이지변의 틀 안에서 세계를 인식하고 있었던 만큼, 소극적 저항의 의미로 망명을 떠난 것임을 알 수 있다.

지역 사림 출신인 소눌과 이산과 서천은 학자적 양심을 바탕으로 피지避地의 의리를 실천하는 방법으로 망명을 택했다. 그리고 그들의 망명에는 자신들이 평생 추구해온 학문을 망명지에서 실천하고자 하는 저항의 의미까지 내포되어 있었다.

계몽운동가 경재는 일제 치하에서 사는 것을 수치로 여겨 의를 실천하는 방도이자 망명지에서도 고국에서와 마찬가지로 국가와 민족을 위한 독립운동에 기여할 뚜렷한 방향의식을 갖고 망명을 떠났다. 그런가하면 전직 관료 출신인 수파와 대눌은 소극적인 자세로 자정을 하고 있었는데 일제의 끊임없는 은사금 독촉과 감시를 피해 망명을 떠났다. 이는 개인과 가문의 자존심을 지키고, 나아가 전직관료로서 조선왕조의 자존심을 지키기 위해 망명이라는 적극적 저항행위를 택한 것이다. 또 소눌과 이산 · 서천은 지역 사림으로서의 학자적 양심으로 피지의 의리를 실천하는 방법으로 망명을 떠났다. 그 중 서천의 망명은 어려운 한인 유민들의 삶을 보살피기 위한 명분도 포함하고 있음을 주의할 필요가 있다. 이는 이들의 망명 명분에 지역 사림으로서의 학문적 실천이 포함되었음을 의미한다. 망명 명분에 있어 유학자들은 자신들이 처한 현실에 따라 다소 표현의 차이는 있지만 '부해거수'의 마음으로 망명을 떠났음은 공통적인 사실이다.

2. 서간도 망명

1) 망명지의 선택

망명인사들이 서간도를 망명지로 택한 이유는 대체로 다음과 같다.

첫째, 역사적으로 서간도는 회인懷仁과 집안輯安을 중심으로 고조선과 고구려의 한민족 고대문화가 형성된 민족고토民族故土였기 때문이다.

둘째, 지리적으로 서간도는 압록강만 건너면 국내 진입이 가능한 지역의 근접성 때문이다. 이러한 이점으로 국내와의 소통이 다른 지역에 비해 수월하였기 때문에 서간도는 독립운동거점지역으로 일찍부터 주목을 받았다.

셋째, 1909년 9월 4일 '간도협약' 체결 이후 서간도는 더 이상 조선 땅은 아니었지만, 봉금지대封禁地帶 후에는 물론 1875년 봉금령 폐지 후에 지속적으로 늘어난 이주 한인들로 인해 기왕에 대규모 한인사회가 형성되어 있었기 때문이다.

넷째, 교통의 편리성 때문이다. 중국으로 통하는 중심선에 평양과 신의주가 있고, 중국 진출을 꾀하던 일제가 1906년 경의선을 완전 개통시킴으로써 서간도로의 진입이 보다 수월해졌다. 더욱이 1911년 11월 압록강 철교까지 놓이면서부터 서간도로 들어가기가 훨씬 용이해졌다.

다섯째, 서간도는 북간도의 험한 지형에 비해 평탄한 지형으로 이루어진 만큼, 양반지주들이 대규모 농장을 건설하는데 적합한 지역이었기 때문이다. 이에 더해 서간도 지역은 1840년대에 유민 온 한인들에 의해 수전농水田農이 성공을 거둔 후, 1861년부터는 안동현安東縣을 시작으로 벼농사가 가능한 지역이 되었기 때문이다.[200)]

여섯째, 북간도는 북위 41.5~43도 지역인 것에 반해 서간도는 북위 40~41.5도의 지역으로 북간도보다 비교적 추위가 덜했기 때문이다.

일곱째, 초기 이주 한인들에게 토지 소유권을 인정해주고, 입적 등을 강요하지 않던 청나라와의 관계 때문이다.

여덟째, 북간도 용정촌龍井村에는 1907년 일제가 세운 조선통감부 용정파출소 등을 통한 한인들의 통제가 비교적 일찍 시작된 것에 반해 서간도 지역은 북간도 지역보다 일제의 통제가 후에 이루어졌기 때문이다.

이상의 이유 등으로 망명인사들은 북간도보다 서간도로의 망명을 더 선호하였다.

그렇다면 경재 · 수파 · 대눌과 소눌 형제 · 이산 · 서천의 경우 서간도를 망명지로 택한 이유는 무엇이었을까? 그 이유에 대해서는 그들의 작품을 통해서 살펴보도록 하겠다.

가장 먼저 망명을 떠난 경재는 12월 1일 사막촌四幕村에서 압록강을 건넌 후 청나라 사람의 장사 수레를 빌려 타고 망명지인 회인현 흥도촌으로 향하면서 아래의 시 「십이월일일十二月一日, 이사막도강離四幕渡江, 고청인상거발행雇淸人商車發行」[201)]을 지었다.

---

200) 연변조선족략사편찬조, 위의 책, 15~16쪽 참조.

201) 李建昇, 『耕齋集』下, 「十二月一日, 離四幕渡江, 雇淸人商車發行」

(상략)

이 몸은 마치 요동[遼陽]의 학처럼　　　　　　　此身正似遼陽鶴
도리어 천년을 기다려 옛 거처로 돌아왔네　　　却待千年返舊居
(2수 중 제1수)

경재는 처음 정착지인 회인현 흥도촌으로 향하면서 요동의 정령위丁令威가 신선술을 익혀 학으로 변해 천년 만에 고향에 온 것처럼, 자신도 요동의 학처럼 천년을 기다려 오늘에서야 고향인 옛 고구려 땅으로 돌아왔다고 하였다.[202] 이는 경재가 처음 정착지로 선택했던 고구려의 옛 땅 회인현 흥도촌을 고향으로 인식하고 있음을 드러낸 것이다. 이를 통해 경재는 '간도협약'과 상관없이 요동의 서간도를 분명한 우리의 영토로 여기고 그곳을 망명지로 택하였음을 알 수 있다.

이어서 이산이 서간도를 망명지로 택한 이유를 살펴보도록 하겠다. 이는 정인보가 지은『이산문집』서문을 통해서 알 수 있다.

"압록강을 건너 북쪽 옛 부여와 고구려의 옛 터전에서 거처한 지 이미 오래였다."[203]

위의 글을 통해 이산 또한 서간도가 옛 부여와 고구려의 땅이었던 만큼 우리의 옛 터전으로 간다는 인식을 가지고 서간도로 망명을 떠

202) 李建昇,『耕齋集』下,「十二月一日, 離四幕渡江, 雇淸人商車發行」"(南北滿洲, 曾是高句麗地, 余汝園有吾輩, 今日返故鄕語)"

203) 芮大僖,『伊山文集』,「伊山文集序[鄭寅普]」"渡鴨綠, 而北棲棲古夫餘高句麗之墟者已久."

났음을 알 수 있다.

수파가 망명지로 서간도를 택한 동기는 아래의 「요하일기遼河日記」와 망명지에서 문중 장로에게 올린 편지글 「상문중첨장로上門中僉長老」를 통해서 확인된다.

> "서간도 한 구역은 실로 수천 년 전에 단군檀君과 기자箕子가 다스리던 옛 땅으로, 땅은 중국 관할이지만 전쟁의 우려가 드문 곳이라 저곳은 이곳보다 좋은 점이 있고, 한인韓人 중 세상을 피해 간 사람들이 많이 살고 있습니다."204)

> "이곳은 300년 동안 선왕先王이 동맹同盟한 나라로 겉모습을 바꾸거나 민적에 드는 것을 강제하지 않는 까닭에 부득이하게 이런 거동을 하게 된 것입니다."205)

위의 두 글을 통해서 알 수 있듯이 수파가 서간도를 망명지로 택한 이유는 수천 년 전에 이미 민족의 시조 단군과 문명을 창시한 기자가 다스리던 우리의 땅이요, 삼백년 동안 동맹을 맺은 친근한 나라라는 생각에서였다. 아울러 고국故國보다는 전쟁의 우려가 적고, 일제를 피해온 한인들이 많이 살고 있는 곳이기도 하며, 한편으로는 단발령으로부터도 자유롭고 중국이 민적 가입을 강요하지 않는 까닭에서였다.

따라서 수파가 망명지를 서간도로 선택한 이유는 우리의 옛 강토라는 자부심과 서간도에 유학자들이 모여살고 있었기 때문이었고, 중국

---

204) 安孝濟 ,『守坡集』 卷之三, 「遼河日記」 "蓋西島一區, 實數千年前, 檀箕舊疆, 地轄中華, 罕見兵火之警, 彼善於此則有之, 而韓人避世者, 多居之."

205) 安孝濟 ,『守坡集』 卷之二, 「上門中僉長老」 "此地三百年先王同盟之國, 毁形入籍不有强制, 故强爲此擧."

의 간섭도 비교적 덜한 이유 때문이었다.

소눌이 서간도로 망명지를 택한 이유는 『소눌선생편년小訥先生編年』을 통해서 알 수 있다.

> "부모님 묘소에 소홀함이 부끄러울 뿐이다. 그래서 깊은 곳으로 들어가고자 하지 않고, 때때로 성묘를 할 계획을 잡고 있다."[206)]

소눌은 부모님 묘소를 돌보지 못하는 죄책감으로 때때로 부모님의 묘소를 성묘하기 위해서 깊은 곳으로 들어가지 않고 압록강 근교의 서간도를 망명지로 정했음을 밝히고 있다.

이어서 서천이 서간도로 망명지를 택한 이유는 소눌이 지은 「묘갈명(병서)墓碣銘(幷序)」를 통해서 알 수 있다.

> "서쪽의 마자하馬訾河[압록강]를 건너 삼성三省을 두루 유람하였다. 이때 우리나라 사람들은 고향에서 편히 살수가 없어서 짐을 지거나 이고 요하遼河에 이른 자가 수만 명이었다."[207)]

서천은 경술국치 후 망명 피난처를 찾기 위해 조카 조용돈을 시켜 요하의 풍토를 살펴보게 했을 때[208)] 이미 요하로 망명을 떠날 결심이 선 상태였고, 시기를 언제로 잡느냐에 대한 조율만 남아 있었다. 그리고 망명에 앞서 1913년에 돌아보던 요하의 서간도에 수만의 한인들

---

206) 『小訥先生編年』 33장 전면 "忽於親壟也. 所以不欲深入, 而時時爲省楸之計."

207) 趙貞奎, 『西川先生文集』 卷之五, 「墓碣銘(幷序)[盧相稷]」 "西渡馬訾河遍遊三省. 時東人不能安於鄉土, 負戴至遼河者屢萬人."

208) 각주 136) 참고.

이 모여 사는 것을 보고 서간도로의 망명 결심을 굳혔다.

대눌이 망명지를 서간도로 선택한 이유는 「저도답문渚島答問」을 통해서 확인할 수 있다.

> "(대눌이) 말하였다. …… "나라가 망했을 때 임금은 욕을 당하고, 흉악한 것들은 권세에 아부하여 온 나라 백성들은 수족을 둘 곳조차 없었습니다. 다행히 이제 뭇 영웅들이 해외에서 의병을 일으키고 유민들이 모여들어 강을 건너니, 사람의 뜻이 아니고 하늘의 뜻이었습니다. 광복도 거의 손에 침을 뱉어 기대할 만하니, 이른바 둥근 머리와 모난 발로 와신상담하며 (일제와) 함께 한 하늘을 이고 살 수 없는 자라면 누구인들 생生을 버리고 즐겨 나아가 그 형세를 관망하지 않겠습니까?"라고 하였다. …… (대눌이 말하기를) "몸을 떨쳐 서쪽으로 건너가는 사람들은 비록 현명한 이와 어리석은 이의 구별은 있겠지만, 그 뜻은 한 가지였습니다."라고 하였다."[209]

당시 국내 각지에서 일어난 의병진이 1907년 12월부터 1908년 5월까지 전개한 서울탈환작전이 실패로 끝난 후, 일본군은 1909년 9월 1일부터 약 2개월간에 걸쳐 이른바 '남한대토벌작전'을 감행했다. 그러자 일제의 토벌작전을 피해 1909년 11월부터 수많은 의병진들이 해외, 특히 간도 지역으로 나가 독립군으로 전환하여 국내진공작전을 폈다. 이때 수많은 백성들도 함께 망명을 떠났다. 이런 의병진과 백성들의 망명 기세를 관망해볼 때, 고국의 국권회복은 손에 침을 뱉고

---

209) 盧相益, 『大訥手卷續編』 卷之七, 「渚島答問」 "曰; …… "國破之時, 主上遇辱, 諸兇附勢, 擧國臣民, 不能措其手足矣. 幸玆群雄擧義海上, 遺民輻湊渡江, 非人也天也. 光復庶幾唾手期待, 則所謂圓顱方趾臥薪嘗膽, 不與共戴天者, 孰不捨生樂赴以觀其勢乎." …… "奮身西渡之人, 雖有賢愚之別, 其志一也.""

결의를 다질 만 한 것이었다. 그래서 대눌은 고국을 떠나 국권 회복 기회를 엿볼 수 있는 서간도로 망명을 떠났다고 하였다. 대눌은 망명을 떠난 사람들 중에 현명하고 어리석은 이의 구별은 있을 수 있겠지만, 망명을 떠난 사람들 모두 광복을 기대하는 마음은 자신과 매한가지임을 피력하고 있다. 이는 그만큼 조국의 국권회복을 비는 사람이 많음을 언급한 것이다.

대눌이 서간도를 망명지로 택한 이유는 한 마디로 국권회복의 기미를 엿보고 관망할 수 있는 기대의 땅이었기 때문이다.

망명 유학자들 가운데 서간도 중에서도 압록강 근교로 망명지를 정한 이유는 대눌의 「자지自誌」를 통해서도 알 수 있다.

> "저들[일본 순사]이 와서 묻기를 "압록강을 건넌 사람들은 모두 회인현 · 유하현으로 들어가는데, 지금 중간에 살면서 본국[內地]과 간도를 연락하는 것은 어째서인가?"라고 하였다."210)

위의 글을 통해 대눌은 서간도 중에서도 국내와의 소통이 수월한 곳을 망명지로 택했음을 알 수 있다. 유학자들이 중간에서 본국과 간도를 연락하며 무슨 일을 했는가에 대해서는 대눌의 「저도답문」을 통해서 확인된다.

> "한 번 정부政府가 신설되면서부터 뜻 있는 인사들이 동에 번쩍 서에 얼씬하며 기회를 엿보았는데, 혹 중간에 깃들어 살면서 완급緩急을 서로 조절하며 반드시 일을 이루어냈으니, 동쪽의 압록강을

210) 盧相益, 『渡江錄(草稿1)』 第三, 「自誌」 "彼人來問曰; "西渡人, 皆入懷仁 · 柳下, 而今居在中間, 連絡內地與間島何耶.""

> 건너는 곳에서였습니다. 그러므로 압록강 상·하의 환인桓仁·관전寬甸·안동安東·봉천奉天 주변은 피차간에 모두 중요한 지역으로 정상情象이 드러났고, 방어가 엄밀하였습니다."[211]

대눌은 1919년 3.1운동 직후 상해에 임시정부가 신설되면서부터, 뜻 있는 인사들이 동에 번쩍 서에 번쩍 얼씬하면서 기회를 엿보고, 중간에 깃들어 살던 망명 유학자들을 비롯한 한인들은 서로 완급을 조절하며 국권회복을 위한 일들을 이루어 낸 곳이 바로 압록강 건너라고 하였다. 이어서 대눌은 압록강 줄기인 환인桓仁(옛 회인懷仁)·관전寬甸·안동安東·봉천奉天을 중심으로 국권회복운동이 전개되었으며, 국권회복운동에 힘쓰는 사람들을 돕는 장소로써 서간도 지역은 독립운동가나 그들을 돕는 망명 유학자를 포함한 한인 피차간에 중요한 지역이었음을 밝히고 있다. 대눌이 국권회복을 위해 애쓰는 사람들을 도왔다는 것은 1918년의 글 「자지自誌」에서 "총을 두 자루 샀다."라고 밝힌 부분으로도 충분히 알 수 있다. 그러나 대눌이 총을 구입한 것은 임시정부 신설 이전이었던 만큼 이들이 독립 운동가를 도운 것은 임시정부 이전부터였다는 것이다. 이를 통해 대눌을 포함한 망명 유학자들은 기대를 관망할 수 있는 서간도에서 노년의 나이임에도 자신들이 할 수 있는 역할을 찾으려는 적극적인 자세로 망명을 떠났던 것임을 알 수 있다.

이들 유학자들이 서간도로 망명지를 택하게 된 이유 중에는 교통의 편리함이나 험한 지형의 기피, 그리고 북간도보다 추위가 덜한 기후

---

211) 盧相益, 『大訥手卷續編』 卷之七, 「渚島答問」 "一自新設政府, 有志之士, 東閃西忽, 以觀機會, 或棲屑中間, 緩急相制, 而畢竟成事, 在於東渡. 故鴨江上下, 桓·甸·安·奉之沿路, 彼我間皆重要之地, 情象畢露, 防禦嚴密."

등의 이유는 애초에 없었다. 이들이 서간도로 망명을 떠난 이유는 역사적으로는 한민족의 민족고토라는 자부심 때문이었고, 지리적으로는 근접성 때문이었다. 사회적으로는 유학자들이 서간도에 모여살고 있었기 때문이고, 대규모로 형성된 한인사회 구성원들이 모여살고 있어서였다. 또 국내보다 전쟁의 위험이 적고, 단발령이나 입적 문제 등에 있어서도 국내보다 제약이 덜할 것이기 때문이었다. 그러나 이들이 서간도로 망명을 떠난 이유 중에 무엇보다 중요한 이유는 경재의 글을 통해서 알 수 있듯이 우리의 영토라는 분명한 인식 때문이었다. 특히 대눌의 글에서 드러났듯이 이들은 서간도를 국권회복의 기미를 엿보고 관망할 수 있는 기대의 땅으로 인식하고 있었기 때문이었다. 그리고 이들은 서간도를 기대의 땅으로만 관망하는 소극적인 자세를 넘어, 서간도 지역을 기대의 땅으로 만들기 위해 자신들이 할 수 있는 역할을 찾았다. 그래서 이들은 국권회복운동을 하는 사람들과의 소통의 장소로 서간도를 망명지로 택한 것이다. 이는 행동하는 유학자로서의 적극적인 자세로 망명지를 서간도로 택하였음을 뜻한다.

2) 망명의 과정과 경로

1910년 8월 29일 한일합병조약이 발표된 지 한 달도 못 된 9월 24일 경재가 가장 먼저 망명길에 올랐다. 그 다음 수파는 1911년 11월 7일 집을 나서서 10일에 압록강을 건넜다. 대눌은 1911년 11월 17일에 압록강을 건넜고,[212] 소눌은 그로부터 한 달 뒤인 12월에, 이산은 1912년

212) 盧相益, 『渡江錄(草稿1)』 第三, 「自誌」 "辛亥十一月十七日, 渡鴨綠江."; 盧相益,

7월에 망명길에 올랐다. 마지막으로 서천은 1913년 봄 망명 실행에 앞서 중국을 돌아보고 온 후, 1914년 3월 하순 정식 망명길에 나섰다.

유학자들의 망명과정은 1911년 11월 1일 경의선 끝에서 중국 안동安東(현 단동)을 연결한 압록강 철교 개통 전후 두 갈래로 나누어진다. 압록강 철교 개통 전에 압록강의 빙판을 건넌 사람은 경재뿐이고, 나머지 유학자들은 모두 압록강 철교가 개통된 후 철로를 이용해서 압록강을 건넜다.

〈압록강 철교(사진 : 이은영(2016.05.06.))〉

이들의 망명 과정과 경로는 망명 작품을 남겨두지 않은 이산을 제외한 나머지 유학자들이 남긴 작품을 통합해서 살펴볼 수 있다. 경재는 강화를 떠나면서부터 망명지 서간도에 도착할 때까지 지은 26수의 시를 통해서, 수파는 망명을 떠나면서부터 망명지에 도착하

『大訥手卷』卷之九, 「大訥手卷跋[盧相稷]」"辛亥 …… 七月至大邱而還, 十一月辭家廟而行, 所持惟薄被一, 殘編數三而已. 途中次送族弟相大婦人鄭烈婦旌閭韻, 有主辱國亡, 猶不死孤臣, 還媿食人烟之句, 讀者悲之. 渡鴨綠江, 安東縣而止焉."

기까지의 자신의 망명 여정[213]을 상세하게 기록해둔 904자의 「요하일기遼河日記」[214]를 통해서 살펴볼 수 있다. 대눌은 망명 중에 지은 시 3수[215]를 통해서, 소눌은 신해(1911)년 출발지부터 도착지까지의 망명 경로를 상세하게 남겨놓은 「신해기행辛亥記行」[216] 아래 총 67제

---

213) 安孝濟 관련 망명 과정과 경로는 필자의 「수파 안효제의 서간도 망명과 우국시」, 『漢文學報』 제25집, 우리한문학회, 2011. 432~436쪽을 수정 보완하여 서술하였다.

214) 安孝濟, 『守坡集』 卷之三, 「遼河日記」 "辛亥十一月七日, 遂發程, 直到昌原停車場. 作二度書一絶詩, 付回伻, 一書寄家兒也, 詩則上門父老也, 一書與許上舍埰也. 翌朝乘汽車. 是夜十二點下南大門, 投宿于門內金允植家. …… 翌朝又登汽車. 過松京指點善竹橋, 憶鄭文忠殉節事, 感吟一絶. 午過平壤, 是夜十一點, 下新義州, 宿于孔英俊家. 卽孔子七十四世孫云, 而頭樣服章, 與日人無異. …… 翌日渡鴨江, 仍誦金籠巖去國詩. 投宿于崔某家留二日. 又發程騎馬車, 過通化縣. …… 所過六百里之路, 異服殊音, 駭於耳目. …… 留縣一日, 與鄭思叔邦繹, 徒步向柳河縣陽知. 所走雪登氷千有餘里, 其困難, 忍何言哉. 暮抵陽知淸人店, 是日卽十二月初五日也. 問昌弟所在, 則距此七十里, 名曰多知溝云. 早朝促行, 過小坦坪. …… 稍稍前進, 又入二十里, 迺舍弟所寓, 而四環皆山也. 林木參天, 日星陰翳, 積雪彌山, 四無人家. …… 居數日, 念及國事, 不覺放聲大哭. 李侍郎石榮, 白沙先生之後也. 賦性剛直, 疾惡如讎, 其在本國, 不爲世俗之撓奪者, 而逃遁在此. 跋涉往尋, 未及其家, 於路相逢, 已薙髮易服, 非復昔日樣子. 問其所學曰耶蘇教. 無意留宿其家, 然途窮日暮, 無處可往. 一宿曉發, 午到永春院鄭俊煥家投宿. 座上有一名士, 號深湖, 姓蔡氏, 名相悳. 夙飽其名, 而今始相見, 則果思想不凡, 議論英發, 令人敬服, 乃崔勉庵弟子也. 與之留一宿, 卽發還到寓. …… 有客一人, 來到語時事, 同是天涯淪落人, 而姓金, 名士赫, 以國事爲心, 不事家産, 漂泊西南, 求同志之人也. 一見之地, 許以平生, 留九日而辭去矣. 壬子初六日, 孤懷難住, 與鄭思叔步雪, 往尋蔡相悳於申元模家, 而不遇. …… 二十日又移居於他地. 二十七日夜, 與蔡深湖敍懷. 二十八日送兩弟去入渡江. 自家兒經賊惻之後, 衰敗餘腸, 不能自持, 且動心於其泣請, 不獲已偕來安東縣, 以送未死之殘暉爲計. 是日卽九月日也."

215) 盧相益, 『大訥手卷續編』 卷之一, 「宿義州老松町」 "前路茫茫此夜頭, 長江一渡是中州. 離家去國孤臣淚, 漏滴燈深夢不收."; 卷之一, 「威化島(我太祖高皇帝回軍之地)」 "水道岐分小作疆, 遺民棲屑任天荒. 鍊軍示武當年事, 還作桑瀾一夢場."; 卷之一, 「鴨綠江」 "六十三齡萬里洲, 塞天風雪冷侵頭. 東西兩土俱無主, 淚滴長江咽不流."

가운데 역 이름으로 지어진 64제의 시를 통해서 살펴볼 수 있다. 서천은 정작 1914년 망명을 떠날 때는 망명 여정을 살펴볼 수 있는 글을 남기지 않았다. 그러나 서천은 망명을 떠나기에 앞선 1913년 서간도를 방문하고 북경까지 다녀오는 동안의 여정을, 날짜별로 간략히 기록해둔 「북정일록北征日錄」[217]과 1913년의 북정北征·1914년 후의 망명생활이 뒤섞여 수록된 「북정시北征詩」[218] 아래 49제의 시를 남겨두었는데, 두 자료의 활용으로 서천의 망명 과정과 경로를 살펴볼 수 있다.

유학자들의 망명 과정은 개인적으로 차이가 있다. 그러나 망명 과정과 경로를 살피는데 있어 강화에서 출발한 경재를 제외한 나머지 유학자들의 출발지는 경상도였다. 따라서 유학자들의 망명 과정은 소눌의 「신해기행」 아래 실린 시를 중심으로 살펴볼 수 있다. 이는 소눌의 「신해기행」 아래 실린 총 67제의 시 가운데 첫 출발지인 노산에서 지은 <발노산發蘆山>, 흥륭가에 세를 들어 살게 된 정서를 읊은 <흥륭가임옥興隆街賃屋>, 조카가 운영하던 상점 '성신태誠信泰' 내에

---

216) 盧相稷,『小訥先生文集』 卷之三,「辛亥記行」

* 「신해기행」과 관련된 내용은 노상직 저, 이은영 외 역저,『철로 위에 선 근대 지식인』, 민속원, 2015.를 통해서 자세히 살펴볼 수 있다.

217) 趙貞奎,『西川先生文集』卷之三,「北征日錄」"十七日, 發龍頭至太田宿, 月明車停時貞, 抗聲歌出師表·平淮西碑文. 十八日, 入漢陽留五日. …… 二十三日, 至平壤留三日, 登大同樓·練光亭·浮碧樓, 拜箕子陵. 二十六日, 逾鴨綠至安東縣留五宿, 遇孟輔淳·權丙夏·安孝濟·盧相益. 五月初一日, 至奉天主金璡煥留三宿, 逢金昌鉉·鄭邦鎬·李起陽. …… 初五日 …… 入北京留. …… 二十有九日, 與薰御火輪大舶于天津. …… 遂泛于大洋轉入于煙台. …… 至安東縣下船, 乃六月四日. …… 安東縣誠信泰(孟輔淳商店號)四宿, 與孟輔淳·權丙夏語. 初八日, 別鏞薰於鴨綠江上, 孟輔淳餞至乘車場."

218) 趙貞奎,『西川先生文集』 卷之一,「北征詩」

살고 있던 맹보순孟輔淳에 대해서 읊은 <성신태> 등 3제의 시를 제외한 나머지 64제의 시가 모두 역 이름으로 소제목을 삼아 각 지역의 특성과 자신의 마음을 술회하고 있기 때문이다.

「신해기행」을 통해 소눌이 지리에 상당한 조예가 있는 것으로 확인되는데, 이는 대눌의 저술이나 작품 가운데 지리와 관련된 것들이 많고, 대눌이 망명지에서 지은 집 모헌某軒 벽에 <대한여지도大韓輿地圖>를 걸어둔 것[219]과도 무관하지 않다. 소눌의 「신해기행」도 각 역마다 지역적 특성을 빠짐없이 언급하고 있는 것으로 보아 출발 전에 지도를 따라서 마음속 여정답사를 다녀온 후에 계획적으로 지은 작품임을 알 수 있다. 그러나 이는 일반적인 여행이 아니었던 만큼 다시는 돌아오지 못할 고국에 대한 애틋한 마음으로 지어진 작품들임을 간과해서는 안 된다. 따라서 「신해기행」은 학자 이전에 문인文人으로서의 자질을 확인시켜주는 작품이자, 소눌이 꼼꼼한 성품의 소유자임을 알 수 있는 작품이기도 하다.

유학자들의 망명 경로는 소눌의 「신해기행」에서 추로할 수 있다. 이는 소눌이 고향에서 출발하여 밀양역에서부터 안동역에 이르기까지 총 64개 역[220]을 작품으로 포착하고 있는 것을 통해 알 수 있다.

---

219) 盧相益, 『渡江錄(草稿1)』 第三, 「自誌」 "扁燕居之室曰某軒, 壁揭兩圖(大韓輿地圖, 日行圖)."

* 大韓輿地圖는 1900년 전후 학부 편집국에서 학교 교재용으로 제작된 것으로 추정되는 지도로, 각 군현으로부터 한성까지의 里數와 도로망은 물론, 압록강과 두만강 이북 지형까지 상세히 표시되어 있다.

220) 盧相稷, 『小訥先生文集』 卷之三, 「辛亥記行」 "密陽-楡川-淸道-慶山-大邱-新洞-倭館(仁同)-若木(仁同)-金烏山(開寧)-秋風嶺(黃澗)-深川(永同)-增若-伊院(沃川)-太田(懷德)-芙江(文義)-全義-天安-餠店(水原)-水原-軍浦場(果川)-安養(始興)-始興-永登浦-鷺梁津-龍山-南大門-臨津江(坡州)-長湍-開城-土城-雞井(金川)-汗浦(平山)-物開-新幕(瑞興)-瑞興-興水(鳳山)-馬洞-沙里院-沈邨(黃州)-黃州-黑橋-中和-力

이 외에도 나머지 유학자들이 남긴 작품들을 통해서 망명 경로는 크게 세 부분으로 나눠볼 수 있다. 첫째는 고향에서 출발해서 서울에 도착하기까지의 경로, 둘째는 서울에서 신의주에 도착하기까지의 경로, 셋째는 국경을 벗어나 망명지에 도착하기까지의 경로이다.

아래는 「신해기행」 가운데 소눌이 고향 밀양에서 출발하여 서울의 남대문역에 도착할 때까지의 경로를 확인할 수 있도록 역명을 중심으로 시를 풀어 재구성한 것이다.

밀양의 노산蘆山을 출발해서 밀양역密陽驛에서 기차를 타고, 경상북도 첫 경계인 청도군淸道郡의 유천역楡川驛을 지났다. 곧 바로 청도역淸道驛을 지나고, 경산역慶山驛을 지나면서, 벗들에게 길 떠남을 알리는 편지를 썼다. 다음에 대구역大邱驛을 지나고, 신동역新洞驛을 지났다. 그 후 왜관倭館이 있던 인동역仁同驛과 인동현仁同縣의 속현屬縣인 약목역若木驛을 지나서 야은冶隱 길재吉再가 살던 금오산金烏山(일명 남숭산南嵩山)이 있는 개령開寧의 금오산역金烏山驛을 지났다.

다시 경상북도 김천과 충청북도 영동 경계에 있는 황간黃澗의 추풍령역秋風嶺驛을 지나, 영동현永同縣의 심천역深川驛, 옥천군沃川郡의 이원역伊院驛과 증약역增若驛을 지났다. 이어서 과거 태조太祖 이성계李成桂가 신도新都로 정하려던 곳이 있는 회덕懷德의 태전역太田驛, 문의文義의 부강역芙江驛과 전의역全義驛을 지나 태조太祖와 세종世宗·세조世祖가 순행巡幸 할 때 목욕하던 온양 근처의 천안역天安驛을 지났다.

이어 경기도 수원水原의 병점역餠店驛과 수원역水原驛을 지나서 충청도지역까지 소문 난 장돌뱅이들의 큰 장터가 있는 과천果川의 군

浦(平壤)-平壤-西浦(平城)-順安-漁波-肅川-萬城(安州)-新安州-嶺美(嘉山)-古邑(定州)-定州-郭山-路下(宣川)-宣川-東林-車輦館(鐵山)-南市(龍川)-良策-白馬(義州)-石下-新義州-安東縣”

포장역軍浦場驛과 시흥始興의 안양역安養驛과 시흥역始興驛을 지났다.

서울로 접어들어 영등포역永登浦驛 · 노량진역鷺梁津驛 · 용산역龍山驛을 지나 남대문역南大門驛에 도착했다.221)

221) 盧相稷,『小訥先生文集』 卷之三,「辛亥記行」

〈發蘆山〉"欲去偏悲墳墓遠, 停行難得弟兄同. 淸曉敬陪祠廟出, 華東萬里照雙衷."

〈密陽〉"一家容載一輪中, 西指遼河大道通. 回首紫巖雲渺渺, 朋遊那得共磨礱. 汽輪纔轉判西東, 祖道諸人話未終. 只祈勿效悽悽者, 方寸中求自濟功."

〈楡川〉"橋傍乍聞水淙淙, 復聽依依磧寺鐘. 推火地方從此盡, 也應民籍鏟盧儂."

〈淸道〉"車聲乍訖聽郈狵, 烏惠雲門翠入牕. 牕外誰家同志仕, 今宵應說紫巖釭."

〈慶山〉"黃雞臘月我東爲, 押督諸朋此別離. 兒書未達輪催發, 只有行塵助衆噫(家容投書諸朋以告行期)."

〈大邱〉"昌山杉檜望依依, 遊子傷心淚不晞. 歲歲凄霜濡露節, 兒從此道迭來歸."

〈新洞〉"曾緣醮姪此求驢(庚戌從子喜容娶霞堂, 時家兄郤金, 被拘知無生期, 乃先期治行婚家, 不及知故, 至此自求二騎), 風雪驅馳十里淤. 亂邦百事皆如許, 吾輩那能守舊廬."

〈倭館(仁同)〉"韓土叢中獨日區, 閭閻寥落但荒邱. 那知三百廿年後, 驛市商鋪任設敷."

〈若木(仁同)〉"光惠院深群鳥棲, 慶風樓古暮雲迷. 輪穿峻嶽高峯去, 知有扶桑朝日躋."

〈金烏山(開寧)〉"南嵩遙配北嵩佳(高麗時稱金烏山, 爲南嵩以配海州北嵩), 吉注書來名共齊. 郤憐西塞仳離者, 何地能求種竹崖(冶隱種竹金烏山)."

〈秋風嶺(黃澗)〉"湖嶺於玆分面背, 鄕山漸遠懷難耐. 民失所兮天不知, 終令鄒魯爲夷獩."

〈深川(永同)〉"高唐浦上深川邨, 水繞山圍夜息喧. 惟有石灰輸運者, 月明候汽集舖門."

〈增若〉"郵亭院舍傍巖堧, 增若由來地志傳. 經三隧道瞻星漢, 疑是前途有別天."

〈伊院(沃川)〉"弱妻穉子餒呵寒, 四角賖來料品盤. 爲從囪面占宵候, 智勒山前星月明."

〈太田(懷德)〉"北太田爲湖路要, 農桑發展物豐饒. 太祖新都凡幾里, 遺民垂淚舊風謠(太田有南北)."

〈芙江(文義)〉"百濟遺墟物品豪, 車輪相續劍江皐. 商客不知亡國恨, 芙蓉館裏醉歌高."

〈全義〉"路入金池地勢加, 邱陵連亙接官衙. 錦水宸舟誰復護, 雲城不見太師家(高麗太祖南征, 至錦江水漲, 李太師棹護涉有功, 賜名居雲住山, 山有李城)"

경술(1910)년 9월 24일 망명길에 나선 경재는 가묘家廟와 충정공忠貞公 묘에 하직 인사를 하고, 지팡이 하나를 짚고 서간도로 향하면서 고향 강화를 떠나는 마음을 시 「경술구월이십사일庚戌九月二十四日, 사가묘辭家廟, 수지일공발서행手持一筇發西行」222)을 통해 술회하고 있다.

문을 나선 걸음걸음 눈시울 붉어짐은	出門步步血輪困
부모님과 고향을 다른 사람 손에 맡겼기 때문이네	父母家鄕屬別人
대지는 망망한데 나의 땅 없으니	大地茫茫無我土
어느 곳에 내 몸 붙어살지 모르겠네	不知何處寄吾身
	(3수 중 제1수)

물과 구름 같은 종적 정히 누구에게 의지할고	水雲蹤迹正誰依

〈天安〉“日輪初上天安城, 望五雲知我帝京. 二十里途溫水郡, 神泉如舊蹕誰迎(太祖世宗世祖, 嘗巡幸留浴)”

〈餠店(水原)〉“飯後鐘鳴寶積庵, 稗曹思喫語喃喃. 開械點檢南朋贐, 箇箇糖砂與橘柑.”

〈水原〉“及到華寧(殿名)敬仰瞻, 遲遲臺下欲留淹. 深媿小臣忘此義, 飛輪搭去反沾沾.”

〈軍浦場(果川)〉“遙瞻三角勢巖巖, 孰使摧頹若艸芟. 忍從昌德宮前過, 軍浦行人淚滿衫.”

〈安養(始興)〉“三聖山前朝日紅, 汽烟飄散漢江風. 下著時當裝具整, 滿輪人客漸悤悤.”

〈始興〉“冠嶽山峯重復重, 百尼爲隊禮雲恭(虎壓寺尼僧百餘人), 帑畫香錢何所禱, 興亡元匪力攸容.”

〈永登浦〉“永登驛路出西江, 簇簇英舟與美艭. 問是誰家新製造, 價高油醬瓦陶缸.”

〈鷺梁津〉“車前忽見六臣碑, 不問知爲鷺突湄. 亭臺依舊山河異, 悵憶當年駐蹕時.”

〈龍山〉“萬里倉虛民盡饑, 六師團結日無暉. 更憐我笑堂前岸, 松樹扶疎鳥雀飛.”

〈南大門〉“箕師何忍過殷墟, 崇禮門前淚滿裾. 瞻望兩宮消息阻, 城途盡日獨躕躇.”

222) 李建昇, 『耕齋集』下, 「庚戌九月二十四日, 辭家廟, 手持一笻發西行, 如往隣里, 人莫知遠行也. 辭稷下忠貞公墓, 宿溫水愼周賢家, 範夏從子携衾具來, 餞夜深轉輾口號」

눈 가득한 비린 먼지 갈 길 아득하네　　滿目腥塵去路迷
성곽 사람들이여 다시는 묻지 마시게나　　城郭人民休更問
어느 날 정령위로 돌아올지 모른다네　　不知何日返令威
(3수 중 제3수)

제1수에서는 경재가 망명을 떠나기 위해 부모님 산소가 있는 고향을 다른 사람 손에 맡기고 떠나야하는 서글픔을 드러냈다. 이와 함께 경재는 떠나는 걸음걸음 눈시울이 붉어졌음과 넓고 넓은 대지에 우리나라 땅이 없으니 어느 곳에 붙어살아야 할지 알 수 없는 자신의 처지를 언급하였다.

제3수에서는 물가 안개 같이 미래를 알 수 없는 자신의 종적을 누구한테 의지할 수 있을지, 눈에 들어오는 건 온통 전쟁으로 인한 비린 먼지여서 자신이 갈 길이 더욱 아득해지는 느낌을 포착하였다. 또 경재는 성곽 사람들에게 자신이 언제 돌아올지 더 이상 묻지 말라고 하면서 어느 날 정령위가 되어 돌아올지 모른다고 하였다. 당시 경재는 대지팡이 하나를 짚고, 이웃마을에 볼일 보러 가듯 가벼운 옷차림으로 집을 나섰다. 이는 경재가 망명을 떠난다는 사실을 누구도 눈치 채지 못하게 하기 위해서였다.[223] 이렇듯 가벼운 차림으로 길을 나선 경재에게 성곽 사람들이 경재의 종적을 물었을 리 없다. 따라서 경재 혼자 상상하고 답한 장면이다. 경재는 자신이 언제 돌아올지 기약할 수 없으며, 돌아온다면 요동의 정령위가 신선술을 익혀 학으로 변해 천년 만에 고향에 온 것처럼 자신도 학이나 되어야 돌아올 것이라고 하였다. 이는 경재가 살아서 돌아오지는 않겠다는 자신

223) 閔泳珪, 위의 책, 28~29쪽 참조.

의 의지를 강하게 드러낸 것이다.

조상 산소와 사당을 두고 죽은 혼이 돌아올 작정으로 망명을 떠나는 일은 결코 쉬운 일이 아니다. 따라서 위의 시는 경재가 조상을 모셔둔 고향을 뒤로하고 떠나는 안타까운 마음과 함께 망명의 단호한 결심을 절제된 언어로 표현한 것임을 알 수 있다.

생전이나 사후에나 한결같이 공경해야 하는 대상이 부모이다. 이는 평민이나 하층민들도 중시하는 우리나라의 전통이다. 하물며 유학자에게 있어 부모에 대한 효는 두 말할 필요가 없다. 아래는 이러한 사실을 뒷받침 해주는 작품으로 소눌이 고향 노산을 출발하면서 지은 시 <발노산發蘆山>[224]이다.

떠나려니 조상 묘소 멀어짐이 너무 슬픈데	欲去偏悲墳墓遠
머물고 떠남도 형제가 함께하기 어렵다네	停行難得弟兄同
맑은 새벽 공경히 사판을 모시고 사당을 나서니	清曉敬陪祠廟出
아침 해가 화동만리의 두 충심衷心을 비추네	華東萬里照雙衷

위의 시를 통해 대눌보다 소눌이 한 달 늦게 망명을 떠난 이유가 드러났다. 바로 조상 산소를 돌보지 못하는 슬픔 때문에 형 대눌을 앞서 떠나보내고 함께하지 못했던 것이다. 경재가 대지팡이 하나에 가벼운 옷차림으로 떠났던 것처럼 대눌은 헤진 이불 한 채와 낡은 잔편殘編 두서너 편만을 챙겨가지고 떠났다.[225] 한 달 후에 소눌은 조상의 사판祠版을 모시고 새벽길을 떠났다. 그런 두 형제의 효심을

224) 盧相稷, 『小訥先生文集』 卷之三, 「辛亥記行」〈發蘆山〉

225) 盧相益, 『大訥手卷』 卷之九, 「大訥手卷跋[盧相稷]」 "辛亥 …… 七月至大邱而還, 十一月辭家廟而行, 所持惟薄被一, 殘編數三而已."

아는지 망명지의 대눌과 출발지의 소눌 두 형제에게 햇살마저 비춰주고 있다고 읊었다.

망명지에서 경험해보지 못한 생활의 어려움 같은 것은 애초에 두렵지 않다. 다만 조상 산소를 돌보지 못하는 마음이 죄송스러웠을 따름이다. 그러나 두 형제의 망명에 대한 결연한 의지는 조상에 대한 송구함보다 더 컸기 때문에 형제가 앞서거니 뒤서거니 망명을 떠났던 것이다.

살아서는 돌아오지 않을 결심으로 조상 산소를 두고 망명을 떠날 때의 느낌은 비단 경재와 소눌만 느끼는 감정이 아니었다. 이는 망명을 떠난 모든 유학자들이 느끼는 보편적인 생각이었다.

고향을 떠나 창원 정거장에 도착한 수파는 지인들에게 편지와 시를 부쳤다. 이러한 사실은 아래 「요하일기遼河日記」를 통해서 확인된다.

> "신해(1911)년 11월 7일, 마침내 길을 떠나서 곧장 창원昌原 정거장停車場에 도착했다. 두 통의 편지와 절구시絶句詩[226] 한 수를 지어서 돌아가는 사람 편에 편지 한 통은 아들에게 부치고, 시는 곧 문중의 부로父老에게 올리고, 편지 한 통은 상사上舍 허채許埰에게 주라고 시켰다. 다음날 아침 기차를 탔다."[227]

일제에 의해 감시를 받던 수파는 겹겹이 둘러쳐진 일본 경찰의 감시망을 뚫고 예순 즈음의 가냘픈 노인의 몸으로 의령 집을 빠져나

---

226) 安孝濟, 『守坡集』 卷之一, 「入潘日呈門長老(辛亥)」 "孤臣不死國亡日, 俯怍於人仰愧天. 一片潯陽非晉地, 淵明何以保殘年."

227) 安孝濟, 『守坡集』 卷之三, 「遼河日記」 "辛亥十一月七日, 遂發程, 直到昌原停車場. 作二度書一絶詩, 付回伻, 一書寄家兒也, 詩則上門父老也, 一書與許上舍埰也. 翌朝乘汽車."

와[228] 창원 정거장에서 하룻밤을 묵었다. 이때 수파는 자신을 배웅하고 돌아가는 인편에 아들과 둘째 딸의 시아버지 되는 사돈 허채許埰(1859~1935)에게 각각 편지를 써서 전하도록 시켰다. 그리고 시 한 수를 지어 문중 부로父老에게 전하도록 하였다. 이는 일제의 감시를 피해 비로소 망명을 떠나게 되었다는 소식을 조심스럽게 알리기 위한 행동이었다. 수파는 그 날 밤 창원 정거장에서 묵고 다음날 아침 창원역에서 기차를 타고 서울로 향했다.

1913년 서천은 처음 중국을 가기 위해 고향을 출발한 후 마산항 근처의 마산역에서 기차에 올라 <마산항등기차馬山港登汽車>[229]를 지었다.

내가 기차에 오르고 보니　　我觀汽車上
달리는 것은 모두 번개처럼 빠른 물건일세　　走者皆電物
밝은 해 빛나는 하루면 만 리를 간다지만　　白日日萬里
누가 알랴 천천히 가길 바라는데 빨리 감을　　誰知徐者疾

마산역에서 기차에 오른 서천은 이때 기차를 처음 타본 것으로 추측된다. 전물電物은 번개처럼 빨리 달리는 기차를 가리킨다. 그러나 기차가 지나오면서 보낸 풍경들이 번개처럼 빠르게 밀려가는 모습을 그린 것으로도 파악할 수 있다. 서천은 기차가 빠르게 달려서 하루면 만 리를 간다는 말을 전해들은 바 있었다. 그렇지만 기차에 오른 서천은 기차가 부디 천천히 갔으면 하는 마음을 드러내고 있다. 이는 고국

228) 閔泳珪, 위의 책, 32쪽 참조.

229) 趙貞奎,『西川先生文集』卷之一,「北征詩」〈馬山港登汽車〉

故國을 떠나는 서천의 아쉬운 마음을 술회한 것이다.

밀양역에서 출발한 소눌은 인동에 있는 약목역에 도착해서 <약목(인동)若木(仁同)>230)을 지었다.

광혜원光惠院은 깊어서 뭇 새들이 깃들어 살고	光惠院深群鳥棲
경풍루慶風樓는 오래되어 노을 속에 희미하네	慶風樓古暮雲迷
기차가 험준한 산악 높은 봉우리 뚫고 지나가니	輪穿峻嶽高峯去
부상扶桑에 아침 해 떠오른 줄 알았네	知有扶桑朝日躋

시의 제목인 약목若木과 시의 내용에 나오는 부상扶桑은 서로 대가 되는 의미로, 동해에 해가 뜨는 곳의 신목神木이 부상이라면, 해가 지는 곳의 신목은 약목이다.231) 해가 지는 곳의 신목인 약목에 다다르고 보니, 약목현 남쪽 12리 깊은 곳에 자리한 광혜원에는 뭇 새들이 깃들어 잠들 준비를 하고 있었다. 또 1448년에 현감縣監 신우경辛遇慶이 세운 오래된 경풍루는 노을 속에서 희미하게 자취를 드러내고 있다. 그곳에서 기차가 험준하게 솟은 산을 뚫고 지나가자 산봉우리는 뒤로 물러나고, 어느 새 아침 해 떠오르는 부상이 있는 것 같다. 약목역에서 다음 역으로 향하는 길에 산을 뚫은 굴이 있었던 것으로 추측된다. 해가 저무는 곳의 대명사인 약목에서 어두운 굴을 뚫고 지나가자 아침 해가 떠오르는 것처럼 환해짐을 느낀 것이다. 어두운 작금의 현실이 지나가면 부상의 떠오르는 해처럼 희망찬 내일이 오리라 기대

230) 盧相稷, 『小訥先生文集』 卷之三, 「辛亥記行」 〈若木(仁同)〉

231) 『淮南子』 "灰野之山有樹, 名曰若木, 日入處也."
『山海經』, 「大荒北經」 "灰野之山, 有赤樹青葉, 名曰若木. 露英, 英之含露者, 良曰若木, 神木也. 言吸雲表之霞, 若木之露, 以取清絜也."

했을 소눌의 마음이 읽혀진다.

서천은 대구의 용두를 출발해서 대전에서 묵으면서, 제갈량諸葛亮의 「출사표出師表」와 한유韓愈의 「평회서비平淮西碑」를 소리 높여 불렀다.[232] 「출사표」는 서천이 제갈량의 충심을 빌어 대한제국의 부흥을 기대하는 마음을 드러내기 위해 읊은 것이고, 「평회서비」는 한유의 비문을 빌어 3년간 지속되던 반란을 평정한 배도裵度 같은 인물이 나타나 일제를 몰아내줄 것을 기대하며 읊은 것으로 파악된다.

경상도를 벗어난 후 충청도 대전을 지나 천안역에 다다른 소눌은 아래의 시 <천안天安>[233]을 읊었다.

둥근 해는 천안성에서 처음 떠오르고 日輪初上天安城
오색구름 바라보여 임금 계신 서울인줄 알았네 望五雲知我帝京
이십 리 길의 온천 고을 二十里途溫水郡
신령스런 온천 의구하나 누가 임금 거둥 맞으리 神泉如舊蹕誰迎

20리 길에 있는 온천 고을은 천안에서 20리 떨어진 온양온천을 가리킨다. 그곳에서 소눌은 조선의 건국자인 태조를 비롯한 세종과 세조가 순행할 때 목욕하던 곳임을 떠올리며, 신령스런 온천은 여전한데 누가 임금의 거둥을 맞아 줄 것이냐고 묻고 있다. 거둥할 때 맞아줄 사람이 없는 것이 아니라, 더 이상 거둥할 임금이 없는 것에 대한 망국의 현실에 대해 소눌은 개탄한 것이다.

232) 趙貞奎,『西川先生文集』卷之三,「北征日錄」"十七日, 發龍頭至太田宿, 月明車停時貞, 抗聲歌出師表・平淮西碑文."

233) 盧相稷,『小訥先生文集』卷之三,「辛亥記行」〈天安〉

창원역에서 아침에 출발한 수파는 기차를 탄 당일 밤 12시에 남대문역에 하차하였다.[234] 소눌 또한 임금이 계신 도성 바로 앞에 자리한 남대문역에 다다라서 <남대문南大門>[235]을 읊었다.

기자箕子는 어떻게 은나라 땅을 떠났을지	箕師何忍過殷墟
숭례문 앞에서 눈물로 옷깃을 가득 적시네	崇禮門前淚滿裾
양궁兩宮을 바라보아도 소식 들을 길 없어	瞻望兩宮消息阻
도성 길에서 해 저물도록 홀로 머뭇거리네	城途盡日獨躕躇

남대문역은 서울역의 옛 이름이다. 경인선이 개통되던 1900년 7월 숭례문 밖에 생긴 남대문역은, 1923년에 경성역으로, 해방 후 서울역으로 간판을 바꿔 달았다.

소눌은 임금이 지척에 계신 남대문역에 도착해서 다시 떠날 생각을 하자니 착잡함이 밀려들어 기자가 은나라를 떠날 때의 마음이 어땠을까를 헤아려보았다. 그러면서 그는 1907년 헤이그 만국평화회의에 밀사를 파견한 일로 폐위된 고종과 고종의 뒤를 이은 순종의 소식이 제대로 전해지지 않는 현실을 답답해하였다. 이에 소눌은 떠나기에 앞서 안부라도 전해들을 수 있을까하여 두 임금이 거처하는 창덕궁과 덕수궁을 바라보았다. 그러나 소눌은 어떠한 소식도 접할 수 없는 안타까움에 해가 저물도록 도성 길에서 머뭇거렸다. 고향에서는 조상 산소를 두고, 도성에서는 임금을 두고 떨어지지 않는 발길을 옮겨야만 하는 소눌의 무거운 마음이 엿보인다.

---

234) 安孝濟, 『守坡集』 卷之三, 「遼河日記」 "辛亥十一月七日, 遂發程. …… 翌朝乘汽車. 是夜十二點下南大門, 投宿于門內金允植家."

235) 盧相稷, 『小訥先生文集』 卷之三, 「辛亥記行」 〈南大門〉

서천은 북정길에 들린 한양에서 닷새를[236] 머무는 동안 <한양가漢陽歌>[237]를 읊었다.

한양의 산 삼각산은 높고	漢陽之山三角高
한양의 물 오강이 돌아드네	漢陽之水五江回
검각 촉 땅과 함곡관 진나라와	劍閣之蜀函谷秦
천험天險으로 함께할 곳 한양이라네	天險與同漢陽哉
(중략)	
하룻밤 풍파가 요동을 치며 지나가고	一昔風潮搖蕩過
한 장 토지 문서 동쪽 바다를 건너갔네	一紙土田東渡涘
궁궐은 마침내 동물원이 되었고	禁闕遂爲動物園
부질없이 유민流民들 눈물로 앞을 가리게 하네	空使流民涕淚蔽
(하략)	

서천은 우뚝한 삼각산[북한산]과 오강五江[한강漢江 · 용산龍山 · 마포麻浦 · 현호玄湖 · 서강西江]이 돌아드는 한양은 촉 땅 검각과 진나라 함곡관과 더불어 천험으로 이름을 나란히 할 수 있는 곳이라며 한양에 대한 자부심을 드러내고 있다. 그러나 서천은 이내 천험한 한양이 하룻밤의 풍조風潮로 경술국치를 당해 일제의 손아귀에 들어가고 말았음을 언급하였다. 그러면서 서천은 한양에서 머무는 동안 1909년 일제에 의해 동물원과 식물원이 개설된 창경궁을 둘러보았다.[238] 서천이 본 창경궁에는 있어야 할 임금은 오간 곳 없고 동물원과 식물원을 보기 위해 구경 온 사람들로 붐비고 있었다. 그래서 서천은 임금이

---

236) 趙貞奎, 『西川先生文集』 卷之三, 「北征日錄」 "十八日, 入漢陽留五日."

237) 趙貞奎, 『西川先生文集』 卷之一, 「北征詩」 〈漢陽歌〉

238) 趙昺澤, 『勿窩先生文集』(남명학고문헌DB) 卷之二, 「翫動物院有感」

편히 지내고 있어야 할 궁궐의 변한 광경을 보면서 눈앞에 보이는 망국의 현실에 대해 비탄한 마음을 위의 시를 통해 드러냈다.

아래는 소눌의 「신해기행」 가운데 서울을 빠져나가 신의주에 도착할 때까지의 경로를 확인할 수 있도록 역명을 중심으로 시를 풀어 재구성한 것이다.

서울을 빠져 나가 경기도에 들어서서 고려 공민왕恭愍王이 순행을 할 때 원송수元松壽(1324~1366)에게 연구聯句를 짓게 할 정도로 풍경이 아름다운 임진강 남쪽 언덕 도솔원兜率院이 있는 파주의 임진강역臨津江驛을 지났다. 또 고려의 신우辛禑가 호곶[壺串][239]에 망루望樓를 세우고 누선樓船을 만들어 봉천선奉天船이라 이름 짓고 흥겨움을 이기지 못해 의관衣冠도 벗지 않고 말을 탄 채 물 속으로 들어간 곳이 있는 장단역長湍驛을 지났다.

경기도를 빠져나와 황해도의 개성역開城驛과 토성역土城驛을 지나서 금천金川의 계정역雞井驛을 지났다. 샘에서 겨울이면 크고 작은 얼음기둥이 많이 만들어진다는 총수산蔥秀山이 있는 평산平山의 한포역汗浦驛과 물개역物開驛, 서흥瑞興의 신막역新幕驛과 『대명일통지大明一統志』에 원나라 때 국경으로 삼은 것으로 기록된 절령岊嶺[자비령慈悲嶺]이 있는 서흥역瑞興驛, 봉산鳳山의 흥수역興水驛과 마동역馬洞驛과 사리원역沙里院驛을 지났다. 계속해서 황주黃州의 침촌역沈邨驛과 황주역黃州驛과 흑교역黑橋驛을 지나, 고구려 동명성왕이 기린을 타고 하늘에 올라 돌아오지 않자 태자太子가 옥편玉鞭으로 장사 지낸 용산龍山이 있는 중화역中和驛을 지났다.

다시 평안남도 평양平壤의 역포역力浦驛과 평양역平壤驛을 지나, 서

239) 원문에는 串壺로 되어 있는데 壺串의 오류. 『高麗史節要』 卷之三十一, [辛酉辛禑七年○大明 洪武十四年]"○三月, 禑, 大獵于東郊, 次壺串, 放群馬, 手飛索以羂之."

포역西浦驛, 순안역順安驛, 어파역漁波驛, 숙천역肅川驛을 지났다. 계속해서 안주安州의 만성역萬城驛과 수隋나라 군사가 강가에 이르렀을 때 배가 없었는데 갑자기 나타난 7명의 승려가 걸어서 물을 건너자 안심한 수나라 군사들이 다투어 건너려다 물에 빠져죽은 고사故事를 가진 칠불사七佛寺가 있는 신안주역新安州驛을 지나, 가산嘉山의 영미역嶺美驛, 정주定州의 고읍역古邑驛과 정주역定州驛과 곽산역郭山驛, 선천宣川의 노하역路下驛과 선천역宣川驛을 지났다.

이어서 평안북도에 들어서서 고려 고종 18년에 몽고군을 피해 군민郡民들이 들어가 살던 자연도紫燕島 근처의 동림역東林驛, 철산鐵山의 차련관역車輦館驛, 용천龍川의 남시역南市驛과 양책역良策驛, 의주義州의 백마역白馬驛과 석하역石下驛을 지나 신의주역新義州驛에 도착했다.240)

---

240) 盧相稷,『小訥先生文集』 卷之三,「辛亥記行」

〈臨津江(坡州)〉“臨津佳麗眞無對, 兜率君臣恣歡愛(兜率院在臨津南岸, 恭愍王南巡至此, 謂元松壽曰, 如此風景正宜聯句). 邦家元自戒流連, 興敗何須論異代.”

〈長湍〉“耶耶縣在串郊濱, 辛氏樓船一刹塵(辛禑起樓於壺串, 又作樓船名曰奉天船, 張水戲乘, 醉不脫衣冠, 騎馬入水). 心志衣冠邪正異, 嗟嗟騎馬入流人.”

〈開城〉“壽昌宮廢但荒垠, 誰識當年動瑞雲. 嗚呼惟有宮名在, 兩德扁分御兩君(德壽宮昌德宮). 善竹橋高滄海濆, 血痕終古皦如昕. 卻顧布衣無死所, 天涯淪落獨沈瘽.”

〈土城〉“麗代繁華渺莫言, 行人怊悵土城村. 惟餘五百民家在, 時上陵原奠潔樽.”

〈雞井(金川)〉“春石關前地勢寬, 海西山水此初看. 孤竹遺墟應不遠, 薇芽爲孰露漙漙(海州有首陽山).”

〈汗浦(平山)〉“龍津江上斂青煙, 車內諸人困欲眠. 氷柱蔥山長幾尺, 流民幸福在康年(蔥秀山有泉, 冬爲氷柱, 以長短驗豐凶).”

〈物開〉“大東民族摠瞽瞽, 不暇宵綯與晝茅. 所以山南田野叟, 雪風催過物開郊.”

〈新幕(瑞興)〉“禾回坊裏土如膏, 百穀爭輸出郡壕. 又有石鉛蔘漆富, 幾時來往浿江舠.”

〈瑞興〉“皇明使蓋棘城過, 元氏壃區岊嶺峨(大明一統志元時畫界岊嶺). 羅山白鼠嗟無力, 任與强鄰用戟戈(白鼠夜入賊陣爵盡干戈賊敗走).”

〈興水(鳳山)〉“歸眞(寺名)洞壑最稱佳, 興水居人此獨誇. 梵宮十八傳輿誌, 鳳郡從來傳釋迦.”

〈馬洞〉“俄然身在我皇京，倏忽經過入九城. 自顧卻疑生羽翰，高飛庶不墮塵坑.”

〈沙里院〉“黃海省中大市亭，一場交易萬元零. 磁鐵絲麻兼玉石，紛紛收載鎭南(浦名)(舟+靈).”

〈沈邨(黃州)〉“行到沈村困不騰，愁看殘照在邱陵. 暗度前途便不快，支那一幅未淸澄.”

〈黃州〉“黃州東國之衿喉，天柱其山急水洲. 險固由來不足恃，守成要在德攸修.”

〈黑橋〉“黑橋特著美田林，快活年年慰衆心. 況我顯陵宸誄在，棘城群怪不相侵(棘城屢經兵燹，白骨暴野，厲氣徧一省，文廟親製文祭之，癘遂止).”

〈中和〉“東明朝帝麟爲驂，遺墓鞭藏尙可諳. 黃昏始入平安境，聊記中和父老談(高句麗東明王乘麒麟，奏事天上不返，太子以玉鞭，葬中和龍山).”

〈力浦(平壤)〉“坊號龍淵接里閭，橋依羊島飾軒簷. 平生寤寐箕城麗，落日依俙力浦瞻.”

〈平壤〉“囱間斜見大同帆，只遺遊魂上德巖(在大同門前能捍水). 恨不生逢箕聖世，井田同受理長鑱.”

〈西浦(平城)〉“練光浮碧夕煙籠，回首茫茫眼忽空. 已到平城三十里，西川民舍績燈紅.”

〈順安〉“安定城邊聽夜舂，追思蘆衖室家悰. 爲報閨人莫愁殺，寒廚無復遠朋供.”

〈漁波〉“漁波一隊二橋矼，及到危途意便慢. 兢戰做來眞正大，前程自有宴安邦.”

〈肅川〉“肅川都護著西陲，廿尺之城五井池. 青年子弟多豪雋，痛飮唐山月下巵.”

〈萬城(安州)〉“更深人定燭光微，睡倚囱楣輒發欷. 誰識萬城今夜客，卅年曾不出書幃.”

〈新安州〉“百祥樓下蹔停車，忽憶乙支舊戰墟. 誰料隋軍三十萬，七僧揭處盡爲魚(隋軍至江上無舟，忽有七僧褰裳涉水，隋軍爭渡沈死，江上今有七佛寺).”

〈嶺美(嘉山)〉“亭高光廟朝京途，院設鄭侯殉國區. 平生雷灌嘉山郡，半夜風凄嶺美墟.”

〈古邑(定州)〉“翰林東出九男攜，菱里邨中始得棲. 那期此路千年後，七個孱孫復入西.”

〈定州〉“劉鄭崔盧氏族偕，絲麻蝦蛤物生齊. 也應風月樓前岸，吾祖登臨敍遠懷.”

〈郭山〉“天風瑟瑟定襄隈，兒爲翁寒進酒桮. 遙憶紫巖氷雪壑，誰人能護一枝梅.”

〈路下(宣川)〉“月隱古軍營下硉，煙收亐里島中闐. 莫歎行行無盡期，玆遊畢竟通西塞.”

〈宣川〉“八郵亭過卽江濱，殊土凡爲戒衆人. 且恐深宵或相失，預陳方略約常遵.”

〈東林〉“古府城周萬尺垠，而今頹廢任耕耘. 紫燕島樹猶無恙，百姓不憂蒙古軍(高麗高宗朝郡民，避蒙古軍入紫燕島).”

〈車輦館(鐵山)〉“昔愁高險憚居爰，平地移來作里門. 前年剏得通車輦，遐土蒼生見

개성[松京]에 도착한 경재는 문원汶園 홍승헌洪承憲을 기다리는 동안 만월대滿月臺·북산北山[송악산松嶽山]·부산동扶山洞·채하동彩霞洞 등지를 돌아보았다. 경재는 10월 1일이 되어서야 홍승헌 일행과 종제 이건방李建芳과 조카 이범하李範夏를 만났다. 그러나 이들을 만난 바로 다음날 경재는 종제와 조카와 작별을 하고 홍승헌과 함께 기차에 몸을 싣고 아래의 시 「등철도발행登鐵道發行, 송별제질送別弟姪」[241]을 지었다.

헤어지는 개성 길에서 分手中京路
떠나고 머무는 자 아울러 슬퍼하네 去留兩黯然
(중략)
다른 나라에 골육도 없으니 殊邦無骨肉
무엇으로 쇠한 나이를 위로하랴 何以慰衰年

위의 시는 경재가 이번에 이건방과 이범하와 이별하면 언제 다시 만나게 될지 기약도 할 수 없는 이별의 심정을 술회한 것이다. 원래 경재는 이건방과 함께 망명을 떠나기로 약속하고 개성開城에서 합류

至尊."

〈南市(龍川)〉"千里名區一日看, 幾多麗水與奇巒. 大地漸窮江海出, 少焉難復見三韓."

〈良策〉"龍爪其巖龍骨山, 龍輿之歲發天慳. 良策館空良策盡, 流民日日過龍灣(龍川義州, 皆古龍灣)."

〈白馬(義州)〉"白龍游處築山壕, 輿誌篇中厥蹟昭. 何用區區諸鎭堡, 東憂元不在西遼."

〈石下〉"先王不事外邦交, 辰巳旌旗出遠郊. 書生寸膽傷今古, 雙涕垂垂石下坳."

〈新義州〉"車聲暗暗出江皐, 一渡知能萬里遨. 寄語驛夫驅莫疾, 行人戀國更忉忉."

241) 李建昇, 『耕齋集』下, 「十月初一日, 汶園至松京, 春弟範姪亦來. 翌日登鐵道發行, 送別弟姪」

하기로 하였다. 그러나 이들을 기다리던 경재가 『명이대방록明夷待訪錄』을 읽고 이건방에게 고국에서 후학 양성에 힘쓸 것을 당부하는 바람에 이건방은 망명을 포기하고 다시 서울로 돌아가게 되었던 것이다.[242] 함께 떠나려다 홀로 떠나자니 떠나는 경재 자신이나 남아 있을 그들이나 슬프긴 매한가지였다. 혈혈단신으로 떠나가 골육도 없이 지낼 망명지에서 늙고 쇠한 경재를 누가 위로해줄 지 경재의 먹먹해진 마음이 읽힌다.

서울에서 기차에 오른 수파는 개성의 선죽교를 지나면서 조선의 건국을 반대하다가 선죽교에서 이방원李芳遠에게 살해당한 정몽주鄭夢周를 떠올리며 시 한 수[243]를 지었다.[244]

서천은 평양에 도착해서 그곳에서 사흘을 머무는 동안 대동루大同樓 · 연광정練光亭 · 부벽루浮碧樓에 오르고, 기자릉箕子陵을 배알하였다.[245]

아래는 소눌이 압록강을 건너기 직전에 서간도와 마주한 신의주역에서 지은 시 <신의주新義州>[246]이다.

기차 소리 고요하게 강변으로 나아가니	車聲暗暗出江皐
한 번 건너가면 만 리 밖서 살아갈 걸 알겠네	一渡知能萬里遨
역부에게 이르노니, 내달리지 마시게나	寄語驛夫驅莫疾

242) 劉準基, 위의 책, 361쪽 각주 33) 참조.

243) 安孝濟, 『守坡集』 卷之一, 「松京圃隱碑」

244) 安孝濟, 『守坡集』 卷之三, 「遼河日記」 "翌朝又登汽車. 過松京指點善竹橋, 憶鄭文忠殉節事, 感吟一絶."

245) 趙貞奎, 『西川先生文集』 卷之三, 「北征日錄」 "至平壤留三日, 登大同樓 · 練光亭 · 浮碧樓, 拜箕子陵."

246) 盧相稷, 『小訥先生文集』 卷之三, 「辛亥記行」 〈新義州〉

나그네 나라 사모하는 마음 다시금 울적해진다오　行人戀國更忉忉

기차가 기적소리도 내지 않고 고요하게 신의주 강변으로 향하고 있었다. 소눌이 바라다보니 강 건너가 바로 서간도요, 한 번 건너가기만 하면 우리 땅이 아닌 곳이다. 이에 소눌은 말로 형용할 수 없는 생각들로 머릿속이 복잡해졌다. 그래서 소눌은 국경을 넘어가기에 앞서 나라 생각하는 마음에 울적해진 길손의 마음을 헤아려서 역부에게 빨리 내달리지 말아달라는 당부를 하고 있다. 그러나 소눌이 한 말이 역부에게 전해질 리가 없다. 그래서 그 말은 역부에게 하는 당부가 아니라 소눌 자신에게 하는 당부가 되었다. 미래를 꿈꿀 수 있는 땅도 아니요, 돌아올 기약이 있는 땅도 아니다. 사판祠版을 다 짊어지고 떠나는 길에서 한편으로는 서둘러 떠나고 싶지 않은 소눌의 마음이 읽힌다. 소눌의 이러한 마음은 사당과 부모의 묘소를 두고 고향을 떠나올 때와 한양에서 두 임금을 두고 떠나올 때의 마음과 일맥상통한다.

대눌은 신의주에서 태조 이성계가 회군을 해서 조선을 세우게 된 역사적인 장소 위화도를 보고 「위화도(아태조고황제회군지지)威化島(我太祖高皇帝回軍之地)」247)를 읊었다.

물길은 갈림길로 나뉘어 작은 국경을 만들고　水道岐分小作疆
유민遺民은 정처 없이 떠돌다 황무지에 머무네　遺民棲屑住天荒
군사 훈련하며 용맹함 보여주던 당년의 일은　鍊軍示武當年事
되려 상전벽해 되어 한바탕 꿈이 되고 말았네　還作桑瀾一夢場

247) 盧相益, 『大訥手卷續編』 卷之一, 「威化島(我太祖高皇帝回軍之地)」

대눌은 신의주에 도착해서 압록강 하류에 자리한 위화도를 바라보았다. 조선을 건국한 태조가 군사들을 훈련하며 용맹함을 떨치던 그 옛날 위화도의 자취는 흔적도 없이 사라지고 황무지로 변한 모습을 바라보고 있자니 대눌은 한 바탕 꿈을 꾸고 난 듯한 느낌이 들었다. 대눌은 위화도 땅만의 황폐를 말한 것이 아니다. 조선 왕조 건국 당시의 위무 당당하던 기상은 사라지고, 이제는 황무지처럼 망해버린 조선을 생각하며 과거의 화려했던 시절을 돌이켜보자니 한 바탕 꿈을 꾸고 난 듯 대눌의 가슴속에 허전함이 밀려들었던 것이다.

대눌이 제목의 소주에 '아태조我太祖'라고 한 것은 '나' 또는 '우리'를 소유의 중심으로 놓고 생각하는 전형적인 유학자로서의 사고를 드러낸 것이다. 이는 배타적인 사고를 포함하고 있는 것인 바, 대눌은 태조를 '우리 태조'라며 소유의 중심으로 생각하면서 그 밖의 다른 나라 임금은 섬길 수 없음을 드러내었다. 한 마디로 임금은 곧 나라라는 생각으로 결코 일제를 따를 수 없다는 심경의 표현인 것이다.

평양[浿城]을 거쳐 밤에 신의주에 도착한 경재는 마음 같아서는 압록강을 즉시 건너고 싶었다. 그러나 다른 유학자들이 신의주에서 압록강 철교를 건너 서간도로 들어간 것과는 달리 경재는 철교가 놓이기 전이라 압록강 빙판 길을 이용해서 압록강을 건너가야 했기 때문에 강물이 얼기를 기다려야만 했다. 경재는 압록강 물이 얼기를 기다리며 사막촌에서 오래 머무는 동안 부족한 경비 문제를 해결하기 위해 노력하였다. 아래는 이러한 사실을 알 수 있는 경재의 시 「행자수진行資垂盡, 내여문원모매장목乃與汶園謀買長木」[248]이다.

---

248) 李建昇, 『耕齋集』下, 「入西間島者, 乘氷趹車以行, 時氷尙未合, 不得發淹留四幕, 行資垂盡. 乃與汶園謀買長木, 臨發賣可得嬴, 及買木無可售, 因此又遲幾日, 相視

의주[龍灣]에 눈 내린지 이미 열흘이나 되어	龍灣候雪已經旬
갈길 험난한 나그네 주머니 가난해졌네	前路崎嶇行橐貧
예전의 나와 오늘의 나는 정해진 분수가 없거늘	故我今吾無定分
어찌 알았으랴, 늙어서 장사꾼 될 줄을	那知到老作商人
	(2수 중 제1수)

농사 이익 많지 않아 장사를 해도	
가난해질 것을 근심하니	農利無多賈患貧
사농공상 무엇으로 몸을 도모할 수 있으려나	四民何者可謀身
내가 돈 보기를[阿覩] 쉽게 여겨서가 아니라	非我輕抛阿覩物
돈 귀신이 독서인을 좋아하지 않아서라네	錢神不喜讀書人
	(2수 중 제2수)

제목에서 경재는 압록강을 바로 건너지 못한 이유를 밝히고 있다. 바로 철교가 놓이기 전이라 압록강을 건너려면 강물이 얼은 후 얼음 썰매를 타고 건너야하는데 강물이 얼지 않아서였다.

제목에 이어 제1수를 보면, 강물은 얼지 않고 의주에 열흘 동안이나 눈이 내려 의주에서 더 오래 머물게 되었다. 그로인해 처음 계획보다 여비가 더 많이 들어서 갈길 먼 나그네 주머니가 비게 생겼다. 그래서 경재는 혹시 노잣돈에 도움이 될까 싶어 장목을 사서 떠나기에 앞서 팔아 이윤을 남겨보려는 요량으로 장사에 나섰다. 이때 경재는 예전의 나와 오늘의 나는 같은 사람이지만 예전에는 독서인이었고, 지금은 장사꾼이 되었음을 언급하였다. 예전에는 대한제국 사람이었지만, 지금은 나라 잃은 망명객이 되었다는 의미도 포함하여 서술한 것임을

而笑」

알 수 있다.

제2수를 보면, 경재는 언젠가 농사는 이익을 많이 남기지 못하므로 이익을 남기기에는 장사를 하는 편이 낫다는 말을 들었던 것 같다. 그래서 경재는 땔감 장사에 나섰는데, 생각보다 장사가 시원치 않았다. 결국 경재 일행은 사막촌에서 며칠을 더 머물게 되면서 여비는 여비대로 더 들고, 이익은 이익대로 남기지 못해 더 가난해질 것까지 걱정하게 되었음을 밝히고 있다. 장사에서 생각만큼 이익을 얻지 못한 것은 경재 자신이 돈을 가볍게 여겨 돈을 벌지 않은 것이 아니라, 돈 귀신이 독서인을 좋아하지 않아서 이익을 내지 못하였다고 하였다. 경재는 결국 자신들은 평생 하던 대로 독서나 할 사람들이지 이익을 남기는 장사에는 취미도 재주도 없음을 깨달았다. 앞으로 망명지에서 살아갈 일이 까마득하지만 그럴 때마다 경재는 오늘의 경험을 되살려 독서를 하며 자신을 좋아하지 않는 돈 귀신을 따라다니지 않고 초월할 것임을 에둘러 표현한 것이다.

마침내 의주[龍灣]에 도착한 서천은 의주를 바라보며 <망용만望龍灣>[249]을 지었다.

옛날 우리 선조宣祖 의주[龍灣]의 역사役事 때	昔我宣祖龍灣役
한 번 용만을 건넜다면 만사가 그릇 되었을 텐데	一渡龍灣萬事非
유독 빛나는 유상국柳相國[유성룡柳成龍]이 있어	獨有煌煌柳相國
힘써 군왕을 만류해 동쪽으로 돌아오게 하였네	力駐君王誓東歸
누가 알았으랴 삼천리를 수복하게 됨이	誰識收復三千里
오직 충량忠良한 한 마디에 있었음을	只在忠良一言間

249) 趙貞奎, 『西川先生文集』 卷之一, 「北征詩」 〈望龍灣〉

동쪽에서 온 젊은이들에게 이르노니　　寄語東來諸壯士
고국산천은 잊을 수 없는 것이라네　　故國山川不可諼

임진왜란이 발발한 1592년 왜구倭寇가 부산포에 상륙한 후 파죽지세로 북진해오자 다급해진 선조는 왜구가 상륙한지 보름 만에 한양을 버리고 개성과 평양을 거쳐 의주까지 파천播遷하였다. 이때 유성룡柳成龍은 임진왜란 발발 후 군무 총괄 도체찰사로 임명되었다가 영의정에 올라 선조의 피난길에 동행하였다. 당시 선조는 요동으로 망명하여 명나라의 군사력을 빌려 조선의 난관을 해결하고자 하는 생각을 평양에서부터 갖고 있었다. 그러나 선조가 그런 마음을 갖고 조선을 떠난 순간 더 이상 조선은 유지될 수 없을 것임을 생각한 유성룡은 선조의 요동 망명을 적극적으로 만류하기에 이르렀다. 이렇게 모두들 우왕좌왕하고 있을 때 유성룡이 선조를 힘써 만류하고 죽음을 각오하고 싸웠기 때문에 마침내 평양성을 되찾고, 삼천리강토를 수복하여 1593년 10월 선조는 한양으로 다시 입성하게 되었다.

서천은 이러한 역사적 사실을 언급하며 임진왜란 당시 선조가 명나라로 망명을 떠났다면 만사가 그릇되고 말았을 것임을 생각했다. 그러나 서천은 유성룡 같은 훌륭한 인재가 있어서 나라를 되찾는 기초가 되었음을 언급하면서 동쪽에서 온 젊은이들은 고국산천을 잊지 말고 반드시 회복해야 한다는 뜻을 내비치고 있다. 동쪽에서 온 젊은이라는 것은 다름 아닌 국권회복을 위해 밖으로 나가 애쓰는 의병을 언급한 것임을 미루어 알 수 있다. 시에서 언급한 고국산천의 회복은 국권회복의 동일어로 쓰였다. 따라서 서천은 젊은이들에게 국권회복을 당부하며 자신의 국권회복에 대한 의지를 드러낸 것이다.

수파는 1911년 11월 10일 압록강을 건너면서 고려 공민왕 때 서장관書狀官으로 사행을 다녀오던 충정공忠貞公 김주金澍[250]가 압록강 가에서 고려 멸망 소식을 접하고 명나라로 되돌아가던 길에 부인 유씨柳氏에게 '충신은 두 임금을 섬기지 않는 법이니, 고려가 망한 지금 압록강을 건너더라도 몸을 용납할 곳이 없으므로 귀국하지 않겠다.'는 내용을 담은 편지와 함께 전한 거국시去國詩「압록강별서장관시鴨綠江別書狀官詩」[251]를 읊었다. 이는 수파가 김주의 이름을 빌어, 압록강을 건너는 자신은 두 임금 즉, 일본을 섬기지 않겠다는 마음을 드러내고자 읊은 것이다.

마지막으로 소눌은「신해기행」가운데 신의주를 떠나 망명지인 안동역[252]에 도착하는 것으로써 대단원의 망명 여정을 끝냈다. 이때 소눌은 먼 곳에서 떠나오는 자신을 기다리던 형 대눌에게 출발 날짜를 미리 알려주었다.

서천은 압록강을 건넌 후 도착한 안동현(현 단동)에서 아래의 시 <안동현安東縣>[253]을 읊었다.

---

250) 籠巖 金澍에 대한 내용은 金時讓의『荷潭破寂錄』(국립중앙도서관 소장)「金時讓撰」에 있는 月汀 尹根壽의「籠岩先生傳」과 權尙夏 · 黃仁儉 編의『寒水齋先生文集』(국립중앙도서관 소장, 1761)의「籠巖金先生(澍)神道碑銘幷序」에서 볼 수 있다.

251) 金濟 · 金澍,『雙節錄』(국립중앙도서관 소장, 1803)「寄夫人柳氏書」"忠臣不事二君, 烈女不更二夫. 吾渡江卽無所容其身. 我知夫人有娠, 弱生男名曰揚燧, 生女曰命德. 送朝服及靴, 但以此爲信, 夫人下世後, 以此合葬爲我夫婦之墓, 且以到江上還, 向中朝之日, 爲我忌日, 葬後勿用誌文墓碣.";『雙節錄』,「鴨綠江別書狀官詩」"隴樹蒼蒼塞日昏, 白山雲雪照離樽. 君行莫恨天涯別, 我是歸人亦斷魂."

252) 盧相稷,『小訥先生文集』卷之三,「辛亥記行」〈安東縣〉

253) 趙貞奎,『西川先生文集』卷之一,「北征詩」〈安東縣〉

압록강의 물줄기 바다처럼 넓디넓고	鴨江之水大如海
원보산 햇살은 봄빛처럼 따사로운데	元寶山光暖似春
그 가운데 안동이라는 큰 고을은	中有安東一大縣
현위縣尉와 도태道台가 잡관을 겸한다네	縣尉道台兼雜官
두 나라의 상인들이 교역하는 곳이건만	兩國商人通貨處
누가 알랴, 옛날에는 거친 만灣이었다는 것을	孰知在昔爲荒灣
러일전쟁 치룬지가 얼마나 되었는지	俄日戰場曾幾日
만 리의 무덤[白骨]은 봄풀 언덕을 이루었네	萬里白骨春草原
먼 옛날 어진 임금 전쟁 귀하게 여기지 않아	上世仁人不貴戰
앉은 채로 사해四海 백성을 내 백성이 되게 했네	坐令四海民吾民

압록강 건너 안동현에는 원보산이 있다. 압록강과 원보산 사이에 자리하고 있는 안동현은 대한제국과 중국 두 나라 상인들의 교역이 활발한 곳이다. 서천은 그곳에서 러일전쟁이 일어났고, 당시 희생된 사람들의 무덤이 언덕을 이룰 만큼 많음을 언급하였다. 1894년 청일전쟁에서 승리한 일본은 러일전쟁을 준비하고 있었다. 그러나 러시아와 1대 1로는 승리를 자신할 수 없던 일본은 영·미 두 나라로부터 경제적 군사적 지원을 받았다. 한편 1900년에 일어난 의화단사건을 빌미로 만주에 출병해 있던 러시아는 군 병력 파견을 점점 더 늘려나갔다. 이후 안동성과 봉황성은 러시아의 지배 하로 들어갔으며, 1903년 4월 러시아는 마침내 압록강 하류지역인 용암포를 점령하고 그곳에 군사기지를 세웠다. 이에 일본은 수차례에 걸쳐 만한교환滿韓交換을 시도하다가 실패하자 1904년 2월 전쟁을 선포했고, 이때부터 만주는 러일전쟁의 소용돌이에 휘말리면서 많은 희생자를 내었던 것이다.

서천은 만 리의 백골 무덤이 봄풀로 언덕을 이룬 것을 보면서, 그 옛날의 어진 임금은 전쟁을 싫어해 세상의 모든 사람들을 자신의 백성으로 여기고 아꼈던 일을 생각하였다. 이어서 서천은 오늘날엔 전쟁을 좋아하는 이웃 나라들 때문에 만 리에서 백골이 된 시신들이 많음을 생각하고 마음 아파하였다. 이는 서천이 러일전쟁으로 희생된 백골을 들어 고국과 망명지에서 의병투쟁 등으로 희생된 수많은 사람들의 넋을 위로한 것이다. 아울러 서천은 전쟁을 싫어하는 어진 이가 세상을 다스려 사해의 백성들이 저절로 모여드는 좋은 세상이었다면 결코 희생되지 않았을 목숨들임을 언급하며 고국이 처한 어두운 현실에 대해 안타까워하는 마음을 드러냈다.

경재는 사막촌에서 머물던 동짓달 11월 28일, 고국에서의 마지막 생일을 보냈다.[254] 그리고 사막촌에 묵은 지 30일 만인 12월 1일 사막촌을 떠나 압록강을 건넌 후, 청인의 장사수레를 빌려 타고 망명지로 향하면서 「십이월일일十二月一日, 이사막도강離四幕渡江, 고청인상거발행雇淸人商車發行」[255]을 지었다.

(상략)
이 몸은 마치 요동[遼陽]의 학처럼 　　此身正似遼陽鶴
도리어 천년을 기다려 옛 거주지로 돌아왔네 　　却待千年返舊居
(2수 중 제1수)

(상략)
장부는 막다른 길에서 울지 않나니 　　丈夫不作窮途哭
보내는 자가 어찌 주晝를 떠나는 마음을 알리오 　　送者何知出晝心
(하략) 　　(2수 중 제2수)

---

254) 李建昇, 『耕齋集』下, 「二十八日生朝」
255) 李建昇, 『耕齋集』下, 「十二月一日, 離四幕渡江, 雇淸人商車發行」

이때 경재가 빌려 탄 청인의 낡은 장사수레는 휘장도 덮개도 모두 없었다. 그래서 경재는 북풍이 뼛속까지 밀려드는 추위와 맞서면서[256] 망명지로 향해야 했다. 서간도의 날씨는 한여름에도 땅을 깊이 파면 얼음이 나올 정도이고, 가을이면 솜옷을 입어야 하며, 겨울에는 털가죽 종류의 옷을 입어야 할 만큼 춥다.[257] 그런 곳에서 한 겨울에 휘장도 덮개도 없는 수레를 타고 달렸으니 경재가 망명지에서 처음 맞이한 추위로 인한 고생이 얼마나 극심했는가를 알 수 있다.

제1수에서 경재는 정령위처럼 천 년 만에 고향에 돌아온 것이라고 하였다.[258] 집을 나서면서 경재가 지은 시에서는 성곽사람들에게 자기가 언제 돌아오지 묻지 말라면서 어느 날 정령위가 되어 돌아올지 자신도 모른다고 한 것과는 다르게[259], 위의 시에서 경재는 천년 만에 고향으로 돌아왔다고 하였다. 이를 통해 경재는 고국의 고향은 물론, 요동 또한 모두 자신의 고향으로 여기고 있음을 알 수 있다. 이는 경재가 서간도를 민족의 시조 단군의 땅이요, 훌륭한 문명을 창시한 기자가 다스리던 천 년 유구한 역사의 땅인 고향으로 인식하고 있음을 의미한다.

256) 李建昇, 『耕齋集』下, 「十二月一日, 離四幕渡江, 雇淸人商車發行」 "(留四幕三十日始發行) …… 弊車荒落無帷蓋, 老骨那堪朔氣侵."

257) 盧相益, 『大訥手卷續編』 卷之三, 「雜記滿洲疆域興廢山川風俗」 "滿洲氣候甚寒, 三月無花, 初夏楊柳始葉, 四月燕子來巢, 始聞蛙聲, 山無虎豹. 夏不衣葛, 秋而着綿, 冬修毛屬. 鑿地深則夏有凍氷."

258) 李建昇, 『耕齋集』下, 「十二月一日, 離四幕渡江, 雇淸人商車發行」 "(南北滿洲, 曾是高句麗地, 余汶園有吾輩, 今日返故鄕語)"

259) 李建昇, 『耕齋集』下, 「庚戌九月二十四日, 辭家廟, 手持一笻發西行, 如往隣里, 人莫知遠行也. 辭稷下忠貞公墓, 宿溫水愼周賢家, 範夏從子携衾具來, 餞夜深轉輾口號」 "城郭人民休更問, 不知何日返令威."

제2수에서 경재는 장부는 '궁도곡窮途哭' 즉, 막다른 길에서 통곡하지 않는다고 하였다. 이는 죽림칠현竹林七賢 완적阮籍이 평소 얽매이는 성격이 아니어서 때때로 혼자 수레를 타고 마음대로 달리다가 길이 끊긴 곳에 다다르면 한 바탕 통곡을 하고 돌아온 고사를 언급한 것이다. 경재가 장부는 '궁도곡'을 짓지 않는다고 한 말을 음미할 필요가 있다. 완적이 막다른 골목길에 다다랐을 때 울던 것처럼 곤경에 처한 현실에서 희망이 보이지 않을 때 우는 것이 '궁도곡'이다. 그러나 경재는 이 구절을 통해 아무리 곤경에 처하더라도 결코 희망을 포기하지 않을 것임을 내비치고 있다.

또 경재는 벼슬을 구하러 제齊나라에 간 맹자가 뜻을 이루지 못했는데도 왕에게 하직인사를 한 후 삼일이나 더 머물고 주晝 땅을 나선 일을 언급하였다. 당시 맹자가 삼일 간 더 머문 것을 본 윤사尹士가 맹자를 비난하자 맹자는 "나는 삼일이나 머문 뒤에 주晝 땅을 나서면서도 내 마음속에서는 오히려 빠르다고 여겼다[予三宿而後出晝, 於予心猶以爲速]."고 하였다. 맹자는 왕이 왕도정치를 펼치기로 마음을 고쳐 자신을 등용하기를 바랐기 때문에 삼일도 오히려 빠르다고 생각한 것이다. 따라서 경재는 맹자가 주 땅을 나서며 머뭇거리던 심정으로 고국을 나서고 있음을 밝혔다. 이는 맹자가 왕도정치가 펼쳐지면 주 땅을 떠나지 않았을 것처럼 경재 또한 망명지를 나서기 전에 국권회복이 된다면 결코 떠나지 않을 망명이었음도 아울러 드러낸 것이다.

살아서는 밟아보지 못할 고국 땅을 벗어나 압록강을 건너 옛 고향으로 돌아온 경재는 정원하가 기다리는 회인현 흥도촌으로 가기에 앞서, 서간도에서의 첫날밤을 구련성에서 묵으며 「석숙구련성夕宿九連城」[260]을 지었다.

털모자에 남색 옷[261] 별처럼 모여드니	氈帽藍衣聚似星
시끄러운 소리 울려 성근 창을 흔드네	衆喧成籟撼疎欞
백 사람 가운데 세 명의 농아는	百人叢裏三聾啞
손으로 말하고 달빛으로 듣누나	以手通言以月聽
	(3수 중 제1수)

양 삶고 돼지 굽는 냄새 당堂에 가득하여	烹羊燔豕臭盈堂
밤새도록 구토를 꿱꿱 해대니 장까지 빠지려하네	嘔噦終宵欲出腸
쓸데없이 은전을 들여 밥값을 지불하고	虛擲銀錢酬飯價
배가 고파오면 오직 뜨거운 차만 마셨네	飢來惟飮熱茶湯
	(3수 중 제2수)

멥쌀밥을 먹겠다고 써서 보여주었으나	書示要須喫飯粳
적막한 좌중은 침묵하며 소리가 없네	寥寥四座默無聲
너희들은 우리보고 농아라고 비웃지마라	汝曹莫笑吾聾啞
백삼인 모두 장님이니까	一百三人摠是盲
	(3수 중 제3수)

제1수에서는 3명의 경재 일행이 이국에서의 첫 저녁 식사 시간에 맞이한 식당의 풍경을 그리고 있다. 털모자에 남색 옷을 입은 중국인들이 별처럼 모여서 왁자지껄 떠드는 소리에 식당 창이 흔들리는 모습과 아울러 백이나 되는 사람들 가운데 경재 일행 세 사람[262])이 벙어

260) 李建昇, 『耕齋集』下, 「夕宿九連城」

261) 아더 핸더슨 스미스 저, 민경삼 역, 『중국인의 특성』, 경향미디어, 2006. 55쪽. "외국인이 중국에 금방 왔을 때 중국인에 대한 첫인상은 대체로 비슷하다. 생김생김이 모두 비슷하고 몸에 걸친 옷도 언제나 남색이고 국민의 "눈빛"은 굳어진 것이 마치 "한 곳만 주시하는"것 같다. 또 각자 머리 위의 모양도 한 콩꼬투리 안의 두 알이 콩알처럼 똑같다."

리처럼 손짓으로 의사소통을 해보려고 하여도 알아듣는 사람이 없는 답답한 광경을 묘사하였다.

제2수에서는 식당 안이 양을 삶고 돼지 굽는 냄새가 배어있음과 저녁 밥상에 반찬은 서른 가지나 됨을 언급하였다. 그러나 모두 기름지고 누린내 나는 양고기와 돼지고기뿐이어서 경재는 역겨움으로 인해 음식을 먹을 수가 없었다.[263] 경재는 음식 냄새가 역겨워 밤새도록 장이 다 빠질 정도로 구토를 하였지만 정작 입에 대보지도 못한 밥값은 밥값대로 지불하고, 밀려드는 배고픔은 뜨거운 차로 달랠 수밖에 없었다. 여기서 경재는 처음 맛보는 이국 음식에 대한 강한 거부감을 드러내고 있다.

제3수에서는 중국어를 모르는 경재 일행이 밥을 먹기 위해 '要喫粳米飯' 다섯 자를 써서 좌중에 앉아있는 손님 100명에게 돌려가며 보여주었으나, 한 사람도 글자를 아는 사람이 없음을 말하였다.[264] 창이 흔들리도록 떠들던 사람들은 다 어디가고 글을 모르는 좌중의 사람들은 모두 벙어리처럼 침묵만 지키고 있었다. 이에 경재는 당신들 100명은 장님과 마찬가지로 글을 모르는 까막눈이니까, 경재 일행 3명 보고 농아라고 비웃지 말라고 하였다. 의사소통에 실패한 경재가 멥쌀밥을 먹을 수 없었음은 물론이다.

경재가 이국음식에 대에 느낀 거부감과 그에 따른 굶주림을 뜨거운 찻물로 채우는 광경은 가여운 느낌마저 들게 한다. 또 백여 명이 모여

262) 李建昇, 『耕齋集』下, 「夕宿九連城」 "(店舍百餘人, 韓人有三人)"

263) 李建昇, 『耕齋集』下, 「夕宿九連城」 "(夕飯列膳三十種, 皆羊猪肉膩羶, 胃逆不能食, 以其初嘗異國飮食故也)"

264) 李建昇, 『耕齋集』下, 「夕宿九連城」 "(書要喫粳米飯五字, 輪示座客一百三人, 無一人識字者)"

있는 가운데 글자를 아는 사람이 한 명도 없다는 것은 중국인 가운데 문맹인이 얼마나 많은가를 확인시켜주는 대목이다. 이 모든 것은 경재가 앞으로 망명지에서 겪어야 할 고생과 중국인들과의 소통에 대한 걱정도 함께 드러낸 것이다. 이를 통해 경재의 망명생활이 생각보다 험난할 것임이 예고되고 있음을 알 수 있다.

경재는 9월 24일 집을 떠나 12월 1일이 되어서야 압록강 빙판길을 건너 12월 7일 첫 망명지인 회인현 흥도촌에 도착했다. 흥도촌은 청나라 만주 회인현 서쪽 40리 만산萬山 가운데 있는데, 그곳에서 경재 일행은 자신들보다 한 달 여 먼저 들어와 정착하고 있던 정원하와 만나 2개월이 넘게 걸린 망명길의 회포를 풀고,[265] 본격적인 망명생활을 시작하였다.

수파가 압록강을 건너 처음 망명지로 택한 유하현까지 가는 여정에 대해서는 아래의 글 「요하일기」를 통해서 확인할 수 있다.

> "압록강을 건넜다. …… 최모崔某의 집에 투숙해서 이틀을 머물렀다. 또 길을 떠나 마차를 타고 통화현通化縣을 지났다. …… 육백리 길을 지나는데, 의복도 다르고 언어도 달라 귀와 눈을 놀라게 했다. …… 현에서 하루를 머물렀다가 사숙思叔 정방역鄭邦繹과 함께 걸어서 유하현柳河縣 양지陽知로 향했다. 눈길을 달리고 빙판을 디딘 것이 천 여리였으니, 그 어려움을 차마 어찌 다 말로 할 수 있겠는가? 저물녘 양지의 청인점淸人店에 당도하였는데, 이날은 바로 12월 5일이었다."[266]

---

265) 李建昇, 『耕齋集』下, 「夕宿九連城」; 下, 「十二月七日, 到興道村. 興道在淸滿洲, 懷仁縣西四十里萬山中. 綺堂先已入此月餘, 寓興道之北山, 邀余至其寓汶園, 其緦弟承國寓舍, 夜與汶園共吟」

266) 安孝濟, 『守坡集』 卷之三, 「遼河日記」 "渡鴨江. …… 投宿于崔某家留二日. 又發

압록강을 건넌 후 수파는 최崔 아무개의 집에서 이틀 밤을 묵으면서 쉬었다. 그 후 다시 마차를 타고 육백 리 길을 달려 통화현을 지났다. 그곳에서 하루를 묵은 수파는 사숙思叔 정방역鄭邦繹과 함께 눈길과 빙판길로 이루어진 길을 걸어 유하현 양지陽知의 청인점淸人店에 도착하였다. 오늘날처럼 도로가 잘 닦이고 교통수단이 좋은 것이 아니다. 경재가 서간도로 들어가서 북풍이 뼛속까지 밀려드는 추위와 맞서며 청인의 장사수레를 빌려 타고 망명지로 향했던 것을 생각하면, 수파가 "눈길을 달리고 빙판을 디딘 것이 천 여리였으니, 그 어려움을 차마 어찌 다 말로 할 수 있겠는가?"라고 한 말은 가히 그 고난함의 정도를 짐작케 한다. 이때 수파는 정강이 털이 다 빠질 정도[267]로 고생을 하였다.

고생 끝에 망명지 봉천奉天에 도착한 서천은 <봉천부奉天府>[268]를 지었다.

봉천의 성가퀴는 철옹처럼 닫혀있고	奉天城堞鐵甕關
도독의 위의威儀는 중하기가 산 같네	都督威儀重如山
문 밖에는 고래만한 파도 삼만 리요	門外鯨濤三萬里
휘하에는 곰 같은 자태의 십만 군이라네	麾下熊態十萬軍
청나라 왕 당년에 나라를 연 땅	淸王當年闢國地
궁궐의 두 릉은 지금도 보존되고 있네	宮闕二陵今尙存
동쪽에서 온 화차火車는 감히 지나치지 못하고	東來火車不敢過

程騎馬車, 過通化縣. …… 所過六百里之路, 異服殊音, 駭於耳目. …… 留縣一日, 與鄭思叔邦繹, 徒步向柳河縣陽知. 所走雪登冰千有餘里, 其困難, 忍何言哉. 暮抵陽知淸人店, 是日卽十二月初五日也."

267) 安孝濟, 『守坡集』 卷之八, 「行狀[李建昇]」 "中國臨江縣徒行氷雪中, 脛毛盡脫."

268) 趙貞奎, 『西川先生文集』 卷之一, 「北征詩」 〈奉天府〉

북쪽 마구간의 용총龍驄은 날아서 구름을 밟네　　北廐龍驄飛躡雲
큰 들판의 긴 강은 일찍부터 전쟁터라　　大野長江曾戰地
귀신이 우우하는 곡소리가 들리는 듯　　鬼哭啾啾如有聞

봉천은 청나라가 수도를 북경으로 옮기기 전까지 수도로 삼았던 심양을 가리키는데, 심양에 봉천부를 설치하면서 봉천으로 개명하였다. 한때 청나라 수도였던 봉천성의 성가퀴는 철옹성처럼 굳게 닫혀 있고, 그곳을 지키던 도독의 위엄은 산같이 엄중하게 느껴졌다. 여기서 언급한 도독이란 누루하치[努爾哈赤]를 말한다. 누루하치는 1583년 군사를 일으켜 건주여진建州女眞을 통일하고, 소자하蘇子河 상류에 흥경노성興京老城을 쌓았다. 그 후 명나라에 복종하는 태도를 취해 1589년 명나라로부터 도독첨사都督僉事에 임명되고, 1595년에는 용호장군龍虎將軍의 호칭까지 받았던 인물로 훗날의 청 태조이다.

성문 밖 3만 리나 펼쳐진 듯한 평원은 바람에 흔들려 고래만한 파도를 만들어냈다. 휘하의 곰 같은 십만 군이란 청 태종 홍타이지[皇太極]가 조선에 화친을 제의했다 거절당하자 1636년에 십만 대군을 이끌고 쳐들어왔던 모습을 언급한 것이다.

청나라 수도였던 봉천 동쪽에는 청 태조 누루하치와 황후가 잠든 복릉福陵이 있고, 북쪽에는 청 태종 홍타이지와 황후가 잠든 소릉昭陵이 그대로 보존되어 있었다. 이렇게 봉천은 예부터 전쟁을 좋아하는 청 태조 때부터 러일전쟁 때까지 전쟁을 많이 겪은 곳이기 때문에 서천은 죽은 전사자들과 전쟁으로 희생된 사람들의 억울한 영혼들이 곡하는 소리가 들려오는 듯하다고 하였다. 위의 시는 앞서 <안동현>에서 언급한 러일전쟁과 연관 지어 살펴보면 쉽게 이해할 수 있다.

서천이 봉천에 다다라서 바라본 봉천은 옛날의 봉천이 아니었다.

봉천성의 성가퀴는 철옹처럼 닫혀있고, 봉천에서 나라를 연 황제는 무덤 속 고인으로 잠들어 있었다. 이에 더해 봉천은 러일전쟁의 상처를 고스란히 안고 있었다. 서천은 봉천의 변해버린 모습을 통해 한양의 궁궐이 하룻밤 풍파로 궁궐로써의 장엄함을 잃은 모습을 상기하며 망국의 참상을 슬퍼하였을 것이다.

유학자들이 망명 여정동안 술회한 작품은 망국의 한과 떠나고 싶지 않은 마음으로 점철되어 있다. 그러나 처음 고향에서 출발할 때는 조상 산소를 두고 떠남에 대한 생각이 앞섰으나, 중간에 들린 한양에서는 망한 나라의 임금과 궁궐로 생각이 바뀌었다. 또 국경을 나서기 직전과 나서면서는 국권회복 전에는 살아서 돌아오지 않을 결심으로 떠나는 것이니만큼 나라를 떠나기 싫은 안타까운 마음으로 생각이 변했다. 그리고 망명지인 민족의 고토에 도착해서는 망명지에 적응하기 위한 것보다는 망명지 또한 청나라가 망한 곳이라는 현실에 다시 머뭇거리고 있음을 알 수 있다. 이들 망명 유학자들의 작품 곳곳에서 망국의 한을 드러내고 있음도 공통된 술회이다.

고단한 망명 여정을 지나온 유학자들이 지나온 거리는 얼마쯤 될까는 아래 서천의 글 「북정일록」을 통해서 가늠해볼 수 있다.

> "철로는 마산항馬山港으로부터 북경까지는 총 4,120리로, 강은 모두 26개, 굴은 모두 56개, 정거장은 모두 170여 정거장이다. 마산항에서 대구까지 250리, 대구에서 대전까지 340리, 대전에서 한양까지 360리, 한양에서 송경까지 160리, 송경에서 평양까지 390리, 평양에서 신의주까지 510리, 신의주에서 압록강을 건너 안동까지 10리, 안동에서 봉황성까지 120리, 봉황성에서 봉천까지 480리, 봉천에서 산해관까지 800리, 산해관에서 노태盧台까지 320리, 노태에서 천진

天津까지 140리, 천진에서 북경까지 240리이다."[269)]

서천은 1913년 중국을 갈 때 마산항에서부터 북경까지 총 4,120리 길을 철로를 따라 갔다. 그러나 봉천에서 망명생활을 시작한 서천의 망명길만 생각해보면 마산항역에서 한양까지는 950리 길, 한양에서 신의주까지는 1,060리 길, 압록강을 건너 봉천까지는 610리 길임을 알 수 있다. 이를 합치면 총 2,620리 길이다. 그러나 유학자들이 망명을 떠난 지점이 다르기 때문에 어림잡아 약 2,000~2,500리 길 전후의 거리를 지나왔음을 알 수 있다.

망명 유학자들 가운데 압록강 철교가 놓인 후, 가장 먼저 압록강 철교를 넘은 수파는 의령의 집을 나선 지 만 사흘, 창원역에서 기차에 오른 지 만 이틀 만에 서간도로 들어갔다. 대눌과 소눌 또한 밀양역에서 출발하여 철로를 이용해 압록강을 건넜다. 소눌의 글을 통해 알 수 있지만, 철로를 이용한 유학자들은 각자 출발지에 따라 대체로 50여개 역 이상을 지났음을 알 수 있다. 이산의 망명과정 또한 소눌의 글을 통해서 거주지 청도역에서 기차에 올라 철로를 이용했음을 추측해볼 수 있다.

압록강 철교가 놓인 후 서간도로 들어가는데 걸린 시간은 수파의 예에서 알 수 있듯이 짧게는 이틀이면 되었다. 그러나 경재의 경우는

---

269) 趙貞奎, 『西川先生文集』 卷之三, 「北征日錄」"鐵路自馬港至北京, 凡四千一百二十里, 江凡二十六, 窟凡五十六, 停車凡一百七十餘場. 馬港二百五十里大邱, 大邱三百四十里太田, 太田三百六十里漢陽, 漢陽一百六十里松京, 松京三百九十里平壤, 平壤五百十里新義州, 新義州逾鴨綠十里安東, 安東一百二十里鳳凰城, 鳳凰城四百八十里奉天. 奉天八百里山海關, 山海關三百二十里蘆台, 蘆台一百四十里天津, 天津二百四十里北京."

압록강 빙판길을 건너야했기 때문에 9월 24일 집을 떠나 12월 1일이 되어서야 서간도로 들어가 두 달여 기간이 걸렸다. 경재가 겪은 두 달여의 망명 여정은 결코 쉬운 게 아니었다. 환갑 전후의 나이로 견뎌내기에는 체력적으로 많은 무리가 따랐기 때문이다. 이것은 다른 연로한 유학자들이 경술국치 직후 바로 망명을 떠나지 못한 이유 중에 하나이기도 하였을 것이다. 그런 점에서 망명객으로서의 경재의 결연한 망명 의지는 남다른 의미가 있다고 하겠다.

망명 여정에 걸린 시간의 차이는 있어도 위자금을 거부한 경재가 대지팡이 하나에 가벼운 옷차림으로 이웃에 볼일 보러 가듯 떠난 것, 은사금을 거부한 대눌이 헤진 이불 한 채에 잔편殘編 두서너 편만을 가지고 간 것, 수파가 겹겹이 둘러쳐진 일본 경찰의 감시망을 뚫고 떠나온 정황들을 미루어보면 이들이 정말 어렵게 망명을 떠나왔음을 알 수 있다. 은사금을 거부한 대눌의 동생 소눌 또한 같은 상황을 피해왔을 것으로 여겨진다. 그에 반해 이산은 족당과 문하생 십여 가구와 함께 망명을 떠났다.[270] 또 서천은 망명지에서 함께 농사지을 소작인 30여 명을 모아[271] 쟁기와 따비 등의 농기구를 짊어지고 나귀와 송아지까지 기차에 싣고 망명의 여정을 지나왔다.[272] 서천의 경우

270) 芮大僖, 『伊山文集』 卷之八, 「行狀[金在華]」 "族黨門生從之者, 十餘家."

271) 국사편찬위원회, 『不逞團關係雜件 - 朝鮮人의 部 - 在滿洲의 部(4)』, 「地方民情彙報」(警高機發 제721호)(1915.04.15). "間島方面移住者增加 慶尙南道 咸安郡ヨリ 三月下旬 奉天附近へ 男女三十一名ノ 移住者アリンカ 更ニ今回 仝道居昌郡內ヨリ 西間島へ 男女十九名ノ 移住者アリ 尙ホ金海昌原郡地方ヨリモ移住者アリタル模様ニテ 其ノ 動機ハ 先ニ移住シタル 不平者趙貞奎等ノ 勸誘ニ 因ルモノヽ如シ."

272) 趙貞奎, 『西川先生文集』 卷之五, 「墓碣銘(幷序)[盧相稷]」 "募田民三十餘人, 負耒耟驅驢犢納之汽輪, 而至奉天."

는 다른 망명 유학자들의 글에서는 볼 수 없는 망명간 사람들의 자산 상태를 짐작하게 해준다.

그러나 이들이 망명을 떠나오기까지의 과정은 글에서 드러나는 것이 다는 아니다. 느닷없이 어느 날 떠날 수 있는 망명이 아니었기 때문에, 이들은 망명지를 선택하기에 앞서 망명지에 있는 누군가와 정보를 소통하고 떠났음이 분명하다. 이렇듯 힘든 여정을 무릅쓰고 떠나간 망명이기에 망명객들의 망명 실천은 그 자체로도 참으로 고단하고 힘든 일이었다. 이러한 사실들은 망명 유학자들이 기록으로 남겨두기 위해 의도적으로 지은 작품들을 통해서 구체적으로 파악할 수 있다. 때문에 이들이 갖는 망명 실천과 그 도중에 겪은 망명 과정의 힘든 여정은 더욱 큰 의미를 가진다.

III. 망명지의 생활과 교유 및 소통

1. 망명지 정착과정

망명을 간 유학자들이 정착하는 과정에서 겪은 고통을 단적으로 구분하기는 어렵다. 그러나 망명객이라면 누구나 겪었을 공통 사항은 크게 세 가지로 나누어 볼 수 있다. 첫째는 망명지에서 정착지를 선택하는 과정, 둘째는 망명지에서의 전반적인 생활상, 셋째는 이국풍토에 적응해 가는 과정이다.

1) 정착지 선택

망명지를 서간도로 정한 유학자들은 넓은 서간도에서 자신들이 기착할 곳을 선택하기까지 여러 가지 우여곡절을 거치게 된다.

망명을 떠난 유학자들이 처음에 도착한 망명지에서 계속 망명생활을 하였던 것은 아니다. 그들은 보다 살기 좋은 곳을 찾아 주거지를 옮겨 다녔다. 이러한 사실은 아래 수파의 「요하일기」를 통해서 확인된다.

> "(1911년 11월 10일) 압록강을 건넜다. …… 저물녘 양지陽知의 청인점淸人店에 당도하였는데, 이날은 바로 (1911년) 12월 5일이었다. …… (임자(1912)년 1월) 20일 또 다른 곳으로 거처를 옮겼다. …… 부득이 함께 안동현으로 와서 죽지 못한 채 저물어가는 생을 보내려고 계획했다. 이날은 9월 모일某日이다."[1)]

11월 10일 압록강을 건넌 수파는 12월 5일에서야 최초 망명지인 유하현 양지陽知의 청인점淸人店에 도착했다. 그 후 1912년 1월 20일 수파는 주거지를 임강현臨江縣 팔도강八道江으로 옮겼다. 그러다 대눌의 편지를 받고,[2)] 고국을 등진 사대부들이 많이 살고 있다는 안동현으로 1912년 9월에 거주지를 옮겨 그곳에서 생을 마감하였다. 이렇듯 수파는 안동현에 자리 잡기까지 유하현 · 임강현 등지로 거주지를 옮겨 다녔다.[3)]

경재 또한 처음 망명지로 택한 회인현(현 환인현) 흥도촌에서[4)] 4년쯤 살다가 1914년 여름 안동현 접리수촌으로 옮겨갔다.[5)] 거주지를 수차례 옮긴 사실은 정원하를 통해서도 확인할 수 있다. 경재보다

---

1) 安孝濟, 『守坡集』 卷之三, 「遼河日記」 "渡鴨江. …… 暮抵陽知淸人店, 是日卽十二月初五日也. …… 二十日又移居於他地. …… 不獲已偕來安東縣, 以送未死之殘暉爲計. 是日卽九月日也."

2) 安孝濟, 『守坡集』 卷之八, 「墓誌銘(幷序)[李建芳]」 "是時洪參判承憲, 鄭大憲元夏, 李耕齋建昇, 亦避地寓安東. 公所善盧侍講相益, 以書報公且曰; "安東亦中國地耳. 安用深入." 公乃還至安東, 與諸人者往來歡甚, 而與耕齋尤相好."

3) 安孝濟, 『守坡集』 卷之八, 「家狀[安昌濟]」 "入中國滿洲之柳河縣, 又徙寓臨江縣八道江."

4) 李建昇, 『續家乘』上, 2쪽, 「續乘序」 "庚戌秋, 建昇西入淸, 儌懷仁縣."

5) 李建昇, 『耕齋集』下, 「寄世春」; 下, 「甲寅夏汶園綺堂, 以木土不伏, 議徙安東縣, 汶園先行, 余以七月, 船載家眷發行」

한 달 앞서 망명을 떠나 온 정원하도 처음에는 회인현 흥도촌에 살았다. 그러나 1912년 세 들어 살던 중국인의 집이 집주인의 실수로 소실되면서 정원하는 선소촌船所寸으로 이사를 하였는데, 이는 정원하가 망명 온 지 2년 만에 한 세 번째 이사였다.[6] 그 후 1914년 경재와 함께 안동현 접리수촌으로 이사를 왔던 정원하는 얼마 지나지 않아 다시 회인현으로 돌아갔다.[7] 여기까지 파악된 사실만으로도 정원하는 망명생활 4년 만에 총 다섯 번의 이사를 했음을 알 수 있다.

유학자들은 망명을 떠나오기 전, 책이나 앞서 서간도 망명을 떠난 망명객들을 통해서든 어떠한 경로로든지 망명지에 대한 정보를 접했을 것이다. 그리고 자신들이 접한 정보를 바탕으로 유학자들은 자신들이 망명생활을 할 정착지를 정했을 것이다. 그러나 자신들이 가진 망명지 정보와 자신들이 느끼는 체감현실은 많이 달랐다. 이에 따라 유학자들은 자의에 의해서든 타의에 의해서든 거주지를 옮겨 다니게 되었다. 이는 대부분의 망명 유학자들이 망명지의 거주지 선택 과정에서 겪는 공통된 고통이었다.

거주지를 옮겨 다니던 망명 유학자들이 망명지에 도착한 처음부터 자신들의 집을 마련해서 살았던 것은 아니다. 이들은 자신들의 집을 갖기에 앞서 남의 집에서 더부살이를 하였다. 이러한 사실은 수파가 망명지에 도착한 후 조카 안익상安翊相(1874~1923)에게 보낸 편지 「기종자익상寄從子翊相」에서 확인된다.

---

6) 李建昇, 『耕齋集』下, 「綺堂寓淸人隣舍, 主人不戒火燒其屋, 徙于船所村, 距此十里, 悵然有作」 "綺堂西來二年三遷"

7) 李建昇, 『耕齋集』下, 「辛酉十月, 綺堂往懷仁縣, 依其堂弟元穆寓, 以詩送之」

"빙판과 눈밭을 밟고 건너와 남에게 더부살이하고 있는데, 집은 낡아서 비가 새고 바람은 화살처럼 파고들고, 무릎도 용납되지 않으니, 가히 곤액이 지극하다 할 수 있겠다."[8)]

수파는 망명지에 도착한 뒤, 비만 오면 천정에서 물이 새고 추운 날이면 칼바람이 집안까지 파고들 정도로 낡은 데다 무릎도 용납되지 않는 좁은 집에서 더 이상의 곤액을 형용할 수 없을 정도의 상태로 더부살이를 하였다. 이는 수파뿐만이 아니라 망명 온 사람들의 망명지에서의 첫 생활이 그러했을 것으로 여겨진다.

망명지에 도착해서 소눌은 흥륭가에 세 들어 살게 된 느낌을 <흥융가임옥興隆街賃屋>[9)]에 실어놓았다.

흥륭가에 얻은 셋집 정말 화사스러운데	興隆賃屋正華奢
벽돌로 된 층층 집에 푸른 노을이 이어지네	甎甓層樓接翠霞
신주를 받들고 책 둘 곳 여기에다 정했으니	奉主藏書仍奠鼎
한 달 동안 내 집 삼아도 무방하리라	不妨朞月作吾家

위의 시는 소눌의 「신해기행」 소제목 67제 가운데 제66수이다. 소눌은 자신이 흥륭가에 벽돌로 된 층층 집에 셋집을 얻어 살게 되었음을 언급하고 있다. 수파보다는 비교적 나은 환경에서 세를 살았던 것으로 확인되는 소눌은 신주를 받들고 책 정도는 정리해놓을 수 있는 공간에 터전을 잡았다.

---

8) 安孝濟, 『守坡集』 卷之二, 「寄從子翊相」 "跋涉冰雪, 寄棲於人, 屋敝而雨漏風矢容膝不得, 可謂困厄之極."

9) 盧相稷, 『小訥先生文集』 卷之三, 「辛亥記行」 〈興隆街賃屋〉

기구起句에서 소눌이 흥륭가의 셋집이 화사스럽다고 한 말은 망명을 떠나온 처지에 그것도 과분하다는 의미이지 정말 셋집이 화사스럽게 좋다는 의미는 아니다. 결구結句에서 언급한 기월朞月은 기월期月과 같은 의미로 1년 또는 1개월을 뜻하는데, 위의 시에서는 1개월을 의미한다고 하겠다. 이는 꼭 1개월이 아니라, 얼마 동안 셋집이라도 감수하겠다는 함축된 의미의 1개월, 곧 한 달을 뜻한다. 내 집 마련하기 전까지 짧은 기간 머물 셋집이지만 그 집에 정을 붙이고 망명 생활에 적응하려는 소눌의 마음이 엿보인다.

망명을 떠나 셋집에서 살던 대눌은 1913년 망명지에 자신의 집을 짓고 아래의 「모헌기某軒記」를 지었다.

> "모년某年 모월某月 모일某日 모현某縣 모보某堡 모구某溝에 나아가 담 벽만을 두른 집을 지었는데, 사람들이 이름을 몰라 오직 손가락으로 가리키며 말하기를 모헌某軒이라고 하였다. 아! 임금이 욕을 당했는데 죽지 않고, 오히려 거처할 곳에 마음을 써, 뜻이 이미 비루해졌으니, 어찌 족히 이름을 지을 수 있겠는가. …… 모헌某軒 주인이 자서自序한 때는 압록강을 건넌 다음 다음해 7월 하순이다."[10)]

대눌이 망명지에 집을 지었다는 것은 망명지에서 생을 마감하겠다는 강한 의지의 표출이다. 그러나 대눌은 나라가 망해 임금이 욕을 당했는데도 오히려 거처할 곳에 마음을 써 집을 지음으로 해서 망명을 떠나온 뜻이 이미 비루해졌다고 여겼다. 그래서 대눌은 나라 잃은

10) 盧相益, 『大訥手卷續編』 卷之四, 「某軒記(壬子)」 "某年某月某日, 就某縣某堡某溝, 築環堵之室, 人無得而名之, 惟指點之曰; "某軒." 噫. 主辱不死, 猶用意於巢穴, 志已鄙矣, 奚足以名之哉. …… 某軒主人自序時, 渡馬訾河之再明年七月下浣也."

백성이 사는 곳에 이름이 있을 수 없다는 뜻으로 집에다 '모헌某軒'이라는 편액을 달았다. 이는 대눌이 망한 나라를 떠나온 망명객임을 한시도 잊지 않겠다는 다짐까지 드러낸 것이다. 그런데 대눌은 자신의 집 이름을 '모헌'으로 했을 뿐만 아니라, 망명지에서 집을 지은 날짜와 집을 지은 장소 또한 모두 '모某'라고 기록했다. 이 또한 언제 어느 곳에 살든 나라 잃은 백성임을 자각하기 위한 대눌의 의도적 표현임을 알 수 있다. 대눌의 글을 통해 망명지에서 집을 지었을 다른 유학자들의 마음 또한 대눌과 크게 다를 바 없었을 것으로 여겨진다.

그러나 유학자들은 자신들의 정착에만 마음을 썼던 것은 아니다. 정착지 선택은 먹고사는 문제까지 포함된다. 유학자들은 자신들의 정착지 뿐 아니라, 유민들의 정착지에도 관심을 가졌다. 아래는 유민들이 정착지가 없어 떠나온 것임을 파악할 수 있는 대눌의 시「고의古意」11)이다.

(상략)
붙어살 땅이 없어 　　無地寄爲生
유민들 다투어 변방을 나서네 　　流民競出塞

위의 시를 통해 유민들은 고국에서 먹고 살 정착지가 없어 빈손으로 변방을 나섰음을 알 수 있다. 또 변방을 나섰다고 해서 먹고 살 정착지가 마련되었던 것도 아니다. 이런 가련한 처지의 유민들을 의식있는 유학자들이 외면했을 리 없다.

유학자들이 한인들의 정착지를 마련해주기 위해 애쓴 사실은 소눌

11) 盧相益,『大訥手卷續編』卷之一,「又(古意)」

이 접리수 길에서 참서參書 이민응李敏應과 전별하면서 지은 시 「접리도중신이참서(민응)接梨途中贐李參書(敏應)」[12]를 통해서 알 수 있다.

우리 임금의 백성들 요하遼河에 두루 퍼져있는데　吾王赤子遍遼河
눈보라 치는 언덕에서 남녀가 부축하네　男婦扶攜風雪陂
유독 기천공杞泉公의 후예가 있으니　獨有杞泉公子裔
차 안에서 줄줄 흐르는 눈물 주체하지 못하네　車中不禁淚滂沱

시에서 언급한 기천공杞泉公은 선조宣祖의 아홉째 아들 경창군慶昌君 이주李珘의 호號이다. 위의 시는 소눌이 접리수에서 기천공의 후손 이민응과 전별하면서 흐르는 눈물을 주체치 못하고 지은 시이다.

이민응과 헤어지던 소눌이 왜 그렇게 슬퍼했는지에 대해서는 소눌이 이민응에 대해 언급한 또 하나의 시 「차이참서접리수시次李參書接梨樹詩」[13]를 통해서 확인된다.

나는 접리수 들판을 지나다　我行梨樹野
많은 조선 사람을 보았네　多見朝鮮人
묻노니 그대들은 누구에 의지해서　問爾誰依賴
농사지어 살아가는 사람이 되었나　能爲耕鑿民
(2수 중 제1수)

답하기를, 수춘壽春이라는 분이 있어서　曰有壽春子
살아서 때를 만나지 못한 나를 애처롭게 여겨　哀余生不時
집과 밭을 널리 구해 주니　爲求田宅廣

12) 盧相稷, 『小訥先生文集』 卷之三, 「接梨途中贐李參書(敏應)」
13) 盧相稷, 『小訥先生文集』 卷之三, 「次李參書接梨樹詩(二首)」

두터이 보살피기가 친지와 같았다 하네　　　　厚庇如親知

(2수 중 제2수)

제1수에서 소눌은 접리수 들판에서 많은 조선 사람들이 농사짓고 있는 모습을 보고, 그 사람들에게 누구 덕에 정착지를 정해서 농사를 지어먹고 사는 지를 물었다.

제2수에서는 제1수에서 던진 질문에 대한 답이 돌아왔다. 다름 아닌 수춘壽春이라는 분이 자신들을 애처롭게 여겨 집과 밭을 구해주고 친지처럼 두터이 보살펴주었다고 했다. 수춘은 바로 기천공의 후예로 왕손 되는 이민응(1876~1955)[14]의 호이다. 이민응은 경술국치 후 간도로 건너와서 동지들과 함께 모은 자금으로 많은 집과 땅을 사서 유민 온 한인들이 이를 정착지로 삼아 농사지어 먹고 살아갈 방도를 마련해준[15] 인물이다.

유민 온 한인들에 의해 1840년대부터 수전농水田農이 시작된 곳에서 앞서 자리를 잡고 있던 이민응이 뒤에 건너온 한인들에게 선뜻 집과 땅을 내어주고 이를 정착지로 살아가게 한 모습에 소눌은 감명을 받았다. 그래서 소눌은 망명지에서 읊은 몇 안 되는 시 가운데

14) 李敏應 : 자는 敬行, 호는 壽春. 본관은 全州이다. 省齋 柳重教의 門人으로, 형으로 의병 習齋 李昭應이 있다. 평소 빈민구제와 계몽운동에 힘썼으며, 경술국치 후 여주군수 文台善와 여주읍장 田殷夏 등과 함께 日人銀行에서 田畓을 담보로 대출을 받은 돈을 가지고 간도로 건너가 조선족 자치구 기반을 닦는데 힘썼다. 그 후 일제의 마적단 습격을 받자 환국하였다. 광복 후 성균관대학교 이사장 등을 역임하였다.

15) 盧相益, 別紙, 〈「中国南滿洲安東縣接梨樹圖」 由安東縣南距參拾里, 西溝結社錄〉 “李敏應, 字, 生, 本全州, 號壽春. 與同志合資, 多購庄土, 西渡農民賴以資生.”; 盧相益, 『大訥手卷續編』 卷之四, 「梨社記(丁巳)」 “李壽春敏應, 與同志合資, 廣占接梨老椵之野, 使韓人西渡者, 任意設農.”

이민응에 대해서 2수나 읊었던 것이고, 이민응과 전별할 때 눈물까지 흘렸던 것이다.

이민응 같은 인사들이 마련해준 정착지에서 수많은 한인들이 함께 의지하며 집단으로 생활하였음은 아래 수파가 안동현安東縣으로 이주해오기 전 임강현臨江縣에서 살 때 성일준成一濬에게 답장으로 보낸 편지글 「답성관겸(일준)答成貫謙(一濬)」을 통해서 확인된다.

> "이곳 현縣이라면 임강臨江에 새로 설치된 곳으로, 한인韓人 수천 호가 경내에 바둑알 늘어놓듯 있는데, 완고한 옛 풍습을 바꾸지 않고 덕으로 서로 아껴주니, 주변 천여 리에 지리地利와 인화人和가 여기보다 나은 곳이 없답니다. 그러므로 거주를 도모할 만합니다만 예절은 무지하고 서툴답니다."[16)]

새로 설치된 임강현臨江縣 주변 천 여리에 걸쳐, 지리地利로 임강현보다 나은 곳이 없다는 수파의 말을 통해서 정착지 선택에 있어 무엇보다 지리를 우선으로 생각했음을 알 수 있다. 이어서 수파는 인화人和 또한 한인들이 모여 사는 그곳만한 곳이 없음을 언급하고 있다. 이유는 한 가지, 한인 수천 호가 살면서 예절까지 딱 맞게 사는 것은 아니지만 고국의 완고한 옛 풍습을 그대로 지켜나가면서 덕으로 서로 아껴주면서 살고 있기 때문이다. 망명을 떠나온 인사들이 마련해준 정착지에서 망명을 떠나온 유학자들과 살길을 도모하기 위해 떠나온 유민들이 모여 서로 아끼면서 살아가는 모습이 편지글에 그대로 드러

16) 安孝濟, 『守坡集』 卷之二, 「答成貫謙(一濬)」 "此處縣則臨江新設也, 韓人數千戶, 碁置於境內, 不變頑古之習, 相愛以德, 周行千餘里, 地利人和無愈於此. 故仍謀居住, 然但禮節貿貿耳."

난다.

서천은 1914년 망명을 떠나 올 때 마련해 온 거금을 유민들의 경작 자금으로 쓰기 위해 이승희에게 내놓았다. 이에 이승희는 서천의 돈과 자신의 돈을 합쳐서 덕흥보德興堡에 280일경日耕의 토지를 마련하여 유민들의 정착지로 삼았으니, 이는 유민들에게 독립근거지를 마련해주기 위한 것이었다.[17] 일경은 6묘畝를 가리키는데, 1묘는 30평이다. 6묘는 180평이므로, 일경은 곧 180평이 된다. 따라서 280일경은 50,400평이나 되는 넓은 면적이다. 그런가하면 서천의 「묘갈명(병서)墓碣銘(幷序)」에는 백천경百千頃의 경작지를 빌려 농사를 지은 것으로 되어 있다.[18] 1경頃은 곧 1부夫로, 1부는 100묘畝이다.[19] 1묘는 30평이고, 100묘는 3,000평이므로, 1경은 곧 3,000평이다. 따라서 100경이면 300,000평이고, 1,000경이면 3,000,000평이다. 이러한 사실들을 통해 서천은 이승희와 함께 망명지에서 적게는 수만 평에서 많게는 수십, 수백만 평을 빌려 경작하였음을 알 수 있다.

유학자들은 정착지를 선택하기까지 여러 과정을 거쳤다. 더부살이에 셋집 살이 등을 하면서 정착할 곳을 찾아 이주를 하는 동안 이들은 서간도 지역을 유랑하고 다녔다. 그러면서도 이민응이나 서천 · 이승희처럼 유학자들은 유민들의 고달픈 삶을 외면하지 않고 그들이 안정

---

17) 李承熙, 『韓溪遺稿』(국사편찬위원회, 1982) 九(附錄), 「痛慕錄[李基元]」 "甲寅, 回住奉天. …… 與趙西川貞奎, 分擔巨金, 買得遼中縣德興堡土地二百八十日耕, 欲設滿洲韓僑獨立根據地."

18) 趙貞奎, 『西川先生文集』 卷之五, 「墓碣銘(幷序)[盧相稷]」 "至奉天, 租百千頃而耕之."

19) 丁若鏞, 『經世遺表』(한국고전번역원DB) 卷五, 「地官修制田制一」 〈井田論一〉 "六尺爲步, 步百爲畝(縱橫各十步), 畝百爲夫(縱橫各十畝)."

된 삶을 도모할 수 있도록 정착지를 마련해주기 위해 자신들의 재산을 기꺼이 내놓았다. 이로 인해 유민들은 유학자들의 도움으로 흩어지지 않고 모여서 어느 정도 안정된 삶을 유지할 수 있었다. 이는 유학자들이 배운 바를 실천하는 방법으로 유민들의 삶을 도모해줌과 동시에 독립운동기지를 마련코자 하는 두 가지를 실행한 것이다. 때문에 망명 유학자들이 정착지 선택 과정에서 겪은 여러 가지 경험은 개인적인 삶의 질을 높이기 위한 방편으로써도 의의가 있지만, 무엇보다 한인들을 한 곳에 모여 살게 함으로써 국권회복을 도모할 기회를 가질 수 있는 방편으로 삼았기 때문에 더 큰 의의를 가진다.

2) 망명지 생활

망명 유학자들은 망명지에서 자신들 역시 빈곤한 처지이면서도 유민들의 농사일을 걱정하였다. 그리고 현지 생활에 어느 정도 적응하고 나면 이들은 근교 나들이 · 장거리 기행이나 낚시와 음주 등으로 일상을 보냈다. 또한 이들은 틈틈이 국내외 소식을 접하면서 강학이나 저술을 하는 것으로 자신들의 일상사를 삼았다.

가. 빈곤과 농사일에 대한 고민

망명 유학자들은 고국에서 있을 때 최소한의 의식주 걱정까지 하면서 산 사람들은 아니다. 또 이들은 기본적으로 노복奴僕을 거느리고 살던 사람들이다. 그러나 경재와 홍승헌이 압록강을 건너기 전 경비가 다 떨어져갔던 상황을 경험한 일례에서 알 수 있듯, 망명지에서의 생활은 결코 넉넉하지 않았을 것으로 보인다. 이러한 만큼 경재는

망명지에서 농사도 짓고,[20] 약도 팔아가며 생계를 이어갔다.[21]

망명 유학자들은 망명지에서 동복童僕도 없이 살아가면서 손수 의식주를 해결해야 했다. 이는 수파가 1912년 대구에서 망명을 떠나온 채희동[22]과 수창하며 지은 시 「수채춘가(희동)酬蔡春可(熙東)」[23]을 통해서 확인할 수 있다.

생각해보니, 옛날 두문동에 은자들 많았다던데	憶昔杜門多逸民
지금 단수檀樹를 보니 이웃 있어 외롭지 않네	今看檀樹不孤隣
해진 솜옷을 입고서도 담비 옷에 부끄러워 않고	衣弊縕袍不恥貉
집안엔 동복僮僕이 없어 땔감을 손수 장만하네	家無僮僕自爲薪
(하략)	

수파는 은자처럼 떠나온 안동현 접리수촌에서 두문동의 은자들처럼 덕을 갖춘 좋은 이웃들이 있어 외롭지 않다고 하였다. 수파는 덕을 갖춘 이웃의 한 사람으로 해진 솜옷을 입고 있지만 담비 옷 입은 사람과 나란히 서있어도 마음만은 당당할 수 있는 채희동을 꼽고 있다. 위의 시에서 수파는 사대부출신의 유학자 채희동이 망명지에서 해진 솜옷을 입고, 동복이 없어 손수 땔감을 장만하는 모습을 그리고 있다. 이를 통해 망명 유학자들은 낯선 망명지에서 동복도 없이 손수 의식

---

20) 국사편찬위원회, 『不逞團關係雜件 - 朝鮮人의 部 - 在滿洲의 部(31)』, 「排日鮮人의 情況에 관한 건」(普通受 제16호)(1922). "原籍 京畿道 江華郡 下道面 汝器里 住所 安東縣 接梨村 中西溝 農 李建昇 當六十五年"

21) 李建昇, 『耕齋集』上, 「耕齋居士自誌(戊午)」 "居士寓接梨村舍, 種稻賣藥以爲生."

22) 盧相益, 別紙, 〈「中国南滿洲安東縣接梨樹圖」 由安東縣南距參拾里, 西溝結社錄〉, "蔡熙東, 字春可, 生丁巳, 本仁川, 號秋潭. 自大邱壬子渡西構屋."

23) 安孝濟, 『守坡集』 卷之一, 「酬蔡春可(熙東)」

주를 해결해야 했음은 물론, 해진 솜옷을 입고 지내야 할 정도로 궁핍한 생활을 하였음을 알 수 있다.

가난은 유학자들만의 문제는 아니었다. 가뭄이나 홍수 등으로 농사일을 망치게 되면 수많은 유민들의 생계가 위협을 받는다. 그렇기 때문에 유학자들은 농사와 직접 관련이 있는 가뭄 등의 일에 많은 관심을 가지고 걱정을 하였다. 가뭄의 극심함에 대한 걱정은 대눌이 지은 「민한憫旱」과 「한우旱憂」[24) 등을 통해서 알 수 있다.

유민들은 평소 떠나 온 처지를 서로 격려하고 도우면서 살았다. 그러나 유민들도 극심한 가뭄을 겪게 되면 마냥 평화로울 수만은 없었다. 아래는 경재가 농부들이 다투는 모습을 보고 쓴 「전부홍설田夫鬨說」이다.

> "우리 집 앞에 논이 많은데 나는 농사일에 알지 못하여 사람을 시켜 그것을 거두게 하여 반으로 나눈다. 올 여름 날이 가물어 농부들이 물로 다투는 바람에 날마다 시끄러웠고, 모두 밤이 되면 언덕에 횃불을 밝히고 누가 물꼬를 몰래 틀까 지켰다. 어느 날 밭 사이에서 크게 시끄러워서 가보았더니 늙은 농부와 젊은이가 머리카락을 잡고 크게 다투고 있었다. 내가 사람을 시켜 둘을 갈라놓자, 늙은 농부가 나에게 다가와 묻기를 "나는 늙어서 밤에 지킬 수도 없는데 저 놈이 내 논의 물꼬를 트는 바람에 내 묘가 말라버렸소. 또 내가 늙었다고 업신여기니 청컨대 잘잘못을 가려주시오."라고 하였다. 그래서 그 판결을 내림에 미쳐서 그 밭(의 주인)을 물으니, 모두 내 밭이었

24) 盧相益, 『渡江錄(草稿1)』 第一, 「憫旱」 "缺界多猜造物兒, 飛甘灑潤久遲遲. 雨玉雨珠稀古有, 無禾無麥迫前期. 擧世騷擾頻見魃, 播時緩晩已聽鸝. 蒼生計活今何恃, 上覆仁天俯察知."; 『渡江錄(草稿1)』 第一, 「旱憂」 "鮮人競渡滿, 難可推前期. 兩界均無雨, 天心孰料知."

> 다. 내가 웃으면서 말하기를 "젊은 친구가 진실로 지나쳤네. 그러나 아들에게 그것을 지키게 했으면 저자가 어찌 물꼬를 텄을 것이며, 또 어찌 다툼에까지 이르렀겠는가. 얻은 자나 잃은 자나 모두 내 것이니 내 어찌 두 사람에게 후박하게 할 수 있겠는가."라고 하였다. (그러자) 늙은 농부는 발끈해가지고 가면서 말하기를 "어찌 이리 불공평하시오."라고 하였다."[25]

농사일을 모르는 경재는 망명지에서 구입한 논을 소작인과 반작半作하였다. 그런데 여름철 날이 가물면서부터 농부들은 논에 물 대는 일로 자주 다퉜고, 급기야 밤에는 잠도 못자고 물꼬를 지키기에 이르렀다. 그러던 어느 날 늙은 농부와 젊은 농부가 머리카락을 잡은 채 큰 싸움을 벌이고 있었다. 이에 경재는 사람을 시켜 싸움을 말렸다. 그러자 늙은 농부가 경재에게 와서 젊은 농부가 자신의 물꼬를 트는 바람에 자신의 묘가 말라버렸는데, 젊은 농부가 사과는 고사하고 자신을 늙었다고 업신여기기까지 하니 억울하다며 시시비비를 가려달라고 했다. 그래서 경재가 늙은 농부와 젊은 농부에게 밭의 주인을 물으니 공교롭게도 모두 경재의 논이었다. 경재는 늙은 농부 편을 들 수도, 그렇다고 젊은 농부 편을 들 수도 없었다. 경재 입장에서 보면 손해를 본 쪽도 이득을 얻는 쪽도 편애할 수 없는 자신의 논이었기 때문이다. 그래서 경재는 늙은 농부에게 젊은이가 지나치기는 했

---

25) 李建昇, 『耕齋集』上, 「田夫鬩說」"余宅前多水田, 余不曉農, 使人治其收也, 半分. 今夏旱, 田夫爭水日譁然, 皆夜燎原守偸决. 一日田間大譁視之, 有老田夫與少者, 捽髮大鬩. 余使人解之, 老者就余質曰; "吾老不能夜守, 彼偸决吾田, 枯吾苗. 又慢吾老, 請質曲直." 而及其决, 問其田, 俱吾田. 余笑曰; "少者誠過矣. 然使子守之, 彼烏得以决之, 又何至爭也. 得者失者, 均爲吾有, 吾何厚薄於二人也." 老田夫怫然去曰; "何不公也.""

지만, 늙은 농부도 아들에게 밭을 지키도록 했으면 이런 일이 없었을 것이라고 하였다. 이에 늙은 농부는 불공평하다며 발끈해서 가버렸다. 여기까지만 보면 이 일은 언제든지 일어날 수 있는 사사로운 다툼을 서술한 것으로 그다지 중요한 글로 여겨지지 않는다.

위의 글을 좀 더 살펴보도록 하겠다.

> "내가 탄식하며 말하기를 "여기에서 고금 천하의 득실을 살펴볼 수 있다. 강한 자는 얻고, 약한 자는 잃으며, 지키는 자는 잃지 않고, 지키지 않는 자는 잃는다. 하늘로부터 그것을 보자면 모두 하늘이 소유한 바가 되니, 하늘이 얻고 잃는 것에 대해 후하고 박함이 없으니, 역시 내가 두 농부에게 후하고 박함이 없는 것과 같은 것이다. 강한 자로 하여금 얻게 하고, 약한 자로 하여금 잃게 하고, 지키는 자로 하여금 잃지 않게 하고, 지키지 않는 자로 하여금 잃게 하는, 이것이 곧 공평한 것이다."라고 하였다."[26]

경재는 농부의 다툼을 빌어 강한 자는 얻고 약한 자는 잃으며, 지키는 자는 잃지 않고 지키지 않는 자는 잃는 것임을 생각하였다. 하늘로부터 보자면 모든 것은 다 하늘의 소유나 마찬가지이므로, 하늘이 일부러 후하고 박하게 대하지는 않았을 것이니, 이런 뜻에서 보면 경재 역시 두 농부를 편애하지 않고 대할 수밖에 없었다는 것이다. 그러면서 경재는 한 번 더 강조를 하며, '강한 자는 얻고 약한 자는 잃으며, 지키는 자는 잃지 않고 지키지 않는 자는 잃는 것이다'라고

---

26) 李建昇, 『耕齋集』上, 「田夫鬩說」 "余喟然曰; "是可以觀古今天下之得失. 强者得之, 弱者失之, 守者不失, 不守者失之. 自天視之, 均之爲天所有, 天之於得失者, 無厚薄, 亦如我無厚薄於二田夫也. 使强者得, 弱者失, 守者不失, 不守者失, 是乃公也.""

하였다. 이 말을 두 번이나 거듭하면서 경재는 나라를 잃게 된 이유를 생각했을 것이다. 대한大韓은 강하지 못하고 약했기 때문에 지켜내지 못하고 빼앗기고 말았다. 하늘이 편애를 해서 대한으로 하여금 망하게 한 것이 아니라, 대한의 주인인 백성들 스스로 지켜낼 힘을 기르지 못한 결과로 망했음을 생각한 것이다. 이처럼 경재는 나라가 망한 원인을 밖에서 찾지 않고, 안에서 찾았다. 아울러 경재는 공평하다는 것에 대한 정의를 내렸다. 한 마디로 주체적으로 노력하는 사람이 많이 얻고, 노력하지 않은 사람이 적게 얻는, 그것이야말로 정말 공평하다는 논리이다.

평소에는 오순도순 살아가는 유민들이었지만 극심한 가뭄으로 물이 부족해지면 다툼도 마다하지 않았다. 이는 농사가 유민들의 삶을 유지할 수 있는 유일한 대안이었기 때문이다. 그런 만큼 유학자들 또한 농사에 의지해 살아가는 유민들에 대한 걱정을 한시도 놓을 수 없었다. 아래는 대늘이 긴 가뭄으로 고통을 겪고 있던 1920년 4월 18일 쟁기 날이 겨우 들어갈 정도의 보지락 비가 내린 감흥을 읊은 시 「우일리雨一犁」27)이다.

지난겨울 눈이 없어 상서로운 징조 아니더니	去冬無雪非祥兆
올봄 비 내리지 않아 농사 시기 놓쳤네	今春不雨農時違
백성들은 섬길 임금 없어 농사만 믿고 사는데	民無事君專恃農
하늘이 돕지 않는다면 끝내 어디로 돌아갈까나	天若不佑終何歸
나그네 끊임없이 동방에서 오는데	有客有客東方來
밭에 곡식 낱알조차 없기는 예로부터 드문 일	田無粒穀古所稀
보리는 말라비틀어지고 채마밭도 텅 비었는데	大麥乾枯菜圃空

27) 盧相益, 『大訥手卷續編』 卷之一, 「雨一犁(庚申四月十八日)」

서북 삼남과 충청 경기 지방도 마찬가지라네　西北三南湖與畿
심양의 큰 보는 황해의 조수가 섞여있어　瀋陽巨洑黃海潮
때에 맞춰 씨앗 심기 오히려 바라기 어렵네　適時付種猶難希
무슨 요행인지 이곳은 산수가 장대하여　何幸玆居山水長
비탈의 모와 밭이랑의 수수는 모두 제법 자랐네　坂秧壟薥俱庶幾
사월 십팔일이 비록 늦었다고들 하지만　四月旬八雖云晚
먹구름이 처음으로 뭉치더니 부슬비를 내리네　黑雲初合雨霏微
이로부터 고르게 천하의 농토에 비를 내려　自玆均添天下土
오래도록 백성들에게 굶주림이 없기를　永令民黎無餓饑
은나라 탕왕은 자책하며 신령에게 하소연했건만　殷湯自責嗟冥邈
내 삶, 내 복은 내 스스로 빌어야 하리　吾生吾福吾自祈
요행히 젊을 때 같은 태평시절을 만나서　幸逢樂歲如少時
어느 날에나 형제가 기뻐하며 서로 의지하려나　何日弟兄欣相依

겨울에 눈이 내리지 않으면 다음 해에 가뭄이 든다는 옛말이 있다. 대눌은 겨울에 눈이 내리지 않아 상서롭지 못한 징조일까 걱정을 하고 있었는데, 결국 대눌이 걱정한대로 봄에 큰 가뭄이 들고 말았다. 그런데 그 가뭄은 망명지에만 찾아 든 것이 아니었다. 당시 고국은 국토 전체가 극심한 가뭄으로 몸살을 앓고 있었다.

심양의 큰 보에 있는 물은 소금기가 있는 황해의 조수가 흘러들어 농사짓기에 알맞지 않았다. 그러나 다행히 대눌이 살던 곳은 산수가 장대하여 비탈진 땅에 모를 심고 밭이랑에 수수를 심어 수확한 것으로 굶주림은 면할 만큼의 식량은 얻을 수 있었다. 그런데 큰 가뭄이 있던 1917년으로부터 3년 만에 큰 가뭄이 또 다시 찾아왔다.[28] 그러던 어느 날 적은 양이지만 밭을 갈 수 있을 정도의 단비가 내렸다.

28) 김영, 『근대 만주 벼농사 발달과 이주 조선인』, 국학자료원, 2004. 29쪽 참조.

이때 대눌은 하나라 걸桀을 친 후 7년 간의 큰 가뭄을 만난 은나라 탕왕이 상림桑林에서 자신의 죄목 여섯 가지[29]를 들어 자책하며 기우제를 지내자 기도를 마치기도 전에 큰 비가 내려 가뭄이 해갈되었다는 고사를 떠올렸다. 탕왕은 백성들을 위해 자신을 자책하였지만, 대눌은 자신의 삶과 복을 스스로 빌어야만 한다고 하였다. 대눌은 탕왕의 이름을 빌어 기우제를 지낼 임금이 없음을 언급하며 망국의 현실을 개탄한 것이다.

비록 내린 비의 양은 적었지만 대눌은 이번 비로 젊은 날처럼 풍년이 들어 태평성대를 만나 형제들이 기뻐하며 서로 의지하고 살 수 있기를 바라는 마음을 드러내었다. 시의 마지막 구에 나오는 형제는 대눌·소눌 형제는 물론 더 나아가 모든 사람들의 형제 동포로 확장되었다. 그러나 그런 좋은 날이 언제나 오겠는가. 다소 비관적이기도 하지만, 대눌은 가뭄에서 벗어난 유민들이 조금이라도 고통이 줄어들었기를 바라고 또 바라는 간절한 마음으로 위의 시를 지었음에 틀림없다.

유민들과 함께 농사를 걱정해주는 망명 유학자들 덕분에 유민들은 심한 가뭄도 견뎌내면서 농사일에 힘써 서간도에서 건강한 삶을 살았음은 대눌이 같은 제목으로 지은 또 다른 시 「고의古意」[30]를 통해 확인된다.

---

29) 『荀子』, 「大略」 "湯旱而禱曰; "政不節與, 使民疾與, 何以不雨, 至斯極也. 宮室榮與, 婦謁盛與, 何以不雨, 至斯極也. 苞苴行與, 讒夫興與, 何以不雨, 至斯極也.""

30) 盧相益, 『大訥手卷續編』 卷之一, 「又(古意)」

(상략)

날이 선 보습으로 밭 갈고 김매니 　　　　　　　　　　 罬罬耕且耨
농사에 장애될 것 없네 　　　　　　　　　　　　　　 稼穡具無碍
올벼를 뿌려 가지런히 이삭이 패니 　　　　　　　　　 種稙齊發秀
가을에 다섯 곱절을 기약하리 　　　　　　　　　　　 有秋期蓰倍
타작마당 벌여 창고에 저장해두면 　　　　　　　　　 築場仍貯廩
알알이 뱃속을 윤기 나게 할 수 있으리 　　　　　　　 粒粒可潤肺
새끼줄 꼬아 지붕도 올리고 　　　　　　　　　　　　 索綯旣乘屋
땔감 쌓아두면 눈보라도 견디리 　　　　　　　　　　 積薪風雪耐

(하략)

위의 시에서 대눌은 살길을 도모하기 위해 무작정 떠나온 유민들이 습하고 황폐한 서간도 땅에서 수고를 마다 않고 부지런히 농사에 힘쓰면서 풍년을 고대하고 있는 모습을 그리고 있다. 그래서 올가을 농사가 만약 예년보다 다섯 곱절 풍년이 들고, 지붕도 새로 이고, 땔감까지 마련해둔다면, 어떤 눈보라가 닥쳐와도 유민들의 겨울나기 걱정은 끝이다. 위의 시를 통해 대눌은 유민들의 삶이 늘 이렇게 여유로웠으면 하는 간절함을 드러내었다.

자신들의 삶도 빈곤한 망명 유학자들이 유민들의 농사일을 걱정한다고 해서 가뭄이 곧바로 해갈되거나 했던 것은 아니다. 그러나 망명 유학자들이 유민들에게 용기를 북돋아주고 가을철 희망을 이야기해줌으로써 유민들은 용기와 희망을 갖고 농사일에 힘쓸 수 있게 되어 서간도에서 건강한 삶을 유지할 수 있었던 것이다.

나. 현실 적응 후의 여가 생활

망명지도 사람이 사는 곳이다. 따라서 현지 생활에 어느 정도 적응하고 나면 한가한 겨를이 생긴다. 그러나 수파는 망명지 생활 가운데 일상생활에서의 활동상을 찾아보기 어렵다. 이는 수파가 연로한 나이에 가난을 마주하고 몇 년간 풍비風痹를 앓아 정신적 여유가 따라주지 않았기 때문이다. 그밖에 다른 유학자들은 망명생활에 적응하면서 여유가 생기면 근교 나들이를 가거나 장거리 기행을 하거나 고기잡이와 생일 축하 및 음주 등을 하며 일상을 보냈다.

대눌은 안동현에 있는 원보산에 올라서 아래의 시 「등원보산登元寶山」31)을 읊었다.

높은 곳에 오름은 산을 보기 좋아해서가 아니라	登高非是愛看山
아득한 대지大地를 눈길로 돌아보기 위해서라네	大地滄茫聘目還
압록강 서쪽 구름은 만 리인데	鴨綠江西雲萬里
동쪽 사람들 다투면서 건너니 어느 곳에서 살려나	東人爭渡住何間

대눌이 원보산에 오른 것은 산을 보기 좋아해서가 아니고, 아득하게 넓은 대지를 돌아보기 위해서라고 하였다. 그러나 대눌이 막상 산에 올라서서 보니 대지의 창망함보다 앞 다투어 압록강을 건너는 유민들의 모습이 먼저 눈에 들었다. 건널 수밖에 없어서 건너는 사람들이겠지만, 대눌은 그들이 어느 곳에서 무얼 먹고 살지에 대한 걱정이 앞서는 마음을 숨김없이 드러내었다. 이처럼 대눌의 유민에 대한 걱정은 끊임없이 이어지고 있다.

31) 盧相益, 『大訥手卷續編』 卷之一, 「登元寶山」

압록강으로 나들이를 간 이산은 배를 타고 아래의 「압강주중鴨江舟中」[32]을 지었다.

평탄함과 험난함에 나는 익숙해져	夷險我能慣
배 타고 가는데도 누대에 앉은 듯하네	舟行若坐臺
땅이 차니 단풍이 일찍 들고	地冷丹楓早
가을이 깊어지니 압록강이 넓어지네	秋深綠水開
빨래하던 여인은 모래와 함께 지나가고	洗女沙同去
암자의 중은 산과 더불어 다가오네	菴僧山與來
이 인생도 참으로 고달픈 줄 알겠노니	此生良覺苦
백발이 거울 속에서 채근 대네	白髮鏡中催

이산이 배를 탄 것은 망명생활에 나름대로 익숙해졌을 때이다. 당시 이산은 추운 서간도에 일찍 찾아오는 가을 정서를 만끽하기 위해 압록강으로 나들이를 갔다. 그리고 이산은 배를 탔는데 누대에 앉아 있는 양 편하기만 하다. 오리 머리색 같은 푸른 압록강의 물빛은 깊은 가을의 높아진 하늘만큼 더 깊고 푸르게 펼쳐져 있다. 배를 타고 앞으로 가다 보니, 빨래하던 여인은 물가와 함께 뒤로 밀려가고, 대신 암자의 중[僧]이 산과 함께 가까이 다가오고 있다. 그러나 여유로운 행복도 잠시, 여유 있게 가을을 느낄 수 있는 즐거운 인생인가 싶었는데, 이산은 문득 자신의 삶이 고달픈 인생임을 깨달았다. 평화로운 마음으로 무심코 내려다 본 압록강 물빛이 거울처럼 투명하여 백발이 된 자신의 모습이 비쳐졌기 때문이다.

위의 시는 원근법을 살려 서술하고 있어 독자가 현장에서 배를 타

---

32) 芮大僖, 『伊山文集』 卷之二, 「鴨江舟中」

고 있는 착각이 들만큼 생생한 느낌으로 전해진다. 아울러 채근하는 백발은 이산뿐 아니라 나이가 들어가는 사람이라면 누구나 공감할 수 있는 구절이기에 안타까움을 주는 동시에 친근감마저 안겨준다.

이산의 망명지에서의 생활은 기행紀行이 거의 전부라 해도 과언이 아니다. 이산이 서간도에서 처음 만난 이승희를 따라 1913년에 연경을 다녀온 일은 서간도 망명 유학자들 가운데서도 특별한 경험이다. 그 특별한 경험을 이산은 아래의 「연성기행燕城紀行」에 총 2311자로 자세히 기록해두었다.

> "(계축(1913)년 11월) 강재剛齋 이승희李承熙와 이승희의 아들 이기인李基仁과 함께 여정을 떠났다. …… 11월 10일, 사하참沙河站에서 기차를 타고 출발해서 오후 8시에 봉천奉天에 도착했다. …… 11일, 신백우申伯雨 · 이기인과 함께 소서문小西門에 올라 청조淸祖의 옛 도읍을 보았는데, 옛날 효종대왕과 청음淸陰 김상헌金尙憲이 볼모로 잡혀 있었던 곳이고, 삼학사三學士가 영웅의 풍모로 절개를 지킨 곳임을 생각했다. …… 12일 …… 해질 무렵, 만리장성 동문東門에 있는 산해관山海關에 갔다. …… 늦게 천진참天津站에 도착했다. …… 마차를 타고 서하연西河沿으로 들어갔다. …… 13일, 이기인과 함께 서양차를 타고 정양문政陽門에 들어갔다. 수레와 말이 꽉 메웠고, 사람과 물건이 번성繁盛함이 눈 안에 가득하였다. 다만 더러는 양장洋裝을 입고 더러는 만주족의 변발辮髮을 하고 있어 중국의 옛날 면모는 찾아볼 수 없었다. …… 갑인(1914)년 정월 초하루, 아침 일찍 일어나서 세수하고 머리 빗고 원院 뒤로 나와서 동쪽 회인현懷仁縣을 바라보고 두 번 절하며 부친의 복을 빌고 들어가서 도소주屠蘇酒를 마셨다. …… 오후에 이기인과 함께 서하연에 갔다. …… 편지와 2수의 절구시를 지어서 진환장陳煥章에게 바치고 작별하였다. 기차에 올라 산해관에 이르러서 숙박하고 봉천으로 돌아왔다. …… 노흑산老黑山

에 되돌아오니, 때는 2월 30일이었다."[33]

「연성기행」에는 날짜를 분명하게 기록해놓은 곳도 있지만, 대부분 날짜 기록 없이 행만 바꾸면서 서술하여 정확한 날짜를 확인하기는 어렵다. 그리고 이산이 공교회孔教會 일로 연경으로 떠날 때는 이승희와 이승희의 아들 이기인, 이렇게 세 사람이었지만 돌아올 때는 이산 혼자였다. 이산은 이기인과 서양차를 타고 정양문政陽門에 가는 동안 수레・말・사람・물자가 넘쳐나는 것을 보고 놀라워했다. 그러나 서양 옷을 입거나 변발辮髮을 한 사람들이 눈에 띄는 것을 보면서 이산은 중국도 예전의 중국이 아니라는 생각에 실망감을 감추지 못하고 있다. 이를 통해 이산은 유학자로서의 한계를 드러내고 있음을 알 수 있다. 그런가하면 이산이 공교회를 유교개혁방안의 하나로 생각한 이승희를 따라 연경에 갔다[34]는 것은 이산 또한 유교개혁의 필요성을 인식하고 있었다는 반증이다. 평생 배운 학문 개혁의 필요성을 느꼈다는 것은 이산이 다른 것의 변화에 대해서도 일정부분 수긍하고 개혁을 받아들일 마음의 준비를 하고 있었다는 뜻이다. 그러나 이산은

---

33) 芮大僖, 『伊山文集』 卷之五, 「燕京紀行(癸丑)」 "同剛齋及其子基仁啓程. …… 歲癸丑之冬至月也. 初十日, 曉發乘沙河站火車, 午后八點鍾到奉天. …… 十一日, 與申伯雨・李基仁登小西門, 觀淸祖舊都, 昔我孝宗大王及淸陰金先生爲質于此, 而緬想三學士之英風勁節. …… 十二日 …… 暮至山海關關是長城東門. …… 晚到天津站. …… 乘馬車入西河沿. …… 十三日, 與李基仁, 上洋車入政陽門. 其車馬之塡咽, 人物之繁盛, 滿目殷殷. 但或爲洋裝, 或爲滿辮, 不見中華舊代面目. …… 甲寅元朝, 早起盥櫛, 出院後東望懷仁, 再拜祝親, 入飮屠蘇酒. ……… 午與基仁, 往西河沿. …… 以書並二絶, 致陳重遠爲別. 上火車至山海關宿, 還到奉天. …… 回到老黑山, 時二月三十日也."

34) 금장태, 「한국근대유교와 종교운동」, 『대동문화연구』 제37집, 대동문화연구소, 2000. 293쪽.

연경을 오가는 길에 만난 공교회 관련 중국 인사들과 많은 한인들로부터 전해들은 견문으로 변화를 받아들여야 한다는 의식은 있었지만 유학자로서의 한계를 크게 탈피하지는 못했다.

그런가 하면 서천은 이화원頤和園에 가는 도중에 해전海甸 길을 지나면서 아래의 시 <해전도海甸道>35)를 읊었다.

하얀 돌로 꾸며진 삼십 리	白石治程三十里
양길 가 버들의 녹음이 짙네	兩邊楊柳綠陰多
일만 부락은 숲에 있어 집은 보이지 않고	萬落依林不見屋
인력거와 마차 굴대만 날마다 서로 부딪치네	人車馬軸日相磨

하얀 돌로 삼십 리 길을 꾸며놓은 해전 길 양쪽으로 버드나무의 녹음이 짙다. 하얀 돌과 짙은 녹음이 어우러진 풍경은 맑고 시원한 느낌을 갖게 해준다. 그렇게 정갈하게 다듬어진 길 곁으로 일만 부락이 있는데 집들이 모두 숲속에 자리하고 있어서 인가人家는 보이지 않는다. 그런데 잘 다듬어진 삼십 리 길 사이로 인력거와 마차 굴대만 부딪칠 정도로 왕래가 빈번하다.

기구起句와 승구承句에서는 색의 대비로 인한 시원함과 정갈함이 느껴지고, 전구轉句와 결구結句에서는 숲속에서 느껴지는 평화로움과 해전 길을 왕래하는 소리들로 활기찬 느낌이 든다. 또 기승구에서 시원하면서도 정갈한 느낌 속에 고요함이 느껴진다면 전결구에서는 평화로움 속에 활기찬 느낌이 들어 대조를 이룬다.

서천은 평화로우면서도 활기찬 해전 길을 지나면서 오랜만에 답답

35) 趙貞奎, 『西川先生文集』 卷之一, 「北征詩」 〈海甸道〉

한 현실을 잠시 잊고 마음이 정화되는 느낌을 받았을 것이다.

유학자들은 근교 나들이와 장거리 기행을 통해 신문화에 밀려 옛 자취를 잃어가는 유적지들을 보며 고국의 현실을 되돌아보았을 것이다. 글에 드러나지는 않지만 이들이 여행지에서 밀려드는 신문화에 어떻게 대처해야할 지에 대해 고민했던 것을 여행지에서 돌아와서도 끊임없이 고뇌하고 또 고뇌하였음을 짐작할 수 있다.

고기잡이 또한 유학자들의 망명생활 가운데 하나로 자리 잡았다. 아래는 대눌이 냇가에서 고기잡이를 마치고 지은 시 「천렵川獵」36)과 경재가 대눌의 시에 차운한 「차대눌애호조어운次大訥艾湖釣漁韻」37)이다.

물가에 줄지어 앉으니 서늘한 바람이 불고	聯襟水際微凉動
낚싯대 거두니 석양빛이 기우네	捲釣磯邊落照傾
하루 경영도 오히려 만족스럽지 못하거늘	一日經營猶不滿
노년에 창생蒼生을 어찌 구제할 수 있으랴	老年無柰濟蒼生
(대눌의 시)	

버들 너머 물가 널리 눈에 들어오고	柳外汀洲入望平
비 끝에 물살은 급해져 여울소리를 내네	雨餘水急起灘聲
시내 물고기 낚싯밥을 물지 않아 낚시를 거두고	溪魚不食釣仍捲
들 술 순서도 없이 술항아리 알아서들 기울이네	野釀無巡壺自傾
늙고 병든 몸이 어찌 천하의 일을 알까나	老病那知天下事
맑은 놀이 세상 사람의 정을 저버릴까 두렵네	淸游恐負世人情
어찌 일찍이 애호艾湖가에 세 들어 살면서	何嘗僦屋艾湖上

36) 盧相益, 『大訥手卷續編』 卷之一, 「川獵」

37) 李建昇, 『耕齋集』下, 「次大訥艾湖釣漁韻(艾湖江在大堡, 或稱愛江云)」

안개 낀 수면 주관하며 삶을 보낼 줄 알았으랴 管領烟波送此生
(경재의 시)

대눌의 자주自註38)와 경재의 시 제목으로 파악해 볼 때, 1920년 음력 4월 대눌, 경재, 김영동金榮東, 이원직李元直, 박상림朴尙林, 박수운朴秀雲이 염가구閻家溝에 있는 애호강艾湖江(일명 애강愛江)으로 낚시를 하러 갔음을 알 수 있다. 이 때 김영동은 그물을 들고 경재는 낚싯대를 챙기고, 대눌과 박수운은 예비로 물고기를 잡을 도구까지 챙겨 갔는데, 고기잡이를 다 마치도록 이들은 한 마리의 물고기도 잡지 못했다. 그래서 대눌은 하루 경영도 내 맘대로 안 되는 게 인생인데, 노년의 나이로 창생蒼生을 구제할 수 없음을 언급하였다. 대눌은 자신이 가진 창생을 구제할 마음과 의지는 매우 간절하지만 이에 상응하는 활동의 한계가 있음을 깨닫고 자조적인 마음으로 위의 시를 지었던 것이다.

경재는 당시 국내에서 독립을 위해 애쓰던 많은 사람들이 수감당하고 있음39)을 상기하면서 낚시를 하러 갔던 자신을 부끄럽게 여겼다. 그래서 경재는 이내 늙고 병든 몸이라 세상일을 알지 못한다는 말로 자신의 행위에 대한 변명을 늘어놓았다. 그러나 경재가 국권회복을 위해 소요하던 분들이 옥에 갇힌 사실을 소주小註로 달아놓았다는 것은 경재의 머릿속에 그 분들의 노고에 대한 고마움과 그 분들의

38) 盧相益, 『大訥手卷續編』 卷之一, 「川獵」 "溝江潭, 與金白下・李元直・李耕齋."; 盧相益, 『渡江錄(草稿1)』 第一, 「川獵」 "溝江潭, 與金白下・李元直・李耕齋・朴尙林, 獵魚不得."; 『渡江錄(草稿2)』 第一(附挽稿), 「川獵」 "庚申初夏, 漁獵於閻家溝江潭, 白下擧網, 耕齋垂釣, 余與桂岡豫備穿魚之具, 朴尙林・李元直亦從, 終不得一鱗, 相笑而皈遂拈韻."

39) 李建昇, 『耕齋集』下, 「次大訥艾湖釣漁韻(艾湖江在大堡, 或稱愛江云)」 "(時我人以獨立事, 多被囚國內騷然.)"

고초가 적기를 기원하는 마음이 있었다는 반증이다.

이를 통해 대눌은 낚시를 하면서도 창생을 구제하려는 뜻을 잊지 않고 있었고, 경재는 낚시를 하는 동안에도 독립운동가들에 대한 고마움을 기억하고 있었음을 알 수 있다. 한 마디로 위의 시는 경재가 대눌을 대신해서 독립운동가들이 창생을 구제하고 있음을 상기시키며 자책하고 있는 대눌을 위로함과 동시에 독립운동가들의 행위를 높이기 위해 읊은 시이다.

망명생활 가운데 빠질 수 없는 것이 술이다. 안주 삼아 먹을 물고기는 한 마리 잡지 못했어도 술항아리가 다 비도록 술을 마셨던 망명객들이다. 아래는 대눌이 밤에 장석영 · 이두훈 · 이민응 · 맹보순, 그리고 동생 소눌과 함께 흥륭가 여관에서 술을 마시면서 지은 시 「여장순화(석영)與張舜華(錫英) · 이대형(두훈)李大衡(斗薰) · 이참서(민응)李參書(敏應) · 맹사간(보순)孟士幹(輔淳), 급가제상직及家弟相稷, 야음흥륭가기관夜飮興隆街羇館」40)이다.

백수白首로 광가狂歌를 부르며 멀리까지	狂歌白首遠來遊
창해滄海의 일속一粟 신세로 만 리를 흘러왔네	一粟滄溟萬里流
차라리 민국民國 땅에 깃들어 머물지언정	寧欲棲留民國土
대동大東 땅에서 밭 갈고 우물 파기 어찌하랴	不堪耕鑿大東邱
구름 낀 수풀 작은 집에서 원숭이 꿈에 놀라	雲林小屋驚猿夢
눈보라 속 외로운 배로 압록강을 건넜네	風雪孤舟渡鴨洲
평생 도道를 배웠지만 지금 무슨 소용인가	平生學道今何用
손잡고 마주보니 일마다 수심일세	握手相看事事愁

40) 盧相益, 『大訥手卷續編』 卷之一, 「與張舜華(錫英) · 李大衡(斗薰) · 李參書(敏應) · 孟士幹(輔淳), 及家弟相稷, 夜飮興隆街羇館」

유학자들은 백발이 성성한 환갑을 넘긴 나이로 창해滄海의 곡식한 알처럼 존재도 없이 망명을 떠나왔다. 이들은 망명지에 깃들며 고생을 감내할지언정 일제가 다스리는 땅에서 농사짓고 그 땅에서 나는 재물로 조상에게 제사를 지낼 수는 없었다. 그래서 유학자들은 집을 떠나 눈보라를 헤치고 고생을 자처하며 압록강을 건너온 것이다. 그런데 망명지에서는 자신들이 평생토록 배운 도道를 실행할 곳이 없었다. 그래서 이들은 함께 술을 마시는 동안에 너나 할 것 없이 수심이 일었던 것이다. 그러나 대눌을 비롯해 함께 술을 마시던 사람들 모두 자신이 배운 학문의 도를 실천하기 위해 '부해거수浮海去守'를 했다. 그 또한 그동안 자신들이 배운 도를 행한 것이므로, 소용이 없다는 대눌의 말은 지나친 겸손이다.

망명지에서의 또 다른 일은 생일을 맞이한 사람을 축하해주고 축하받는 일이다. 고달픈 망명지에서 동고동락하는 사람들에게 건네는 생일 축하는 고국에서 하던 일상적인 생일 축하와는 또 다른 느낌이었다. 이때 역시 술이 빠질 수 없다. 아래는 대눌이 박상림의 생일날 아침에 써서 준 시 「증박가현(상림)생조贈朴可見(尙林)生朝」의 서문序文이다.

> "박상림朴尙林의 아들 지영址永이 그의 부친의 51세 생일 아침에 술자리를 마련해서 노인들을 불렀다. 나[대눌]와 계강桂岡 박수운朴秀雲은 72세이고, 백하白下 김영동金榮東은 68세, 해산海山 박(동흠)朴(東欽)은 66세, 추담秋潭 채희동蔡熙東은 64세, 경재耕齋 이건승李建昇은 63세, 이두일李斗一은 61세였는데, 자리를 같이한 동지들 모두 장수를 누리니, 어찌 기이한 일이 아니겠는가."41)

박상림의 아들이 자신의 부친 생신날 술자리를 마련해서 어르신들을 모셨다. 그런데 51세 되는 박상림의 생일을 축하해주러 모인 사람들의 나이가 모두 박상림보다 적게는 10살부터 많게는 21살이나 더 많았다. 이에 자리를 함께한 동지들 모두가 장수하는 것처럼 박상림 또한 장수하길 바라며 축원해주면서 술을 마셨다.

다. 언론을 통해 접한 국내외 소식

망명생활에 적응해가는 와중에도 유학자들은 국내외 소식을 접하기 위해 노력했다. 이는 유학자들의 작품을 통해서 알 수 있다. 경재가 1917년에 이상설李相卨이 러시아 니콜리스크에서 병으로 사망한 소식을 접하고 시를 지어 그의 죽음에 대해 곡한 「문이순오병몰우노서아聞李舜五病沒于魯西亞, 이시대곡以詩代哭」[42] 등이 그렇다. 이러한 사실은 경재가 고국에서 갑자기 발생한 해일 때문에 일어난 피해 참상을 생각하며 지은 아래의 시 「조일탄潮溢歎」[43]을 통해서 보다 확실하게 드러난다.

칠월 초이틀	孟秋朔之翌
살기가 햇빛을 가리고	殺氣翳日色
큰 바람 거칠게 일더니	大風蓬蓬起

---

41) 盧相益, 『大訥手卷續編』 卷之一, 「贈朴可見(尙林)生朝(幷序)」 "朴君ㅁㅁ之子址永, 以其大人五十一歲生朝, 設酌速諸老人. 余與朴桂岡(秀雲)七十二, 金白下(榮東)六十八, 朴海山六十六, 蔡秋潭(熙東)六十四, 李耕齋六十三, 李極元(斗一)六十一, 座上同志皆壽耈, 豈非異事."

42) 李建昇, 『耕齋集』下, 「聞李舜五病沒于魯西亞, 以詩代哭」

43) 李建昇, 『耕齋集』下, 「潮溢歎」

조수를 말아 서북으로 몰아쳤네　捲潮驅西北
(중략)
슬프구나, 해변 마을　哀哉近海村
온통 바다가 되어버려　盡入馮夷域
노약자는 물결에 휩쓸려 빠져버렸고　老弱隨滬沒
젊은이는 지붕 위로 올라갔네　少壯屋上陟
(중략)
죽은 사람 새 무덤조차 없어　死者無新墳
강 물고기도 차마 먹지를 못하네　江魚不忍食
콩을 삶아 콩깍지마저 먹고　烹豆幷萁爊
굴을 파서 쉴 곳으로 삼네　穴地以爲息
어찌 생각이나 했으랴, 하루아침의 근심　何意一朝患
모진 피해가 전쟁보다 심할 줄을　殘害甚兵革
(하략)

이 시의 서주序註[44]에는 1923년 7월 2일 갑자기 발생한 거대한 해일이 평안도 용천龍川 양서면楊西面의 1,800호에 덮쳐 그 중 절반이 넘게 유실되고, 익사자가 400명이 넘는다는 피해 참상이 정확하게 기록되어 있다. 거역할 수 없는 자연의 섭리 앞에서 하루아침에 전쟁보다 더한 피해를 입은 사실을 안타까운 심정으로 서술한 위의 작품을 통해 경재가 망명지에서도 국내 소식에 귀 기울이며 살았음을 알 수 있다.

유학자들이 망명지에서 국내외 각종 소식을 어떻게 접했는지에 대

44) 李建昇, 『耕齋集』下, 「潮溢歎」 "癸亥七月二日, 風起潮溢, 沿海人多溺死. 平安道龍川最甚, 龍之楊西面, 距此雖十里, 尤所詳也. 楊西一千八百戶, 戶漂其半, 溺死者四百, 噫其慘矣."

한 궁금증은 대눌의 글을 통해 풀 수 있다. 이는 대눌이 1920년 안민산에서 봉황성 서구로 이주를 한[45] 후인 1921년 재앙이 되는 괴이한 일들에 대해서 쓴 「재이災異」의 자주自註를 통해서 알 수 있다.

> "나는 안동현 안민산에서 봉황성 서구로 이주하고 동아일보東亞日報를 구매하여 보았는데, 열흘이 지나도록 오지 않으니 무슨 거리끼는 바가 있어서인지 모르겠다. 동삼성東三省에는 또 공보公報가 있는데, 거기에는 매번 천하의 이문異聞을 많이 기재하였다."[46]

위의 글을 통해 유학자들은 망명지에서 동아일보를 구독하거나 동삼성에서 발간되던 공보公報 등의 언론을 통해 국내외 소식들을 접했음을 알 수 있다. 대눌은 망명지에서 동아일보를 구독하였다. 그런데 신문이 열흘도 채 배달되지 않았는데 더 이상 오지 않는 것이었다. 무엇 때문에 열흘이 넘도록 신문이 오지 않는지 대눌은 그 이유를 몰라 답답하였다.

대눌은 언론을 통해서 국내 소식은 물론 국외 소식까지 접했다. 대눌은 동삼성 공보를 통해서 노벨상[羅勃賞] 연구자 이야기나[47], 적도 부근에 살고 있는 아프리카 흑인들의 생김새와 생활 습관 및 포로로

45) 『小訥先生編年』 45장 전면 "[庚申] 使定容乙鉉, 覲侍講公于鳳凰城. 時侍講公, 移居鳳凰城."

46) 盧相益, 『渡江錄(草稿1)』 第四, 「災異(辛酉)」 "余自安東縣安民山, 移駐鳳凰城西溝, 購見東亞日報, 未及十日不來, 未知何所拘忌也. 東三省亦有公報, 其記載每多天下異聞."

47) 盧相益, 『渡江錄(草稿1)』 第四, 「災異(辛酉)」 "德國生物學者, 羅勃賞, 試驗人體之單個細胞組織之器官, 如肝心等類. 人體旣死, 而此種器官, 接於他人之體中, 依然能活, 而有用云(人體中不死之部分, 肝心等類)."

잡혀가서 노예처럼 부림을 당한다는 사실[48]을 알게 되었고, 상해에 지진이 나서 누각이며 집 등이 흔들렸다는 소식[49] 등도 접했다. 아울러 대눌은 미래에 대한 예측도 접했다. 1926년에 화성과 수성이 지구와 부딪쳐서 큰 지진이 일어날 것이며, 그로부터 6년 뒤에 세계 대전이 또 일어나서 1933년이 되어서야 세계평화가 찾아오는데 각 계에 살아남은 사람이 매우 적을 것이라는 내용[50]과 5만년 후 인류의 발가락은 퇴화되어 말발굽 같은 모습을 하고 있을 것[51]이라는 등의 내용이다.

유학자들은 언론을 통해 여러 가지 국내외 소식을 접하면서 국내 참상을 보면서는 안타까움을 드러내고, 국외 소식을 통해서는 처음 접해보는 기상천외한 세상 이야기와 발달된 서양 학문에 대한 놀라움을 금치 못했다. 이처럼 언론을 통해 국내외 소식을 접한 유학자들은 자신들이 수집한 각종 정보를 주변의 유학자들과 공유하였을 것임은 충분히 짐작할 수 있다.

48) 盧相益,『渡江錄(草稿1)』第四,「災異(辛酉)」“非洲嘎發之南, 批比南岸地方, 近赤道, 其人身短小, 與七八歲類同, 膚如鳶色, 身輕如猱, 渾渾噩噩, 如原始時代之人物, 捕生蛇生鼠爲食, 男女均裸體, 頗能耐勞苦. 現近國土人多俘虜, 以攷役爲奴隷云.”

49) 盧相益,『渡江錄(草稿1)』第四,「災異(辛酉)」“上海地震, 樓房屋壁, 格格有聲, 歷時(十一月).”

50) 盧相益,『渡江錄(草稿1)』第四,「災異(辛酉)」“英國天文學報載稱, 火星與水星, 將於一千九百二十六年, 相觸地球, 將受大震. 再經六年後, 世界又將有大戰, 乃回教徒與盎格魯薩民族戰, 至一九三三年, 世界平和, 其時各界留者, 必甚稀少云(今壬戌一千九百二十二年).”

51) 盧相益,『渡江錄(草稿1)』第四,「災異(辛酉)」“倫敦公家醫學校, 教員羅咯恩, 最近發明一說. 謂世界人種, 自今五萬年後, 必有一大變化, 人類足指, 將與馬蹄等, 祇存二大指, 全無作用, 漸致退化故也. 此說一出, 各國生理學家, 已有大多數贊同其說云.”

라. 강학과 저술

망명 유학자 중에는 강학이나 저술 활동에 힘을 쓴 사람도 있다. 망명지에서 강학에 힘쓴 대표 인물로 대눌을 들 수 있다. 이는 대눌의 「자지自誌」를 통해서 확인된다.

> "젊은이(박지영朴址永 · 김천직金天稷 · 이장선李章善 · 이재기李在基 · 최학술崔學述 · 한봉수韓鳳壽)들은 책 상자를 짊어지고 와서, 좋은 문학작품을 읽었다."[52]

위의 글을 통해 대눌은 글을 쓴 1918년 당시 제자들을 가르치고 있었음을 알 수 있다. 소눌이 고국에서 강학에 힘쓰면서 제자들에게 국권회복에 대한 의지를 심어주고 파리장서에 함께 서명을 했던 것처럼, 대눌 또한 망명지에서 강학을 통해 제자들에게 국권회복에 대한 의지를 심어주었을 것임은 자명한 일이다.

또 대눌은 망명지에서 학생들의 교재 등에 쓰일 책을 저술하는 일에도 힘을 기울였다. 이는 대눌의 저서 『소학강의小學講義』 표지에 망명지에서의 기록임을 확인해주는 '도강록渡江錄'이라는 세 글자가 분명하게 쓰여 있음을 통해서 알 수 있다. 아래는 대눌이 저술하는데 힘쓴 이유를 알 수 있는 글 「자지自誌」의 일부이다.

> "옛 것을 고찰하여 오늘날에 참고하고, 나라의 흥망은 무상해도, 우리의 도가 늘 보존될 수 있었던 것은 문학이 있었기 때문이다.

52) 盧相益, 『渡江錄(草稿1)』 第三, 「自誌」 "諸子(朴址永 · 金天稷 · 李章善 · 李在基 · 崔學述 · 韓鳳壽)負笈來, 讀好文學也.

> …… 우리 조선은 열성조께서 계속 일어나 문명의 다스림과 예악禮樂의 완비가 삼대와 나란할 정도로 융성하였다. 그러나 뽕나무 밭이 바다가 되는 한 바탕 변화로 문물이 송두리째 사라져버려, 비록 국사國史가 있지만 어느 곳이 누락되었는지 알지 못한다. 만 가지 중에 하나라도 취할 것이 있으리라는 생각에 선현들의 문집에서 고찰하고 문헌비고에서 취하여, 이것을 근거로 저것을 증거 삼아, 고심을 기울여 분류하고 편집하여 애오라지 후인들의 정신이 어두워졌을 때 참고 자료로 삼게 하려는 것이라면, 또한 가하지 않겠는가?"[53]

위의 글에서 알 수 있듯이 대눌은 자신의 업적을 쌓기 위해 책을 저술한 것이 아니다. 대눌은 조선의 융성했던 문물이 이대로 사라질 것이 두려웠다. 그래서 대눌은 선현들의 문집과 『문헌비고』의 고증을 통해 후인들이 훗날 참고자료로 이용하게 할 생각으로 『사례유선四禮類選』, 『견문쇄록見聞瑣錄』, 『역대통언歷代統言』, 『유년수지幼年須知』, 『고본록顧本錄』, 『소학고의小學考疑』, 『동례편람東禮便覽』, 『동역고東域考[동방국계고東方國界考]』, 『동제고략東制考略』, 『통언초략痛言抄略』, 『장질기목藏袠記目』, 『수문차록隨聞劄錄』과 제생강의諸生講儀 십삼책十三冊을 편집하고, 서간도 곳곳을 유람하며 지은 작품과 만시輓詩 등 100여 편을 합쳐서 『도강록渡江錄』을 편찬하였다.[54][55]

---

53) 盧相益, 『渡江錄(草稿1)』 第三, 「自誌」"考古參今, 人國之興廢無常, 而吾道之常存者, 賴有文學也. …… 我朝列聖繼作文明之治, 禮樂之備, 與三代比隆. 滄桑一變, 文物掃地, 雖有國乘, 未知落在何處也. 以萬分取一之意, 考諸先賢遺集, 亦取文獻備考, 據此證彼, 苦心類輯, 聊以資後人之精神昏參攷, 不亦可乎."

54) 盧相益, 『渡江錄(草稿1)』 第三, 「自誌」"編集則四禮類選 · 見聞瑣錄 · 歷代統言 · 幼年須知 · 顧本錄 · 小學考疑 · 東禮 · 東域 · 東制 · 痛言抄略 · 藏袠記目 · 隨聞劄錄, 諸生講儀十三册, 題詠安東縣 · 鳳凰城 · 寬甸縣 · 奉天府足跡所到處, 輓祭, 雜著問目, 百餘扁, 合以編之曰'渡江錄'."

〈대눌이 망명지에서 쓴 『도강록』 초고본(필자 소장)〉

그런가 하면 수파는 망명을 떠나오기에 앞서 부탁하고 온 고조高祖 안덕문安德文의 문집 『의암집宜庵集』이 완성되었다는 소식을 접하고 발문跋文[56]을 지어 보냈다. 또 족조族祖 남파南坡 안영로安潁老(1839~1913)의 아들 안발安鏺이 부친의 명銘을 청탁해오자 명銘[57]을 지어주었다. 경재 또한 형 이건창의 『명미당집明美堂集』 간행에 힘쓴 것은 물론, 가문에 대한 저서 『가승家乘』을 이은 『속가승續家乘』과 국문가사國文歌詞인 「서행별곡西行別曲 셔힝별곡」 등을 저술하였다. 그밖에 경재는 청탁 받은 서문序文 등을 써주면서 망명생활을 이어갔다. 이것은 수파와 경재 뿐 아니라 다른 유학자들의 문집에서도 파악되듯이 지인들로부터 청탁 받은 서문이나 기문, 지인의 제문 · 만사 등을 지어 보내는 등의 일 또한 망명지 유학자 모두에게 있어 공통된 일상사였다.

유학자들은 낯선 망명지에서 노복도 없이 해진 옷을 입고 손수 땔감을 마련하기도 하고 농사를 짓기도 하였다. 또 이들은 다툼을 벌이

55) 대눌의 저서에 대해서는 필자의 논문 「大訥 盧相益의 著述 槪略」, 『대동한문학』 제44집, 대동한문학회, 2015.를 참고하기 바란다.

56) 安孝濟, 『守坡集』 卷之四, 「宜庵集跋」

57) 安孝濟, 『守坡集』 卷之四, 「族祖南坡公墓碣銘幷序」

는 유민들을 중재하기도 하고, 가뭄이 해갈되는 비에 기뻐하기도 하였다. 망명생활에 어느 정도 적응하고부터는 근교 나들이를 가거나 장거리 기행을 다니기도 하고, 낚시를 하거나 술을 마시거나 생일을 축하하는 일 등의 일상을 이어갔다. 그러나 이들은 망명지 생활에 적응해가는 와중에도 각종 국내외 소식에 귀 기울이며 살았다. 아울러 후학양성과 함께 저술활동을 하기도 하였다. 이렇듯 유학자들은 평범함 속에서 평범치 않은 망명생활을 하였다. 이는 고국에서라면 범범히 넘어갈 일들도 망명 유학자들에게는 망명지에서 일어나는 일상사 하나하나가 모두 특별한 느낌으로 다가왔기 때문이다.

3) 이국풍토 적응을 위한 노력

주거지를 마련하고 경작을 하며 먹고 살길이 만들어지고 살아가는 동안 한인들이 가장 힘들었던 것은 역시 처음 겪어보는 이국풍토에 대한 적응이다. 그 중 언어소통 문제, 풍토병 등 질병으로 인한 고통, 고국과 다른 풍속과 제도의 적응, 비적匪賊의 습격에 이르기까지 현지 생활에 적응하기 위한 유학자들의 노력은 곳곳에서 드러난다.

가. 언어소통 문제

이국풍토에 적응하기 어려운 것 가운데 하나는 바로 언어소통이 안 되는 것이다. 언어소통의 불편함은 앞서 경재의 시 「석숙구련성夕宿九連城」[58]을 통해서 확인되었다. 같은 한인들끼리의 대화만으로는

58) 李建昇, 『耕齋集』下, 「夕宿九連城」 "(書要喫粳米飯五字, 輪示座客一百三人, 無一

망명생활에 한계가 있고, 필담筆談으로 의사소통을 나누는 일은 글을 아는 사람끼리 만났을 때나 가능한 이야기이다. 망명지에서 글을 아는 중국인을 만나는 일이란 쉽지 않다. 특히 농사를 짓는 중국인들과의 대화는 필담으로 가능한 일이 아니었다. 때문에 이국풍토에 적응하기 위해서는 글을 모르는 중국인과의 의사소통을 위한 최소한의 생활 한어漢語(중국어) 습득은 필수였다.

이는 대눌의 글을 통해서 확인된다. 대눌은 재종제再從弟 노상건盧相乾이 중국인 장경용莊慶鎔으로부터 한어를 배우러 갈 때 따라가서 장경용과 필담을 나누었다.[59] 이때 대눌은 한어 습득에 대한 의욕을 키웠을 것으로 여겨진다.

대눌은『견문쇄록見聞瑣錄』「정종대왕훈민정음어제正宗大王訓民正音御製」[60] 바로 뒤에 한어 습득을 위해 노력했던 모습을 엿볼 수 있는 한어 발음법을「화음언해華音諺解」[61]라는 제목으로 실어두었다.

〈표 1〉「화음언해華音諺解」

부 : 부우兩字音ᄒᆞᆫ게예ᄉᆞ로부치ᄂᆞᆫ음	방 : 바아兩字音ᄒᆞᆫ게되게부치ᄂᆞᆫ음
ㅗ : 아모바침에ᄉᆞ오	ㅜ : 아모바침에ᄉᆞ우
숴 : 쒸	워 : 위로동니이되게부치ᄂᆞᆫ음
쟈 : 좌ᄌᆞ음과 갓트되되게부치ᄂᆞᆫ음	챠 : 챠ᄌᆞ음과갓트되되게부치ᄂᆞᆫ음
훠 : 훠로동이니되게부치ᄂᆞᆫ음	줘 : 줘로동니이되게부치ᄂᆞᆫ음

人識字者)"

59) 盧相益,『大訥手卷續編』卷之三,「莊慶鎔問答」"莊慶鎔字雲岡, 號蘭亭, 山東莒州人. …… 再從弟相乾學漢語於莊氏, 余偕往叙寒喧乃筆談."

60) 盧相益,『見聞瑣錄』,「正宗大王訓民正音御製」

61) 盧相益,『見聞瑣錄』,「華音諺解」

대눌이 「화음언해」에 앞에 우리 「정종대왕훈민정음어제」를 실어 놓은 것은 우리글을 잊지 않기 위함이고, 우리글에 대한 자부심이 있었기 때문이다. 대눌은 또 「화음언해」와 함께 농기구를 비롯한 각종 연장 및 야채, 곡식 및 일상생활에 필요한 낱말 120개를 아래와 같이 수록해놓았다.

〈표 2〉 대눌이 익힌 생활 한어漢語

壯좡田텬 : 조흔 밧	薄박田텬 : 사오나온밧	一이日尙샹地디 : 흔나잘가리
犁리兒얼 : 보	鏵화子즈 : 보십날	犁리欒쟝 : 보부츨나모
鋤추頭특 : 호믜	鏟찬子즈 : 셔셔기음믹는 호믜	木므把바子즈 : 나모소시랑
鉄텨把바子즈 : 쇠소시랑	鐵텨鍬칰 : 삽	鎌련刀닾 : 낫
大다鍋궈兒얼 : 가마	銅퉁匙츠 : 놋수가락	快쾌子즈 : 져가락
秤핑子즈 : 큰저울	等등子즈 : 져근저울	秤핑錘취 : 져울추
毫한星싱 : 저울눈	等등盤판星싱 : 져울다림보다	鋼짱刀닾 : 조흔칼
(鍘-刂+斤)지刀닾 : 작도	推튀鉋반 : 딕픽	斧부子즈 : 독긔
鉅쥬子즈 : 톱	竪슈桅위 : 돗딕세우다	遭잔風붕 : 바람만나다
錐쥐子즈 : 송곳	撑챵舡쵼 : 빅젓다	擺배渡두 : 빅건너는목
火호鎌련 : 부쇠	柁타 : 치	櫓루 : 빅밋틔젓는나무
火호石시 : 부쇳돌	猫맏繩싱 : 닷쥴	划화子즈 : 빅젓는가릐
火호絨융 : 부쇳깃	鉄텨猫맏 : 닷	掛과蓬펑 : 빅돗다다
圍위屛핑 : 병풍	鑽찬弓궁 : 비븨활	卸셔蓬펑 : 빅돗지으다
夜여壺후 : 요강	浩호鑽찬 : 활비븨	水쉬手식 : 사공 或 舵도工궁
篦비子즈 : 참빗	梳수子즈 : 얼에빗	裝좡舡쵼 : 빅의싯다
開캐舡쵼 : □□	停팅泊받 : 빅셔세드다	抛퍼猫맏 : 닷쥬다

拔바猫맢 : 다것다	艨룽岸안 : ᄇᆡ뭇틔ᄃᆡ히다	卸셔舡챤 : ᄇᆡ짐부리다
稻닾子즈 : 벼	粳징子즈 : 조흔살	大다麥매 : 보리
小쌰麥매 : 밀	(糜/心)미子즈 : 기장	大다黃황米미 : 기장살
小쌰米미 : 좁살	小쌰黃황米미 : ᄎᆞ조살	穀구子즈 : 것조
稗배子즈 : 피살	高갚粱량 : 수수	黃황豆두 : 누른콩
小쌰豆두 : 팟	菉뤼豆두 : 녹두	芝즈麻마 : 참ᄊᆡ
蘇수子즈 : 들ᄊᆡ	麩부子즈 : 밀기울	穀구草챺 : 조집
玉유米미 : 강낭이	包봐米미 : 강낭이	薥수楷졔 : 슈슈ᄃᆡ
豆두楷졔 : 콩각지	麻마楷졔 : 참ᄀᆡᄃᆡ	粘년的디 : 통칭찰것
白ᄇᆡ菜ᄎᆡ : ᄇᆡᄎᆡ	蘿로菖부 : 무우	芹친菜ᄎᆡ : 미나리
同퉁蒿핲 : 쑥갓	蕣라葱충 : 파	蒜쏸頭투 :마날
芋유頭투 : 토란	莧현菜ᄎᆡ : 비름	冬둥苽과 : 동화
黃황苽과 : 물외	甛텬苽과 : 참외	苽과瓤양 : 욋속
倭워瓜과 : 호박	葫후蘆루 : 박	茄쳐子즈 : 가지
木무耳얼 : 남긔버셧	菩지莄긍 : 도ᄅᆡ	沙싸蔘쓴 : 더덕
山싼藥야 : 마	拳췬頭투菜ᄎᆡ : 고사리	搖야頭투菜치 : 둘읍
篩파米미 : 쌀쓸타	打다水쉬 : 물깃다	舀야水쉬 : 물뜨다
淘탚水쉬 : 물이다	做주飯반 : 밧짓다	蒸징飯반 : 찐밥
爛ᄉᆞ飯반 : 무른밥	餿수飯반 : 쉰밥	燋챠飯반 : 누른밥
湯탕飯반 : 물ᄋᆡ만밤	飯반粒리兒얼 : 밥플	空쿵飯반 : ᄆᆡᆫ밥
晌샹飯반 : 낫밥	熬앞粥주 : 죽쑤다	稀시粥주 : 물근죽
乾깐酒작 : 소주	麴취子즈 : 누룩	酒주糟챺 : 지강
牛닉肉유 : 쇠고기	牛닉肚두子즈 : 쇠양	牛닉心신 : 쇠염통

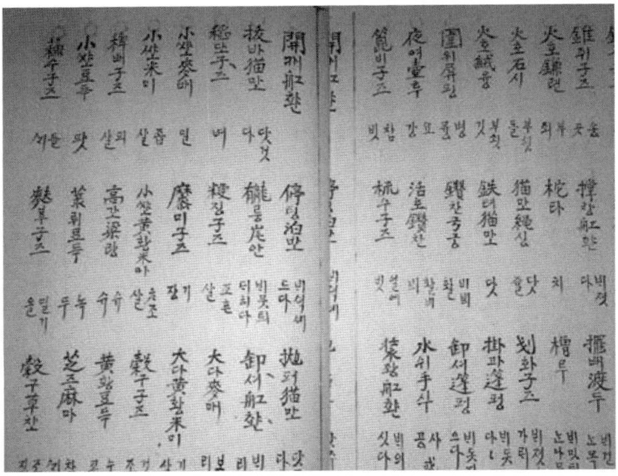

〈대눌의 『견문쇄록』에 실린 한어漢語(사진 : 이은영)〉

이렇듯 대눌은 노령에도 불구하고 망명생활에 적응하기 위해 의사소통 수단으로 한어 공부에도 힘썼다. 그러나 위의 <표 2>를 통해서 대눌이 익힌 생활 한어 범위는 대눌 자신에게 필요한 한어라기보다 유민들의 실생활에 꼭 필요한 한어들을 수록해 놓았음을 알 수 있다. 대눌이 연로한 나이에도 불구하고 한어를 습득하고, 자신이 습득한 한어를 유민들에게도 알려주어 유민들의 현지 적응에 큰 도움을 주었을 것임에 틀림없다.

나. 질병에 의한 고통

이국풍토에 적응하기 어려운 것 가운데 또 하나는 질병에 의한 고통이다. 경재와 함께 망명을 떠나온 홍승헌洪承憲은 연로한데다가 망명 직후부터 기후와 풍토가 맞지 않아 건강이 좋지 않았다. 아래는 풍토병으로 고생하던 홍승헌이 경재에게 약을 처방을 해달라는 부탁을 해오자 경재가 답을 해준 시 「약방편藥方篇」62)이다.

두릉거사는 병으로 문을 닫아버렸고　杜陵居士病閉戶
강구노옹은 기침이 가라앉질 않네　康溝老翁嗽不愈
서로 기다리는 강구노옹과 두릉거사 두 늙은이　兩翁相望康與杜
캑캑거림 깨진 징소리 같네　喀喀如聞破鉦皷
(중략)
내가 가진 신묘한 법은 신선의 책에 나온 것이라　我有神方出仙簿
약왕보살이 무색해질 것이라네　藥王菩薩色爲憮
사용하는 지도리 좀 안 슬고 샘물은 썩지 않나니　轉樞不蠹泉不腐
움직임은 사람으로 하여금 신선이 되게 한다네　動作令人能化羽
신발을 끌고 달밤에 활기찬 걸음걸이 익히면　携履月夜習步武
지팡이 떨치고 눈길 걸을 만큼 다리 튼튼해진다네　振策雪徑强脛股
(하략)

두릉거사 홍승헌이 경재에게 해수와 부종으로 인한 고통을 토로하며 약을 처방해줄 것을 요구했다. 그러자 경재는 후한後漢의 신의神醫 화타華陀가 창시한 오금희五禽戱의 핵심이론인 '호추부두戶樞不蠹, 유수불부流水不腐'를 들어 홍승헌에게 신묘한 처방전을 내려주었다. 경재가 홍승헌에게 내려준 으뜸가는 처방은 바로 운동을 하라는 것이었다. 이는 평소 운동을 좋아하지 않는 홍승헌의 습관을 지적하며 꾸준한 운동이야말로 병을 고치는 길임을 일깨워준 것이다. 그러나 이때 강구노옹 경재 역시 기침으로 고생하고 있었다. 기침 소리가 깨진

---

62) 李建昇, 『耕齋集』下, 「汶園方寓杜陵, 患咳嗽浮脹, 要余藥方. 余則曰; "脹與嗽, 皆由氣不升降, 汶園不喜動作病, 不可治." 汶園又以詩求藥方, 余用次其韻, 以代藥方. 時余亦苦咳, 因名其詩曰藥方篇"」

징소리 같다는 표현은 경재의 익살스러움마저 느껴진다. 그러나 기침 소리가 깨진 징소리처럼 듣기 싫고 요란하려면 얼마나 크고 긴 기침이 이어져야 하는가를 생각해보면, 홍승원과 경재가 기침으로 인해 굉장히 고통 받고 있던 때임을 알 수 있다. 이에 더해 경재는 위장병으로도 오랫동안 고생하였다.[63)]

그런가 하면 수파는 담양에 살고 있는 전두진田斗鎭에게[64)] 고달픈 현실을 솔직하게 고백하며 아래의 시 「요증전치형(두진)遙贈田致衡(斗鎭)」[65)]을 지어 보냈다.

해동에 이 한 몸 편히 쉴 곳 없어	海東無地一身安
귀신도 사람도 아닌 모습으로 여기 있네	非鬼非人在此間
찬 서리에 뼛속까지 시리고 창문은 해져서 얇고	霜威逼骨頽牕薄
수수밥은 뱃속에서 받지 않아 수저 들기 어렵네	蜀飯違腸上匙艱
(하략)	

망명지에서 수파는 하루가 다르게 나빠져 가는 건강 앞에서 무너지는 자신을 발견하였다. 고생을 각오하고 떠나온 망명이었지만 병이 깊어진 지금 수파는 귀신인지 사람인지 분간이 가지 않는 몰골을 하고 있었기 때문이다. 거기다 수파의 고향보다 훨씬 북서쪽에 자리한 서간도의 날씨는 생각했던 것보다 더 추웠다. 날씨가 추워지면 건강한 사람도 소화기능이 약해지는데, 연로한 나이에 병든 몸으로 고국

---

63) 『見聞疾書』(국립중앙도서관 소장) "僕年來胃, 倦不能健飯, 有魚肉列, 稍進食魚肉, 不可常. 有以蒿苣包飯, 調辣醬呑之曰; "欺口法其辭令人解頤.""

64) 安益濟, 『西岡遺稿』(남명한고문헌DB) 卷之十一, 「輓字致衡潭陽人居○田斗鎭」

65) 安孝濟, 『守坡集』 卷之一, 「遙贈田致衡(斗鎭)」

에선 먹지 않던 수수밥을 주식으로 먹자니 수파는 소화 장애까지 생겼다. 억지로라도 먹고 나면 소화 불량으로 고통이 엄습하는 두려움에 수파는 밥 수저 드는 것조차 겁이 났다. 결국 기력은 점점 더 쇠해지고 그에 따라 수파의 건강은 갈수록 나빠질 수밖에 없었다.

타지에서의 생활은 젊은 사람들도 적응하기 힘들다. 서간도는 기온이 낮았기 때문에 늙고 쇠한 몸의 유학자들은 급작스런 환경 변화로 인해 기침 감기 등의 질병으로 많은 고통을 받았다. 또 이들은 맞지 않는 음식 문화로 인해서 수파나 경재처럼 위장병으로도 고생을 하였다. 그런가하면 경재처럼 눈병에 걸렸는데 마땅한 치료방법을 찾을 수가 없어 책을 읽지 않은 것으로 눈이 회복되길 기다리기도 하고,[66] 정원하처럼 종종 고기를 먹고 싶다는 생각이 들어 병이 나기도 하였다.[67] 또 풍토병에 적응하지 못한 정원하가 안동현으로 옮겨오기 전에 머물던 회인현으로 다시 돌아간 것처럼,[68] 서천은 망명생활 동안 얻은 풍토병을 이겨내지 못하고 병든 몸으로 환국까지 하게 되었다.[69] 이렇듯 망명 유학자들은 망명생활 내내 다양한 질병으로 고생스러운 삶을 살았다.

그러나 유학자들은 망명지에서의 가난을 지극히 당연한 것으로 받아들였다. 이는 대눌이 "신하는 나라가 망하면 속히 가난해져야 한

---

66) 李建昇, 『耕齋集』下, 「余方苦眼病, 夢有道僧, 誡余看書曰; "須護惜葡萄." 因以眼病, 熾然說法, 覺不記何說, 但護惜葡萄一語明了, 稜嚴經有眼, 如葡萄顆之語, 僧必引此誡我, 勿看書護惜眼也, 因病而爲詩」

67) 李建昇, 『耕齋集』下, 「誚臟神」 "汶園示余綺堂書有曰; "此腹不識時勢, 種種作食肉想, 不得則病, 吾夫知其不可食肉, 而甘苦淡者我也.""

68) 각주 7) 참고.

69) 趙貞奎, 『西川先生文集』 卷之五, 「墓碣銘(幷序)[盧相稷]」 "竟不得地理, 身且病乃歸國."

다."[70]고 한 글귀를 통해서 알 수 있다. 나라가 망하면 속히 가난해져야 하는데, 망명까지 떠나온 마당에 이들은 가난을 피해가려는 생각을 애당초 갖고 있지 않았다. 그래서 망명 유학자들은 가난과 가난에 따라오는 질병 등의 고통은 망국의 백성으로서 당연히 받아들여야 할 현실로 덤덤히 받아들였다.

다. 풍속과 제도의 적응

이국풍토에 적응하기 위해서는 그 나라의 풍속과 제도에 익숙해져야 한다. 그러기 위해서는 기행紀行 등을 통해 직접 보고 느끼는 경험을 가지는 것이 좋다. 서천 또한 이산처럼 망명지에서 기행을 많이 다닌 유학자 중 한 사람이다. 서천은 1913년 처음 중국을 가기 위해 4월 16일 집을 출발하여, 열흘 만에 압록강을 건너 안동현安東縣에서 닷새를 묵었다. 그 후 봉천奉天에 이르러 사흘을 묵은 후, 다른 유학자들이 북경北京만 다녀온 것과는 달리, 화륜선火輪船을 타고 천진天津과 연태煙台를 거쳐 바닷길을 따라 6월 4일 다시 안동현으로 돌아오는[71] 경험을 하였다. 이때 서천은 북경에 머무는 동안 중국의 드넓은 원야原野 대부분은 황무지 밭이요, 거주하는 사람은 드물며, 중국인들은 풍성한 용모와 관후한 성품을 지녔다는 것을 알았다. 또 그곳에서 나는 곡식으로는 기장 · 조 · 보리 · 차조 · 콩이 주를 이루며, 밥이나

---

70) 盧相益, 『渡江錄(草稿1)』 第一, 「憶鄭侍郎」 "臣子喪邦, 蓋速貧."

71) 趙貞奎, 『西川先生文集』 卷之三, 「北征日錄」 "[四月]二十六日, 逾鴨綠至安東縣留五宿. …… 五月初一日, 至奉天主金璉煥留三宿. …… 初五日 …… 入北京留. …… 二十有九日, 與薰御火輪大舶于天津. …… 遂泛于大洋轉入于煙台. …… 至安東縣下船, 乃六月四日."

보릿가루로 만든 떡을 죽과 함께 먹는다는 사실도 알게 되었다. 연료는 석탄을 사용하는데 집 밖으로 불 때는 연기가 나오지 않는다는 것도 알았다. 이에 더해 다른 나라 화폐와 언어가 사용되고 있다는 사실과 기차와 화장실은 남녀가 각각 다른 칸을 사용한다는 것도 알게 되었다. 그밖에 많은 준마駿馬와 낙타가 교통수단으로 쓰이는 것도 보았다.[72] 이렇듯 서천은 기행을 하는 동안 자신이 망명 와서 살 지역 주변 사람들의 생활 습관 등에 대해서도 눈여겨보았다. 이는 다른 유학자들도 나들이나 기행을 통해 중국의 풍습이나 생활습관 등을 익혔음을 반증하는 자료라 할 수 있다. 또 서천이 기행 중에 보고들은 풍속은 자신에게서 끝난 것이 아니라, 다른 유학자들에게 간접경험으로 전해졌음은 물론이다.

현지 풍속 중에는 이해 못할 일들도 있었다. 아래는 대눌이 만주에서 본 세 가지 괴이한 풍속을 기록한 「만주삼괴속滿洲三恠俗」 중 하나이다.

> "죽음이라는 것은 삶의 끝이다. 그 목숨이 끊어지는 것은 애통한 정이니, 어찌 어른과 아이를 가리겠는가. (그런데) 만주 풍속에 아이가 죽으면 밭두둑에 버려둔다. 심한 경우에는 불로 반쯤 태우는데, 개와 까마귀 · 솔개 등이 씹어 먹기 쉽게 하기 위해서이니, 짐승과 뭐가 다르겠는가."[73]

---

72) 趙貞奎, 『西川先生文集』 卷之三, 「北征日錄」 "留北京, 中國原野廣遠多荒地, 而田多畓少, 居民稀. 闊而其容豊大, 其性寬厚, 其穀多粱粟麥秫菽, 其食一飯一餠兼粥餠是麥屑, 京中火用石炭, 萬戶無煙. 國中異錢異言, 火車男女異屋, 市街男女異廁, 多駿馬槖駝能風舟能自動車."

73) 盧相益, 『大訥手卷續編』 卷之三, 「滿洲三恠俗」 "死者生之終也. 其殞命也, 哀痛之情, 何擇於長幼哉. 滿俗兒死, 則棄置田壟. 甚者以火半燃, 以爲狗烏鳶之易嚼, 與禽

죽음에 있어서 애통해 하는 정은 어른 아이 구별을 둘 수가 없다. 그런데 만주에서는 아이가 죽으면 밭두둑에 버려두는데, 심한 경우에는 불로 반쯤 태워서 버려두는 것이었다. 이는 금수들이 씹어 먹기 쉽게 하기 위해서였으니, 그런 풍속을 접한 대눌이 받은 문화적 충격은 여간 큰 것이 아니었다. 그래서 대눌은 글로 기록해둔 것이다.

중국은 초기 이주 한인들에게 토지 소유권을 인정해주는 등 비교적 호의적이었다. 그러나 중국이 자국민의 권익을 보호하는 방향으로 제도를 바꾸면서 한인과 중국인을 차별하기 시작하였다. 그래서 한인들은 중국인들과의 차별을 피하려 치발역복을 하거나 귀화 또는 입적 등을 통해 중국 제도에 발맞추기 위해 노력했다. 그러나 한인들에 대한 중국의 입적 강요는 더욱 거세져갔다.[74] 이와 더불어 중국은 한인들에게 민족차별성 잡세를 부과해 논농사를 지으면 '수리세', 소를 사육하면 '소사양세', 관청에 드나들면 '문턱세', 남에게 고용된 사람에게는 '고용세', 기타 '인두세', '굴뚝세', '소금세', '입적료' 등 총 30여종에 달하는 세금을 거두어 갔다. 또 중국 지주들은 지주들대로 한인들로부터 소작료를 적게는 3~4할, 많게는 5할 정도까지 착취[75]하는 바람에 한인들의 삶은 더욱 팍팍해져갔다. 이에 더해 1922년 중국에 남북분쟁이 일어나면서 정치적으로 중국 국내 상황이 나빠짐에 따라 중국 정부의 한인들을 압박하는 제도는 더욱 기승을 부렸다. 이런 피해는 유학자들이라고 피할 수 있는 것도 아니었고, 한인들

獸奚異哉."

74) 趙東杰, 『白下 金大洛의 망명일기』, 한국근현대사학회 월례발표회 발표요지문, 안동대, 2000. 14쪽 참조.

75) 연변조선족략사편찬조, 『조선족략사』, 서울;논장, 1989. 21쪽 참조.

의 생활이 갈수록 나빠지는 것을 지켜보면서 망국 백성들이 당하는 설움을 지켜보던 유학자들은 정신적인 압박까지 받았다. 때문에 망명 유학자들은 갈수록 나빠지는 망명지 생활에 적응하기 위해 물심양면으로 고통을 당했다.

라. 비적匪賊의 습격

온갖 고난을 겪으면서도 망명지에서 삶을 마감하고자 했던 유학자들은 무장을 하고 떼를 지어 다니며 사람을 해치는 비적들로부터 피해를 입기도 하였다. 이는 아래 수파의 글 「요하일기遼河日記」를 통해서 알 수 있다.

> "아들이 비적의 협박을 겪은 후, 기력이 약해진 나머지 마음을 스스로 다잡을 수가 없었고, 또 그[아들]가 울면서 청하는 바람에 마음이 움직여 부득이 함께 안동현安東縣으로 와서 죽지 못한 채 저물어가는 생을 보내려고 계획했다."[76]

수파를 문안하러 오던 외아들 안철상이 어느 날 비적의 습격을 받았다. 이 일로 기력이 약해진 아들은 부친 수파가 도적들에게 해를 당할 것을 염려해 거주지를 옮길 것을 울며 간청[77]하였고, 결국 수파는 아들의 말을 따를 수밖에 없었음을 고백하고 있다.

---

76) 安孝濟, 『守坡集』 卷之三, 「遼河日記」 "自家兒經賊㥿之後, 衰敗餘腸, 不能自持, 且動心於其泣請, 不獲已偕來安東縣, 以送未死之殘暉爲計."

77) 安孝濟, 『守坡集』 卷之二, 「答再從叔(鐵)」 "家兒經亂之後, 衰肚弱腸, 不能自持, 爲其所强請, 移住安東縣, 俾爲子孫來王之便利耳."

비적들로부터 피해를 본 것은 수파뿐만이 아니었다. 이산은 집안으로 뛰어든 비적에 의해 사람까지 희생됐으나, 망명지에서 생을 마감하고자 하였다. 그러나 날로 날뛰는 비적들 때문에 더 이상 부친을 편하게 모실 수 없게 되자[78] 원치 않는 환국을 하게 되었던 것이다.

이국풍토를 접한 유학자들은 언어소통, 풍토병, 고국과 다른 풍속과 제도, 비적들로 인한 피해까지, 적응해나가야 할 문제가 한두 가지가 아니었다. 현지 생활에 적응하려고 환갑 전후의 유학자들이 기울인 노력은 망명생활을 포기하지 않기 위해 자신들이 할 수 있는 최대한의 노력을 기울인 것이기 때문에 큰 의미를 가진다.

유학자들은 정착지 선택이나 망명생활과 이국풍토 적응 등을 위해 노력해가는 과정 중에 일어나는 감흥을 자신들의 작품 속에 고스란히 담아냈다. 그래서 오늘날 이들의 작품을 통해 이들이 망명지에서 적응하기 위해 얼마나 많은 실패와 고초를 겪었는지에 대해서 알 수 있게 되었다. 이와 같이 고난의 연속인 망명지에서의 생생한 체험 속에서 유학자들의 망명문학이 피어난 것이기 때문에 우리는 이들의 문학 작품이 그에 상응하는 가치를 인정받도록 하는데 있어 인색할 이유가 없다.

78) 芮大僖, 『伊山文集』 卷之八, 「遺事[芮鉉基]」 "一夜匪至同室, 一人中丸喪命"; 卷之七, 「自誌」 "甲寅二月, 還到桓仁寓舍, 時有匪亂不可居."; 卷之八, 「遺事[芮鉉基]」 "族姻同渡江者, 且十餘家, 皆欲還國, 强府君, 府君曰; "生死命也." 蘭坡府君癃老, 諸人曰; "如老人何." 府君乃權且奉還.""

2. 일제의 감시와 핍박

망명 유학자들이 자신들이 수집한 각종 정보를 주변 유학자들과 공유할 것임을 감지한 일제는 이들이 공유하는 정보의 수준에 대해 끊임없이 감시하고 핍박하였다.

계몽운동가 경재는 병인양요 때 자결한 이시원李是遠의 손자이자, 꼿꼿한 성품으로 문신 역할을 다했던 이건창李建昌의 동생으로, 위자금을 거부한 일이 있다. 전직관료 출신인 수파와 대눌은 망명 전에 은사금 거부로 옥고를 치른 사실이 있다. 또 지역사림인 소눌은 대눌의 동생이요, 이산은 을사늑약 때와 은사금 거부 등의 이유로 자결한 송병선宋秉璿과 송병순宋秉珣을 스승으로 모셨다. 서천 또한 망한 고려에 절개를 지키기 위해 관직을 버리고 낙향한 조열趙悅과 생육신 중 한 사람인 조려趙旅와 정묘재란 때 순절한 의병장 조종도趙宗道의 후손이다. 이러한 만큼 이들이 망명지에서 조용히 자정自靖만 하면서 살지 않을 것임을 짐작한 일제로서는 이들에 대한 감시와 핍박을 더더욱 늦출 수 없었다.

일제의 끊임없는 감시가 있었음은 일제의 문건을 통해서도 확인된다. 수파와 대눌은 1914년 안동安東에 출입하는 군자금모집軍資金募集 관련 요주의要注意 한인韓人 명부名簿에 맹보순 등과 함께 이름이 올라 있고,[79] 대눌의 경우는 1922년에도 군자금모집 관련 인물로 또 한 번 거론되고 있다.[80] 이산 또한 중국화폐 마제은馬蹄銀 위조사건 관련

79) 국사편찬위원회, 『不逞團關係雜件 - 朝鮮人의 部 - 在滿洲의 部(3)』, 「排日朝鮮人의 狀況에 관한 건」(機密公信 제51호)(1914.07.28).

80) 국사편찬위원회, 『不逞團關係雜件 - 朝鮮人의 部 - 在滿洲의 部(32)』, 「第二次 不逞鮮人 搜索 狀況顚末」(機密受제199호-關機高收제4651호-1)(1922.04.19).

주모자로 지목되었는데, 이는 부족한 군자금 충당을 위해서였음이 드러났다. 이산의 군자금 충당을 위한 화폐 위조사건 관련 극비 문건에는 안동현 · 집안현 등지에서 생활하던 많은 인사들의 이름이 함께 거론되고 있다.[81] 그러나 수파 · 대눌 · 이산 · 맹보순 등이 옥고를 치르거나 특별한 조치를 받은 사실이 확인되지 않는 것으로 보아 일제는 사실관계의 정황만 파악하였을 뿐, 정확한 실체를 찾아내지는 못한 것으로 보인다. 이로 인해 망명 유학자들이 얼마나 치밀하게 자신들의 행동을 조심하며 일제의 감시에 철저히 대비했는지 알 수 있다. 그런가하면 경재는 일제로부터 민적 입적 문제로 협박을 받았고,[82] 일제는 서천이 소작인 30여 명을 모아[83] 망명길에 나선 사실까지도 파악하고 있었다.

이들 망명 유학자들은 망명지에서 일제의 감시를 피하기 위해 고국 인사들과 주고받은 편지를 없애기도 하였다. 경재는 고국의 이건방과 13년이 넘는 기간 동안 한 달에 많게는 십여 통, 적게는 서너 통의 편지를 주고받았다.[84] 그러나 두 사람이 주고받은 편지글은 두 사람 문집

---

81) 국사편찬위원회, 『不逞團關係雜件 - 朝鮮人의 部 - 在滿洲의 部(4)』, 「排日朝鮮人의 狀況에 관한 건」(朝憲機 제616호)(1914.09.15.).
   * 문서에는 인명이 芮大囍로 되어 있는데 이는 芮大僖의 오류이다.

82) 국사편찬위원회, 『不逞團關係雜件 - 朝鮮人의 部 - 在滿洲의 部(31)』, 「排日鮮人의 情況에 관한 건」(普通受 제16호)(1922).

83) 국사편찬위원회, 『不逞團關係雜件 - 朝鮮人의 部 - 在滿洲의 部(4)』, 「地方民情彙報」(警高機發 제721호)(1915.04.15). "間島方面移住者增加 慶尙南道 咸安郡ヨリ 三月下旬 奉天附近ヘ 男女三十一名ノ 移住者アリンカ 更ニ今回 仝道居昌郡內ヨリ 西間島ヘ 男女十九名ノ 移住者アリ 尙ホ金海昌原郡地方ヨリモ 移住者アリタル模樣ニテ 其ノ 動機ハ 先ニ移住シタル 不平者趙貞奎等ノ 勸誘ニ因ルモノヽ如シ."

84) 李建芳, 『蘭谷存稿』, 卷九, 「祭從祖兄耕齋先生文」"與公別十有五年之間, 雖一二暫

어디에서도 확인되지 않고 있다. 이들의 편지가 남아있지 않은 이유는 황현의 제자 김상국金祥國이 황현의 동생 황원黃瑗에게 난곡蘭谷 이건방의 소식을 전하면서 보낸 아래의 편지글을 통해서 확인된다.

> "한 가지 드릴 말씀은 친한 사이의 어른들끼리 주고받은 편지에 시국에 저촉된 말이 있을까 싶으면, 낱낱이 찾아서 불에 넣거나, 다른 사람 집에 감추는 것이 어떻겠습니까? 난곡과 상의하였는데, 난곡은 불살라 버리기를 주장하고, 나는 다른 곳에 감추기를 주장했습니다. 대개 몸을 부지한 연후에 장부의 사업이 있을 것인즉, 입을 다물고 주의하십시오. 나머지는 이만 줄입니다. 보시고 찢어버리십시오.[覽之扯碎]"85)

위의 글에서 살펴본 것처럼 경재나 이건방은 추후에 문제가 생길 것 같은 편지나 글은 모두 불살라 버렸다. 경재와 이건방처럼 편지를 불살라 버리지 않았다면 일제의 수색으로부터 벗어날 수 있도록 다른 장소에 감춰두었을 것으로 여겨진다. 이러한 사정은 다른 문인들의 경우도 별반 다르지 않았을 것이다. 시 한 수, 편지 한 통이 소중했을 망명 유학자들이 편지글을 없앨 수밖에 없는 현실을 통해서, 이들이 망명지에서도 고국에서와 마찬가지로 끊임없이 일제의 감시를 받으면서 생활하였음을 알 수 있다.

아래는 일제의 감시와 핍박이 어느 정도였는지를 알 수 있는 대눌의 글 「자지自誌」의 일부이다.

時會, 而旋復分手, 千里之外, 遙遙相望, 而不可得見. 則公之書, 如覩公面. …… 一月之內, 多之十數, 少猶三四, 每得書之, 日喜溢顔."

85) 閔泳珪, 『江華學 최후의 광경』, 又半, 1994. 35쪽 인용.

"저들[일본 순사]이 와서 묻기를 "압록강을 건넌 사람들은 모두 회인현 · 유하현으로 들어가는데, 지금 중간에 살면서 본국[內地]과 간도를 연락하는 것은 어째서인가?"라고 하였다. …… (순사는) 경축일에 일장기를 꽂게 시키고, 간혹 조선옷을 입었다고 따지기도 하였다. …… 서구西溝에 있을 때 저들은 한인韓人들을 협박하여 입적시켰는데 온 동네가 거부하자, 저들은 말하기를 "노 아무개가 시킨 것이다."라고 하였다. 하루는 삼도랑두三道浪頭의 주재소소장이 세금[戶錢] 납부책자를 가지고 (대눌의 집) 모헌某軒에 와서 회유하면서 장차 협박하려 하였다. …… (이에 대눌은) 자주 찾아오는 것도 번거로우니, 한 번에 총칼로 나를 죽이면 네 마음이 통쾌하지 않겠는가." 라고 하였다. …… 그 후 총 두 자루를 샀다. …… 이웃 마을에 사는 정선달鄭先達이라는 자(밀양密陽 감물리인甘勿里人)가 급히 와서 하소연하기를, "안동현 경관 두 사람이 와서 '노 아무개가 꾸미는 일을 너는 알고 있겠지?'라고 하기에 그게 무슨 일인지 알지 못한다고 답을 하자 손으로 뺨을 때리면서 '무기를 준비하고 사람들을 모으는데 너는 모른다고 말하느냐?'라고 하였습니다. 나는 그 연유를 알지 못하기에 와서 고하는 것입니다."라고 하였다."[86]

일제는 대눌이 중간연락지에서 사는 것을 의심의 눈초리로 감시만 한 것이 아니다. 시시때때로 찾아와 경축일에는 일장기를 꽂게 하고, 조선옷을 입지 못하도록 종용하였다. 또 한인들을 협박하여 입적하도

86) 盧相益, 『渡江錄(草稿1)』 第三, 「自誌」 "彼人來問曰; "西渡人, 皆入懷仁 · 柳下, 而今居在中間, 連絡內地與間島何耶." …… 或令慶祝日立旗, 或以國服而來詰. …… 其在西溝時, 彼輩脅韓人入籍, 而一洞牢拒, 彼曰; "盧某所由也." 一日三道浪頭駐在所所長, 持戶錢收捧册子, 卽到某軒誘之, 而若將脅焉. …… 屢煩良苦, 一試鎗釼, 汝心快矣. …… 其後買鎗二柄. …… 隣里居丁先達者(密陽甘勿里人), 急來告窘曰; "安東縣警官二人來問曰; '盧某之事, 汝實知之.' 以未知其何事答之, 以手打頰曰; '備武器集衆, 汝不知云耶.' 我未知其由而來告也.""

록 강요하였다. 방법도 간교하여 세금납부책자를 들고 와서 회유하거나 협박을 일삼았다. 그러자 대눌은 자주 찾아오지 말고 총칼로 한 번에 죽이라며 저항하였다. 대눌은 이런 감시 속에서 총 두 자루를 산 일이 있다. 일제는 대눌이 무기를 구입한 정황을 파악하고 이웃들을 협박하여 자백을 받아내려다가 실패한 것이다.

위의 글을 좀 더 살펴보도록 하겠다.

> "하루는 복장을 갖춘 세 사람과 총을 멘 네 사람이 갑자기 대문으로 들어오더니, 세 사람이 방으로 들어왔다. (아들) 우용右容 역시 따라 와서 다만 절만 하고 말없이 밖에 서 있었으니 연유를 알 바가 없었다. 일본인이 말없이 앉아서 한참을 둘러보더니 별안간 묻기를 "여기 농사가 조선에 비해서 어떠한가?"라고 하였다. 노인[대눌]이 말하기를 "농사를 짓지 않아서 모른다."라고 하였다. 저들이 말하기를 "뭣 때문에 왔나?"라고 하기에, 노인이 "일본인을 피해서다."라고 하자, 저들은 미간을 찌푸리더니 더 이상 묻지 않았다. 장차 일어나 가려고 하면서 말하기를 "군자로구나."하였다. 결국 아무 일 없이 돌아갔다. 우용이 말하기를 "어제 해질 무렵 저들이 급작스레 방안으로 들어오더니 책자와 편지글 등을 뒤진 후에 유숙留宿을 하고, 오늘 아침이 되자 서구西溝로 향하기에 따라왔습니다. 저들의 본의는 역시나 문자를 찾기 위함인데, 어찌하셨기에 무사했습니까?"라고 하였다. …… 처음부터 한가하고 조용한 곳으로 멀리 숨지 않고, 양쪽 지역을 넘나드는 땅에 자리 잡고 사는 것은 무엇 때문이겠는가?"라고 하였다."[87]

---

87) 盧相益, 『渡江錄(草稿1)』 第三, 「自誌」 "一日服裝三人擔銃四人, 突入門扉, 三人入房. 右容亦隨來, 但拜無言而立外, 莫知所由也. 日人無言而坐, 顧瞻良久, 猝問曰; "此地農利, 比朝鮮何如." 老人曰; "不事農不知也." 彼曰; "何來耶." 曰; "避日人也." 彼皺眉而更無問, 方欲起去而曰; "君子人也." 竟無事而退去. 右容曰; "昨日未暮, 彼

그러던 어느 날 느닷없이 일본 경관 일곱 명이 총까지 둘러메고 대눌의 집에 들이닥치면서 긴장감은 고조된다. 그 뒤를 아들 노우용이 따라 들어와 긴장한 상태로 지켜만 보고 있다. 글에는 드러나지 않았지만 분명 이웃 주민들도 놀라서 집 주변을 빙 둘러서서 그 장면을 지켜보고 있었을 것이다. 대눌이 고국에서는 물론 망명지에서도 주민들에게 존경받던 인물임을 생각하면 일본 경관들도 대눌에게 함부로 대하지는 못했을 것임을 짐작할 수 있다. 또 일본 경관 입장에서는 대눌의 집을 섣불리 뒤졌다가 아무 것도 나오지 않게 되면 다음번에 와서 수색할 명분마저 없어지게 된다. 따라서 대눌과 일본 경관들 사이에는 기 싸움이 팽팽했을 것이다.

그러나 이에 맞서는 대눌의 태도는 강경하였다. 은사금 거부로 옥살이를 한 대눌이고, 일본인이 싫어서 떠나온 대눌이다. 그러니 그들의 회유에 넘어가거나 위협에 주눅들 대눌이 아니었다. 그래서 번거롭게 자주 찾아오지 말고 총칼로 자신을 죽이라며 당당히 맞섰다. 깊숙한 곳에 은거하지 않고, 양쪽 지역을 넘나드는 서간도에 자리잡고 살면서 고국과 간도의 연락을 중간에서 취하고 살면서부터 대눌은 이미 이런 일이 있을 것쯤은 각오했던 일이었다.

위의 글을 통해서 일제는 망명 유학자들끼리 독립운동 관련 편지글이나 쪽지들을 주고받지는 않는지 수시로 염탐하고, 불시에 집으로 찾아와 수색까지 했음도 알 수 있다.

일제의 핍박은 경재가 1918년에 쓴 아래의 글 「경재거사자지耕齋居士自誌」를 통해서도 확인된다.

等猝入房內, 搜索册子與書類, 後留宿, 今朝卽向西溝, 故隨來. 彼之本意亦爲索文字, 而未知其何所爲而無事也.” …… 初不遠遁於閒淨之處, 肆居兩域交跡之地, 何哉.”

"일본 순사가 와서는 거사[경재]에게 민단民團에 가입할 것을 권하였다. 민단이란 것은 일본인 부류로 우리 교민들을 억지로 일본에 예속隷屬시키려는 단체였다. 거사가 거부하며 따르지 않자, 재차삼차 강요함이 점점 더 심해졌다. 거사가 말하기를, "내가 나라를 떠나 이곳으로 온 까닭은 바로 일본 신민이 되고 싶지 않아서였다. 이른바 민단이라는 것이 뭐하는 곳이더냐?"라고 하였다. 순사가 땅에다 선을 그어 좌우로 나누고 말하기를, "왼쪽은 입단하지 않고 죽는 곳이고, 오른쪽은 입단하고 사는 곳이다. 장차 어디로 가겠느냐?"라고 하였다. 나는 일어나서 왼쪽으로 옮기고 말하기를, "여기가 내 땅이다."라고 하자, 순사가 눈을 부라리며 말하기를, "네가 빈말이라고 쉽게 하는구나? 내일 총부리가 너를 향해도 또 다시 그렇게 말할 수 있겠느냐?"라고 하였다. 나는 옷깃을 풀어헤치며 말하기를, "어째서 내일을 기약하는 거냐? 지금이라도 된다. 어째서 꼭 총살이어야 하는 거냐? 네가 차고 있는 칼로도 시험해볼 수 있거늘."이라고 하였다. 순사가 탄식하고 떠나며 말하기를, "교화시키기 어렵겠군."이라 하고는 마침내 다시는 민적으로 문제 삼지 않았다. 이웃 마을 중국인들은 이런 연유로 (경재를) '부적이로不籍李老'라고 불렀다."[88]

일제에게 수차례에 걸쳐 민적 가입을 강요받던 경재는 끝까지 강직하게 대처하여 일본 순사를 두 번 다시 민적 문제로 오지 못하도록 물리친 것이다. 이러한 경재의 강직한 태도는 1922년에 기록된 일제

88) 李建昇, 『耕齋集』上, 「耕齋居士自誌(戊午)」"日本巡査來, 勸居士入民團. 民團者, 日本人部, 勒我僑民, 隷籍日本者也. 居士拒不從. 再三强之愈甚. 居士曰; "吾所以去國來此, 正不欲爲日本民. 所謂民團, 何爲者." 巡査因畫地爲左右曰; "左者不入團而死, 右者入團而生, 將何居." 余起身移左曰; "是吾地也." 巡査瞋目曰; "子以空言易之耶. 明日銃口向子, 亦復爾耶." 余披襟曰; "何待明日. 今亦可矣. 何必銃殺. 君所佩劍, 亦可以試." 巡査噫而去曰; "難化矣." 遂不復以民籍問. 隣里中華人, 因稱爲'不籍李老'云."

문건에 의해 사실로 드러났다.[89] 경재 역시 순사가 와서 민적 가입을 강요하며 생사를 선택하라는 협박을 할 때 이웃 주민들이 둘러서서 지켜보고 있었을 것임은 자명하다. 경재가 지금 당장 순사가 차고 있는 칼에 베어도 굴하지 않을 것임을 드러내며 당당하게 맞서던 모습은 주변 한인들뿐만 아니라 중국인들에게도 강렬한 인상을 남겨 '부적이로不籍李老'라는 별칭까지 얻게 되었다. 위의 글은 당시 경재의 언성과 태도가 어떠하였는지 현장에 있는 듯한 착각마저 들게 한다.

이들에 대한 일제의 감시는 환국 후에도 이어졌다. 이는 대눌이 1922년에 환국한 후인 1924년 6월 재외在外 요주의要注意 인물人物 선인鮮人 별명別名 변명變名 아호雅號 등을 조사한 일제 문건[90]에도 대눌의 이름이 실려 있음을 통해서 확인된다. 특히 1919년 국내에서 일어난 3·1 만세운동 이후 망명 유학자들에 대한 일제의 감시는 더더욱 심해졌다. 또 1922년 중국이 남북분쟁으로 정치적 상황이 어수선해지자, 일제의 손길은 만주까지 뻗쳐와 망명지 한인들의 박해는 더욱 심해졌다. 결국 대눌처럼 일제의 감시와 핍박을 견디지 못해 급기야 환국까지 하는 일이 생기기도 하였다.

89) 국사편찬위원회, 『不逞團關係雜件 - 朝鮮人의 部 - 在滿洲의 部(31)』, 「排日鮮人의 情況에 관한 건」(普通受 제16호)(1922). "移住以來日本官憲ニ對シ常ニ不平ヲ鳴ラシ戸口調查等ノ如キモ絶對ニ之ヲ拒ミ居 …… 現派出警察官ハ赴任後屢々彼ノ居宅ニ臨ミ或ハ機ヲ視テ駐在所ニ出頭セシメ屢々其心得■ヲ訓戒セシモ常ニ暴横ナル言ヲ放チ"

90) 국사편찬위원회, 『不逞團關係雜件 - 朝鮮人의 部 - 在滿洲의 部(39)』, 「在外 要注意 鮮人 別名 變名 雅號 調査에 관한 건」(機密受제169호-機密제161호)(1924.06.17).

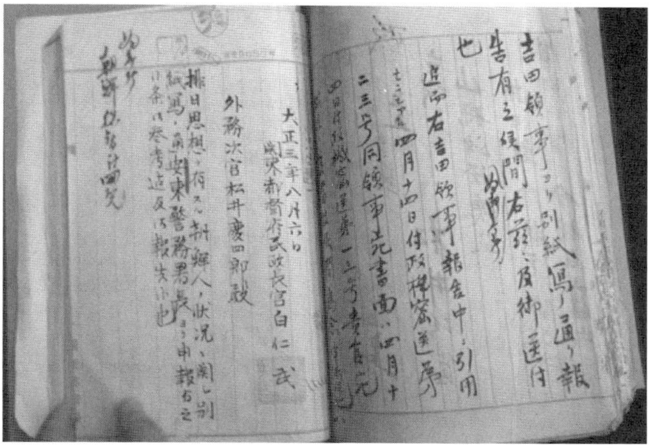

〈일본 외무성外務省 외교사료관外交史料館 소장 원본
불령단관계잡건 - 조선인 부 - 재만주의 부 3(1914.08.06.)(안효제와 노상익의
군자금모집 관련 문건 표지)(사진 : 이인수 감독(2016.05.26.))〉

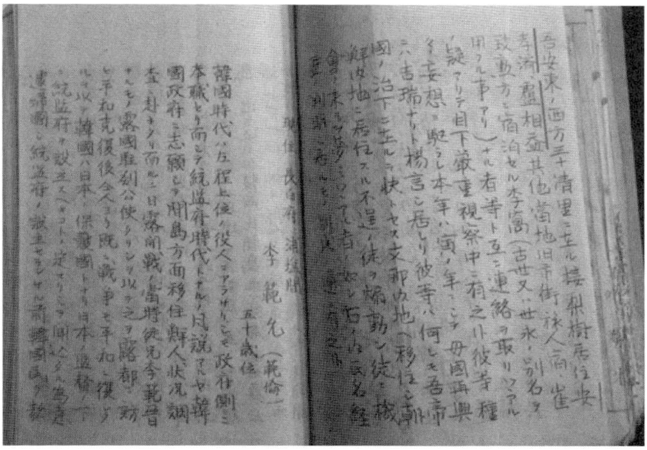

〈일본 외무성外務省 외교사료관外交史料館 소장 원본
불령단관계잡건 - 조선인 부 - 재만주의 부 3(1914.08.06.)(안효제와 노상익의
군자금모집 관련 문건 중에서)(사진 : 이인수 감독(2016.05.26.))〉

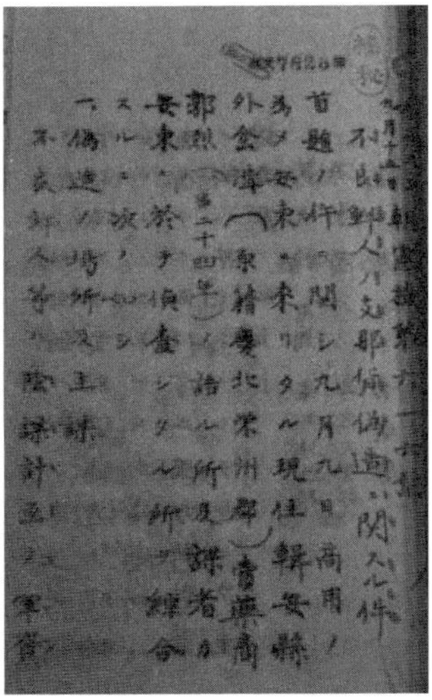

〈일본 외무성外務省 외교사료관外交史料館 소장 원본
불령단관계잡건 - 조선인 부 - 재만주의 부3(1914.09.15.)(예대희 군자금 충당 위조지폐 관련 문건 표지)(사진 : 이인수 감독(2016.05.26.))〉

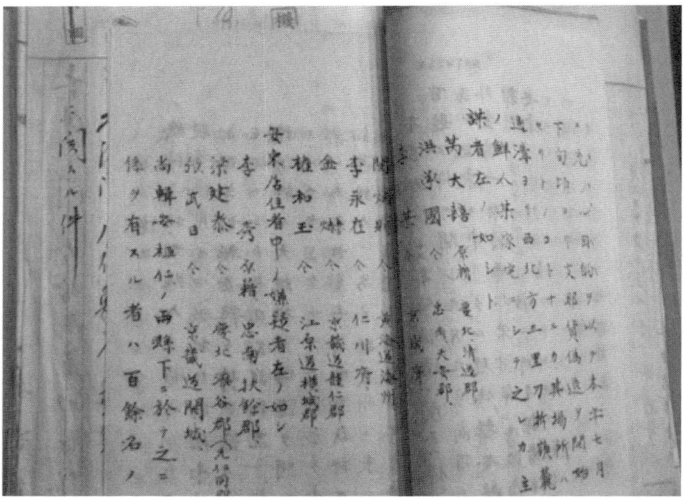

〈일본 외무성外務省 외교사료관外交史料館 소장 원본
불령단관계잡건 - 조선인 부 - 재만주의 부3(1914.09.15.)(군자금 충당 위조지폐 주모자 명단의 예대희)(사진 : 이인수 감독(2016.05.26.))〉

일제의 문건을 통해 망명 유학자들에 대한 일제의 감시 정도를 파악할 수 있었다. 그리고 대눌과 경재가 직접 경험한 핍박을 통해 유학자들이 망명지에서 일제로부터 받은 핍박의 일면을 알게 되었다. 일제 문건과 대눌·경재의 글에 서술된 내용이 망명 유학자들이 받은 감시와 협박의 다는 분명 아닐 것이다. 그러나 대눌과 경재는 일제의 끊임없는 감시와 핍박에 당당하게 맞섬으로써 오히려 일제를 당혹케 하였다. 이들이 맞선 것은 총칼이 아니라, 일제였다. 이들이 보여준 행동은 나 한 사람 개인이 아닌, 대한제국의 자존심을 지켜내기 위한 저항이었다. 그렇기 때문에 대눌과 경재가 총칼도 두려워하지 않고 일제에 맞서던 패기는 다른 문인들은 물론, 유민들 그리고 소식을 전해들은 고국 동포들에게까지 어떠한 자세로 오늘을 대처하고 살아야 하는지에 대한 확실한 지표가 되었을 것임은 분명하다. 대눌과 경재가 일제의 위협에 굴하지 않는 모습은 본디 평생 배운 바를 실천하는 유학자로서의 양심적 행동이었기에 친일파와 그의 앞잡이들과 대비되어 더더욱 존중받아 마땅한 것이다.

3. 교유와 소통

망명 유학자들의 망명지에서의 교유와 소통은 크게 세 가지로 분류해볼 수 있다. 첫째는 망명 인사들 간의 교유, 둘째는 국내 인사들과의 교유와 소통, 셋째는 중국 인사들과의 소통이다.

1) 망명 인사들 간의 교유

유학자들의 망명지에서의 교유는 각 유학자의 행동반경에 따라 다소의 편차가 있지만 대체로 교유한 인물들이 겹친다. 그리고 망명 유학자들은 대부분 고국에서부터 이미 교유가 있었거나 안면이 있는 경우, 또는 고국에서부터 명성은 익히 들어서 알고 있던 상태로 교유를 시작하였다.

서간도 망명 유학자들의 교유 규모는 대눌이 남긴 아래의 두 글 「자지自誌」와 1917년에 쓴 「이사기梨社記」를 통해서 일정 부분 파악된다.

> "서구西溝가 처음 설시된 것은 하늘이 정해준 경계이기 때문이다. 서로 뜻이 맞았던 수춘壽春 이민응李敏應이 그가 구매했던 집을 넘겨준 것은 우연이 아니었다. 동지同志(이경일李慶一, 채희동蔡熙東, 황규현黃圭顯, 박상림朴尙林, 안형원安衡遠, 재종제再從弟 상적相迪)들이 합심하여 집을 얽기를 일찍이 약속이나 한 듯하였다. 여러 군자(강재剛齋 이승희李承熙는 밀산密山에서 왔고, 수파守坡 안효제安孝濟는 임강臨江에서 왔으며, 경재耕齋 이건승李建昇은 환인桓仁에서 왔고, 해산海山 박동흠朴東欽은 태천泰川에서 왔다)가 먼 곳에서 왔으니, 같은 뜻을 따른 것이다. 젊은이(박지영朴址永, 김천직金天稷, 이장선李章善, 이재기李在基, 최학술崔學述, 한봉수韓鳳壽)들은 책상을 짊어지고 와서, 좋은 문학작품을 읽었다. 사람들이 칭찬하여 말하기를, "동토의 어르신들이 한 동네에 모였으니, 간도에서 최고다"라고 하자, 저들[일제]에게 의심받게 되었다. 하물며 전후에 서로 종유한 자 회당晦堂 장석영張錫英, 기당綺堂 정원하鄭元夏, 홍와弘窩 이두훈李斗勳, 동전東田 맹보순孟輔淳, 서천西川 조정규趙貞奎, 김상욱金相頊, 이산伊山 예대희芮大僖[91]도 모두 같은 뜻이 있어, 혹은 시詩로써 술회하고, 더러는 편지로써 마음을 털어놓았다. 그리고 추담秋潭 채희동蔡熙東은 가장 먼저

동고동락하며 예禮에 대한 문답이 있었고, 시詩로써 동초록桐焦錄을 완성하였다. 주사主事 최영치崔榮致는 사하沙河에서 같은 집에 살면서 예禮의 의문 나는 곳을 토론하였다."[92]

"상익相益은 맹보순孟輔淳, 정민화鄭民和, 박재의朴在懿, 신백우申伯雨와 함께 (안동)현 내 지방을 두루 살펴보았다. …… 계축(1913)년 정월 막내 희용喜容을 거느리고 서구西溝에 터를 잡았다. 그 때 집을 짓고 이웃에 산 자는 종숙從叔 국연씨國淵氏, 채희동蔡熙東, 이경일李慶一, 황규현黃圭顯 형제, 박상림朴尙林, 김·손·남金·孫·南 삼가三家이다. 임자(1912)년 9월 안효제安孝濟는 임강臨江으로부터 왔고, 갑인(1914)년 8월 이건승李建昇은 항도恒道로부터 왔고, 안형원安衡遠은 사하沙河로부터 와서 이웃이 되었다. 이승희李承熙는 밀산부密山府로부터 와서 부쳐 살았고, 박동흠朴東欽은 태천泰川으로부터 왔다. 함께 고생하며 살던 집들은 모두 골육지친 같았다."[93]

---

91) 芮大僖의 號는 이산이므로, 원문의 ㅁㅁ에는 호 伊山을 넣었다. '大禧'의 '禧'는 '僖'의 오류이므로 바로 잡았다.

92) 盧相益, 『渡江錄(草稿1)』 第三, 「自誌」 "盖西溝設始, 天所以定境界也. 相得者有李壽春(敏應), 讓其所購之庄屋, 非偶然也. 同志(李慶一, 蔡熙東, 黃圭顯, 朴尙林, 安衡遠, 再從弟相迪)合心結搆, 如夙約也. 諸君子(李剛齋(承熙), 自密山來, 安守坡(孝濟), 自臨江來, 李耕齋(建昇), 自桓仁來, 朴海山(東欽), 自泰川來)遠方來從所同義也. 諸子(朴址永, 金天稷, 李章善, 李在基, 崔學述, 韓鳳壽)負笈來, 讀好文學也. 人稱曰; "東土長老萃于一坊, 爲間島之最." 尤見疑於彼輩也. 況前後相從者, 張晦堂(錫英), 鄭綺堂(元夏), 李弘窩(斗勳), 孟東田(輔淳), 趙西川(貞奎), 金相頊, 芮ㅁㅁ(大禧)皆所同義也, 或詩以敍懷, 或書以通心. 而蔡秋潭熙東, 最初同苦, 禮有問答, 而詩成桐焦錄. 崔主事榮致同屋於沙河, 禮論難疑."

93) 盧相益, 『大訥手卷續編』 卷之四, 「梨社記(丁巳)」 "相益與孟輔淳, 鄭民和, 朴在懿, 申伯雨歷覽縣內地方. …… 癸丑正月率季子喜容, 奠鼎于西溝, 其時結屋接隣者, 從叔國淵氏, 蔡熙東, 李慶一, 黃圭顯兄弟, 朴尙林, 金·孫·南三家. 壬子九月安孝濟自臨江來, 甲寅八月李建昇自桓道來, 安衡遠從沙河而作隣. 李承熙自密山來寄寓, 朴東欽自泰川來. 同苦諸家, 便如骨肉之親."

위의 두 글을 통해서 대눌의 경우는 이민응처럼 서로 뜻이 맞아서, 이경일 · 채희동 · 황규현 · 박상림 · 안형원 · 재종숙 노상적은 약속이나 한 듯 함께 집을 얽는 등의 이유로, 또 이승희 · 수파 · 경재 · 박동흠은 같은 뜻을 따라서, 젊은 박지영 · 김천직 · 이장선 · 이재기 · 최학술 · 한봉수 등은 좋은 문학작품을 읽으면서 교유하였다. 또 장석영 · 정원하 · 이두훈 · 맹보순 · 서천 · 김상욱 · 이산 등과는 모두 같은 뜻이 있어서 종유하였고, 최영치와는 같은 집에 살면서 학문적인 토론 등을 통해서 교유한 것으로 파악된다.

이 가운데 대눌 · 소눌 · 서천 · 이승희 등은 성재性齋 허전許傳, 만구晩求 이종기李種杞, 사미헌四未軒 장복추張福樞, 한주寒洲 이진상李震相 등의 문도門徒로 고국에서부터 교유가 있던 인물들이다. 장석영 또한 장복추의 문도로 대눌과는 이미 고국에서부터 종유하였던 인물로, 수파를 비롯한 다른 망명 유학자들과도 교유가 있었음을 미루어 알 수 있다. 그러나 장석영은 실제 서간도로 망명을 한 사실은 없고, 만년에 서간도 등지를 기행하고 「요좌기행遼左紀行」[94]을 남겼을 뿐이다.

또 이두훈은 이승희의 부친 이진상의 고제高弟로 이승희와는 막역한 사이였다. 이두훈은 이종기와도 교유를 가지면서 이종기 문하의 대눌 · 소눌 · 수파 등과 고국에서부터 교유를 했던 인물이다. 이두훈은 서간도로 망명을 떠났다가 이승희가 봉천奉天에서 사망하자 이를 계기로 환국하였다.

김상욱의 호는 물와勿窩이고 이종기 · 장복추의 문도로, 대눌과는 고국에서부터 교유가 있었다. 김상욱은 1913년 서천이 중국을 갈 때

94) 張錫英, 『遼左紀行』(국립중앙도서관 마이크로필름, 2001)

조병택趙昺澤 · 조용훈趙鏞薰 등과 함께 봉천, 북경 등지를 여행한 사실은 확인되지만 망명을 하지는 않았다.

그밖에 이들의 교유는 맹보순 · 정민화 · 박재의 · 신백우의 경우처럼 함께 나들이를 다니면서, 또 종숙 노국연 · 채희동 · 이경일 · 황규현 형제 · 박상림 · 김·손·남 삼가 · 수파 · 경재 · 안형원 등과는 이웃에 살면서, 이승희처럼 와서 부쳐 살게 되면서, 평안북도 태천에서 온 박동흠 등과 함께 동고동락하면서 모두 골육지친처럼 교유를 가졌다.

이들 가운데 대눌 · 수파 · 이경일 · 채희동 · 경재 · 황규현 · 박상림 · 안형원과 함께 머물며 고생한 이승희 · 정원하 · 박동흠 · 소눌 · 이민응은 <서구결사록西溝結社錄>95)에 나란히 이름이 올라있는 것으

---

95) 盧相益, 別紙, 〈「中國南滿洲安東縣接梨樹圖」 由安東縣南距參拾里, 西溝結社錄〉(본 자료는 大訥의 초상화 액자 뒷면에 있던 것을 小訥의 증손자 노규현 옹이 발견하여 필자에게 제공해준 자료이다.)

* 侍講 盧相益, 字致三, 生己酉, 本光州, 號大訥. 自密陽辛亥冬渡西. 壬子購家庄五日耕, 於接梨樹西溝, 使同志構屋.

* 校理 安孝濟, 字舜仲, 生庚戌, 本耽津, 號守坡. 自宜寧辛亥渡西, 壬子自臨江縣來.

* 李慶一, 字德善, 生壬子, 本碧珍. 自密陽壬子渡西構屋.

* 蔡熙東, 字春可, 生丁巳, 本仁川, 號秋潭. 自大邱壬子渡西構屋.

* 主事 李建昇, 字保卿, 生戊午, 本全州, 號耕齋. 自江華庚戌渡西, 甲寅自懷仁縣來.

* 黃圭顯, 字舜明, 生辛酉, 本長水, 號西隱. 自密陽壬子渡西構屋.

* 朴尙林, 字可見, 生己巳, 本密陽, 號忍窩. 自密陽壬子渡西構屋.

* 安衡遠, 字錫謨, 生丙子, 本廣州, 號曉峰. 自金海壬子渡西構屋

〈補 來留同苦〉

* 參奉 李承熙, 字繼道, 生丁未, 本星州, 號剛齋. 自星州辛亥渡西, 入吉林蜂蜜山, 癸丑留西溝.

* 參判 鄭元夏, 字聖肇, 生甲寅, 本延日, 號綺堂. 自江華庚戌渡西, 甲寅自懷仁縣留西溝.

* 直閣 朴東欽, 字勳汝, 生甲寅, 本密陽, 號海山. 自泰川乙卯渡西, 居西溝.

* 家弟相稷, 字致八, 生乙卯, 號小訥. 辛亥十二月渡西, 與我住縣內構庄屋西溝, 而壬子冬迫於家憂違志還渡, 其後逐年有覲兄之行(小訥).

로 보아 특히 더 돈독하게 지냈음을 알 수 있다. 결사라는 것은 여러 사람이 같은 목적을 이루기 위해 만든 단체를 뜻한다. 따라서 이들은 분명 어떤 목적을 갖고 서구결사를 맺었을 것임에 틀림없다. 그러나 현재까지 이들이 무슨 목적으로 '서구결사'를 맺었는지에 대해 뒷받침해줄 자료가 발굴되지 않고 있서, 그들이 결사를 맺은 목적을 정확이 알 수는 없다.

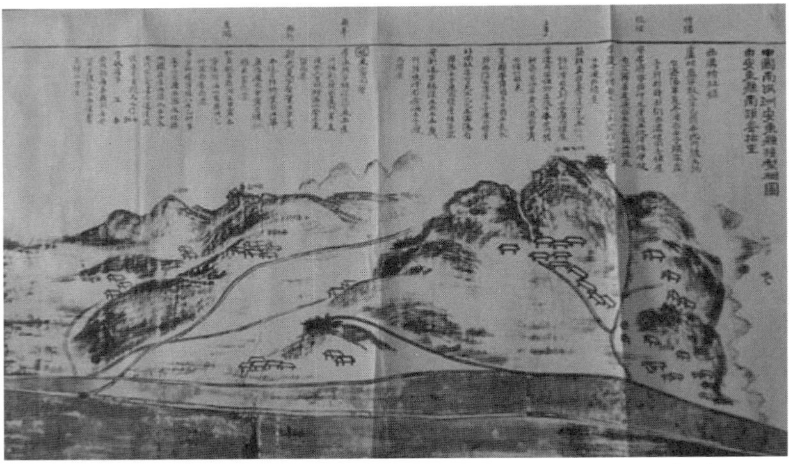

〈중국 남만주 안동현 접리수도接梨樹圖의 《서구결사록西溝結社錄》〉96)

* 李敏應, 字, 生, 本全州, 號壽春. 與同志合資, 多購庄土, 西渡農民賴以資生.

96) 접리수촌에 대한 내용은 서동일, 「1910년대 한인의 안동 이주와 접리수 한인촌 형성」, 『한국사연구』 171집, 한국사연구회, 2015. 277~317쪽에 자세히 연구되어 있다.

〈접리수촌 간판(사진 : 이은영(2016.05.06.))〉

대눌은 이승희가 1913년 11월 <동삼성한인공교회취지서東三省韓人孔教會趣旨書>97)를 발표할 때 함께 이름을 올린 성종호成鍾護 · 김종金鍾 · 서세충徐世忠 · 정태호鄭泰鎬 · 권식權湜 · 김천민金天民 · 노직현盧直鉉 · 임방任氵邦 · 공재주孔在周 · 이원일李沅一 · 장인근蔣仁根 등과도 교유가 있었음이 확인된다.

97) 〈東三省韓人孔教會趣旨書〉는 孔子誕降二千四百六十四年癸丑十一月 日에 發起人 李承熙, 安孝濟, 孟輔淳, 芮大僖, 成鍾護, 金鍾, 徐世忠, 鄭元夏, 成樂熙, 鄭泰鎬, 權湜, 金天民, 盧直鉉, 任(氵+邦), 盧相益, 蔡熙東, 孔在周, 李沅一, 蔣仁根이 10개 節目을 담아 발표하였다.

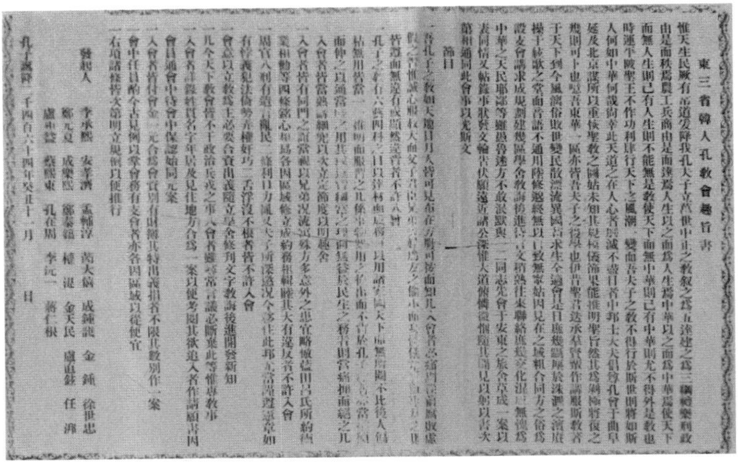

東三省韓人孔教會趣旨書

〈동삼성 한인 공교회 취지서(필자 복사본 소장)〉

그러나 특이한 사실은 경재 · 홍승헌과 돈독한 관계이자 같은 강화학파였던 정원하는 공교회 발기인으로 참여를 하였는데, 경재와 홍승헌의 이름은 빠졌다는 것이다. 1913년이면 홍승헌의 건강이 나빴던 때였던 만큼 홍승헌은 건강상의 이유로 참여하지 못했을 것으로 생각되지만, 경재는 무슨 이유에서건 망명지에서 교제의 폭을 다른 유학자들에 비해 절제하고 있었음을 알 수 있다.

망명지에 들어간 경재는 처음에 회인현 흥도촌에서 살았는데, 그곳은 이회영李會榮 · 이동녕李東寧 · 이관직李觀稙 · 장유순張裕淳 등이 경영지로 물색해둔 곳이다. 이회영 형제들과 경재와 홍승헌 · 정원하 일행은 이미 고국에서부터 세교가 있었는데[98] 현재 서로간의 교류를 확인할 수 있는 글은 경재 문집에 남아있지 않다. 이는 앞서 살펴본 것처럼 추후에 문제가 생길 것 같은 내용이 담긴 편지나 글은 모두

98) 閔泳珪, 위의 책, 33~34쪽 참조.

불살라 버렸기 때문이었을 것으로도 추측된다.[99] 그런가하면 경재는 흥도촌에서 살 때 박은식朴殷植과 처음 만나[100] 교유하면서 경재는 박은식의 역사서에, 양명학에 심취해있던 박은식은 경재의 강화학에 관심을 가지고 교유하였다.

수파는 안동현 접리수촌에 안착하면서 대눌·소눌 형제와 고국에서부터 가진 교유를 이어나갔다. 수파의 둘째 사위 허석許鉐은 금주錦洲 허채許埰의 아들이고, 허채는 대눌·소눌이 살았던 밀양 가실[노곡蘆谷]의 이웃동네인 단정丹亭에 살면서 빈번한 교유가 있었다. 그리고 이들은 모두 허전許傳의 문도門徒였다. 그 밖의 혼인 관계 등 여러 인연으로 수파는 이승희·장석영·서천 등과 국내에서부터 교유가 깊었다. 더욱이 수파와 대눌은 둘 다 전직관료였고, 은사금을 거부했고, 망명을 떠나왔다는 동질감으로 인해 두 사람의 교유는 전보다 더 깊어질 수밖에 없었다. 또 수파는 소눌이 1913년 1년 환국하기 전까지 몇 개월간 동고동락하며 깊은 교유관계를 유지하였음은 물론, 소눌이 환국 후 형 대눌의 문후를 살피러 해마다 삼천리 먼 길을 마다않고 찾아올 때마다 수파는 소눌과의 교유를 이어나갔다.

수파는 대눌·소눌 외에 경재·홍승헌·정원하가 1914년 안동현 접리수촌으로 거주지를 옮겨오면서부터 교유를 가졌다. 경재는 강화도에서 계명의숙啓明義塾을 세워 구국救國의 일환으로 계몽교육에 힘쓴 인물이고, 홍승헌은 궁내부특진관宮內府特進官·충청도관찰사忠淸

99) 閔泳珪, 앞의 책, 35쪽 참조.

100) 李建昇, 『耕齋集』下, 「朴白菴方留滬之靜安寺路, 修東國近史以詩寄之」 "握管要扶大廈傾(國亡前爲新聞主筆), 苦心亦不計功成, 古來孤憤多良史, 海內神交一老傖, 興道村廬留昨夢(白菴始識余於興道村舍), 靜安寺路聽秋聲, 何當共酌江淮酒, 澆此胸中磈磊情."

道觀察使 등의 벼슬을 지낸 인물이고, 정원하 또한 삼사三司의 요직을 두루 지낸 인물이다.

경재는 이건창의 동생으로, 이건창은 수파가 임금에게 요망한 무당을 처단할 것을 청하는 상소문 「청참북묘요녀소請斬北廟妖女疏」를 올렸을 때 그 글을 읽고 깊은 공감과 함께 극찬을 하며 「독안습유소讀安拾遺疏」[101]를 지어 보내준 일이 있다. 또 전라도 보성寶城에서 귀양살이를 하고 있던 이건창은 1893년 수파가 추자도로 귀양 가는 길에 보성에 들렀을 때 가지고 있던 소합환蘇合丸 20알을 수파에게 말없이 보내준 일도 있다.[102] 그런 이건창의 동생 경재에게 수파는 누구보다 호감을 가지고 교유를 하였음은 분명한 일이다. 경재 또한 강직한 문신으로 이름난 수파의 명성을 익히 듣고 있었던 만큼 수파에 대해 좋은 감정을 가지고 깊이 교유하였다. 이러한 인연으로 수파는 자신의 행장行狀을 경재에게 부탁하게 되었던 것이다.

경재 또한 안동현 접리수촌으로 옮겨오면서 교유의 폭이 넓어지긴 했지만, 교유에 있어서 절제를 한 것으로 파악된다. 경재는 홍승헌과 원래 친분도 있었지만,[103] 두 사람은 사돈 간이었다.[104] 그런데 경재는 1903년 양자로 들인 아들 이석하를 잃고, 1906년 봄에 자부도 잃으면서[105] 두 사람은 서로 자식을 잃은 아픔을 공유하는 사이이기

101) 安孝濟, 『守坡集』 卷之五, 「讀安拾遺疏[李建昌]」

102) 安孝濟, 『守坡集』 卷之三, 「楸島日記」 "翌日宿寶城, 李令建昌, 亦謫來住此, 送蘇合丸二十介, 無他一語."

103) 鄭寅杓, 『春耕臺集』, 「汶公去年重陽詩, 有籬邊獨坐引空杯之句, 耕齋以詩嘲之, 戲步其韻呈汶公(乙巳)」; 「耕三疊前韻, 汶又和之, 其互相嘲謔絶倒, 試用其意, 分爲三段, 首屬耕, 次屬汶, 又其次自屬」

104) 李建昇, 『續家乘』下, 「亡兒墓誌銘」; 下, 「女婿李君墓表」

105) 李建昇, 『耕齋集』上, 「祭子婦文(丙午)」

도 했으며, 동시에 나라를 잃고, 또 함께 망명까지 떠나온 사이이기도 했다. 경재와 정원하는 을사늑약 때 함께 자결을 하려다 실패하였고, 함께 망명을 떠날 것을 약속하고 실행할 정도로 마음이 통하는 관계였다.[106] 경재는 고국에서 형 이건창 때부터 교유를 가졌던 홍승헌과 정원하와는 흥도촌에서도 여전히 깊은 교유 관계를 유지하였다.

수파는 일면식은 없었지만 명성은 익히 들어 알고 있던 홍승헌 · 정원하와도 교유를 하였다. 이는 전직관료였던 홍승헌 · 정원하의 명성도 있었지만 경재와의 교유를 통해서 더 자연스럽게 친해질 수 있었다. 그러나 홍승헌이 1914년 병으로 세상을 떠나면서 둘의 인연은 끝나고 말았다. 정원하는 안동현으로 옮겨온 후 풍토병에 시달리다 다시 회인현으로 돌아갈 때[107] 전송하면서[108] 7개월간의 인연으로 끝이 났다. 수파와 홍승헌 · 정원하와의 인연은 경재를 통해서 시작되었지만 인연의 깊이를 함께 한 시간으로 경중을 가늠할 수는 없다. 세 사람 모두 조정에서 임금을 모셨다는 공통분모만으로도 짧은 인연이었지만 마음을 통하기에 충분했기 때문이다.

경재 또한 접리수촌으로 옮겨온 지 얼마 후 정원하가 회인현으로 돌아가 버린 상태에서 수파 · 대눌과 깊은 교유를 나눴다. 소눌과는 소눌이 대눌의 안부를 묻기 위해 들렀을 때 처음 만난 후, 소눌과 인접해 살면서 교유하였다.[109] 그 후 경재는 소눌이 환국한 후 운영하던 자암서당紫巖書堂의 기문記文[110]을 지어주는 등 꾸준한 교유를 이

---

106) 2장의 각주 158) 참고.

107) 각주 5) 참고.

108) 安孝濟, 『守坡集』 卷之一, 「送鄭侍郎(元夏)」

109) 정경주, 「小訥 盧相稷의 생애와 학문 경향」, 『東洋漢文學硏究』 제18집, 동양한문학회, 2003. 200쪽 참조.

어갔다.

소눌과 서천과의 교유는 이미 고국에서부터 있었는데, 서천은 소눌 조모祖母의 조카이다. 그래서 둘은 얼굴을 알고 지낸지가 이미 30년이나 되며, 소눌이 마음으로 서천을 섬긴지가 10년이나 된다.[111] 이를 통해 대눌 또한 서천과의 교유가 소눌 만큼의 긴 시간과 깊은 교유가 있었음을 알 수 있다. 따라서 서천은 다른 망명 유학자들에 비해 비교적 낯설지 않게 망명생활을 시작했다. 이는 다른 망명 유학자들에 비해 망명이 늦은 시간에 이루어진 이유도 있고, 1913년에 미리 중국을 다녀왔기 때문이기도 하며, 고국에서부터 교유가 있던 대눌과 소눌 등이 앞서 닦아놓은 인맥과 환경 때문이기도 했다.

서천과 수파 또한 고국에서부터 교유가 있었는데, 수파는 서천 일행이 1913년 중국을 갈 때 들린 안동현에서 수파를 다시 만났다. 이때 서천 일행이 남경南京인 금릉金陵으로 떠날 때 수파는 이들을 전송하며 아래의 시 「송조태문(정규)送趙泰文(貞奎)·조양언(병택)趙良彦(昞澤)·김인숙(상욱)金仁淑(相頊)지금릉之金陵」[112]을 지어주었다.

---

110) 李建昇, 『耕齋集』上, 「紫巖書堂記」 "余寓中國安東縣梨樹村, 與之居者, 多嶺南人. 從其人聞有盧致八先生者, 隱居修學於嶺之蘆山下, 今之孫明復余心慕之, 旣而獲交於盧侍講. 侍講亦嶺人, 避地來住比隣, 余以致八問, 侍講笑曰; "是吾弟, 其人且至, 可相見也." 未幾致八果省兄來, 與余定交, 其淸標古貌翛然, 如癯鶴望之知其爲有道者, 顧多病口, 不絶伸吟聲, 然見好書, 輒蹶起疾書. 年今六十四侍講, 君執役服, 勤如童子, 時余爲之感歎不已."

111) 趙貞奎, 『西川先生文集』 卷之二, 「與盧致八(相稷)」 "吾先王母懿, 黨碩儒足下, 足下於貞三十年面目, 又十年心上人也."

112) 安孝濟, 『守坡集』 卷之一, 「送趙泰文(貞奎)·趙良彦(昞澤)·金仁淑(相頊)之金陵」

우리 삼한 천지에 이 사람들 있어서	三韓天地有斯人
부평초가 물 만나듯 의기투합했네	萍水相逢意更新
아, 나는 지금 세상일 도모할 수 없으니	嗟我無謀今世事
그대들에게 묻노니 구궁舊宮의 봄은 어떠하던가	問君何樣舊宮春

(하략)

수파는 압록강 가에서 떠도는 신세로 서천 일행을 다시 만나 부평초가 물 만난 듯 의기투합해서 사흘 밤을 함께 보냈다. 수파는 자신이 비록 세상사에 대한 계책은 없으나 서천 일행이 옛 진晉·송宋·제齊·양梁·진陳나라의 도읍지였던 금릉엘 간다는 말에 고국의 임금 소식이 궁금해서 물었다. 이는 수파가 몸은 비록 고국을 떠나왔지만 마음까지 고국을 떠나온 것은 아님을 드러낸 것이다.

서천은 북경·천진·연태 등지를 기행하고 돌아오는 길에 안동현에서 수파를 포함한 이승희와 대눌을 다시 만나 서간도에서 함께 경작耕作을 하기로 약속하고113) 돌아왔다. 그래서 서천은 다음 해인 1914년 봄에 망명을 떠났던 것이다.

이산은 1913년 7월 부인 박씨가 죽은 후에 안동강관으로 건너와서 수파·이승희·맹보순 등을 만났다. 당시 이들은 세상사에 대해 기탄없이 이야기를 나누기도 하고, 더러 수작을 하다가 비분강개해지면 울기도 하였다.114)

---

113) 趙貞奎, 『西川先生文集』 卷之五, 「墓碣銘(幷序)[盧相稷]」 "癸丑春與趙一軒·金勿窩相頊·趙鏞薰, 入中國. …… 歸路遇李韓溪承熙·安學士孝濟, 及余兄大訥, 約共耕作."

114) 芮大僖, 『伊山文集』 卷之七, 「自誌」 "癸丑七月室人朴氏卒, 因往安東江館, 與安守坡孝濟·李剛齋承熙·孟東田輔淳諸公, 痛談時事."; 卷之八, 「行狀[金在華]」 "往安東江館, 與安守坡孝濟·李剛齋承熙·孟東田輔淳諸公, 痛談時事, 或樽酒相酬,

망명 유학자들이 교유한 인물 가운데 유난히 거론되는 이름이 있다. 바로 맹보순[115]이다. 맹보순은 경술국치를 당한 후 서간도 안동현으로 갔다가 길림으로 옮겨 은거할 계획을 삼고[116] 망명을 떠난 인물이다. 맹보순은 망명지에서 통화현 합니하에 있는 신흥무관학교 교장 이동녕李東寧에게 일제 암살단 파견 소식을 전하여 이동녕을 비롯한 이회영 · 이시영 · 장도순 · 김형선 등이 무사하도록 하는 등[117]의 활약으로 일본의 감시[118]를 받으면서 망명생활을 하였다. 그러나 망명지에서 생을 마치려던 맹보순의 계획은 1918년 고종이 승하했다는 소식에 환국하여 3년 복을 입은 후 고향으로 돌아가면서 수정되었다.

慷慨泣下."

115) 孟輔淳(1862~1933) : 본관은 新昌. 호는 東田. 龍仁郡 출신. 野愚 徐廷淳의 문하에서 수학했다. 일제 때 만주로 가서 중국에서 활동하던 독립 운동가 보호에 힘썼으며, 길림에서 이동휘와 함께 신문 간행에 종사하며 민족계몽운동에 힘썼다. 저술로 金澤榮이 쓴 朝鮮歷史書 『韓史棨』의 反論書인 『韓史棨辨』이 있다.

* 현재 출간된 『東田文集』은 외증손자 鄭虎信이 펴낸 책으로, 『大學』에 대한 經義와 輓詩 · 記文 · 『韓史棨辨』을 비롯한 제자들의 행장과 추도문 · 묘갈명 등을 원문과 함께 국역해놓은 것으로, 孟輔淳의 작품은 찾아보기 힘들다.

116) 鄭虎信 編, 『東田文集』(學民文化史, 2001) 附錄, 「墓碣銘」 "至玄黃改色, 公與同知幾人, 遯于安東縣, 後入吉林."

117) 鄭虎信 編, 『東田文集』, 「동전선생 문집 刊行 後記」 "1910년에 국치를 당하자 백이숙제의 심정으로 만주로 망명을 떠나 通化縣 哈泥河에 있는 신흥무관학교 교장인 石吾 李東寧에게 이곳에 암살단이 파견되었다는 소식을 전하여 석오를 비롯한 李會榮 李始榮 장도순 김형선 등이 무사히 합니하를 빠져나갈 수 있게 하는 등 10여 년을 국외에서 망국의 한을 달래며 독립운동에 일조하다 고종황제의 승하소식을 듣고 밤낮으로 달려와 3년 상을 다하였다."

118) 국사편찬위원회, 『不逞團關係雜件 - 朝鮮人의 部 - 在滿洲의 部(3)』, 「排日朝鮮人의 狀況에 관한 건」(機密公信 제51호)(1914.07.28); 『不逞團關係雜件 - 朝鮮人의 部 - 在滿洲의 部(4)』, 「不平鮮人의 行動 等에 관한 건」(朝憲機 제689호)(1914.10.27).

소눌은 망명을 떠나오기에 앞서 대눌이 보내준 편지[119]를 통해 강개한 선비 맹보순을 알게 되었다. 따라서 소눌은 맹보순에 대해 처음부터 두터운 신뢰감을 가지고 교유를 시작하였음을 알 수 있다. 그래서 소눌은 「신해기행辛亥記行」의 마지막 시로 맹보순이 살던 가게 <성신태誠信泰>[120]에 대해 읊었다.

서천 또한 안동현에 처음 들어갔을 때 맹보순을 만나 아래의 시 <증맹사간贈孟士幹>[121]을 지어 주었다.

아, 그대는 무르익은 노 유학자로　嗟君純熟老儒人
몸에 거친 베옷 걸쳤지만 비단 같은 윤리 지녔네　布褐其身錦繡倫
제齊나라 상인되려함은 자기 부 쌓기 위함 아니고　固許齊商非自富
더욱이 월越나라 회복 가련하니 뉘에게 의지하랴　更憐越復與誰因
동쪽 밭 누런 송아지 지금 천리에서　東田黃犢今千里
북수의 청룡 된지 이미 십 년이라네　北水青龍已十春
나 또한 가을 오니 낙엽 짐이 슬퍼져　我亦秋來悲落木
한 동이 술로 해 저문 물가에서 서로 위로하네　一樽相慰暮雲濱

제목의 사간士幹은 맹보순의 자이다. 위의 시는 서천이 조카가 운영하는 점포 '성신태'에서 생활하는 맹보순에게 지어준 시이다. 서천은 맹보순이 모습은 초라해도 유학자적인 풍모를 지니고 있다고 했다. 그러면서 지금 맹보순이 장사를 하는 이유는 범려范蠡가 부富를 이룬

119) 盧相益, 『大訥手卷續編』 卷之二, 「答家弟致八(壬子)」 "望涓抑志忍憤, 安接故土, 第觀機變, 如我則幸遇同志, 安在於誠信泰, 孟輔淳亦慷慨士, 以是相慰也."

120) 盧相稷, 『小訥先生文集』 卷之三, 「辛亥記行」 〈誠信泰〉 "東田避地久棲遑, 塡室書中我已詳."

121) 趙貞奎, 『西川先生文集』 卷之一, 「北征詩」 〈贈孟士幹〉

것과 같다고 했다. 범려는 월왕越王 구천句踐을 섬기면서 오吳나라를 멸망시킨 후 제齊나라로 가서 이름을 치이자피鴟夷子皮로 바꾸고 수천 만금을 모은 인물이다. 그런데 범려의 어진 성품을 소문으로 들은 제나라에서 범려를 관직에 등용하려고 하자 범려는 자신이 가진 재물을 모두 사람들에게 나눠주고 도陶라는 곳으로 떠나갔다. 그곳에서 범려는 이름을 도주공陶朱公으로 바꾸고 큰 부富를 이루고 살다 죽었다. 서천은 맹보순 또한 범려처럼 개인적으로 부를 축적하기 위해 장사를 하는 것이 아님을 언급하고 있어, 맹보순이 돈을 벌어서 누군가를 돕는 일에 쓰고 있음을 암시하였다. 이어서 서천은 '월나라 회복 가련하니 뉘에게 의지하랴'라고 하였다. 이 말은 월나라는 범려의 계책으로 오나라를 멸망시켰지만, 월나라는 더 이상 범려를 신하로 삼을 수 없어 안타깝다는 뜻이다. 이는 맹보순이 고국을 떠나자 고국은 더 이상 의지할 사람이 없게 되었다는 의미로 맹보순을 높이 송찬한 것이다.

'성신태'는 신백우申伯雨가 1911년 안동현에 독립운동 연락기관으로 설립한 상점이라고 전해진다.122) 그러나 일본 문서에는 맹보순 조카의 점포로 기록되어있다.123) 따라서 '성신태'의 실소유주가 신백우인지, 맹보순의 조카인지, 아니면 신백우가 맹보순의 조카 이름으로 설립한 상점인지는 불분명하다. 그러나 실소유주가 누구든 간에

---

122) 강만길 · 성대경, 『한국 사회주의 운동 인명 사전』, 창작과 비평사, 1996. 254쪽 참조.

123) 국사편찬위원회, 『不逞團關係雜件 - 朝鮮人의 部 - 在滿洲의 部(3)』, 「排日朝鮮人의 狀況에 관한 건」(機密公信 제51호)(1914.07.28). "原籍 京畿道龍仁郡 現住 安東縣旧市街 誠信泰內 孟輔淳, 本人ハ誠信泰主ノ叔父ニシテ常ニ接安東縣內鄉鎭ヤノ四區接梨樹居住 安孝濟 · 蘆相益 · 李正永 · 權植 · 白世彬等ト會合シ排日思想ヲ有シ"

독립운동 연락기관으로 '성신태'를 활용한 것과 그곳에서 나오는 수익금을 독립운동자금으로 썼음은 확실하다. 서천은 이점에 대해서 '비자부非自富'라고 언급한 것이다.

경련頸聯의 동쪽 밭을 뜻하는 동전東田은 맹보순의 호이기도 하다. 천리를 떠나왔다는 말은 맹보순이 용인군 출신임을 감안하면 맹보순이 떠나온 거리가 짐작된다. 북수北水의 청룡靑龍이란 말은 동쪽 수호신으로 상징되는 청룡이 북쪽의 압록강을 건넜다는 의미이고, 북수의 청룡 된지 십년이란 맹보순이 망명지에서 생활한 지 10년 쯤[124] 되었다는 뜻이다. 서천은 국권회복을 위해 활동하는 사람들을 뒤에서 돕는 대표 인물로 맹보순을 거론한 것이다. 한 마디로 위의 시는 맹보순의 인품과 망명지에서의 행적을 분명하고 정확하게 드러낸 작품이다.

수파는 채희동과도 교유하였는데, 채희동에 대한 수파의 마음이 얼마나 깊었는가는 다하산多霞山에서 채희동과 수창하며 지은 아래의 시 「다하산수채춘가多霞山酬蔡春可」[125]를 통해서 알 수 있다.

(상략)

천년동안 궁벽해서 묵고 거칠어진 땅	千年窮僻陳荒地
사방 둘러 에워싼 구불구불한 뫼	四面周圍屈曲巒
인심은 가는 곳마다 가시나무 같은 수심이 있고	人心到處愁叢棘
세상사는 지금 급한 여울 따라 흘러가네	世事當今下急灘
원래 정해진 운수를 어찌 벗어날 수 있으랴	元來定數何能脫

124) 鄭虎信 編, 『東田文集』, 「동전선생 문집 刊行 後記」 "1910년에 국치를 당하자 …… 만주로 망명을 떠나 …… 10여 년을 국외에서 망국의 한을 달래며 독립운동에 일조하였다."

125) 安孝濟, 『守坡集』 卷之一, 「多霞山酬蔡春可六首」

그대와 함께 살며 처지에 순응하며 편히 여기리 與子同居隨遇安
(6수 중 제2수)

춘가春可는 채희동의 자이다. 위의 시는 수파가 채희동 한 사람을 생각하며 쓴 시로 총6수 288자에 이른다. 채희동은 천년 동안 궁벽해서 거칠어지고 사방이 산으로 둘러싸인 다하산으로 이사를 갔다. 채희동은 장소를 옮겨가면 편해질까 했지만 가슴 속 수심은 어딜 가나 가시나무 같을 뿐이고, 세상사는 급한 여울 따라 내려가듯 빠르게 변해갔다. 급변하는 세상에 사는 사람들이 원래 정해진 운명을 빗겨갈 방법은 없다. 그러나 채희동 같은 사람과 함께 살면서 처해진 상황에 순응하며 살면 수파의 마음도 편안해질 것이라 하였다. 위의 시를 통해 채희동의 달관한 자세와 함께 수파가 채희동을 생각하는 마음이 남달랐음을 알 수 있다.

망명 유학자들 가운데 이승희와 교유한 인사들도 많았다. 수파와 이승희는 고국에서부터 인연이 있었지만 이승희가 러시아 블라디보스토크와 길림성 등지에서 동분서주하며 한인 정착 및 교육 등에 힘쓰다 1913년 말 안동현 사하진沙河津 여사旅舍를 방문했을 때 두 사람은 다시 만나 1년 정도 함께 생활[126]하였다.

그런가 하면 이산은 망명지에서 처음 알게 된 이승희를 믿고 따르면서 깊은 교유를 가졌음은 아래 이산이 이승희를 제祭한 글 「제이강재문祭李剛齋文」을 통해 알 수 있다.

"(선생은) 세상을 경영할 뜻을 품었는데, 늙음에 이르러서도

126) 安孝濟, 『守坡集』 卷之一, 「贈李啓道」 "自賀晩來交道重, 一年遼館寢棲同."

> 쇠하지 않았습니다. 국가에 많은 어려움이 닥치고 변고가 이루 말 할 수 없는 지경에 이르자, 상소를 하러 궐문 밖에서 억울함을 외쳤으나 역시 위로 전달되지 못하였습니다. 문을 나와 나라를 떠나서는 처자와 살림경영을 버리고, 요동의 나그네 되어 해외 영준한 사람들과의 사귐을 얻는데 힘쓰셨습니다. 헤이그[海牙]에서는 대동서大同書를 투고하였는데, 그 뜻은 대개 공자의 학문으로 체體를 삼고, 서학으로 용用을 삼았으니, 불우한 때에 애국하는 성심이요, 백성들을 쉬게 하고 전쟁을 쉬게 하려는 뜻이었습니다. …… 오호라, 선생 또한 이미 전 시대의 사람이 되고 말았습니다. 뒤에 오는 인물이 법을 취할 자가 선생이 아니면 누구겠습니까? 그렇다면 선생의 불행이 어찌 후인의 행복이 아니겠습니까? 오호라, 내가 처음 선생을 만주滿洲의 강관江舘에서 알게 되어 이미 심양 · 산해 · 연경 사이를 두루 돌며 반년을 즐겁게 보냈는데 의리가 천고千古만큼 깊었습니다. 그런데 만 리에서 부음을 받고, 부르짖으며 땅에 엎드려 한 잔을 올리고 거친 말을 지어 올립니다."[127]

강재剛齋는 이승희의 첫 번째 호이다. 이승희의 두 번째 호는 대계大溪이고, 망명 와서 길림성 한흥동韓興洞에 거주할 때 다시 한계韓溪로 바꾸었다.[128] 이산과 이승희는 서간도 안동현에서 처음 알게 되었다.

---

127) 芮大僖, 『伊山文集』 卷之六, 「祭李剛齋文」 "懷抱經世之志, 至老不衰. 及夫國家多艱, 變出罔極, 擧疏叫閽, 亦未獲達. 及出門去國, 棄妻孥産業, 客於遼東, 盡得交海外英俊. 投大同書於海牙, 其義蓋以孔學爲體, 西學爲用, 憂時愛國之誠, 休民息戰之意. …… 嗚乎, 先生亦已作先時人物乎. 後來人物之所從, 而取法焉者, 非先生而誰也. 然則先生之不幸, 豈不爲後人之幸耶. 嗚乎, 余始識先生於滿洲江舘, 旣而周旋於瀋陽 · 山海 · 燕京之間, 爲歡半年, 義深千古. 承凶萬里, 擊呼仆地, 寄奠一觴, 侑以蕪辭."

그러나 함께 연경에 들어가서 공교회 일로 반년 정도의 시간을 함께 생활하면서 두 사람 간에 쌓인 신뢰와 교유는 누구보다도 깊었다. 특히 이산에게 있어 이승희는 더더욱 그랬다. 이는 이승희가 고국에 있을 때부터 을사늑약 파기와 을사오적 참형을 청하는 상소를 올렸다가 약 4개월 간 구금된 일이 있었고, 일제 침략 규탄 서한을 헤이그 만국평화회의에 보내고, 고종이 강제 퇴위를 당하자 일제 행위의 부당성을 세계에 호소했던 인물로 이름이 나 있었기 때문이다. 또 이승희는 일제가 침략의 야욕을 노골적으로 드러내자 1908년 블라디보스토크로 망명하여 독립운동에 힘썼고, 1909년에는 길림성 봉밀산에 한흥동을 건설하고, 그곳 청년들을 위한 민족교육의 장인 한민학교韓民學校를 세운 일련의 일들로 후인들이 법으로 삼을 만한 훌륭한 인물이었기 때문이다. 그런 이승희와 함께 이산은 1913년 말부터 요동에서 한인공교회韓人孔教會 창설을 위해 힘쓰고, 공자묘孔子廟를 비롯한 유적지를 함께 돌아보고, 중국 총통 원세개袁世凱 등에게 한인韓人 입적入籍 문제에 관심을 갖고 도와달라는 청탁 편지를 보내는 등의 일에 합심하며 반년 정도를 함께 생활했다. 따라서 단연 이산과 이승희와의 관계는 깊어질 수밖에 없었다.

이산은 신채호 등과도 교유가 있었음은 이산이 단재 신채호에게 보낸 편지글 「여신단재(채호)與申丹齋(采浩)」[129] 등을 통해서 확인된다. 또 이산은 여러 동지들을 러시아 · 영국 · 프랑스 등으로 보내 세계정세를 엿본[130] 사실들로 인해 또 다른 사람들과도 교유가 있었음을

128) 李承熙, 『韓溪遺稿』七, 「韓溪先生行狀[張錫英]」 "君諱承熙, 字啓道, 自號剛齋, 少也君苦性緩, 以紘自命, 旣又曰剛, 久後人有以過剛戒, 又改曰大溪, 以其居大浦也, 及去國渡海, 居蜜山之韓興洞, 又改曰韓溪, 志故國也."

129) 芮大僖, 『伊山文集』 卷之四, 「與申丹齋(采浩)」

알 수 있다. 다만 이산이 해외로 파견한 동지들의 이름은 현재 파악되지 않고 있다.

서천은 안동현에 살고 있던 이승희의 문인[131] 권병하權丙夏[132]와도 교유를 가졌다. 이는 서천과 이승희가 고국에서부터 인연이 있었기 때문에 이승희의 문인 권병하와도 고국에서부터 교유가 있었음을 알 수 있다. 두 사람은 서천이 1913년 중국에 와서 안동현에 묵을 때 다시 만난 인연이 있고, 북경과 천진 등지를 돌고 다시 안동현으로 돌아왔을 때도 만났다.[133] 그리고 1914년 서천이 망명을 온 후 유준명柳浚明・김연환金璉煥 등과 함께 한인공교지회韓人孔教支會를 설립할 때도 두 사람은 뜻을 맞췄고,[134] 이승희의 명으로 서천이 이광룡李光龍・정돈섭丁敦燮・이현덕과 함께 곡부석전曲阜釋典에 참가하러 갈 때도 권병하와 함께 동행하면서 교유를 가졌다. 그밖에 서천은 이광룡(1860~1924)과 봉천의 만주농회조직滿洲農會組織 평의원評議員 이문주李文周[135] 등과도 교유하였다.[136]

---

130) 芮大僖, 『伊山文集』 卷之八, 「行狀[金在華]」 "分遣同志走俄・英・佛諸國, 以探其情."

131) 李承熙, 『韓溪遺稿』 七, 「行狀[張錫英]」 "不幸丙辰正月, 示𠍶疾漸革, 基元問家事曰; "一武而寧北, 不可南." 問後事曰; "華中自有共同墓." 門人權丙夏夢, 先生命易臥席, 驚悟曰; "殆不祥也." 馳候之."

132) 趙貞奎, 『西川先生文集』 卷之一, 「北征詩」 〈贈權丁若〉 "元寶山陽權丁若, 二間屋子三歲兒. 客來能喚城中酒, 鄕遠空吟月下詩. 雙眼星精橫北斗, 寸談氷屑落西湄. 古來人物難相得, 且愼心衡輕重時."

133) 趙貞奎, 『西川先生文集』 卷之三, 「北征日錄」 "二十六日, 逾鴨綠至安東縣留五宿, 遇孟輔淳・權丙夏・安孝濟・盧相益."; 卷之三, 「北征日錄」 "至安東縣下船, 乃六月四日. 安東縣誠信泰(孟輔淳商店號)四宿, 與孟輔淳・權丙夏語."

134) 李承熙, 『韓溪遺稿』 九(附錄), 「痛慕錄[李基元]」 "甲寅, 回住奉天, 與門人權丙夏・柳浚明・金璉煥等, 設韓人孔教支會."

135) 국사편찬위원회, 『不逞團關係雜件－朝鮮人의 部－在滿洲의 部(14)』, 「普通報

소눌은 비록 망명 기간은 짧았지만 망명지에서 고국에서부터 교유가 있던 유학자들과의 인연을 계속 이어나갔음은 물론이다. 그밖에 소눌은 형 대눌의 영향으로 대눌이 망명지에서 교유한 인물들 가운데 상당수와 직간접적으로 교유했던 것으로 파악된다.

그런가하면 수파는 직접 돌아다니면서 망명 유학자들과 교유하였다.[137] 어느 날 수파는 이항복李恒福의 후손으로 유하현에 망명을 온 절개 높은 시랑侍郎 이석영李石榮(1855~1934)을 찾아갔다. 독립운동 자금으로 쓰기 위해 가산을 정리해서 형제들 모두가 망명을 떠나 온 이석영을 수파가 만났을 때 그는 이미 두발과 복장 모두 옛 모습을 잃은 채 야소교인耶蘇教人이 되어 있었다. 이에 수파는 실망하고 말았다. 또 수파는 영춘원永春院에 있는 정준환鄭俊煥의 집에서 최익현崔益鉉의 제자로 을사늑약 후 의병활동을 하다 만주로 옮겨와 항일운동에 전념하던 심호深湖 채상덕蔡相悳(?~1925)을 처음 만났다. 그런가하면 수파는 동지를 구하러 다니다 자신을 찾아온 초면의 김사혁金士赫과는 의기투합해서 아흐레를 함께 지내기도 하였다. 안동현에 자리 잡

제1호」(關參諜 제8호)(1920.01.14); 『滿蒙 各地에서의 鮮人의 農業關係 雜件(1)』, 「協濟公司 第八期 經營報告書 進達의 件」(公 제623호)(1929.07.12)

136) 趙貞奎, 『西川先生文集』 卷之一, 「北征詩」〈將往曲阜, 登山裏前山, 與李啓道(承熙)·李季七(光龍)·李國明(文周)諸公, 及族孫敬來共賦〉

137) 安孝濟, 『守坡集』 卷之三, 「遼河日記」"李侍郎石榮, 白沙先生之後也. 賦性剛直, 疾惡如讎, 其在本國, 不爲世俗之撓奪者, 而逃遁在此. 跋涉往尋, 未及其家, 於路相逢, 已薙髮易服, 非復昔日樣子. 問其所學曰耶蘇教. 無意留宿其家, 然途窮日暮, 無處可往. 一宿曉發, 午到永春院鄭俊煥家投宿. 座上有一名士, 號深湖, 姓蔡氏, 名相悳. 夙飽其名, 而今始相見, 則果思想不凡, 議論英發, 令人敬服, 乃崔勉庵弟子也. …… 有客一人, 來到語時事, 同是天涯淪落人, 而姓金, 名士赫, 以國事爲心, 不事家産, 漂泊西南, 求同志之人也. 一見之地, 許以平生, 留九日而辭去矣. 壬子初六日, 孤懷難住, 與鄭思叔步雪, 往尋蔡相悳於申元模家, 而不遇."

기까지 수파는 여러 곳을 옮겨 다니면서 많은 인사들을 만났다. 그 중에는 망명지에 정착한 인사도 있고, 망명동지를 찾으러 다니는 인사도 있었다. 또 한 번에 끝난 인연도 있었다. 그러나 옛 모습과 달라진 사람들을 보면서는 실망감을 느꼈다. 당시 만주에서 중국인으로 입적入籍하기 위해서는 치발역복薙髮易服을 해야 했다. 중국인으로 입적을 해야 중국인과의 편견과 차별에서 비교적 자유로울 수 있고, 지주계급 점산호店山戶의 무리한 횡포에서도 어느 정도 벗어날 수 있었기 때문이다. 그러나 당시 한인들은 광복이 되면 고국으로 돌아갈 생각들을 기본적으로 하고 있었기 때문에 치발역복을 하고 중국인으로 입적한 사람은 그리 많지 않았다.138)

이런 상황에서 어떠한 세속 흔들림에도 절개를 굳건히 지킬 것으로 믿었던 이석영이 두발과 복장 모두 옛 모습을 버리고 예수교139)를 믿는다는 사실에 대해 수파가 받은 충격은 전통 유학자로서 지극히 당연한 결과이다. 예를 중시하는 한인들에게 변복령變服令, 단발령斷髮令 등 전통문화를 파괴하려는 일제의 강압은 저항의식을 강하게 불러일으킬 수밖에 없다.140) 따라서 수파에게 있어 이석영의 변한 모습은 예를 무시한 처사요, 어쩌면 일제에 순응하는 태도로 비쳐졌을 것이기 때문이다. 이석영에 대한 수파의 실망감은 수파가 유학자로서의 한계를 드러낸 것이지만, 이석영으로부터 받은 충격이 컸던 만큼 수

---

138) 孫章權 · 金應烈 외, 『中國朝鮮族의 社會發展과 韓 · 中 關係의 位相』, 峨山社會福祉事業財團, 1995. 44~46쪽 참조.

139) 이석영의 동생 李會榮(1867~1932)은 고국의 상동교회에서 세례를 받았다. 따라서 이석영은 동생 이회영의 영향으로 기독교에 입문한 것으로 파악된다.

140) 금장태, 「韓國 儒敎文化의 特徵」, 『韓國學論集』 제27집, 한양대학교 한국학연구소, 1995. 149쪽 참조.

파는 시대가 분명 변하고 있음에 대한 현실 인식의 변화도 있었을 것으로 여겨진다. 그러나 수파는 이석영으로부터 받은 실망과는 달리 채상덕이나 국권회복을 위해 동지를 찾아다니는 김사혁 같은 인물들로부터는 큰 위안을 받았던 것도 사실이다.

앞에서 살펴보았듯이 교유한 인사들이 대부분 중복되지만 그렇지 않은 경우도 보인다. 그러나 이는 글로 남아있지 않을 뿐, 남아있는 글이 없다고 하여 교유의 단절을 의미하는 것은 아니다. 망명인사 간의 교유는 국내에서부터 이미 교유가 깊었던 인사들 간에는 더욱 돈독히 지내고, 안면만 있던 인사들 간에도 깊은 교유를 가졌으며, 망명지에서 처음 교유를 시작한 인사들도 있다. 그러나 이들은 절개를 지키기 위해 망명을 떠나온 상대에 대한 존중과 서로의 처지를 헤아리는 동병상련의 마음으로 교유를 했기 때문에 골육지친 같은 깊은 교유관계를 유지하면서 힘겨운 망명생활을 견뎌낼 수 있었다.

망명 유학자들은 전국 각지에서 망명을 떠나온 만큼, 떠나온 곳도 다르고, 평생 추구해온 학문의 방향도 차이가 있으며, 가문의 소속 당파의 편차 또한 있었다. 그러나 그들 간 교유의 깊고 얕음의 차이는 있을지언정 각자의 학문과 당파 간의 갈등을 넘어선 교유가 이루어졌음을 알 수 있다. 사실상 국내에서라면 각자가 추구해온 학문과 가문이 속한 당파간의 갈등 등의 문제로 실현되기 어려웠던 교유가 망명지에서는 서서히 융화되어갔음을 의미한다. 이들이 자신들이 평생 익힌 학문과 당파를 고집하기보다 학문과 당파 갈등을 넘어서서 새로운 인물들과도 골육지친처럼 교유를 할 수 있었던 것은 충忠의 실천을 근본으로 하고 국권회복이라는 거시적 명제 앞에서 학문도 당파 갈등도 뒤로 미뤄놓고 열린 사고로 교유를 했기 때문이다. 그래서 이들이 망명지에서 가진 교유는 시사하는 바가 크다.

2) 국내 인사들과의 교유와 소통

국내 인사들과의 교유는 압록강 철교 개통으로 서간도 여행이 편리해졌기 때문에 고국의 지인들이 서간도를 방문하면서 이루어졌다. 그 밖에 국내 인사들과는 편지나 엽서[141]를 통해서 소통하였다.

〈밀양에서 소눌이 서간도에 있는 대눌에게 보낸 엽서(필자 소장)〉

141) 필자 소장의 엽서를 통해서 소눌이 대눌에게 3장, 대눌이 소눌에게 5장, 소눌의 제자 安鍾達이 대눌에게 1장의 엽서를 보내 안부를 물은 사실이 확인된다.

〈서간도에서 대눌이 밀양에 있는 소눌에게 보낸 엽서(필자 소장)〉

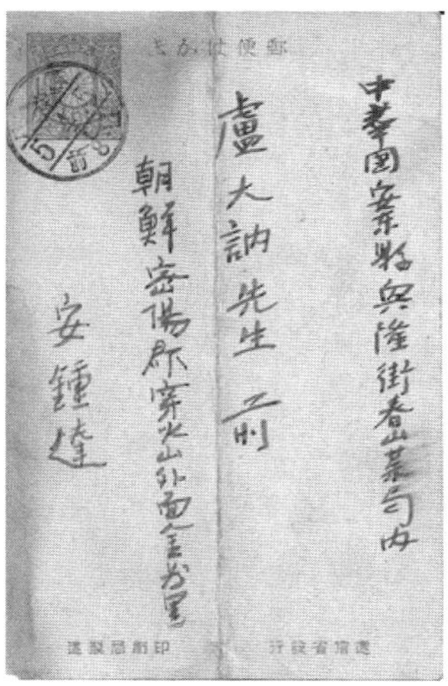

〈소눌의 제자 안종달安鍾達이 서간도에 있는 대눌에게 보낸 엽서(필자 소장)〉

대눌은 경재를 만나러 서울에서 온 난곡 이건방에게 아래의 화답시 「화이사문(건방◇호난곡)和李斯文(建芳◇號蘭谷)」[142]을 지어주었다.

영락해 떠도는 고신孤臣 죽지 못함 한하며　　　淪落孤臣恨不死
다른 나라에 종적 붙이고 수염을 깎았네　　　殊方踪跡滅髭鬚
(자고子羔는 수염을 깎고 부인복을 입고 달아났다)
(子羔滅髭鬚衣婦衣逃出)
창덕궁·덕수궁의 지척에서 흥망성쇠 기약은　　兩宮咫尺期休戚
진실로 왕손께서 도모하기에 알맞네　　　亶合王孫有是圖

이건방이 경재를 만나러 왔을 때 만난 대눌은 고향에서 기르던 수염을 깎았던 모양이다. 그래서 대눌은 영락한 채 떠도는 몸으로 죽지 못함을 한탄하며 수염을 깎았다고 하였다. 위의 자주自註에 나오는 자고子羔는 공자의 제자인 위衛나라 사람 고시高柴이다. 자고는 지름길이나 구멍으로 드나들지 않고 오직 바른 길로만 다니던 사람인데 수염과 복장을 부인복으로 바꿔 입고 다른 나라로 달아났다. 이는 평안하고 무사한 때라면 모르겠지만, 만약 도적의 침범이나 환란을 당하게 되었을 때도 원칙만을 지키기 위해 자신의 몸을 손상할 수는 없음을 말한 것이다. 그래서 대눌은 자고의 이름을 빌려 자신 또한 자신의 몸을 지키기 위해 권도權道로써 망명을 떠나오고 수염을 깎았음을 설명한 것이다. 이때 대눌은 전주 이씨 이건방이 경재와 함께 망명을 오려던 뜻을 접고 창덕궁과 덕수궁 지척인 서울에서 살고 있으니, 왕손 되는 사람으로서 흥성을 기약하기 위해 무언가를 도모하기에 알맞은 인물이라는 말로 이건방을 높여주었다.

망명 유학자들은 고향에서 자신들을 찾아온 친구와 만났다가 헤어지는 일들이 종종 있었다. 이산 또한 고향의 벗 전병곤全炳坤과 김영호金榮浩가 자신을 찾아왔다가 새해를 맞이하기 위해 환국할 때 작별하

142) 盧相益,『大訥手卷續編』卷之一,「和李斯文(建芳◇號蘭谷)」

며 전병곤[143]과 김영호에게 시 「증김영호贈金榮浩」[144]를 지어주었다.

파자강가에 하얀 눈발 날리는데	巴子江頭白雪飛
문을 나서 고향 친구 돌아가는 모습 어찌 보랴	出門那見故人歸
청컨대 달성에서 우리 속에 갇힌 호랑이를 보게나	請看達城籠裡虎
그물망에 한번 떨어지면 장심壯心을 저버린다네	網羅一墮壯心違

기승구起承句에서 이산은 압록강[巴子江]가에 하얀 눈발이 날리는 날, 고향 친구가 돌아가는 모습을 차마보기 어렵다는 말로 이별의 아픔을 토로하고 있다. 전구轉句에서 이산이 언급한 대구[達城] 우리에 갇힌 호랑이를 보라는 말은 1909년 이산이 대구에 갔다가 송아지만 한 호랑이가 일본인 손에 팔려서 우리 속에 갇힌 모습을 보고 쓴 글 「용호설龍虎說」[145]에 자세히 나와 있다. 이때 이산은 짐승의 으뜸이라는 호랑이의 위풍은 찾아볼 수가 없고, 아이들이 지팡이로 놀려도 흘겨만 볼 뿐 아무런 대응도 하지 않는 무력한 모습의 호랑이를 보았다. 그런 장심을 잃어버린 호랑이를 보고 이산은 우리나라 이천만 동포 또한 모두 일본 오랑캐의 그물에 걸려 무력해지고 말았다는 생

143) 芮大僖, 『伊山文集』 卷之二, 「別全柄坤」 "老黑山頭白雪飛, 殊方歲暮送君歸. 鄕國故人如問我, 爲言心事鏡中違."

144) 芮大僖, 『伊山文集』 卷之二, 「贈金榮浩」

145) 芮大僖, 『伊山文集』 卷之五, 「龍虎說(己酉)」 "己酉至月, 因事入達城, 至古堞一隅, 以白布爲帳, 人衆輻湊問之, 則韓人說, 陷井生得虎, 日人買以爲業云. 用三錢買劵, 入帳裏見, 其以鐵索爲籠, 籠中有虎, 大如小牛, 投以肉則囓之, 孩童以杖撓之, 虎睨視不起. 噫, 夫虎者走獸之長也, 其在山淩山, 在海越海, 一聲噉呀, 百獸戰慄. 今陷爲籠中之物, 受困於童孺之手, 而許多威風, 都無所施. 何時能得脫此籠, 吼風走林, 使狐兎脅息, 魍魎遁跡乎. 我韓二千萬同胞, 盡入于日虜網羅中. 嗚呼, 蒼天亦何心哉, 感而志之."

각을 하였다. 그래서 이산은 결구結句에서 그물망에 한번 떨어지고 나면 장심을 저버리고 만다는 말로 하루 빨리 일제가 쳐놓은 그물망에서 벗어나야 함을 피력하였다. 이는 이산이 벗과의 이별을 언급함과 동시에 국권회복에 대한 자신의 의지까지 드러낸 것이다.

이산은 또 서간도에서 처음 만난 풍천豐川에 거주하던 조용승趙鏞昇과 안동객관에서 이별하면서 아래의 시 「안동객관별조용승安東客館別趙鏞昇」146)을 지었다.

시냇가 집에서 올해 서로 알게 된 사람 없었는데	溪舍當年未相識
만주 강관江館에서 그대를 처음 만났다네	滿洲江館始逢君
오늘날 누가 다시 전철을 밟으려나	而今誰復尋前轍
노자 털어 귀국 행장에 한어漢語 책 사 넣었네	傾盡歸裝買漢文
	(2수 중 제1수)

떠나고 머묾 이로부터 호胡와 월越처럼 멀어질지니	去留從此隔胡越
서로 쳐다보며 말없이 북받치는 눈물만 흘리네	相看無言憤涕流
해 저문 이정離亭에 여전히 홀로 서있자니	日晩離亭仍獨立
강가 단풍과 들새도 시름겨워하긴 매 한 가지네	江楓野鳥一般愁
	(2수 중 제2수)

이산이 살던 서간도 망명지는 시냇가에 있는데 길손이 찾아들기에는 너무 한적한 곳이어서 사람을 만나 사귈 기회가 없었다. 그런데 사람 왕래가 빈번한 안동객관安東客館에 와서 조용승을 만났으나 곧 헤어지게 되었다. 조용승은 돌아가기에 앞서 남은 노잣돈을 다 털어

146) 芮大僖, 『伊山文集』 卷之二, 「安東客館別趙鏞昇二首」

서 귀국하는 보따리에 한어漢語 책을 사서 넣었다. 그것은 조용승이 다음에 다시 중국 땅을 밟을 것임을 암시하는 부분이다. 그렇다고 해도 헤어지면 언제 다시 만날지 기약 없는 이별이다. 조용승은 떠나고, 이산은 머물러 있어야 한다. 그래서 이산은 서로 헤어지는 것이 북쪽의 호胡나라와 남쪽의 월越나라처럼 아득하다고 표현하였다. 이는 처음 만남이었고 짧은 만남이었지만, 헤어지는 섭섭함을 깊게 표현한 것이다.

고국에서 왔다가 돌아가는 사람들 앞에서 고국을 그리는 마음은 더해질 수밖에 없다. 그런데 때마침 헤어지는 시간이 해가 저무는 시간이었다. 그 시간에 이별을 하고 홀로 서 있다 보니, 강가의 단풍이 눈에 들어왔다. 이산은 어느 새 차가워진 날씨로 단풍이 드는 걸 보고 들판을 날던 새들도 추위에 대한 걱정으로 시름겨울 것을 빌어 자신의 앞날은 물론 고국에 대한 시름까지 '수愁'라는 한 글자로 드러내었다.

서간도를 방문한 한인들과는 수창하면서 교유하였다면 국내 인사들과는 편지나 엽서를 통해서 소통하였다.

수파는 자신의 궁핍한 소식을 조카 안익상에게 전할 때도 편지[147]를 통해서 전하였던 것처럼, 고향의 남정훈南廷勳이 보내온 편지에 얼마 남지 않은 여생을 망명지에서 보내겠다는 결의를 담아 답장[148]을 하였다. 수파는 또 담양에 살고 있는 전두진田斗鎭[149]에게 자신의

147) 安孝濟, 『守坡集』 卷之二, 「寄從子翊相」 "跋涉冰雪, 寄棲於人, 屋敝而雨漏風矢容膝不得, 可謂困厄之極. 然死猶甘心, 豈可有此等困厄於肚裏耶."

148) 安孝濟, 『守坡集』 卷之二, 「答南亨弼(廷勳)」 "白首痛哭, 誰憑誰依. 村翁野老, 矜此情狀, 把酒相慰, 巴江之魚, 足以供殽, 玉秫之飦, 可以無飢. 此不足爲歡, 而猶可遣未死殘暉耳."

몰골이 형편없이 변해 감을 고백하며 「요증전치형(두진)遙贈田致衡(斗鎭)」[150]을 지어 보낸 일이 있다.

수파는 평소 친분도 있고, 장손 안경덕安炅德의 외조부 되는 정재교鄭在教(1852~1921)에게 아래의 편지 「여정성회(재교)與鄭聲繪(在教)」를 보냈다.

> "저[안효제安孝濟]는 늙었는데 죽지도 않아, 원수와 한 하늘을 함께 이고 살지 않을 것을 맹세하고, 떠돌다가 오늘에 이르게 되었습니다. 그러나 집안과 나라 근심하는 눈물조차 흘릴 곳이 없으니, 차라리 죽느니만 못한 지 오래되었습니다. 손자 경炅[안경덕安炅德]이 슬하에 있다고 하던데, 보시기에 그 포부와 진취함이 과연 어떠합니까? 글 읽는 것은 둔합니다만, 글씨라면 봐줄만 할 것입니다. 우리 집안의 훗날이 진실로 그 아이 어깨에 달려있으니, 모름지기 따끔하게 꾸짖고 깨우쳐서 열심히 공부하도록 시켜서, 벗이 죽은 뒤의 바람에 부응해주심이 어떠실런지요?"[151]

망명지에서 살아가는 몸이지만 가문을 일으켜 세우는 일에 소홀할 수는 없다. 그런데 가문을 세우는데 있어 후손 교육만한 것은 없다. 이에 수파는 당시 외조부 정재교로부터 학문을 익히고 있던 장손이 잘못을 저지르면 따끔하게 꾸짖고, 학문 또한 잘 깨우칠 수 있도록

---

149) 安益濟, 『西岡遺稿』 卷之十一, 「輓字致衡潭陽人居○田斗鎭」

150) 安孝濟, 『守坡集』 卷之一, 「遙贈田致衡(斗鎭)」

151) 安孝濟, 『守坡集』 卷之二, 「與鄭聲繪(在教)」 "孝濟老而不死, 誓不與讎賊共戴一天, 以至漂泊于今日. 然家國之淚, 無地可泄, 不如死之爲愈者久矣. 炅孫云在膝下, 看其志尙步趨果何如. 讀則鈍矣, 筆則可矣. 余之他日門戶, 亶在渠之脊梁, 幸須警責開喩, 俾至熱心做去, 以副故人身後之望, 如何."

열심히 가르쳐달라는 당부를 하고 있다. 더불어 수파는 비록 글 읽는 것은 둔해도 글씨는 그런대로 봐줄만 하니, 훗날 가문을 일으켜 세울 재목이 되도록 키워달라고 정재교에게 부탁하고 있다. 손자를 사랑하는 할아버지의 지극한 사랑이 물씬 풍기는 편지이다.

그런데 편지를 통한 소통을 애써 절제한 유학자가 있었다. 바로 대눌이다. 아래는 이러한 사실을 알 수 있는 대눌의 글 「자지自誌」의 일부이다.

> "몇 책갑의 행록을 편집하면서 오직 몇 권이라도 유실될까 두려워하면서도 지인과 친구의 편지에 답장을 하지 않은 지가 이미 9년이나 되었다. 어떤 이가 이를 책망하였다. …… (그러나) 예禮에 의문나는 곳을 질문하면 곧 답장을 하였다. …… 노인[노상익]이 답하여 말하기를 "편지란 정情이요, 예禮이나, 나라에 경조慶弔가 있으면 국사國事를 우선하고 안부는 뒤로 미뤄야 한다. 지금 종묘사직이 이미 망하여 경조慶弔에 비교될 뿐만이 아니다. 말을 하자면 그 한스러움은 끝이 없고, 통렬하고 간절하게 말하자면 내가 죽는 것은 차치하고라도 공연히 듣는 사람에게도 욕을 끼치는 것이다. 만약 저들[일제]을 두려워하여 충정에서 우러나는 바를 쓰지 않으면, 나의 진심을 잃어버리고 의리를 잊는 것이요, 만약 붓을 들어 분개하고 욕을 하며 형기形氣의 노여움을 거칠게 드러내면, 일에 도움은 없이 앵무새의 비난을 면하지 못하게 된다. 차라리 벗들에게 비방을 얻게 될지언정, 마음속에서 나 자신을 속이고 싶지는 않다."라고 하였다."152)

152) 盧相益, 『渡江錄(草稿1)』 第三, 「自誌」 "編載諸袠之行錄, 惟恐卷數之遺失, 至於知舊書札無答已九年. 人有責之. …… 禮疑則輒答之. …… 老人答曰; "書札情也, 亦禮也, 而國有慶弔, 首先國事, 而後寒暄. 今宗社旣屋, 不啻慶弔之比也. 欲言, 則其恨無窮, 若痛言深切, 則自己之死亡姑舍, 空爲受者之貽辱也. 若畏彼而不泄衷情所發, 則失其心忘其義也, 若揚筆憤罵, 暴著形氣之怒, 則無益於事, 而不免鸎鵡

나라에 경조사가 있을 때는 편지글에 국사國事를 우선하고 안부를 뒤로 한다. 그런데 지금은 나라에 경조사를 논하는 것을 넘어 종묘사직이 이미 무너지고 나라가 망했다. 그래서 편지에 담길 글들은 당연히 한스러움과 통렬함을 간절히 담게 마련이다. 그런데 일제의 검열이 두려워서 진심을 담지 못한 편지를 보내는 것은 의리를 잊는 것이다. 또 만약 솔직하게 일제에 대한 노여움을 거칠게 드러내는 내용을 담아 보냈다가 일제의 검열에 걸리기라도 하면 어떤 일에도 도움이 되지 못한다. 곧 편지를 받는 사람에게까지 욕을 끼치게 되기 때문이다. 그래서 대눌은 9년 동안 안부를 묻는 소통은 단절하였다. 그러나 학문과 관련된 질문이라면 언제든지 소통의 기회를 열어놓고 바로바로 답장을 해주었다.

편지를 주고받는 일에 조심을 했음은 경재를 통해서도 확인된다. 경재는 형 이건창의 문집『명미당집明美堂集』간행 일로 김택영金澤榮과 많은 편지를 주고받았다. 또 경재는 충청도 목천木川에 거주하던 정인보鄭寅普에게는 열흘이 멀다 하고 편지를 썼다.[153] 그리고 김재화金在華[154]와는 문장에 대해 논의를 하고 격려 편지와 함께『명미당집』을 보내주는[155] 등 경재는 기회만 있으면 국내 친지 청년들에게 격려하는 편지를 보내주며[156] 지인들과 꾸준히 소통하였다. 경재는 또

之議. 寧爲得謗於友, 不欲自欺於心也.""

* 이희목,「日帝强占期 漢詩 小考」,『인문과학』제45집, 성균관대학교 인문과학연구소, 2010. 9~10쪽. 번역 재인용.

153) 鄭寅普,『薝園文錄』,「祭耕齋李丈文(丙寅)」"我僑木川, 公在鴨濱, 函訊千里, 不曠以旬."

154) 李建昇,『耕齋集』上,「與金君在華書」

155) 李相瞳,「淸道 漢文學의 歷史的 展開－地域 漢文學 硏究를 위한 試論」, 嶺南대학교(박사논문), 2010. 160, 163쪽 참조.

고국의 이건방과 13년이 넘는 기간 동안 한 달에 많게는 십여 통, 적게는 서너 통의 편지를 주고받으며[157] 소통하였지만, 두 사람의 문집에는 단 한 통의 편지글도 실려 있지 않다.

국내 인사들과는 수창과 편지로 소통하면서 망명 유학자들은 때로는 자신들의 마음속을 술회하기도 하고, 또 때로는 국내 인사들에게 자신을 안심시키거나 자손이 바르게 클 수 있도록 지도해 달라는 편지를 보냈다. 또 이들은 후학들에게 학문적 질의에 답을 해주거나 격려하는 글들을 써서 보냈다. 그러나 이들은 속내를 드러내지 못할 편지는 아예 쓰지 않거나, 일제의 검열에 빌미를 줄 편지글들은 모조리 없애기도 하였다. 그러면서도 이들은 국내인사들과 끊임없이 소통하기 위해 애썼다. 고국에서 온 국내인사들과의 수창, 또는 국내인사들과 편지 및 엽서로 소통하는 동안 망명 유학자들은 망명생활을 하는데 있어 정신적으로 큰 위안을 받았다. 따라서 이들이 가진 국내인사들과의 교유와 소통은 망명문학 작품이 지속적으로 나오게 된 원동력의 일부이기에 그 의미가 크다.

3) 중국 인사들과의 소통

중국인과 소통한 유학자로는 대눌·소눌 형제 그리고 이산과 서천

156) 『東亞日報』(1924.03.29) 「李建昇氏長逝」 〈감회만흔그의일생〉, '만주에간후로 나라를 위한 근심과 생활의어려움으로 견듸기어려운 고초를당하면서도 오히려 변함이업시 항상긔회만잇스면국내의친지청년에게격려하는편지를주엇다'(출처 : 한국사데이터베이스(http://db.history.go.kr/))

157) 李建芳, 『蘭谷存稿』, 卷九, 「祭從祖兄耕齋先生文」 "與公別十有五年之間, 雖一二暫時會, 而旋復分手, 千里之外, 遙遙相望, 而不可得見. 則公之書, 如覩公面. …… 一月之內, 多之十數, 少猶三四, 每得書之, 日喜溢顏."

등을 들 수 있다. 이들과의 소통은 직접 만나서 필담을 나누거나 편지를 통해서 시도되었다.

망명 유학자들이 망명지 현지 주민들과 소통한 자료는 극히 드물다. 이는 망명지에 거주하는 중국인들 가운데 글을 아는 사람이 드물었기 때문이다. 일부 찾아지는 자료 또한 대눌 · 소눌이 거경居京 서병두徐丙斗 · 산동인山東人 송환문宋煥文 · 등거례滕居禮로부터 망명생활 중 힘든 일에 부딪치면 도움을 받았다는 사실만 확인될 뿐 다른 자료는 확인되지 않는다.[158] 그밖에 대눌은 자신의 허락 하에 자신의 집 앞에 점포를 열고 문구류를 판매하던 청주부青州府 제성현諸城縣의 유성삼劉聖三과도 소통하였다. 그러나 유성삼과의 소통 또한 유성삼의 소극적인 자세로 원활하게 이루어진 것은 아니었다.[159] 대눌이 재종제 노상건이 한어를 배우기 위해 만난 장경용과 필담으로 소통하였음은 앞에서 이미 밝혔다.[160] 이산 또한 북경에 가기 전에 들린 안동객관에서 장경용을 만나 공교회 일로 소통한 사실이 있다.[161] 그 밖에 대눌은 창화시唱和詩를 쓴 제성인諸城人 온차금溫次琴 등과도 소통을 한 사실이 확인된다.[162]

---

158) 盧相稷, 『小訥先生文集』 卷之三, 「辛亥記行」 〈誠信泰〉 "徐(名丙斗居京)秀, 宋(名煥文山東人)端, 滕(名居禮山東人)眷厚, 羇人百事輒相將."

159) 盧相益, 『大訥手卷續編』 卷之四, 「劉聖三(心一)傳(居中國青州府諸城縣)」 "辛亥冬, 余避地于安東縣購興隆街, 貰屋而居焉. 中國人劉聖三者來請門外設舖地. 其人也, 能文學, 而似純寶, 故許之舖, 物只有筆墨之屬, 而以演易占書爲業. 凍日獰風, 呵手露坐, 一日所得無多, 而擧是空手之日, 午食之喫薥餠一塊. 余見甚矜憐, 或以酒飯招之, 則辭而不來. 或送之, 則以物答之. 我欲助資本, 以廣物件, 則固辭."

160) 각주 59) 참조.

161) 芮大僖, 『伊山文集』 卷之二, 「安東客館奉和莊慶鎔」 "漂泊遼東歲暮天, 郵亭邂逅亦奇緣. 箕封舊物今何處, 管榻羈愁已有年. 勳業頻看工部鏡, 壯心難着祖生鞭. 憐君志在扶吾道, 破屋寒床繞石烟."

중국 정계 인사들과 소통한 망명 유학자로는 이산을 들 수 있다. 서간도에 한인 숫자는 급속히 늘어 1897년에 37,000명이던 것이,[163] 1913년에는 서간도 포함 봉천성 관내에만 286,000여 명이나 되었다.[164] 이렇듯 점점 더 늘어가는 한인들에 대한 근심을 이산은 보다 근본적으로 해결하기 위한 방도의 하나로 중국의 정계 인사들과 소통하기 위해 노력하였다. 이산이 중국 관료들과 소통한 사실은 아래 이산의 글 「자지自誌」를 통해서 확인된다.

> "계축(1913)년 …… 겨울에 강재[이승희李承熙] 어른과 함께 심양瀋陽에 들려 삼학사三學士 유적을 조문하고, 길을 돌려 연경燕京으로 들어가니, 당시 중국은 만청滿淸을 개혁하고 원세개袁世凱가 바야흐로 총통이 되어 있었다. 편지를 보내 삼성三省에 거주하는 대한 교민들로 전주田疇의 고사를 모방하고자 하였으나, 이룰 수 없었다."[165]

위의 글을 통해서 이산이 중국의 총통 원세개에게 편지를 보낸 사실을 확인할 수 있다. 이산은 또 환인현 지사[166]에게도 편지를 보냈었다. 그러나 『이산문집伊山文集』에는 원세개와 환인현 지사에게 보낸 편지글은 실려 있지 않다. 다만 이산이 1913년 11월 연경에서 원세개

---

162) 盧相益, 『渡江錄(草稿1)』 第三, 「自誌」 "莊慶鎔(山東莒州人)之議孔敎會, 溫次琴(諸城人)之唱和詩, 皆西渡後許心之友也."; 盧相益, 『大訥手卷續編』 卷之一, 「和溫次琴(樂書◇山東省青州府諸城縣人, 官經歷)」

163) 玄圭煥, 玄圭煥, 『韓國流移民史』上, 語文閣 , 1967. 139~140쪽 참조.

164) 李相龍, 『石洲遺稿』(高麗大出版部, 1973) 175~176쪽 참조.

165) 芮大僖, 『伊山文集』 卷之七, 「自誌」 "癸丑 …… 冬同剛丈過瀋陽弔三學士遺躅, 轉入燕京, 時中國革滿淸, 袁公世凱方爲總統. 以書乞韓僑之居三省者, 欲倣田疇古事而不成."

166) 芮大僖, 『伊山文集』 卷之八, 「遺事[芮鉉基]」 "致書桓仁縣知事"

에게 편지를 쓰기 10개월 전인 1913년 1월 17일자로 봉천부 총독 장석란張錫鑾[167]과 회인현 감독 비광국費光國[168]에게 보낸 편지글만 확인되고 있을 뿐이다.

이산이 원세개에게 편지를 쓴 시기는 원세개가 1911년에 청나라를 무너뜨리고 신해혁명으로 중화민국을 세운 후 전권을 장악하고 1913년에 대총통에 취임했을 때이다. 이때 이산은 연경에 가서 중국의 실세인 원세개에게 전주田疇의 고사를 빌어 편지를 썼을 것으로 파악된다. 이는 조조曹操가 오환烏丸(烏桓)을 공격하러 가는 도중에 장맛비로 인해 전진할 수 없을 때 위魏나라 무종인無終人 전주에게 계책을 물어 전주가 제시해준 계책대로 해서 오환을 크게 무찔렀다는 고사이다.

이산은 원세개를 전주로 보고, 자신을 계책을 묻는 조조로 놓고 편지를 썼다. 당시 이산은 원세개에게 시무時務에서 우선해야 할 일들을 논한 글[169]과 함께 10만이 넘는 한인들의 입적入籍 문제 등에 대해 관심을 갖고 도와달라는 부탁[170]을 하였으나, 원세개로부터 어떠한 답변도 받지 못하였다. 이는 연경에 함께 간 이승희 또한 수차례 원세개에게 편지를 보냈지만 답변을 받지 못한 사실을 미루어 알 수 있다.[171] 이때 이산은 한인들의 고통을 해결해주기 위해 중국 정계 인사

167) 芮大僖, 『伊山文集』 卷之三, 「與奉天府張總督(錫鑾 ○ 癸丑(1913))」 "中華民國二年正月十七日."

168) 芮大僖, 『伊山文集』 卷之三, 「與懷仁縣費監督(光國)」

169) 李相瞳, 위의 논문, 148쪽 참조.

170) 芮大僖, 『伊山文集』 卷之八, 「遺事[芮鉉基]」 "韓人流離在中國者, 無慮數十萬人, 府君致書袁總統, 求編入中國版籍."

171) 李承熙, 『韓溪遺稿』 七, 「西遊錄(幷序)」 "戊申浮海, 出俄斯東境. 翌年轉滿北之密山, 中華始國, 上書大摠統袁公, 請復堯舜禪讓之制, 周公德藝之敎, 凡三無報. ……

들과의 소통이 원활하게 이루어지지 않아서 많은 아쉬움과 함께 깊은 실망감을 느꼈을 것으로 여겨진다.

아래는 이산이 1913년에 봉천부 총독 장석란과 회인현 감독 비광국에게 보낸 편지글 「여봉천부장총독(석란)與奉天府張總督(錫鑾)」과 「여회인현비감독(광국)與懷仁縣費監督(光國)」의 일부이다.

> "지금 조선 사람들이 일본 오랑캐의 가정苛政을 고달파하며 압록강을 건너 삼성三省에 교민으로 사는 자가 십만에 가깝습니다. …… 저들은 이미 조선을 얻었는데, 또 삼성三省을 삼키려고 합니다. …… 저들 장군이 말하기를, "우리 백성이다. 공법公法으로 마땅히 보호해야 하므로 영사를 설치한다."라고 하니, 잠식하는 기세는 이로부터 이루어질 것입니다. 저들이 즉시 거병하지 않고 머뭇거리며 머물러 있는 것은 삼성을 두려워해서가 아니라, 사실은 열국列國의 공법公法을 두려워하기 때문입니다."172)

> "밖으로는 서양의 여러 국가들이 호시탐탐 노리고, 안으로는 몽고의 준동이 있는데, 오직 삼성三省 한 곳은 또 일본 오랑캐마저 침을 흘리고 있어, 중국옷을 입거나 한복韓服을 입고 교민의 호구를 조사한다면서 의려義旅들을 정탐하며, 기만하고 속이기를 날이 갈수록 심하게 하고 있습니다. 그런데도 삼성의 관리官吏께서 예방하지 않고, (일제를) 대수롭지 않게 여긴다면, 그 화禍는 이루 말로 다할 수 없을 것입니다."173)

甲寅二月, 復上書摠統, 論國用國亂國憲國教四事, 又不報."

172) 芮大僖, 『伊山文集』 卷之三, 「與奉天府張總督錫鑾○癸丑」 "今朝鮮之人, 苦日虜之苛政, 渡鴨綠僑三省者, 不可以十萬計. …… 彼旣得朝鮮, 又欲呑三省. …… 彼將曰; "吾民也. 公法當保護, 建置領使." 蚕食之勢, 自此成矣. 彼之不卽擧兵, 而故爲遲留者, 非畏三省, 實畏列國公法也."

위의 글을 통해서 이산은 일제가 동북삼성東北三省인 요녕遼寧·길림吉林·흑룡강성黑龍江省을 삼키기 위해 공법公法을 들먹이며 영사領事를 두고 한인들을 관리하려는 것에 대해 크게 염려하고 있음을 알 수 있다. 이산은 국가의 기본이 되는 백성, 그것도 일제의 만행을 피해 온 한인들의 안녕을 지키는 일이야말로 절조를 지키기 위해 망명을 온 자신이 할 수 있는 또 하나의 일이라는 막중한 책임감으로 편지를 썼던 것이다. 그러나 이 또한 이산의 바람과는 다르게, 동북삼성은 일제의 손에 넘어가고 말았다.

환인현의 지사, 봉천부 총독 장석란, 회인현 감독 비광국에게 쓴 편지가 원세개에게 보낸 것과 글자는 다를지언정 내용의 큰 줄기에는 별 차이가 없을 것으로 추정된다. 따라서 그 편지는 일제의 손아귀에서 교민들을 보호하고, 10만이나 되는 한인의 입적 문제해결을 통해 교민 정착은 물론 절조를 지키며 독립을 위해 애쓰는 의려義旅들을 보호하기 위해서 쓴 것임을 알 수 있다.

이산은 중국 정계 인사들 외에 일본의 대의사代議士 아라카와 고로[荒川五郎]에게 대한大韓의 독립을 촉구하는 아래의 편지 「여일본대의사황천오랑與日本代議士荒川五郎」을 보내기도 하였다.

> "갑오년 이래로, 일본이 대한제국에 대해 계획적으로 원숭이와 같은 속임수를 쓴 것을 낱낱이 다 들 수가 없다. 을사보호조약과 정미년 양위 협박은 모두 악을 숨기고 선을 드러냄에서 나온 것인데, 경술년에 이르러서 무도無道함은 이미 극에 달했으니, 한인韓人의 원

173) 芮大僖, 『伊山文集』 卷之三, 「與懷仁縣費監督(光國)」 "外有諸洋之虎視, 內有蒙古之蠢頑, 而惟此三省一方, 又爲日虜所垂涎, 或爲華服, 或爲韓服, 調査僑戶, 偵探義旅, 爲詭爲譎, 日甚一日. 而三省官吏不爲預防, 視若尋常, 則其禍有不可勝言者矣."

> 통함이 골수에 사무치게 되었다. 인인仁人 · 지사志士들은 눈물을 삼키고 길게 탄식하였으며, 영웅호걸로 해외에 서로 모여든 자는 이루 헤아릴 수 없이 많다. 오직 일본은 이러한 대세大勢를 헤아려 우리 대한大韓으로 하여금 완전히 독립하게 하고, 기예와 실업은 해외에서 본받고, 인륜도덕은 중국과 대한大韓에서 본받으며, 강약을 서로 보완하고, 공격하고 지키기로 동맹을 맺는다면, 서양의 백인종은 감히 침범해오지 못할 것이고, 동양의 황인종은 영원히 평화로울 것이다. 이렇게 하지 않고서 서로 원수를 맺는다면 장차 오나라를 잘못 삼킨 한탄[174]을 면치 못할 것이니, 어찌 통탄하지 않겠는가."[175]

이산이 편지를 보낸 정확한 날짜는 확인되지 않고, 경술국치 후에 쓴 편지라는 사실만 확인된다. 그러나 아라카와 고로가 1922년 10월 15일에 서울을 방문했던 사실을 미루어보면 이산이 귀국한 후에 쓴 편지로 추측된다. 또 위의 편지가 아라카와 고로에게 전달이 되었는지에 대해서도 사실 확인은 안 된다. 그러나 이산이 아라카와 고로에게 보낸 편지 또한 망명 중에 한인들을 생각하며 중국 관료들에게 편지를 썼던 사고의 연장선상에서 나온 편지임에는 틀림없다.

---

174) 杜甫「八陣圖」"功蓋三分國, 名成八陣圖. 江流石不轉, 遺恨失呑吳." 遺恨失呑吳에는 두 가지 설이 있는데, "유비와 제갈량이 오나라를 멸망시키지 못한 것을 한으로 여긴다."는 뜻과 "실수로 오나라를 삼킨 것이 한이다."라는 뜻이 있다. 여기서는 후자로 해석하여 오나라와 촉나라는 脣齒의 관계이므로 서로 멸망시켜서는 안 된다는 의미로 쓰였다.

175) 芮大僖,『伊山文集』卷之四,「與日本代議士荒川五郎」"自甲午以來, 日本之於我韓, 其設心狙詐, 不可枚擧. 而乙巳之保護條約, 丁未之脅迫讓位, 皆出於陰惡陽善, 而至於庚戌無道已極, 是以韓人之怨痛, 刺髓塡骨仁人志士之飮泣, 長歎英雄豪傑之海外相聚者, 不可以數計. 惟日本諒此大勢, 使我韓完全獨立, 而技藝實業模於外洋, 人倫道德, 法於中韓, 强弱相保, 攻守同盟, 則西洋之白種, 不敢侵伐, 而東洋黃族, 永遠平和矣. 不此之爲, 而自相仇讎, 則將不免遺恨失呑吳之歸矣, 豈不痛哉."

편지는 동양이 일본 때문에 흥하기도 하고 망하기도 할 것임을 언급하면서 한중일 세 나라는 순치脣齒와 같은 사이이기 때문에 서로 도와야 한다는 서두로 시작된다.[176] 일제는 갑오개혁 이후 을사늑약, 고종황제 양위 등 조선에 대해 많은 잘못을 저질렀다. 이산은 특히 경술년에 저지른 일제의 만행은 극에 달했기 때문에 원통함이 골수에 사무친 인인仁人 · 지사志士들은 눈물을 삼키며 길게 탄식하였고, 영웅호걸들은 국권회복을 도모하기 위해 해외로 모여들고 있음을 언급하였다. 이러한 기세로 보자면 일본은 대한을 영원히 삼킬 수 없음이 확실하니 하루빨리 대한을 독립시키라고 이산은 종용하고 있다. 아울러 이산은 기예와 실업은 서양에서 받아들이고, 인륜과 도덕은 중국과 대한에서 본받아 장단점을 서로 보완하고, 동맹을 맺어 서양의 공격을 지키고자 한다면 서양에서는 감히 침범해오지 못할 것이고, 그로 인해 동양은 영원히 평화로울 것이라고 하였다. 그렇지 않으면 촉나라가 순치 관계의 오나라를 삼켜 함께 멸망에 이르게 되었던 것처럼, 일본이 대한을 멸망시킨다면 서양과 맞설 동맹우군을 잃게 되어 결국 일본도 멸망하게 될 것이라고 하였다.

서양의 침범이 잦은 이 시점에서 일본은 하루 빨리 대한을 독립시켜야 함은 물론, 한 발 더 나아가 한중일이 동맹 관계를 맺고 서양세력에 대응해야 동양의 평화를 지킬 수 있다는 말이다. 이산은 한중일 동맹관계를 언급하면서 한중일을 동등한 입장에서 보았다. 이는

---

176) 芮大僖, 『伊山文集』 卷之四, 「與日本代議士荒川五郎」 "嗚呼, 東洋以日本存, 以日本亡, 何者. 日本自維新以來五十餘年之間, 軍甲技藝, 甲於東西, 而結英斥俄, 使歐米列彊, 不敢東漁者, 以有日本故也, 東洋不以日本存乎. 中韓日三國土壤相接, 人文亦同, 勢如唇齒, 誼同兄弟, 而乃日本持强, 自肆呑韓侵中, 自作蕭墻之亂, 東洋不以日本亡乎."

과거에 커 보이기만 하던 중국도 대한과 동등하고, 강력한 무기로 대한을 삼키고 중국을 침략하는 강한 일본도 대한과 동등한 시각에서 바라보고 있는 것이다. 중국보다 작은 대한이요, 일본보다 약한 대한이다. 그렇지만 이산은 대한을 중심에 놓고 중국 · 일본과 동등한 주권을 가진 국가로 놓고 보았다. 또 거시적 차원에서 대한 대 일본이 아니라, 한중일 즉 동양 대 서양의 큰 대결에서 승자가 되어야만 동양의 평화를 찾게 된다는 동양중심의 세계관을 드러내고 있다. 이는 이산이 안중근의 동양평화론과 유사한 시각을 드러낸 것으로, 동양평화를 유지하기 위한 구체적 방안으로 한중일 삼국이 합심하여 서양에 대응해야 한다는 사고와 맥을 같이 한 것이다. 아울러 이산은 무기를 들고 싸우는 것이 아니라, 동맹으로써 위력을 과시하여 서양에서 감히 쳐들어올 엄두를 내지 못하도록 해야 한다는 평화주의적 사고를 드러내고 있음도 알 수 있다. 이는 한중일 삼국이 동맹으로 힘을 합쳐 서양이 쳐들어오지 못하게 됨으로써 동서양의 평화를 넘어 전 세계의 평화가 공존될 수 있음을 언급한 것이다.

당시 국내에 거주하는 동포들 중에는 조선 민족은 열등하다는 자의식의 덫에 빠져 독립운동에 참여하지 않는 것을 부끄럽게 여기지 않을 뿐만 아니라, 재산과 생명을 지키는 데 급급해 하는 자가 많았다.[177] 더욱이 1919년 3·1 만세운동 이후 일제의 감시와 핍박이 더욱 심해지던 것에 반해 한인들의 국권회복에 대한 의지는 점점 좌절되어 갔다. 이러한 시기에 이산은 한중일을 동등한 위치로 생각하고 대한제국의 독립을 촉구하는 편지를 썼다. 이는 이산이 깨어있는 유학자

---

177) 진재교, 「秋帆 權道溶의 민족운동과 현실 대응의 양상」, 『漢文敎育硏究』 제32호, 한국한문교육학회, 2009. 552쪽 참조.

로서의 소임을 다하고자 하는 의지가 표출된 것이다.

또 이산이 일본에게 기예와 실업은 해외에서 본받고, 인륜과 도덕은 중국과 대한大韓에서 본받아야한다는 말은 동도서기론적東道西器論的인 사고를 드러낸 것으로, 이는 동양과 서양에서 각각의 장점을 취해서 정신적으로나 기술문명적으로 완벽한 나라가 되도록 힘써야 함을 언급한 것이다. 이를 통해 이산 또한 유자형儒者型 문학가들이 동도서기론적 입장에서 유동적 사고를 하고 있는 것과 같은 사고를 하고 있음을 알 수 있다.

그밖에 망명 유학자들은 주로 공교회 인사들과 소통하였는데, 이산과 서천을 예로 들 수 있다.

이산은 이승희를 따라 연경에 가서 공교회 인사 진환장陳煥章·송백로宋伯魯·용택후龍澤厚·이문치李文治·황계서黃啓瑞 등과 소통하였다.[178] 진환장은 양계초梁啓超(1873~1929)와 함께 변법자강을 목표로 개혁운동을 일으킨 강유위康有爲(1858~1927)의 제자이다. 진환장은 강유위와 함께 밀려드는 서양문화에서 정신적으로 중국을 지켜내기 위한 일환으로 공자의 도를 국민교육의 근본으로 삼자는 취지로 공교회와 공교의 국교화國敎化를 추진하던 인물이다. 그러나 이산은 연경에서도 평소 자신이 구하고자 하는 도덕이 바로서는 이상理想을 구할 수 없음을 깨달았다. 이에 이산은 가족이 기다리는 곳으로 돌아가고자 하여 새해 인사와 함께 이별을 고하는 편지 「여진중원(환장)與陳重遠(煥章)」[179]를 써서 진환장에게 보냈다. 이산은 진환장에게 이별

178) 芮大僖, 『伊山文集』 卷之七, 「自誌」 "轉入燕京. …… 與陳煥章·宋伯魯·龍澤厚·李文治·黃啓瑞諸名碩, 往來講論."

179) 芮大僖, 『伊山文集』 卷之四, 「與陳重遠(煥章○甲寅)」 "重遠先生惠鑑. 謹賀新年多祉. 大僖天涯漂泊, 苟生可耻, 而今於燕舘, 又逢新歲, 百感交集, 筆何可旣. 蓋弊

편지를 보낼 때 아래의 시 「증진박사(환장)贈陳博士(煥章)」[180]도 함께 보냈다.

삼한三韓은 일찍이 같은 문화 속에 있어	三韓曾是化中人
개국한 지 천년 동안 도의를 강론함이 진실했네	開國千年講道眞
강토가 지금 옌 씨[阮氏]의 월남처럼 망함 슬퍼[181]	彊土如今悲阮越
요동의 객탑에서 흘린 눈물 수건을 적시네	遼東客榻涕盈巾
	(2수 중 제2수)

이산은 진환장과 함께 공자의 도에 대한 강론을 펼쳤다. 그러나 강론 끝에 이산은 월남의 망국을 떠올렸다. 17세기 초부터 중부 이남 지역을 지배하던 월남의 응우옌 씨[阮氏]의 후손 응우옌 푹 안[阮福映]은 18세기 말 타이손 당[西山黨]이 일으킨 난을 진압하기 위해 1802년 프랑스의 도움으로 난을 진압한 후 응우옌 왕조를 세웠다. 그러나 응우옌 왕조의 2대 황제 민망[明命]은 프랑스에 비협조적이었을 뿐만 아니라, 천주교에 박해를 가하기 시작하였다. 그러던 중 민망이 1857년 스페인 신부 호세 마리아 디아스(San Jose María Díaz Sanjurjo)를 처형하기에 이르자, 프랑스의 나폴레옹 3세는 천주교 탄압에 대한 응징을 핑계로 월남을 공격하기 시작하였다. 그로 인해 1884년 베트

邦之於中華, 誼同兄弟, 患如唇齒. 僖之來此, 實有所求, 而今觀貴國形勢, 草刱之餘, 似難力及. 留俟異日整頓, 當更來再圖矣. 仰事俯育之人, 私情切迫, 草草理裝, 不得進別, 玆以數字替拜, 兼構二絶以呈, 幸賜諒察."

180) 芮大僖, 『伊山文集』 卷之二, 「贈陳博士(煥章)二首」

181) 『國譯 承政院日記安南』, 고종 22년 을유(1885, 광서 11) 11월3일 기사. "上이 이르기를 "불란서 총독이 越나라를 해친 일이 있었는가?"하니, 김세기가 아뢰기를, "安南의 阮氏가 반란을 꾀하였는데 불란서 총독이 정탐하는데 발각되어 이 때문에 월나라를 해치는 일이 있었다고 합니다."

남은 프랑스의 식민지가 되고 말았다. 이산은 월남이 프랑스의 식민지가 되어버린 것처럼, 대한제국 또한 일제의 식민지가 되어버림을 슬퍼하며 요동에서 흘린 눈물이 수건을 적신다고 했다. 이는 고국이 망한 현실에 대한 슬픔을 이별에 앞서 시로 드러낸 것이다.

서천 또한 이산처럼 기행을 하는 동안 중국 공교회 인사들과 소통하였다. 1913년 중국을 방문한 서천은 북경에서 왕학연王鶴年 · 이종예李鍾豫 · 양만청楊蔓青 등과 필담을 나누었다.182) 또 천진에서는 유채년劉采年과 시를 주고받기도 하고,183) 해서楷書에 뛰어난 이종예184)와는 필담을 통해 중국의 정세185) 뿐 아니라 문장에 대해서도 논하였다. 아래는 서천과 이종예가 나눈 필담 「여이육여필담與李毓如筆談」의 일부이다.

---

182) 趙貞奎, 『西川先生文集』 卷之三, 「北征日錄」 "入北京留天和棧, 二十二時遇王鶴年, 筆談其二友李鍾豫 · 楊蔓青."

183) 趙貞奎, 『西川先生文集』 卷之一, 「北征詩」 〈附劉甸侯詩〉; 卷之一, 「北征詩」 〈答劉甸侯(采年)〉

184) 李鍾豫(?~?) : 자는 毓如, 호는 江淮散人, 애꾸눈이었기 때문에 자호를 了然이라 했다. 光緒年間에 戶部郎中 · 尙書 등을 역임하였다. 行書와 榜書를 잘해 頤和園의 佛香閣을 비롯한 북경시가 대부분의 편액을 썼다. 난초 · 국화의 指墨畵 특히 능했다. 京劇劇本 『龍馬姻緣』을 집필하였는데 여장 남자배우 程硯秋가 『南安關』이라 이름 하면서 京劇의 전통극 가운데 중요 작품으로 인정받으면서 '京華奇人'이라는 명예를 얻었다.

* 翟伯恒(淸) 編, 『格言楷則』(裴英館, 1887) 서울대 규장각 소장본 해제에 의하면 이종예는 교육적 측면까지 고려해서 만든 楷書 교본 『格言楷則』에 실린 총 18명의 34편의 격언 가운데 1편을 쓴 것으로 확인 된다.

185) 趙貞奎, 『西川先生文集』 卷之三, 「與李毓如筆談」 "貞曰; "夫中州天下之宗國也. 中州正, 則天下可正, 中州不正, 則天下無可正之望也. 僕之此來, 蓋欲觀天下治亂之候於中州, 願明教大概也." / 李曰; "中國共和新建正式政府, 尙未成立, 而黨會各爭權利, 轉致國事於不問, 此人心不一之故, 現在總統極力調和.""

貞 : "지금 각부의 대관大官 중 누가 가장 어질고 문학을 잘합니까? 온 천하에 도학으로 으뜸가는 선비와 문장의 대가는 누구인가요?"

李 : "천하가 정해지지 않아 무공武功을 우선으로 하며, 남북이 같지 않아 또 각각 병기를 들고 스스로를 지키니, 문학을 강할 때가 아닙니다. 아, 유도儒道가 강학되지 않은지 오래되었습니다. 전에 청淸나라는 문장文章으로 선비를 취했으나 곧 공맹孔孟의 진전眞傳을 잃어버렸습니다. 근래에는 또 경학經學을 폐기廢棄하고, 한결같이 외국학당과정으로 표준을 삼아서는 글을 익힌다고 여기던 것도 점점 쇠퇴하여, 실업을 익혀 부강하게 되는 것만 못하게 여기게 되었습니다. 이에 공상工商을 하는 사람이 글을 익힌 사람보다 많아진지가 수십 년입니다. 그러므로 중국에는 아마도 문장대가가 없을 것입니다. 십부대신十部大臣은 모두 총통을 추대한 사람들로 천하를 경영할 재인은 아닙니다."[186]

육여毓如는 이종예의 자이다. 서천은 중국인 가운데 현인賢人, 문장가文章家 또는 도학道學에 뛰어난 인물이 있는지, 있다면 누구인지에 대해 알고 싶어서 이종예에게 질문을 던졌다. 그러나 서천이 이종예로부터 들은 답변은 천하가 병기를 들고 다투는 때라서 문학을 강할 여유도 없거니와 과거시험을 통해 인재를 취하던 시대도 지났고, 경학經學 또한 폐기된 지 오래 되었다는 것이었다. 그에 더해 서천은

---

186) 趙貞奎, 『西川先生文集』 卷之三, 「與李毓如筆談」 "貞曰; "今各部大官, 何人最賢能文學, 通天下之道學首儒, 文章大家其誰也." / 李曰; "天下未定武功爲先, 南北不如, 又各擁兵自衛, 非講文學之時也. 噫, 儒道不講久矣. 前淸以文章取士, 卽失孔孟眞傳, 近又廢棄經學, 一以外國學堂科程爲準, 以爲習文者, 流於積弱, 不如講實業可致富强. 於是工商勝於文字數十年. 故中國恐無文章大家耳. 十部大臣, 皆擁戴總統之人, 非經猷天下之才也.""

외국학당에서 공부하는 것을 선호한지 오래 되었는데, 그 또한 부강하게 살기 위해 실업을 익히는 것만 못하게 되었다는 말도 들었다. 아울러 공상工商을 하는 사람이 글을 익힌 사람보다 많아진 것이 이미 수십 년이나 되었기 때문에 중국에 문장 대가는 없을 것이라는 말도 들었다. 또 서천은 원세개 총통을 추대한 십부대신 모두 천하를 경영할 만한 인재는 못 된다는 답변까지 들었다.

이에 서천은 "천하가 장차 모두 서양이 되려고 하는가?"라며 개탄하였고, 이종예는 천하의 인심을 모두 변화시키고 싶지만 어려운 것을 알기 때문에 자신도 은둔해서 살고 있다고 하였다.[187] 그러자 서천은 공맹孔孟의 도는 일월日月과 같아서 일월은 잠시 일식과 월식이 있어도 사라지지 않는 것처럼 결국 만고의 문명이 될 것이라고 답하였다. 그와 함께 우리나라는 이미 망하고 신학문이 크게 일어났지만, 여전히 흰머리의 구학자들이 산 속에 은둔하여 옛 의복과 문자로 옛 성현의 도를 지키는데 힘쓰면서 천하가 밝아지기를 기다린다고 하였다. 이에 이종예는 나라가 망했는데 문물이 망하지 않으면 망해도 망하지 않은 것이고, 나라가 존재해도 문물이 먼저 망하면 비록 나라가 존재한다고 해도 또한 망한 것이라는 말을 하면서, 생각이 비슷한 서천을 만나서 기뻤던 마음을 전하였다.[188]

---

187) 趙貞奎,『西川先生文集』卷之三,「與李毓如筆談」"貞曰; …… "天下將盡爲洋乎." / 李曰; …… "欲盡化天下之人心, 其難可知矣, 僕所以避地而居也.""

188) 趙貞奎,『西川先生文集』卷之三,「與李毓如筆談」"貞曰; "孔孟之道猶日月, 日月雖有一時晦蝕, 竟是萬古文明也. 東國國已亡矣. 新學大熾然, 猶有白首舊學人, 隱在山中, 古冠服古文字, 力守古聖賢之道, 以待天下之明也." / 李曰; "國亡而文物不亡, 亡有不亡, 國存而文物先亡, 雖存亦亡也. 僕不遇同調久矣. 今遇先生得以暢所欲言, 至幸至幸.""

서천은 이종예와의 필담 중에 변해가는 정세에 눈을 뜨고 사고를 전환할 기회를 갖기보다는 전형적인 유학자로서의 사고를 한 번 더 각인하는 모습을 보였다. 또 서천은 공교회 인사 가운데 공자의 후손 공상림孔祥霖에게 시[189]와 편지[190]를 보냈다. 서천은 공상림에게 보낸 편지에 조선의 주자학은 안향安珦이 전수하면서부터 시작되었음을 언급하며, 공상림에게 안향의 신도비명神道碑銘을 지어달라고 부탁하였다. 그러나 공상림이 안향의 신도비명을 지어준 사실은 확인되지 않고 있다.

대눌과 소눌, 이산이 지역의 중국 인사들과 소통하였음은 아주 간략한 사실 관계 확인 정도로 그쳤다. 이는 지역 중국인들 가운데 글을 아는 사람이 많지 않아 소통이 원활하지 못했기 때문이다. 이와는 다르게 이산과 서천은 중국 인사들과 보다 넓게 소통하기 위해 노력하였다. 특히 이산이 가진 중국 정계 인사들과의 소통은 비록 이산의 일방적인 소통으로 끝났지만, 좌절하지 않고 계속 소통을 시도함으로써 이산이 행동하는 유학자이었음을 분명하게 드러내었다.

또 이산과 서천이 가진 나머지 중국 인사들과의 소통은 대부분 공교회 인사들에 한정되어 있고, 그 또한 오랜 소통으로 이어지지는

---

189) 趙貞奎,『西川先生文集』 卷之一,「北征詩」〈呈孔提學少霑(祥霖)三絶〉

190) 趙貞奎,『西川先生文集』卷之二,「與孔提學少霑」“大韓遺士某等, 謹齋沐致書, 于曲阜總理老先生孔少霑閣下, 爲弊國之斯文, 先生正晦軒先生安文成公裕, 求乞其神道碑銘. …… 原田假假紘誦洋洋逮, 及朝鮮全國之, 凡三百六十州郡, 莫不郡寘學宮, 而家家孔子, 人人六經, 英才作國治明遂振東夷, 而中華之遂轉異學, 而孔子之遂升大猷, 于堯舜之日月者, 實維我安先生一人之稷契之之力也. …… 高麗之斯文, 先正晦軒先生安文成公神道之碑, 欽惟大德, 孰可其銘泰山高矣. 黃河遠矣. 聖人孫子, 今有總理老先生孔少霑, 春秋之筆, 凡天下之爲大賢, 求言者舍, 復奚往東人相率北首齊拜, 求乞大銘, 伏惟感念.”

못했다. 그러나 당시 이산과 서천이 그들과 필담을 나누고 시문을 주고받는 동안 서로 간에 고귀한 인품과 학식은 충분히 헤아릴 수 있었다. 또 한편으로는 유학자로서의 한계를 드러내며 공자의 학문을 끝까지 지켜갈 것을 다짐하기도 하였다. 그러나 이는 글에서 드러나는 것일 뿐, 유학자들은 그들과의 소통을 통해서 자기 학문에 대한 성찰과 앞으로 자신들의 학문이 나아가야 할 방향 등에 대한 고뇌 또한 했을 것이다. 그리고 중국 인사와의 소통을 위해 노력하는 동안 국권회복에 대한 필요성은 더욱 절실하게 느꼈을 것이기에 망명 유학자들이 가진 중국 인사들과의 소통은 그래서 의미를 가진다.

IV. 망명문학의 성격과 향방

망명문학의 성격과 향방에 대해서는 아래와 같이 크게 네 가지로 나누어 볼 수 있다. 첫째, 시대에 대한 비분悲憤과 망국의 정조情調, 둘째, 객고客苦와 망향望鄕, 셋째, 망명객으로서의 의지와 독립정신, 넷째, 저술활동의 성과와 의미이다.

1. 시대에 대한 비분과 망국의 정조

망국의 현실을 당면하고 망명을 떠나온 유학자들의 작품 속에는 기본적으로 시대에 대한 비분과 함께 망국의 정조가 담겨져 있게 마련이다.

망명길에 개성[松京]을 지나던 수파는 선죽교善竹橋에서 순절한 포은圃隱 정몽주鄭夢周를 떠올리며 아래의 시 「송경포은비松京圃隱碑」[1]를 읊었다.

1) 安孝濟, 『守坡集』 卷之一, 「松京圃隱碑」

문충공은 마땅히 죽을 때에 죽어 文忠當日死於死
오백년이 지난 지금 비석 하나 남겼네 五百年今此一碑
죽을만한 때 죽는 것이 사는 것이니
어찌 구차하게 살리오 死死猶生生豈苟
부끄럽구나, 나는 죽지 않고
어느 때를 기다리는고 愧吾無死待何時

정몽주는 절개를 지키며 죽어야 할 때에 죽어 영원히 사는 길을 택했다. 그래서 500년이 지난 지금까지도 충신하면 가장 먼저 떠오르는 인물로 이름이 전해지고 있다. 죽어야 할 때에 죽는 것이야말로 정몽주처럼 영원히 사는 길인데, 수파는 경술국치 후 죽으려고 7일간 금식하였으나 실패하여 결국 죽을 때를 놓쳐서 지금 구차하게 목숨을 유지하고 있다. 나라를 잃고도 구차하게 살아가는 자신의 모습이 한없이 부끄러운 수파는 정몽주의 이름을 빌려 자신의 부족한 충심을 반성하고 있다.

서천은 평소 시[2]를 지어 자신의 마음을 드러낼 만큼 공자 학문의 본고장인 중국에 가서 살고 싶어 하였다. 그런 서천이 중국에 가서 만난 중국인들로부터 고려 손님이라는 말을 듣고 아래의 시 <고려빈(북인혹지고려부지조선)高麗賓(北人或知高麗不知朝鮮)>[3]을 읊었다.

내 의관을 보고 뭇 이목들이 새롭게 여겨 見我衣冠萬目新
어린 아이 늙은이 모여 이웃을 이루었네 靑童黃耉聚成隣

2) 趙貞奎, 『西川先生文集』 卷之一, 「北征詩」 〈北志〉 "不用年衰休北志, 中州眞可養兒孫. 千里平原風水好, 三英正朔帝王尊. 魚龍變化元乘海, 星月光輝乃在天. 偏疆生長莫須戀, 經史寥寥外國人."

3) 趙貞奎, 『西川先生文集』 卷之一, 「北征詩」 〈高麗賓(北人或知高麗不知朝鮮)〉

그 중 한 사람 식견이 있는 자가　　　　　　　　中有一人能識者
고려 만리 먼 곳에서 온 손님이라고 하네　　　　高麗萬里遠來賓

서천이 제목의 주에 언급하였듯이 중국인들은 고려는 알아도 조선은 모르고 있었다. 고려가 망한 지 오백년이요, 조선이 들어선지 오백년이 지났지만 조선이라는 나라도 모르는 중국인들이 조선왕조가 망한 것을 모를 것은 당연하다.

중국인이 서천을 보고 고려에서 온 손님이라고 한 것은 고려를 지역적인 나라로써 인식하여 표현한 것이지, 고려왕조를 지칭하여 고려에서 온 손님이라고 한 것은 아니었을 것이다. 그런데 서천은 고려와 조선을 지역적인 나라로써 인식한 것이 아니고, 왕조라는 역사적 인식으로 접근하고 있음을 알 수 있다. 그래서 서천은 자신은 '고려왕조'와는 구별되는 '조선왕조' 사람이라는 의식의 일단을 드러내면서 망국의 현실을 개탄하고 있다. 그러나 서천은 시에 망국의 현실을 개탄하는 자신의 느낌을 직접 드러내지 않음으로써 더욱 쓸쓸함이 느껴지는 효과를 얻었다.

망명 유학자들은 늘 자신들이 두고 온 고국의 현실이 궁금할 수밖에 없다. 이는 국권회복이 되면 돌아가야 할 내 나라, 내 땅이기 때문이다. 그러던 어느 날 이산은 부친의 생신날 아침 부친의 축수 잔치 자리에 모인 사람들로부터 고국의 상황을 전해 듣고 아래의 5언 장편시 「수친생조壽親生朝」[4]를 지었다.

어버이 연세는 일흔 셋이지만　　　　　　　　壽親七十三

---

4) 芮大僖, 『伊山文集』 卷之二, 「壽親生朝」

기력은 여전히 확삭옹矍鑠翁이시라네	氣力猶矍鑠
눈은 작은 글자를 보실 수 있고	眼能看細字
귀는 빨리 대답하고 응낙함에 착오가 없으시다네	耳無錯唯諾
머리는 짧아도 눈썹은 빼어나게 긴데	髮短眉秀長
다만 치아가 이미 다 빠지신 게 한이라네	但恨齒已落
(중략)	
타국 만리 밖에서	絕域萬里外
오늘 아침에 술을 따르게 되었네	爲治今朝酌
파자강巴子江에서 물고기를 낚고	釣魚巴子江
안동 시장에서 쌀을 샀네	買米安東市
함께 온 여러 족인族人들	同來諸族人
담소하며 마주보고 좋아하네	談笑好相視
동쪽을 바라보니 구름은 하늘 끝에 떠 있는데	東望雲極天
고국은 어드메이뇨	故國何處是
사람들 와서 소식을 전하는데	人來消息傳
포악한 불꽃은 여전히 끝나지 않았다 하네	虐燄猶未已
온갖 노역이 날마다 생겨나서	百役日並出
원망하는 소리 거리를 울린다 하네	怨聲嗔街里
법망法網으로 무고한 자를 살생하니	網羅殺無辜
문을 나선 사람들 두려워 벌벌 떤다 하네	出門人惴惴
(중략)	
호주濠洲에는 호걸이 없고	濠洲無豪傑
용릉春陵은 언제 다시 일어나랴	春陵或再起
모든 백성[元元] 도탄이 지극하니	元元塗炭極
반드시 양기가 다시 회복될 이치가 있으리	必有陽復理
(중략)	
원컨대 태평시대가 와서	願言昇平日
강녕하게 압록강을 건널 수 있으시기를	康寧渡鴨水

위의 시는 총 240자로 이루어져있는데, 편의상 4단락으로 나누어 살펴볼 수 있다. 첫 번째 단락에서는 연로한 부친을 모시고 망명을 온 이산이 부친을 고생시키는 것에 대한 죄송한 마음을 드러내고 있다. 그러나 이산의 부친은 73세의 노령에도 불구하고, 62세의 나이로 말에 올라 용맹함을 떨쳐 광무제光武帝로부터 확삭옹矍鑠翁이라는 찬탄을 들은 동한東漢의 복파장군伏波將軍 마원馬援처럼 건장하였다. 그래서 이산은 부친의 건강에 대해 안심하면서도 부친의 치아가 다 빠져서 음식을 제대로 드실 수 없음에 대해 안타까운 심정을 함께 드러내고 있다.

둘째 단락에서는 이산이 손수 준비한 음식으로 부친의 생신상을 차리고 친인척들을 초대해서 즐겁게 식사를 하는 모습을 그리고 있다. 이때 이산은 식사자리에 모인 사람들로부터 일제의 극악한 핍박과 살생이 넘쳐나는 고국의 비참한 상황을 전해 들었다. 일제로부터 온갖 노역에 동원된 고국 백성들의 원망소리는 거리에 울려 퍼지고, 의병투쟁을 하는 사람들은 일제가 만들어놓은 법망에 걸려 무고하게 살생을 당하고 있어, 집을 나서는 사람들은 지은 죄도 없이 두려움에 떨면서 살고 있다는 소식이었다. 부친을 위해 정성껏 마련한 생신상의 화두가 고국의 비참한 현실로 이어지면서 가라앉은 잔치 분위기를 짐작케 한다.

셋째 단락에서는 비참한 상황이 이어지는 고국에는 왕업王業을 일으킬 기틀을 만든 호주濠洲 출신의 대명태조大明太祖 주원장朱元璋 같은 사람도 없고, 주자朱子의 학풍을 일으킨 용릉舂陵에 살던 송나라 주돈이周敦頤 같은 사람이 다시 일어날 기약도 없음을 언급하고 있다. 그러나 이산은 끝까지 희망을 놓지 않고 있다. 달도 차면 기우는 법, 지금

도탄에 빠진 고국 백성들의 지극한 고통도 조금만 참고 지내면 양기陽氣가 다시 일어나 틀림없이 좋은 날을 맞이하게 될 것임을 이산은 확신하고 있다. 긍정적인 마음으로 자신을 다스리고자 하는 이산의 마음이 엿보인다.

마지막 단락에서 이산은 부친이 지금처럼 확삭옹 같은 기력에 좋은 시력과 청력을 잘 보전하여 국권회복이 되면 강녕한 몸으로 압록강을 건널 수 있게 되기를 빌고 있다. 이산이 부친과 함께 압록강을 건너기 위해서는 부친의 건강이 유지되어야 함은 물론 국권회복이 이루어져야 하는 것이다. 둘 중 하나라도 잘못되면 이산은 부친과 함께 압록강을 건널 수 없게 된다.

시제는 부친의 생신을 소재로 했지만 이산은 오늘날 고국이 겪고 있는 현실에 대한 비분으로 범위를 확장시켰다. 그런데 마지막에 이산은 부친이 건강해야 함은 물론 하루빨리 국권회복이 이루어져서 압록강을 건널 수 있게 되기를 바라는 희망적인 마음으로 마무리 지었다. 그러나 현재로써는 두 가지 모두 이산의 희망사항일 뿐 국권회복이 될 때까지 부친의 건강이 유지될 것인지, 부친이 건강할 때 국권회복이 될 것인지 아무 것도 장담할 수 없다. 고국의 상황이 좋아질 것을 기대하는 것은 현실적으로 어렵다는 것을 이산 또한 깨닫고 있으면서도 끝까지 자신을 위로하기 위해 희망적인 말로 마무리를 지은 것이다.

고국의 백성들은 일제의 핍박으로 고통을 당하고 있는데도 이를 아픔으로 느끼지 못하는 친일파들에 대한 비분이 망명 유학자들에게 없을 리 없다. 아래는 수파가 친일파들에 대한 분개를 담아 이규희李奎熙에게 지어준 시 「증이취오(규희)贈李聚五(奎熙)」[5)]이다.

서남쪽 떠도니 일마다 괴롭고	漂泊西南事事艱
한 몸 세상에 용납될 계책이 없네	一身無計可容寰
삼 년을 머무는 동안 흰 머리만 더해지고	三歲淹留添鶴髮
강 하나 사이로 용만龍灣을 접하고 있네	一江中隔接龍灣
율리의 고송은 차라리 어루만질 수 있을지언정	栗里孤松寧可撫
여흥[민영환閔泳煥]의 혈죽은 부여잡기 어렵네	驪興血竹果難攀
오호, 나라도 잊은 채 영화를 구하는 자들은	嗚呼忘國求榮者
어찌 잠시도 한가하지 못하고 분주한가	其奈奔忙不暫閒

위의 시를 수파로부터 전해 받은 성서처사星墅處士 이규희李奎熙(1852~1923)는 독립을 위해 힘쓰던 이승희의 족제이다.[6] 그의 아들 이기형李基馨(1868~1946)은 1919년 파리장서에 서명 한 일로 체포되어 6월 징역에 집행유예 3년을 선고받은 일이 있는 것[7])으로 보아 수파 생전부터 독립운동에 관심이 많았을 것으로 여겨진다. 또 이규희의 50년 지기인 장석영張錫英[8])은 암울한 시대를 맞이한 망국의 현실을 극복하고자 독립운동에 동참한 인물이다. 이규희의 주변 인물들의 행실로 보아 이규희의 관심사 또한 이들과 크게 다르지 않았을 것임은 자명한 일이다.

수파는 강 하나만 건너면 고국 땅인 용만, 곧 의주義州와 마주한 접리수촌에 기거하였다. 그곳에서 사는 삼년동안 수파에게 늘은 것이

---

5) 安孝濟, 『守坡集』 卷之一, 「贈李聚五(奎熙)」

6) 李承熙, 『韓溪遺稿』五, 「族弟聚五奎熙(乙未)」

7) 공훈전자사료관(http://e-gonghun.mpva.go.kr/) 李基馨 포상자 공적조서에 의해 서술하였다.

8) 張錫英, 『晦堂先生文集』(국립중앙도서관 소장, 녹洞書堂, 1932) 卷之三十六, 「處士李公聚五墓碣銘(幷序)」 "此吾亡友星墅處士李君聚五諱奎熙之墓. 余與處士爲五十年知己. …… 君生睿陵壬子, 其卒癸亥十二月二十日也."

라고는 흰 머리뿐이다. 나라가 망했는데도 특별한 계책을 세울 수 없어 떠나온 망명지에서 수파가 할 수 있는 일이란 율리에 은거하던 도연명을 흉내 내는 것일 뿐, 을사늑약 때 자결하여 혈죽血竹으로 피어난 민영환(본관이 여흥麗興임)의 고귀한 충심은 감히 자신 같은 사람이 흉내 낼 수 있는 절개가 아님을 고백하고 있다. 그러면서 수파는 망한 나라를 구할 생각을 하거나, 절개를 지키지는 못할망정 제 몸 하나 부귀영화를 누리자고 분주히 돌아다니느라 잠시도 한가할 겨를이 없는 친일파들을 향해 한껏 조롱을 쏟아내고 있다.

민영환이 자결한 후 혈죽으로 피어난 일은 『대한매일신보』가 1906년 7월 10일부터 9월 9일까지 민영환을 추모하는 시를 거의 매일 실을 정도로 전 국민의 애국심을 고취시킨 일대 사건이었다.[9] 수파는 애국지사 민영환의 혈죽을 친일파들의 행태와 대비시킴으로써 민영환은 물론 이규희를 포함한 이규희 주변 인물들의 행실까지 함께 드높이는 효과를 가져왔다.

시대 조류에 휩쓸려 부귀영화를 좇는 친일파에 대한 수파의 조롱은 아래 「자만육절自挽六絶」[10]에서도 확인된다.

어찌하여 요리 붙었다 조리 붙었다하는 무리들은	如何反側輩
달갑게 창귀 같은 앞잡이 노릇을 하는가	甘作倀鬼媒
아아 여흥자[민영환閔泳煥]여	嗟嗟驪興子
외로운 혈죽 홀로 우뚝하도다	孤竹獨崔嵬

(6수 중 제4수)

9) 진재교, 「秋帆 權道溶의 민족운동과 현실 대응의 양상」, 『漢文教育研究』 제32호, 한국한문교육학회, 2009. 543~544쪽 참조.

10) 安孝濟, 『守坡集』 卷之一, 「自挽六絶」

호랑이에게 물려 죽은 사람의 영혼으로 알려진 창귀倀鬼는 종종 호랑이에게 홀려 호랑이의 사역을 받는 앞잡이 노릇을 한다. 친일 앞잡이들이 시대에 편승하여 요리 붙었다 조리 붙었다 하면서 자신들의 이익을 챙길 때, 여흥자 민영환은 을사늑약 때 자결하여 외로운 혈죽으로 피어나 자신의 이름을 우뚝하게 세웠다. 수파는 애국지사 민영환의 죽음을 애도하면서 친일 앞잡이들에 대한 증오심을 응축시켜 비분강개한 마음을 드러내었다.

대눌은 안동현에 있는 도살장을 드나드는 염소를 보고도 시대에 대한 비분을 느꼈다. 대눌은 도살장에서 본 풍경을 만주에서 본 괴이한 풍속 세 가지에 관한 글「만주삼괴속滿洲三恠俗」중 한 가지로 실어 놓았다.

> "안동현에 도살장이 있는데, 염소 · 양 · 소 · 돼지를 하루에 삼사십 두를 소비한다. 어떤 염소가 아침마다 앞에서 인도하면 양떼가 뒤를 따라 도살장으로 들어간다. 그런 뒤에 인도하던 염소는 혼자서(보호하면서 따라가는 사람이 없다) 집으로 돌아간다. 어찌 그것이 염소의 본성이겠는가? 조련사의 훈련에 순치되어 제 무리를 사지에 빠뜨리고도 깨닫지 못하는 것이니, 그것은 소인배가 백성들을 구렁텅이 속으로 빠뜨리고도 편안히 작록을 누리는 것과 무엇이 다르랴?"11)

도살장에는 원래 사람이 도축할 가축을 몰고 들어간다. 그런데 대

11) 盧相益,『大訥手卷續編』卷之三,「滿洲三恠俗」"安東縣有屠戰場, 羔羊牛猪, 日費三四十頭. 有一羔朝朝前導, 群羊隨後, 而入屠所, 後導羔, 獨行(無人隨護)還家. 豈其羔之本性哉. 隨於圉人之馴致, 陷其類於死地而不悟, 其於小人陷民於溝壑之中, 而安享爵祿者何異."

눌은 안동현의 도살장에서 사람이 아닌 염소가 가축들을 인도해서 도살장으로 들어가는 기이한 모습을 목격했다. 그런데 대눌이 더욱 놀란 것은 가축들을 몰고 들어갔던 염소가 무리들은 죽게 두고 혼자서만 살아나와 집으로 돌아가는 모습이었다. 그것을 본 대눌의 마음은 복잡해졌다. 생각해보니 무리를 죽게 만들고 아무렇지도 않게 돌아가는 것은 염소의 본성이 그런 것이 아니라, 염소가 사람에게 길들여진 결과로 그런 행동을 하는 것이었다. 이것을 본 대눌은 백성들을 구렁텅이에 밀어 넣고도 아무렇지 않게 작록爵祿을 누리는 일제 앞잡이인 소인배들을 떠올리며, 일제 앞잡이들과 앞서 인도하던 염소가 다를 바 없다는 생각을 하였다. 대눌은 위의 작품을 통해 나라를 망하게 만들어 민족을 구렁텅이로 빠트리고도 죄책감 없이 일제 앞잡이 노릇을 하며 호의호식하고 있는 친일파들의 행태를 꼬집어 세태를 비판하였다.

시대가 변한 것에 대한 비분은 친일 앞잡이들에게서만 느낀 것은 아니다. 망명 유학자들은 역사적인 현장 앞에서도 시대에 대한 비분을 느꼈다. 이는 이산이 심양에 들어가서 만난 서종호徐鍾濩에게 지어준 시 「입심양달성군성진(종호)入瀋陽達城君聲振(鍾濩)」[12]를 통해서 알 수 있다.

심양에 도착하고 보니 백가지 감정이 생기나니　一到瀋陽百感生
양장에 만주 변발을 하고 자칭 영웅호걸이라네　洋裝滿辮自豪英
십년 대사大事는 영릉寧陵[효종孝宗][13]에서 저물고　十年大事寧陵暮

12) 芮大僖, 『伊山文集』 卷之二, 「入瀋陽達城君聲振鍾濩」

13) 寧陵 : 조선 제17대 효종대왕(1649~59 재위)의 능. 효종은 청나라에 볼모로 끌려갔다 돌아와서 왕위에 오른 후 북벌을 펼치다가 뜻을 이루지 못하고 죽자

삼학사의 높은 풍모는 이역에도 이름이 있네　三士高風異域名
오늘날 번화함은 온 고을을 통하게 하고　此日繁華開萬井
지난 시절의 기업基業은 외로운 성으로 남았네　往時基業有孤城
그대를 만나 함께 온 기쁨에 겨우나　逢君爲悅同來事
관새는 겹겹이 하얀 눈발만 날리네　關塞重重白雪橫

심양은 청나라가 북경 이전에 수도로 삼았던 곳이다. 심양에서 양복을 입고 변발을 한 사람들이 자칭 영웅호걸이라면서 다니는 모습을 본 이산은 오만 감정이 생겨났다. 심양은 효종과 삼학사 홍익한洪翼漢·윤집尹集·오달제吳達濟의 유서가 깃든 곳이다. 영릉寧陵의 주인 효종은 봉림대군시절 소현세자와 함께 청나라에 볼모로 잡혀가서 심양에서 8년을 머물다가 돌아왔다. 그 후 소현세자가 급작스럽게 죽으면서 세자로 책봉된 효종은 인조의 뒤를 이어 10년 재위에 있는 동안 북벌을 실현시키려다 뜻을 이루지 못한 채 눈을 감았다. 또 삼학사는 병자호란 때 청나라와의 화의和議를 반대하다 청나라에 잡혀가서도 뜻을 굽히지 않아 심양성瀋陽城 서문西門 밖에서 처형을 당했다.

청나라가 첫 수도로 삼았던 곳이 심양이고, 효종이 북벌에 대한 꿈을 키운 곳이 심양이고, 삼학사가 명나라에 절개를 지키다가 처형을 당한 곳이 심양이다. 그런데 지금은 세상이 변하여 심양에 삼학사의 높은 풍모는 여전히 이름이 전해지고 있지만, 지난 시절 청나라가 기업을 닦았다는 흔적은 심양성에서나 찾을 수 있을 뿐이다. 그래서 이산은 심양의 변한 모습을 통해 시대가 변했음을 느꼈다. 이를 통해 이산은 역사적인 현장은 시대가 변함에 따라 쓸쓸한 모습으로 바뀌지

편히 쉬라는 의미로 능호를 '寧陵'이라 했다. 재위 기간은 10년이다.

만 시대가 변해도 변함없이 이름이 전해지고 있는 삼학사의 높은 풍모를 통해 변해가는 세상에 대한 위안을 받았다.

유학자들은 만고의 진리라고 믿고 자신들이 평생 추구하던 학문을 통해서도 시대가 변한 비분을 느꼈다. 이에 서천은 국자감에 가서 <국자감國子監>[14]을 읊었다.

공부자孔夫子의 문명 천만 세대 이어져 오고
제왕의 치도는 유학 숭상에 있다네
봄풀 가득한 뜰에 비질하는 사람 없으니
삼대의 유풍을 누구와 함께 세울까나

夫子文明千萬世
帝王治道在崇儒
滿庭春草無人掃
三代遺風誰與扶
(2수 중 제1수)

국자감은 원나라 때 건축된 건물로 청나라 말 과거제도가 폐지되기 전까지 과거시험을 보던 곳이자 중국 최고학부과정을 가리키던 곳이다. 그런 국자감에 다다른 서천은 공부자의 문명은 천만 세대를 이어 왔으며, 제왕이 나라를 바르게 다스리려면 유학을 숭상해야 한다고 언급하였다. 그러나 이미 청나라는 망했고, 그와 동시에 과거시험제도도 폐지되었다. 그래서 더 이상 국자감에서 공부하는 유생도 없고, 봄풀 무성해진 국자감을 깨끗하게 정돈하는 사람도 하나 없다. 이에 서천은 하은주 삼대로부터 이어오던 유풍을 누구와 더불어 바로 세울 수 있을지 심히 염려하고 있다.

서천은 국자감에서 천하는 쓰러져도 없어질 수 없다고 믿었던 오도吾道, 즉 유학儒學이 국자감과 함께 사라지고 말 것임을 느꼈다. 그래서

---

14) 趙貞奎, 『西川先生文集』 卷之一, 「北征詩」 〈國子監二首〉

유학이 무너져가고 있는 지금 어느 제왕이 나타나서 국치國治의 기본인 유학을 숭상하여 나라를 바르게 다스릴 수 있을까에 대한 염려를 통해 전형적인 유학자로서의 태도를 드러내고 있다. 그렇다고 서천의 이러한 태도를 진부하다고 표현할 수는 없다. 서천을 포함한 당시 유학자들이 평생 배운 학문적 사고를 버리고 하루아침에 신학문과 신문화를 거부감 없이 순수하게 받아들이기란 결코 쉬운 일이 아니기 때문이다. 그러나 시대가 변하고 있음을 서천은 분명히 인식하고 있었고, 그에 따라 자신이 평생 추구해온 학문도 대세를 거스를 수 없을 것임을 스스로 깨닫고 있었다.

서천이 국자감에서 뿐 아니라 곳곳에서 시대가 변한 것에 대한 비분을 드러내었음은 아래의 <황하가黃河歌>15)를 통해서도 알 수 있다.

천하의 물은 황하가 가장 크고　天下之水河爲大
천하의 백성은 성인聖人을 으뜸으로 여기네　天下之民聖爲宗
성인 일어나지 않음은 황하 맑아지지 않아서라　聖人不作河不淸
나의 배는 둥둥 떠다니며 누구를 따르랴　我舟泛泛于誰從
근원 있는 강물은 넘실넘실 고금古今이 없을지니　元流浩浩無今古
만물은 대부분 하늘을 나는 용을 보게 되리라　萬物庶睹飛天龍

산동성에는 "일산일수일성인一山一水一聖人"이라는 말이 있는데, 일수一水는 다름 아닌 황하를 가리킨다. 천하의 물은 황하를 으뜸으로, 천하의 백성은 성인을 으뜸으로 여긴다. 황하는 천 년마다 한 번씩 맑아지는 데, 이때 성인이 출현한다고 한다. 그런데 지금 황하가 탁한 것을 보니, 성인이 나올 때가 아니라는 말이다. 이런 탁한 세상에서

15) 趙貞奎, 『西川先生文集』 卷之一, 「北征詩」 〈黃河歌〉

자신이 탄 배는 둥둥 떠다니면서 누구를 따라야 할지 갈피를 잡지 못하고 있다. 나라는 망해서 따를 임금이 없고, 공자의 학문은 쇠해져서 어디로 가고 있는지 종잡을 수가 없기 때문이다. 황하 상류의 거친 여울목인 용문龍門을 지난 잉어는 용이 된다고 한다. 예부터 지금까지 변함없이 넘실대고 있는 근원이 있는 황하의 용문에서 잉어가 용이 되어 하늘로 날아오르는 광경을 보게 될 날이 곧 올 것이라고 서천은 노래하였다. 서천은 공자의 학문을 지켜나가고 있으면 반드시 흥할 날이 올 것을 기대하며 '황하가'를 부른 것이다.

위의 시에서 나라는 망해서 따를 임금이 없어졌고, 공자의 학문 또한 쇠해졌다는 대목을 통해 서천이 이미 시대가 변하였다는 것을 분명히 인지하고 있었음을 알 수 있다. 그러나 시대가 변하였음에 대해서 슬퍼하면서도, 끝까지 평생 익혀온 학문을 내려놓지 않고 공자의 학문이 다시 부흥할 날을 기대함으로 인해 서천 스스로 유학자로서의 한계를 드러내고 말았다.

시대에 대한 비분은 문화적인 변화에서도 드러난다. 아래는 서천이 천진天津 천화잔天和棧에서 고향의 벗들을 그리면서 지은 시 <천진천화잔天津天和棧, 억고향제우憶故鄉諸友>[16]이다.

천진 객관 상층 누각에 오르니　　天津客館上層樓
거마 먼지에 아래 세상이 뿌옇네　　車馬飛塵下界浮
만호의 등불은 별과 달로 굴을 이루었는데　　萬戶燈開星月窟
한 장 담요로 수운水雲처럼 떠돌다 쓸쓸히 누웠네　　一氈人臥水雲秋
(중략)

16) 趙貞奎, 『西川先生文集』 卷之一, 「北征詩」 〈天津天和棧, 憶故鄉諸友〉

만국에 같은 바람 불어 장사꾼들 커가면 萬國同風商旅大
우리 종당 가문은 정히 시름에 잠기리 吾宗門戶正堪愁

천진은 원元나라 때부터 무역 중심지로 알려진 곳이었는데, 19세기에 유럽의 무역상들까지 대거 출현하면서부터 천진의 무역항으로써의 이름은 더욱 유명해졌다. 낮에 천진 객관 상층에 올라가서 내려다본 거리에서 서천은 분주히 달리는 마차가 만들어낸 자욱한 먼지를 보았다. 그런데 밤에 내려다 본 천진 거리에서 서천은 즐비한 가게들이 켜 놓은 등불이 별과 달을 모아 굴을 이루어놓은 듯 휘황찬란한 풍경을 보았다. 물과 구름처럼 정처 없이 떠돌다 천진의 화려함 속에 담요 한 장으로 누운 서천은 쓸쓸함이 밀려들었다. 소문으로만 듣던 천진에서 서천은 물질만능의 바람을 타고 몰려든 무역상들의 규모가 앞으로 점점 더 커질 것임을 짐작했다. 이에 평소 "천하는 망할 수 있어도 우리의 도는 망할 수 없다."[17]는 생각을 갖고 살던 서천은 머지않아 종당에도 천진에서 이는 물질만능의 바람이 불어 닥치면 가문은 장차 어떻게 될지 깊은 시름에 잠길 수밖에 없었다.

위의 시 또한 서천의 유학자로서의 사고를 드러낸 작품이다. 이는 서천이 세상이 변하고 있음은 인지하면서도 세상의 변화를 받아들이려는 적극성은 결여된 채 가문에 대한 걱정을 앞세우고 있는 모습을 통해서 알 수 있다. 특히 사농공상에 대한 사고를 갖고 장사꾼들이 넘쳐나는 천진을 바라다보는 서천의 마음은 더더욱 시름겨울 수밖에 없다. 천하는 망해도 우리 도는 망할 수 없다고 생각하던 서천이다. 서천의 그런 의식 속에는 정신보다 물질을 앞세우는 세상이 되면 어

17) 趙貞奎,『西川先生文集』卷之五,「墓碣銘(幷序)[盧相稷]」"天下可亡, 吾道不可亡."

쩌나 하는 걱정이 담겨 있다. 이에 서천은 위의 시를 지어 고향 친구들에게 보냄으로써 고향 친구들 또한 서천과 같은 문제로 고뇌할 날이 머지않을 것임에 대한 경고와 정신이 죽고 물질만능의 세상이 오게 될 것에 대한 대비책을 생각해야 할 것임을 깨우쳐주고자 하였다.

세상은 변해서 나라는 망하고, 공자의 학문도 스러져가고, 그에 따라 물질문명이 판을 치는 세상이 되었다. 그렇다면 지금은 어느 때인가. 급변하는 시대를 맞이한 망명 유학자가 할 수 있는 일이란 무엇인가. 이에 대한 답은 수파가 경재에게 수답한 시 「접리수수이상사(건승)接梨樹酬李上舍(建昇)」[18]을 통해서 알 수 있다.

지금으로 옛날 보면 또한 어느 때런가	由今視古亦何時
그 옛날 충신과 현인을 내 오히려 아노라	伊昔忠賢余尙知
기자의 미친 척함은 참으로 까닭이 있음이요	箕聖佯狂良有以
도연명이 취하지 않는다면 다시 무얼 했으랴	淵明不醉復奚爲
(하략)	(2수 중 제1수)

수파가 작금의 현실을 옛날에 투영해 보니 그 옛날의 충신과 현인이 보인다. 수파가 생각한 지금은 기자箕子가 주나라 무왕이 은나라를 멸망시키자 미친 척하고 주나라를 떠나온 것처럼 충신과 현인이 은거할 때요, 도연명이 부패한 상관에게 오두미 때문에 허리를 굽힐 수 없어 팽택 현령 자리를 던진 뒤 「귀거래사歸去來辭」를 짓고서 고향으로 돌아와 술로 유유자적하며 삶을 살 때인 것이다. 위의 시를 통해 수파는 지금은 충신과 현인이라면 당연히 은거하며 관직에서 멀리할

18) 安孝濟, 『守坡集』 卷之一, 「接梨樹酬李上舍(建昇)二首」

때임을 언급하면서 경재의 현인다운 행보를 높이 칭송하였다.

나라가 망해서 망명을 떠나온 처지에 망국에 대한 느낌이 시시각각 일어나는 것 또한 자연스러운 일이다. 망국의 신하로서의 감정을 드러낸 작품을 많이 쓴 망명 유학자로는 특히 대눌을 들 수 있다. 아래는 그 중 하나로 대눌이 망명길에 들린 의주 압록강 기슭의 통군정[19] 현판의 운을 사용해서 지은 시 「통군정용판운統軍亭用板韻」[20]이다.

압수는 미친 듯이 국경을 흐르고	鴨水狂奔畫界流
누각은 우뚝 솟아 긴 모래톱을 내려다보네	一樓高出壓長洲
삼군의 당당하던 위용은 지금 어디 있는지	三軍威武今安在
만리길 표류민의 수심 가눌 길 없네	萬里漂民不勝愁

백두산에서부터 흘러 내려온 압록강 물은 빠르게 내달려와서 조선과 중국의 경계를 짓고 있다. 그곳에서 시선을 돌리던 대눌의 눈에 압록강변의 긴 강가 모래톱을 제압하며 우뚝 솟아있는 통군정이 들어왔다. 통군정은 1478년 의주목사를 지낸 한천손韓千孫이 고쳐서 늘려 짓고, 임사홍任士洪(1445~1506)이 기문을 지은 오래된 누각으로 관서 지방 명승지 중 하나이며, 제판題板이 셀 수 없을 만큼 많은 곳으로 알려져 있는 곳이다.[21] 통군정에 오르면 태조가 회군한 위화도가 선

19) 李肯翊, 『練藜室記述』(국립중앙도서관 소장) 별집 제16권, 「地理典故」〈山川形勝〉 "義州統軍亭, 在鴨綠江上."

20) 盧相益, 『大訥手卷續編』 卷之一, 「統軍亭用板韻」

21) 李裕元, 『林下筆記』(존경각 소장, 대동문화연구원, 1961) 卷之十三, 「文獻指掌編」, 〈統軍亭〉 "亭在義州府客館北, 成宗戊戌, 牧使韓千孫改搆, 增其舊制, 任士洪撰記."; 卷之二十五, 「春明逸史」, 〈關西名題〉 "關西之最名稱者, 平壤之練光亭, 灣府之統軍亭. 而其題板不可勝數."

명하게 보이는데,[22] 회군하던 태조의 위무 당당하던 모습은 간 곳 없어 만리 밖 표류민漂流民의 수심을 가눌 길 없다는 말로 끝을 맺고 있다. 대눌은 7언 절구의 짧은 작품 속에 조선 건국에서 망할 때까지의 519년 역사를 단숨에 담아냄으로써 망국 신하로서의 한을 그려내었다.

이어서 대눌이 압록강을 건너기 전 의주義州 노송정老松町에 묵으면서 지은 시 「숙의주노송정宿義州老松町」[23]을 살펴보도록 하겠다.

> 앞길이 아득한 이 초저녁 前路茫茫此夜頭
> 긴 강을 한 번 건너면 중국이라네 長江一渡是中州
> 집 떠나고 나라 떠나는 외로운 신하의 눈물 離家去國孤臣淚
> 한밤 등불 깊어지니 꿈에서도 거두지 못하네 漏滴燈深夢不收

압록강만 건너면 내 나라 땅이 아니라는 사실에 대눌은 저절로 눈물이 흘러내렸다. 어둠이 깊어질수록 더욱 빛을 발하는 등불처럼 눈물을 흘리다 잠들었는데, 대눌은 꿈속에서도 계속 눈물을 흘리고 있음을 술회하고 있다. 사행을 떠났다가 고국으로 돌아올 기약이 있는 길이 아니다. 누구에게 붙잡혀 가서 탈출만 하면 고국으로 돌아올 수 있는 길도 아니다. 망국의 현실 앞에서 내 의지로, 내 발로 건너가서 다시는 돌아오지 않을 결심으로 건널 강이다. 그런 압록강을 마주한 대눌은 의주에서 하룻밤을 묵으면서 깊어지는 등불만큼이나 시름에 찬 망국의 정서를 술회하였다.

---

22) 신정일, 『다시 쓰는 택리지(3)』, 휴머니스트, 2004. 318쪽 참조.

23) 盧相益, 『大訥手卷續編』 卷之一, 「宿義州老松町」

대눌은 심양관에서도 망국 신하로서의 한을 드러내며 아래의 시 「심양관瀋陽館」[24]을 읊었다.

절개가 매서운 당시의 삼학사	烈烈當時三學士
춘추 의리는 중히 여기고 한 몸은 가벼이 여겼네	春秋義重一身輕
내가 완전히 나라가 망한 운수를 당하여	如何我值全亡國
만 리 밖 고생 중에도 목숨 부지함과 어떠한가	萬里仳離不捨生

위의 시는 대눌이 의리를 중히 여기고 목숨을 가볍게 여긴 삼학사의 유적지가 있는 심양에 가서, 나라가 망했는데도 죽지 않고 고국을 떠나 고생하면서도 삶을 유지하고 있는 자신의 행적에 대해 부끄러운 마음으로 자책하며 지은 시이다. 대눌은 슬픈 자국사를 재인식하면서 당당하지 못한 자기의 처신을 삼학사와 대비시키면서 망국의 한을 극대화시켰다.

유학자들의 시대에 대한 비분과 망국에 대한 정조는 자기 성찰을 위한 자전적 글쓰기를 통해서 집약된다고 하겠다. 망명 유학자들 가운데 자전적 글쓰기를 한 인사와 작품으로는 수파의 「자만육절自挽六絶」[25], 대눌의 「자지自誌」[26], 경재의 「경재거사자지耕齋居士自誌」와 「사진자찬寫眞自贊」[27], 이산의 「자지自誌」[28] 등이 있다.

---

24) 盧相益, 『大訥手卷續編』 卷之一, 「瀋陽館」

25) 安孝濟, 『守坡集』 卷之一, 「自挽六絶」

26) 盧相益, 『渡江錄(草稿1)』 第三, 「自誌」는 『大訥手卷續編』 「記渡江以後事」보다 앞뒤로 상세한 내용이 붙어 있다.

27) 李建昇, 『耕齋集』上, 「耕齋居士自誌(戊午)」; 上, 「寫眞自贊」

28) 芮大僖, 『伊山文集』 卷之七, 「自誌」

자만自挽은 자신의 죽음을 스스로 애도하기 위해서 지은 글이고, 자지自誌는 스스로 자신의 삶에 대해 기술한 글이며,[29] 자찬自贊은 스스로 자신의 찬을 지은 것으로 대체적으로 운문韻文의 형식을 띠고 있다.

아래는 수파가 자신의 생을 정리하며 자신의 죽음을 애도하기 위해 지은 「자만육절自挽六絶」[30]이다.

절도[임자도荏子島]에서 살아 돌아오던 날	絶島生還日
임금의 은혜 하해 같이 깊었네	聖恩河海深
나라와 함께 하는 존망의 의리	與國存亡義
감히 마음에 새지기 않을 수 있으랴	敢不銘諸心
	(6수 중 제1수)

을사 신조약 원통하고 분해서	乙巳新條痛且憤
지금까지 국권 회복 기다렸다네	至今猶待國回權
국권 회복 못했는데 몸이 먼저 죽으니	國權未復身先死
부질없는 죽음 어찌 하늘에 부끄럽지 않으랴	徒死焉能不愧天
	(6수 중 제6수)

제1수에서는 수파가 1893년 추자도楸子島로 유배되었다가 1894년 이거移居 되었던 전라남도 임자도荏子島에서 풀려날 때, 임금이 베풀어 준 은혜에 감사한 마음을 드러내었다. 아울러 수파는 나라가 존재하면 의리는 함께 존재하고 나라가 망하면 의리는 함께 사라지는 것이

29) 정민, 『18세기 조선 지식인의 발견』, 휴머니스트, 2007. 393쪽 참조.

30) 安孝濟, 『守坡集』 卷之一, 「自挽六絶」

기 때문에 존망의 의리를 마음에 새기지 않을 수 있겠느냐고 하였다.

제6수에서는 1905년 을사늑약 때부터 원통하고 분해서 지금까지 국권이 회복되길 기다려왔던 수파가 국권회복이 못 되었는데 몸이 먼저 죽게 되었음을 토로하고 있다. 이뤄놓은 일 없이 국권회복도 못 보고 부질없이 죽게 되었으니, 어떻게 하늘에 부끄럽지 않을 수 있겠느냐는 말로 수파는 자신의 만사를 마치고 있다.

수파는 위의 시를 통해 자신의 한평생을 돌아봄과 동시에 망국의 신하로서 아무 역할도 하지 못하고 타국에서 생을 마감하는 현실에 대한 자기 성찰의 기회를 가졌다.

대눌이 1918년에 쓴 「자지自誌」에는 다음과 같은 글이 실려 있다.

> "노인은 평생을 근검으로 자부하였고, 재물은 베풀기를 좋아하고 탐욕이 없었으며, 사람에 대해서는 구차히 합치되지 않았고, 주식酒食의 초청에 따르지 않았고, 이치에 맞지 않는 일을 보면 직언直言을 하고 용서함이 없었기 때문에 많은 비방을 받았으니 또한 명수命數이다."31)

위의 글은 대눌이 자신을 제3자로 놓고 객관적으로 평가하고 쓴 글이다. 글에 의하면 대눌은 평생 근검한 생활을 하였고, 남한테 베풀기를 좋아하고 탐욕이 없었으며, 사람들하고는 구차하게 모이지 않고 사람을 가려서 사귀었다. 또 아무 곳이나 초대한다고 하여 쫓아다니

---

31) 盧相益, 『渡江錄(草稿1)』 第三, 「自誌」 "老人平生以勤儉自負, 於財好施而無貪, 於人不苟合, 不從酒食之請, 見非理之事, 直言而無容恕, 故多呰謗, 亦命數也."
 * 盧相益, 『渡江錄(草稿1)』 第三, 「自誌」에는 『大訥手卷續編』 「記渡江以後事」 보다 대눌의 생애에 대해 앞뒤로 상세한 내용이 실려 있다.

지 않았고, 이치에 어긋나는 일을 보면 직언을 하고 용서하지 않아 비방을 많이 받고 살았다. 그런데 대눌은 자신의 그러한 삶 또한 자신의 운명이라며 달관의 자세를 취하고 있다.

대눌의 다른 작품들을 통해서 대눌을 객관적으로 살펴보면 위의 글 내용이 모두 사실임을 알 수 있다. 망명을 떠날 때 가지고 간 짐 상태만 보더라도 헤진 이불에 잔편殘編 두서너 편뿐이었다. 일제의 감시망을 피하기 위해 짐을 간단히 챙긴 것도 있겠지만 이는 대눌의 평소 생활이 검소했음을 대변하는 것이다. 또 남한테 베풀기를 좋아하고 탐욕이 없다는 말은 타인을 생각함이 깊다는 말이다. 이것은 유난히 한인들의 가뭄에 마음을 쓰던 대눌의 행적을 통해서도 확인되는 부분이다. 사람과의 사귐에 있어서는 이해관계에 따라 구차하게 사귀는 일이 없었다는 것은 주변에 모인 유학자들을 보면 알 수 있다. 그러니 대눌이 초청하는 자리라고 아무 곳에나 가지는 않았을 것임은 당연지사이다. 이치에 맞지 않는 일을 보면 직언을 하고 용서하지 않았음도 사실이다. 이는 대눌이 올린 상소들과 은사금 거부 등으로 영남루에 구금된 일 등을 통해서 확인된다.

그러나 이 부분이 「기도강이후사記渡江以後事」에는 누락되어 있다. 대눌이 망명지에서 「자지」를 쓸 때는 망명지에서 생을 마감하고자 하는 뜻이 있었다. 그런데 급하게 환국을 한 뒤 「자지」를 「기도강이후사」로 수정하여 『대눌수권속편大訥手卷續編』에 실으면서 자신의 삶을 평가한 부분은 삭제를 해버렸기 때문이다. 대눌은 망명지에서 삶을 마감하고자 했던 자신과의 약속을 지키지 못한 것에 대한 마음에서 자신에 대한 평가 글을 삭제를 하였을 것으로 추측해본다.

경재 또한 대눌이랑 약속이나 한 듯이 같은 해인 1918년에 「경재거사자지耕齋居士自誌」를 썼고, 그 글 말미에 자명自銘으로 다음과 같은 글을 남겼다.

"나는 죽을 책임이 없어 죽지 않았으니, 누가 그르다고 하겠는가? 죽거나 죽지 못하거나 누구를 속이랴, 끝내 늙어 창 아래에서 죽으니 아, 슬프기도 하여라."32)

경재는 관직에 있었던 것이 아니었기 때문에 나라가 망했을 때 죽을 책임까지 있던 것은 아니다. 그래서 자신은 죽지 않은 것이니, 누구도 죽지 않은 자신을 그르다고 할 사람은 없다. 그러나 경재는 이내 죽거나 죽지 못했거나 무슨 핑계를 대고 누구를 속이려 드느냐고 자책하고 있다. 그러면서 아무것도 이루어놓은 일 없이 끝내 창 아래에서 늙어 죽음을 슬퍼한다고 하였다. 스스로 위로하고, 자책하고, 가엾게 여겨도 해갈되지 않는 내면의 갈등이다. 경재는 망명지에서 생을 마감할 때까지 끊임없이 위의 명銘을 되뇌며 심적 갈등을 일으켰을 것이다.

위의 글은 경재가 망명지에서 자신의 생을 일부 정리하는 의미에서 지은 작품이기도 하지만, 사후에 자신의 행적에 대해서 제대로 알고 행장을 써줄 사람이 없을 것에 대비해서 쓴 글로도 파악된다.

아래 또한 경재가 자신의 사진을 보고 찬贊한 「사진자찬寫眞自贊」33)이다.

---

32) 李建昇, 『耕齋集』上, 「耕齋居士自誌(戊午)」"我無死責不死, 誰其非之, 曰死而不死, 是誰欺. 卒以老斃牖下, 吁其悲."

33) 李建昇, 『耕齋集』上, 「寫眞自贊」

저 헌걸차면서도 여윈 건 나와 같건만　彼頎而癯與吾不殊
쌓인 거 많고 굴곡진 나는 어디서 찾으랴 此礧礧而輪囷於何見吾

경재는 사진 속의 헌칠하면서도 여윈 외적인 모습은 자신의 실재의 모습과 같아 보이지만, 가슴 속에 돌무더기처럼 쌓인 것 많고 굴곡진 내적인 힘든 삶의 진실은 사진 어느 곳에도 드러나지 않음을 탄식하였다.

근대전환기 급변하는 시대 속에서 경재는 지조를 잃지 않고 자신이 배운 학문을 실천하기 위해 노력한 인물이다. 그런 경재는 주변에서 각 사건들이 있을 때마다 초개처럼 목숨을 내놓는 열사들도 지켜보았고, 국권회복을 위해 해외에서 동가식서가숙東家食西家宿하는 열사들도 보았다. 그들이 국권회복을 위해 추진하던 일들이 실패할 때마다 안타까웠던 마음을 경재는 가슴 속 깊은 응어리로 담고 지내왔다. 그런 아픔을 간직한 참된 나는 내 속에 있는데, 사진에는 드러나지 않는다. 그래서 경재는 자찬自贊을 통해 보이지 않는 곳에 아픔을 간직하고 살고 있음을 간접적으로 드러낸 것이다.

이산은 귀국 후인 1935년에 쓴 「자지自誌」에 다음과 같은 기록을 남겼다.

“경술(1910)년 이후 해외로 방랑하다 지금 ‘소변조차 잘 보지 못하는 병[癃痼]’이 들어 죽음이 드리워가니 도리어 표범이 가죽을 남기는 것만도 못하게 되어, 가슴속에 느꺼움이 있어 스스로 명銘을 짓는다. 명은 이러하다.

“배우긴 하였어도 학문은 이루지 못하였고, 의지는 가졌으되 뜻을 이루지 못하였네. 이 세상을 흘겨본들 무슨 소용이랴. 죽어서 명성이 없는 것은 성인들께서 경계하신 바일세." 을해(1935)년 3월 16일 스스로 쓰다."[34)]

이산은 환국한 후 약 20년의 세월이 흐른 뒤에 위의 글을 지었지만, 이 글을 이산의 망명문학에 포함 시킬 수 있는 이유는 「자지」의 결정이라고 할 수 있는 자지명自誌銘에 서술한 이산의 생각이 환국할 때의 그 시점에 머물러 있기 때문이다.

1912년 망명을 떠났다가 비적匪賊떼의 피해로 부친의 신변이 염려되어 1916년에 환국한 이산은 죽음을 맞이하기에 앞서 자신의 삶을 돌아보았다. 이산이 자신의 삶을 돌아보니 사람은 죽어서 이름을 남긴다는데, 표범이 가죽을 남김만도 못한 삶을 살았다. 이에 이산은 스스로 명을 지으면서 학문도 제대로 이루지 못하였고, 망명지에서 죽을 의지 또한 실현시키지 못하였기 때문에 세상을 흘겨보며 위세를 떨어봤자 아무 소용이 없다고 하였다. 그래서 이산은 사람이 죽어서 이름을 남기지 못함은 성인들이 경계한 바인데, 자신은 이름은 고사하고 가죽을 남기는 짐승만도 못한 삶을 살았음을 고백한 것이다. 망명지에서 삶을 마치고자했던 자신의 의지가 꺾인 채 환국한 후, 고향으로 돌아가지 못하고 남은 생도 타향에서 방황하며 산 이산의 삶이 읽힌다.

이런 일련의 자전적 글쓰기는 자신의 최후를 의식하면서 제3자의 눈으로 쓴 작품들이기 때문에 엄정한 객관성을 띠고 있다. 유학자들이 자신의 생애와 행적 등에 대해 솔직하게 고백하며 사실적으로 썼

34) 芮大僖, 『伊山文集』, 卷之七, 「自誌」 "庚戌以後, 放跡海外, 今癃痼垂死, 反不如豹之留皮, 感而自銘. 銘曰; "爲學而學不成, 有志而志未遂. 睥睨斯世亦奚爲, 沒無稱名聖所戒." 乙亥三月旣望自識."

던 것을 생각해보면, 이들은 자신들의 삶을 성찰하기 위해서 자전적 글쓰기를 택했던 것으로 파악된다. 그래서 그 글들은 사후에 지인들이 쓰는 행장보다 훨씬 더 객관적이고 신뢰할 수 있는 자료가 된다. 그렇다고 자전적 글쓰기가 망명 유학자들의 전유물이라는 말은 아니다. 그러나 이들 망명 유학자들이 쓴 자전적 글쓰기는 고국의 유학자들보다 훨씬 더 절실한 마음으로 행해졌을 것임은 확실하다. 이에 더해 이들이 망명지에서 겪은 남다른 경험들을 보다 정확하게 파악할 수 있게 해주는 자료이기 때문에 망명 유학자들이 자전적 글쓰기로 남긴 작품들은 귀한 자료가 되는 것이다.

유학자들의 시대에 대한 비분과 망국의 정조는 다양한 부분에서 나타나고 있다. 망국에 대한 분노는 표출하지 못할 망정 시대에 타협하고 호의호식을 즐기는 매국노들의 부끄러움을 모르는 행태, 평생 추구해오던 학문이 스러져가는 좌절감, 물질만능주의에 빠지게 될 앞날 등 시대에 대한 비분강개함이 응축된 모습으로 드러나고 있다. 망국의 정조 또한 나라가 망한 때부터 떠나오는 동안, 그리고 망명생활 내내 접하는 모든 사건과 사물을 대할 때마다 드러나고 있다. 한편 망명 유학자들은 자전적 글쓰기를 통해 시대에 대한 비분과 망국의 정조를 담아 자신의 삶을 정리함과 동시에 객관적인 눈으로 자기 성찰을 하고 있음을 알 수 있다.

이들은 시대에 대한 비분과 망국의 정서를 문학작품으로 토해냄으로 해서 슬픔과 함께 일제에 대한 비폭력적 저항의식을 드러내고 있다. 그러나 시대 변화에 따른 자신의 사고를 일치시키지 못하는 한계를 드러내기도 하였다.

2. 객고와 망향

망명생활 모두가 객고이고, 망명생활이 힘들다보면 고향으로 돌아가고 싶은 생각에 고향에 대한 그리움은 배가 되게 된다.

객고 중에 견디기 어려운 것 중에 하나는 이별이다. 만나고 헤어짐은 인간사에서 늘 겪어야 하는 일로 망명지에서도 다르지 않다. 이별은 언제나 마음을 아프게 하지만 고국에서의 이별과 망명지에서의 이별은 분명히 다른 점이 있다. 고국에서의 이별은 대부분 잠시의 이별이지만, 망명지에서의 이별은 앞날을 기약할 수 없는 이별이기 때문이다. 더욱이 누구도 헤어진 후의 삶이 고단치 않으리라는 장담을 할 수 없다. 그래서 망명지에서 맞이하는 이별의 슬픔은 곱절이 된다. 특히 함께 모여 살아야 할 가족 간의 헤어짐은 더욱 그러하다.

가족 간의 이별의 아픔은 아래 이산이 추담秋潭 채희동蔡熙東에게 바치는 시 「봉증추담채장奉贈秋潭蔡丈」의 자주自註를 통해서 알 수 있다.

"추담秋潭은 달성인達城人으로, 요동에서 3년 간 나그네 생활을 했다. 처자妻子 때문에 몸이 얽매인다고 스스로 생각하여 오늘 안동역에서 처자는 되돌려 귀국시키고, 자신은 절새絶塞에서 성명을 숨기고자 하였다. 나와 동전東田 맹형孟兄[맹보순孟輔淳]이 송별하러 기차역에 도착하였는데, 기차가 기적을 울리며 막 출발하려고 하였다. 그의 아내와 어린 아들은 애끓게 울어 목소리마저 나오지 않았는데, 추담은 한 번 손짓만 하고서 내리고는 몸을 돌려 뒤돌아보지 않았으니, 참으로 세상에서 굳은 심장을 가진 자이다. 곁에서 보는 것만으로도 서글퍼지니, 저물녘 강관江館에 들어와 율시 한 수를 지어 훗날의 고사로 삼는다."[35]

채희동은 안동현에서 수파·대눌·경재 등과도 함께 어울렸던 인물이다.[36] 1912년 서간도로 망명을 떠나와 3년을 지낸 채희동은 처자식이 자신이 하는 일에 방해가 된다며 고국으로 돌려보내기 위해 안동역(현 단동역)에 섰다. 그리고 자신은 절새絶塞에서 생을 마치기로 다짐했다. 이때 이산과 맹보순이 송별을 하기 위해 안동역에 왔다가 채희동이 처자식과 이별하는 장면을 목격하였다. 기차가 기적소리를 내며 막 출발하려는 즈음, 채희동의 아내와 아들은 너무 울어서 목소리도 나오지 않았다. 그런데 채희동은 꿋꿋하게 서서 손만 한 번 흔들어주고 훌쩍 돌아서서는 더 이상 뒤도 돌아보지 않는 광경이었다. 이산은 채희동을 세상에서 보기 드물게 강직한 사람이라고 했다. 곁에서 보는 것만으로도 서글픔이 밀려왔던 이산은 저물녘 강관江館에 들어가 훗날의 고사로 삼으려는 마음에 시를 지었다.

시보다 자주에 주목한 이유는 자주를 통해서 채희동은 물론 만주벌판에서 또는 국내외에서 국권회복을 위해 수많은 사람들이 가족들과 헤어질 때의 모습을 간접적으로 그려볼 수 있기 때문이다. 이산이 직접 언급하지는 않았지만, '참으로 세상에서 굳은 심장을 가진 자이다[眞世間剛腸者也].'라는 구절에서 강직한 마음으로 국권회복을 위해 애쓰는 사람들의 보이지 않는 아픔까지도 투영해 보았을 것으로 여겨

35) 芮大僖, 『伊山文集』 卷之二, 「奉贈秋潭蔡丈」 "秋潭達城人也, 客於遼三年. 自謂妻孥爲身累, 今到安東站, 返其妻子歸國, 自欲滅其姓名於絶塞. 余與東田孟兄, 送別至站, 汽笛將發. 其妻及穉子, 相與失聲, 秋潭但撓手而下, 飜然不顧. 眞世間剛腸者也. 使傍人觀之, 爲之惕然, 暮入江館爲賦一律, 以作他日故事."

36) 盧相益, 『大訥手卷續編』 卷之一, 「贈朴可見(尙林)生朝(幷序)」 "朴君之子址永, 以其大人五十一歲生朝, 設酌速諸老人. 余與朴桂岡(秀雲)七十二, 金白下(榮東)六十八, 朴海山六十六, 蔡秋潭(熙東)六十四, 李耕齋(建昇)六十三, 李極元(斗一)六十一, 座上同志, 皆壽耈豈非異事."

진다. 이산은 위의 자주를 통해 국권상실로 가족 간의 생이별을 겪는 아픈 정서를 고스란히 드러냈다.

대눌은 함께 망명 온 동생 소눌이 자식을 잃는 아픔을 겪고 1913년 1월 완전히 환국하게 되면서 소눌과 헤어졌다. 그러나 소눌은 환국 후에도 대눌의 문후를 살피러 해마다 삼천리 먼 길을 마다 않고 찾아왔다. 이를 부러워한 수파는 1914년 4월 형을 만나러 온 소눌에게 아래의 시 「증노치팔(상직)贈盧致八(相稷)」[37]을 지어주었다.

넓은 띠에 높은 관으로 해마다 새해 맞이하러	帶博冠峨歲歲迎
삼천리 먼 길 형님을 뵈러 오네	三千里路覲看兄
서쪽 변방의 산천이 모두 빛이 나니	西塞山川皆有彩
고국의 명성은 실정을 벗어나지 않은 것이라네	東華聲聞不過情
살아서 고국으로 돌아갈 계책 없으니	生還故國嗟無術
타국에서 굶어죽는 것 또한 영광이리라	餓死殊邦是亦榮
이 늘그막에 이르도록 서로 그리자 약속하였으니	及玆衰暮相思約
기러기 올 때 서신일랑 가벼이 여기지 마시게나	鴻鴈來時信莫輕

대눌과 소눌 형제의 애틋한 형제애를 지켜보면서 수파는 서간도로 망명을 온 후, 깊은 산골에서 두문불출하며 살고 있는 동생 안창제에 대한 그리움이 깊어졌다. 그래서 수파는 동생에게 편지를 보내 안동현으로 건너와서 함께 살 것을 권유했지만[38] 수파 생전에는 함께

37) 安孝濟, 『守坡集』 卷之一, 「贈盧致八(相稷)」

38) 安孝濟, 『守坡集』 卷之二, 「答五弟昌濟」“卽見汝書, 稍降我懷. 我兄弟旣逋, 入此天涯絶域, 當同死生同去就, 而汝之所居地, 柴木參天, 前不見後, 左不見右, 如坐井觀天. 汝以此謂桃源而處此, 然世人已知其處矣. 我將移于八道江率汝來, 而同甘苦以終餘年爲計矣. 一自家兒逢賊, 幾死僅生, 百爾思之, 我在於此, 則兒子每省親, 而又

살고자 했던 꿈이 실현되지 못하였다. 이런 수파는 해가 바뀔 때마다 형의 문후를 살피기 위해 머나먼 삼천리 길을 오는 소눌의 지극정성에 가히 탄복하지 않을 수 없었다. 그래서 수파는 소눌에게 늘그막에 이르도록 서로 그리워하고 잊지 말 것을 언급하였다. 수파는 위의 시를 통해 망명지에서 삶을 마감할 것임을 한 번 더 다짐함과 동시에 보고 싶고 만나고 싶은 형제를 제때에 만나지 못하는 애틋함을 드러냈다.

그런데 환국 후에 해마다 대눌을 찾아오던 소눌이 오기로 한 기일이 지났는데 오지도 않고 소식 한 자 전해오지 않았다. 그래서 대눌은 소눌을 그리면서 아래의 시 「탄가제과기불래歎家弟過期不來」[39]를 지으며 탄식하였다.

눈 감고 턱을 괴고 홀로 머리 드리워도	合眼支頤獨首垂
형제간의 즐거움 오래 어긋나니 누구를 의지할까	久違湛樂我依誰
꿈속의 넋은 밤이면 매번 찾아 떠나고	夢魂每越尋常夜
회상하면 어찌 하루인들 잊으랴	懷想那忘十二時
편지 끊어지니 멀리 기러기발만 살피고	書斷遠看鴻雁足
시름이 밀려오면 부질없이 척령시를 읽네	愁來謾讀鶺鴒詩
바라노니 달빛 따라 고향집으로 가서 비추다가	願從月影歸家照
동東에서 떠 서西로 기울 때 너와 함께 따랐으면	東出西傾與爾隨

대눌과 소눌은 유난히 형제애가 도타웠다. 환국 후 여섯 차례나

將有此患爲慮. 故又移此安東縣, 與吾邦士大夫避世來者相從遊, 猶勝於隱峽. 汝亦搬來于此, 兄弟同死生可也. 不入籍, 不食祿, 不居讎人領土, 何往不可. 而何必離羣絶俗, 深居山谷爲哉. 汝量宜進退也."

39) 盧相益, 『大訥手卷續編』 卷之一, 「歎家弟過期不來」

대눌을 만나러 왔던 동생이 약속된 기한에도 오지 않고 소식마저 끊어졌다. 이에 동생과 화락했던 즐거움이 어긋난 지 오래된 대눌은 눈을 감아도 턱을 괴어도 드러누워도 동생 생각이 절로 났다. 그래서 대눌은 꿈속에서조차 매번 동생을 만나러 떠날 만큼 하루도 동생을 잊지 못하였다. 그런 동생에게서 편지마저 끊어져 버린 마당에 하늘가에 보이는 것은 편지가 아닌 기러기발뿐이다. 동생 생각에 시름이 밀려올 때마다 대눌은 형제의 우애를 노래한 『시경詩經』 「상체常棣」의 '척령재원, 형제급난, 매유량붕, 황야영탄脊令在原, 兄弟急難, 每有良朋, 況也永歎.'을 읽었다. 그러면서 대눌은 달빛을 따라 고향에 있는 소눌에게 가서 달이 동쪽에서 떠오르는 저녁부터 서쪽으로 기우는 새벽까지 함께 노닐기를 희망하고 있다.

위의 시는 망명지에서 보고 싶은 사람을 보지 못하고 소식조차 끊어졌을 때의 그리운 마음을 잘 드러내고 있다. 형을 생각하는 마음이 남달랐던 소눌 또한 대눌이 자신을 기다리고 있을 것을 알면서 소식 한 자 보내지 못해 답답해하던 심경이 읽힌다. 당시 소눌이 대눌을 만나러 오지 못한 것은 1919년 파리장서 사건으로 옥고를 치르고 나온 후 건강이 나빠졌기 때문이었다. 그 후 소눌은 직접 대눌을 만나러 오지 못하고 아들과 손자를 시켜서 대신 대눌을 문안하도록 하였다.[40]

현재 소눌 문중에는 소눌이 해마다 형을 만나러 서간도를 찾은 이유는 형의 문후를 살피고자하는 목적도 있었지만, 독립운동자금

---

40) 『小訥先生編年』에 의하면, 소눌이 환국한 후 서간도의 대눌을 방문한 것은 1913년 7월, 1914년 4월, 1915년 4월, 1916년 7월, 1917년 4월, 1918년 4월로 확인된다. 그 후 파리장서 사건으로 옥고를 치르고 나온 후 건강이 나빠져 1919년, 1920년, 1921년에는 아들과 손자를 시켜 문안을 시킨 것으로 확인된다.

을 갖고 갔던 것으로 전해지고 있음도 분명히 상기해야 하는 부분이다.

헤어지는 것은 가족들만의 일은 아니다. 함께 동고동락하던 망명객과 헤어질 때의 마음 또한 동병상련으로 더 슬퍼지게 마련이다. 아래는 수파가 시랑 정원하를 전송하며 지은 시 「송정시랑(원하)送鄭侍郎(元夏)」41)이다.

(상략)	
부평초처럼 객지에서 우연히 만났으나	萍逢雖邂逅
명성은 익히 들어 알고 있었네	聲望已相知
무릎 맞대고 평상을 함께 쓰며	促膝同一榻
수수밥도 함께 뜨곤 하였네	飯蜀或共匙
일곱 달을 하루같이	七朔如一日
서로 어울리며 헤어지지 말자 맹세했었네	相從誓不離
오늘 아침 다시 북으로 간다하니	今朝復北去
이 이별 더더욱 애통하구려	此別倍傷悲
앞날이 응당 멀지 않으리니	前期應不遠
서글피 하늘가만 바라보네	悵望天一涯

수파는 고국에서부터 명성을 익히 들었던 정원하를 부평초처럼 떠돌던 망명지에서 처음 만났다. 둘은 동병상련의 아픔을 토로하며 헤어지지 말 것을 맹세하고 일곱 달을 같이 보냈다. 그러나 풍토병에 시달리던 정원하는 수파와의 약속을 지키지 못하고 안동현으로 떠나오기 전에 머물던 회인현으로 되돌아가게 되었다. 수파는 연로하고

41) 安孝濟, 『守坡集』 卷之一, 「送鄭侍郎(元夏)」

병든 몸으로 이번에 이별하면 살아생전 다시는 볼 수 없을 것 같은 예감이 들었다. 그래서 정원하와 이별하는 수파의 심정은 애통할 수 밖에 없었다.

동고동락하던 망명객이 망명지에서 병을 앓다 유명을 달리하면서 마주하게 되는 사별은 무엇보다 큰 고통이었다. 경재와 함께 망명길에 올랐던 홍승헌의 널이 고국으로 반장되던 갑인(1914)년 11월 16일 경재는 몸이 아파 몸소 영결하지 못하고 시 「갑인십일월십육일甲寅十一月十六日, 문원지구장반고국汶園之柩將返故國, 여병불능궁결余病不能躬訣, 이시대곡以詩代哭」42)을 지어 애도를 표했다.

(상략)
지난해에는 손을 잡고 왔건만　　去年携手來
올해 상여를 돌려보내고 말았네　　今年送櫬廻
맥수지탄麥秀之嘆에 해로가薤露歌마저 더해졌으니　　麥秀兼薤露43)
이 노래는 천고의 슬픔이리라　　此歌千古哀
수레는 내달려 부르는 소리마저 끊겨　　車迅皐呼斷
강가에서 홀로 배회하고 있을 뿐이라네　　江上獨徘徊
내 발은 이 물에 막혀버려　　我足限此水
멀리서 바라만 보자니 창자가 끊어지는 듯　　瞻望腸欲摧
(하략)　　(5수 중 제3수)

42) 李建昇, 『耕齋集』下, 「甲寅十一月十六日, 汶園之柩將返故國, 余病不能躬訣, 以詩代哭」

43) 원문은 '薤露'로 되어있으나, 이는 薤露의 오류로 바로잡는다. 「薤露歌」는 喪輿가 나갈 때에 사람의 목숨이 부추 위에 서린 이슬처럼 덧없이 사라진다는 뜻의 구슬픈 가사와 곡조로 되어 있다.

위의 시에서 언급한 거년去年은 정확히 말하면 경재와 홍승헌이 함께 망명을 떠나온 1910년을 가리킨다. 1910년에 경재와 함께 망명을 떠나온 홍승헌은 1914년 망명지에서 생을 마감하였다. 경재는 홍승헌의 죽음에 대해 나라 잃은 맥수지탄麥秀之嘆에 죽음을 맞이한 해로가薤露歌까지 더해져 천고의 슬픔에 해당된다며 아픔을 토로하고 있다. 회인현에서 죽음을 맞이한 홍승헌의 널은 경재와 정원하가 있는 안동현을 들러 11월 16일에 출발하였고, 8일 만인 11월 24일 망자의 몸으로 고향 땅을 밟았다.[44] 망명지에서 평생지기 홍승헌을 잃은 경재의 슬픔은 그 어느 때보다 커서 창자가 끊어지는 듯한 아픔으로 다가왔다. 이때 수파 또한 홍승헌을 보내는 절절한 마음을 만시[45]에 고스란히 담아내었다.

수파는 한 걸음도 원수의 땅을 밟지 않으리라 만리萬里 멀리 훌쩍 떠나간 서간도에서 힘겨운 병마와 싸우다 죽음을 맞이하였다. 아래는 수파가 김기요金基堯가 보내온 편지에 대한 답장 「답김군필(기요)答金君弼(基堯)」이다.

> "스스로 일생을 돌아보자니 떠돌아다닌 지 수십 년일세. 허다한 고초는 비록 지나간 일에 속한다 하더라도, 어찌 오늘에 와서 끝내

---

44) 鄭寅杓, 『春耕臺集』, 「祭汶園洪參判承憲文(甲寅), 庚戌國變後, 汶園與鄭聖肇・李保卿, 走避淸之安東縣, 至是以喪歸」 "維歲甲寅十一月二十有四日, 故友汶園洪公之柩車, 自安東縣至將行祔."

* 鄭寅杓(1855~1935) : 자는 衡伯, 호는 學山. 본관은 東萊이다. 부친은 영월군수 菊隱 鄭旭朝이고, 모친은 淑人 洪氏이다. 홍문교리・순무종사 등을 지냈으며, 동래부사와 충청남북순찰사에 제수되었으나 나아가지 않았다. 을사늑약 후 두문불출하면서 鄭元夏, 洪承憲, 李鍾瀅 등과의 교유만 허용했다.

45) 安孝濟, 『守坡集』 卷之一, 「挽洪侍郎承憲」

귀신도 아니요, 사람도 아닌 물건이 되고 말 것을 생각이나 했겠는가."[46]

수파가 살아온 자신의 생을 돌아보니 관직생활로 유배생활로 바람에 밀리고 물결에 떠돈 세월이 수십 년이다. 지나간 수많은 고초야 그렇다하더라도 오늘날 망명까지 와서 귀신도 아니고 사람도 아닌 몰골로 끝나게 될 줄을 수파는 생각도 못했다. 수십 년간 고난의 삶을 보냈으면 만년은 편할 수도 있으련만, 국가의 운명은 기울고 평생 배운 바를 실천하기 위해 자의적으로 떠나온 망명이었으나 객고客苦로 병이 깊어지는 수파 자신을 돌아보면 슬프기 한량없는 인생이었다.

서천은 망명 후 줄곧 의지하던 이승희와 수파를 같은 해에 차례로 잃었다. 아래는 서천이 1916년 12월에 맞이한 수파의 죽음을 애도하며 지은 만사 「만안교리순중(효제)挽安郊理舜仲(孝濟)」[47]이다.

옥당의 학사 안安 노인	玉堂學士安老子
충의忠義 당당한 옛사람의 기풍을 지녔네	忠義堂堂古人風
대한의 하늘 어느 때나 보려나	大韓天日何時覩
압수는 넘실거리고 눈물은 하염없이 흐르네	鴨水滔滔淚不窮
요동에 누운 혼은 하늘에 올라	一臥遼東魂上天
응당 붉은 해를 따라가 우리나라 비추리라	應隨赤日照吾東

46) 安孝濟, 『守坡集』 卷之二, 「答金君弼(基堯)」 "自顧一生, 飄蕩數十載矣. 許多辛苦, 雖屬過境, 豈意今日, 竟作非鬼非人之物而止耶."

47) 趙貞奎, 『西川先生文集』 卷之一, 「挽安郊理舜仲(孝濟)」

서천은 고국에서부터 교유하며 지켜본 충의忠義 당당한 옛사람의 기풍을 지닌 수파를 더 이상 볼 수 없음에 대해 안타까운 마음으로 눈물을 흘렸다. 그러나 요동에서 잠든 '대한大韓의 절사節士 안효제安孝濟'[48]는 하늘에 가서도 붉은 해를 따라 다니며 대한大韓의 앞날을 환하게 비춰줄 것임을 서천은 믿어 의심치 않았다. 그렇게 잠든 수파는 1919년이나 되어서야 고국으로 반장되었다.

이별은 함께 정을 나눈 사람들이 쌍방으로 느끼는 고통이지만, 고향에 대한 그리움은 나 혼자만의 일방적인 고통이다. 망명지에 도착한 수파는 봉천성 임강현에서 처음 맞는 섣달그믐날 밤에 고향을 그리며 「봉천성임강현제석奉天省臨江縣除夕」[49]을 지었다.

하늘가 떠도는 내 인생	淪落吾生天一邊
등불 걸고 밤을 지새우자니 더욱 처량하네	懸燈守夜轉悽然
(중략)	
세상[逆旅]에 머문 지 이제 일흔이요	逆旅光陰今七十
온갖 고난 겪으며 떠나 온 길은 곧 삼천리라	艱關程道卽三千
한 해도 저무는데 고향 산천 어디가 기라더냐	歲暮鄕山何處是
돌아가고 싶어도 몸 둘 곳 없으니 눈물만 줄줄	欲歸無地淚漣漣

수파는 망명지에서 혼자 섣달그믐날 밤을 지새우며 처량하기 그지없는 자신의 처지를 술회하고 있다. 역려광음逆旅光陰이란 이백李白의 「춘야연도리원서春夜宴桃李園序」의 "천지라는 것은 만물이 머무는 여관이요, 시간이라는 것은 영원한 나그네라[天地者萬物之逆旅, 光陰者百代

48) 趙貞奎, 『西川先生文集』 卷之四, 「祭李韓溪文」 "大韓之節士安孝濟."

49) 安孝濟, 『守坡集』 卷之一, 「奉天省臨江縣除夕」

之過客]"를 뜻한다. 1850년에 세상에 태어나 1911년 섣달그믐을 지낼 때까지 수파가 살아온 시간은 예순을 갓 넘겼을 시점이다. 따라서 수파가 언급한 일흔이란 나이는 곧 일흔을 향하고 있음을 말한 것이다. 수파는 연로한 나이로 온갖 고생을 하며 삼천리 길을 떠나왔다. 수파가 망명을 떠나온 지는 얼마 되지 않았지만 한 해도 저무는데 어디가 고향산천인지, 돌아가려고 해도 내 나라 땅이 없어 몸 둘 곳 없음을 생각하자니 눈물만 줄줄 흘러내린다. 망명지에서 첫 해를 보내며 고향을 그리는 수파의 착잡한 마음이 읽힌다.

세월이 흘러도 사라지지 않는 것이 고향에 대한 그리움이다. 아래는 이산이 입춘일을 맞이하여 동전東田 맹보순孟輔淳과 함께 이강二江에서 배를 타고 술잔을 주고받는 동안 끊임없이 일어나는 고향생각에 대해서 읊은 시 「입춘일여동전立春日與東田, 이강일선상수二江一船相酬」[50]이다.

요동성에서 삼 년 동안 낙매곡[51]을 들었건만	三載遼城聽落梅
고개 돌리는 사이 오늘 또 입춘일이 되었네	轉頭今日又春來
하늘 가 만 리에서 그대를 만나 웃으며	天涯萬里逢君笑
물가 호젓한 창 열고 달이 뜨길 기다리네	水際孤牕待月開
궁벽한 땅에서 누가 유안幼安[52]의 의자를 뚫으랴	避地誰穿幼安榻
누각에 오른 사람 중선仲宣[53]의 잔에 취하네	登樓人醉仲宣盃

50) 芮大僖, 『伊山文集』 卷之二, 「立春日與東田二江一船相酬」

51) 落梅 : 笛樂曲의 이름으로 關山落梅曲을 가리킨다.

52) 幼安 : 魏나라 管寧의 자. 관영이 漢末 黃巾의 난을 피해 遼東으로 옮겨 올 때 많은 백성들이 따라와 관영의 덕화로 다투거나 송사하는 일이 없었다. 난이 평정되어 본국으로 돌아온 뒤 55년 동안 나무로 만든 榻牀에 앉아 단정한 자세를 한 번도 잃은 적이 없어 무릎이 닿은 곳에 모두 구멍이 뚫렸다고 전해진다.

아, 애달픈 기러기들 모일 곳 없으니 嗟我哀鴻無處集
순풍을 타고 어느 날에 고향 누대로 돌아가려나 順風何日返鄉臺

망명을 와서 세 번이나 봄을 지냈는데, 어느 새 다시 봄이 찾아온 입춘일 밤, 이산은 맹보순과 함께 배에 올라 달이 뜨길 기다리면서 수작하였다. 경련頸聯에서는 위魏나라 관녕管寧의 고사를 빌어 자세가 흐트러짐 없이 오래도록 달이 뜨길 기다리고 있음과 삼국시대 건안칠자建安七子 중 한 사람인 왕찬王粲의 고사를 빌어 고향을 그리는 마음을 술로 달래고 있음을 그리고 있다. 타지에서 밤하늘에 뜬 달을 보며 고향을 그리는 것은 불가분의 관계이다. 고향의 봄 경치는 어떠할지, 고향의 친지들은 무고한지 모든 것이 그립다. 더욱이 고향을 떠나온 지 석삼년이 지났다. 이에 이산은 어느 날에나 고향 누대로 돌아갈 수 있을까를 생각하게 되었다. 고향 누대로 돌아갈 날은 바로 국권이 회복되는 날이다. 이를 통해 이산은 고향 누대를 빌어 국권회복에 대한 갈망을 드러내고 있음을 알 수 있다.

헤어진 가족과 친지를 그리워하고 고향을 생각하며 지내는 망명지에서의 시간은 참 더디 갔다. 이러한 사실은 수파가 접리수에서 경재와 수답한 아래의 시 「접리수수이상사(건승)接梨樹酬李上舍(建昇)」[54]을 통해서 알 수 있다.

---

53) 仲宣 : 삼국시대 建安七子 중 한 사람인 王粲의 자. 황찬이 荊州에 있을 때 城樓에 올라 고향을 그리며 "참으로 아름답지만 내 땅이 아니니, 어찌 잠시인들 머물 수 있으리오.[雖信美而非吾土兮, 曾何足以少留]"라는 글귀를 넣어 「登樓賦」를 지었다. 그 후 타향에서 고향을 그리워함을 뜻하게 되었다.

54) 安孝濟, 『守坡集』 卷之一, 「接梨樹酬李上舍(建昇)二首」

(상략)

떠도는 구차한 삶 평소 뜻한 바 아니건만　　漂泊偸生非素志
관하關下의 세월은 너무나도 더디 흐르네　　關下歲月太遲遲
(2수 중 제1수)

수파는 나라가 망해 부평초처럼 타국을 떠돌며 살 거라는 생각은 한 번도 해본 적이 없었다. 그런데 나라가 망했는데도 죽지 않고 살아가려니 자신의 이런 모습이 구차하게 생각되었다. 당당하지 못한 구차한 삶을 사는 것은 평소 수파 자신이 뜻한 삶이 아니다. 그래서 그런지 타국에서 보내는 시간은 참 더디게 흐르는 것처럼 느껴졌다.

더디 가는 세월이지만 한 순간 돌아보면 순식간에 지나간 세월이었다. 이는 아래 대눌이 한여름 장마철을 맞이하여 회포를 읊은 시 「서회敍懷」[55]에 드러난다.

야박하고 더러운 세상살이에 저고리 더렵혀져도　薄薄緇塵謾上衣
차밭에 김매기를 마치고 경서經書를 끼고 돌아오네　茶園鋤罷帶經還
푸른 적삼 눈물로 적시던 수심은 어디로 가고　靑衫淚濕愁何在
머리 희어지고 수염 성글어져 일은 이미 글렀네　白髮鬢疎事已非
여름장마에 문을 닫으니 찾아오는 길손은 적고　霖夏關門來客小
메벼 밭에는 잡초를 제거할 장정조차 드무네　粳田除草壯丁稀
고요 속에 만 가지 생각 일어 우두커니 앉고 보니　靜生萬念悠然坐
결함세계에 세월은 준마[六飛]처럼 지나갔네　缺界光陰過六飛

야박하고 더러운 세상살이에 분주하여 저고리가 더렵혀져도 차 밭

55) 盧相益,『渡江錄(草稿1)』 第一,「敍懷」

에서 김매기를 마치고 돌아오는 길에는 정신을 수양할 경서經書가 대늘의 손에 들려있다. 젊은 날 대늘은 푸른 적삼을 눈물로 적시며 나라를 걱정하였는데, 이제는 늙어서 머리털과 수염까지 백발에 성글어져서 더 이상 큰일을 도모하기 어렵게 되어버렸다. 지루한 장마가 이어져 오가는 길손이 적고, 고국의 소식이나 국권회복을 위해 애쓰는 이들의 소식마저도 전해지지 않으며, 메벼 밭에 잡초를 제거할 장정을 찾아보기 드문 것처럼, 일제에 대항할 젊은 장정들을 찾기 어려운 현실이 안타까웠다. 그렇게 조용한 가운데 잡생각이 일어 우두커니 앉았고 보니, 이지러진 세상에서도 세월은 준마처럼 휙 지나가 버렸다. 미련尾聯에서 언급한 결함세계는 여러 의미를 포함하고 있다. 세계가 온통 전쟁으로 이지러지고만 세상이요, 조선 왕조가 이지러지고만 세상이요, 대늘 자신의 인생 또한 이지러지고만 세상이라는 뜻이다. 무엇하나 바르게 제자리를 지키고 있는 게 없는 세상에서 만 가지 생각이 일어도 노쇠한 자신이 나서서 할 수 있는 일이란 아무것도 없다. 이래저래 마음만 답답한데 세월은 거들떠도 안 보고 훌쩍 지나가버려 대늘의 슬픔은 배가 되고 있다.

경재는 조카 이범하를 고향으로 돌려보내고 처음 맞는 한식날에 아래의 시 「한식일기종자寒食日寄從子」56)를 지어 부쳤다.

(상략)
너를 고향으로 돌려보내고 나니　　送汝還鄕里
산소를 돌볼 자손이 있음에 기쁘다네　　省墳喜有孫
(하략)

56) 李建昇, 『耕齋集』下, 「寒食日寄從子」

경재는 함께 살던 조카를 고국으로 환국시킨 후 고향 산소를 돌볼 자손이 생긴 것에 대해 뿌듯한 마음을 드러내고 있다. 그동안 고향 땅에 모셔 둔 조상 산소를 돌볼 이가 없던 것에 대해 경재가 얼마나 마음을 쓰고 살았는지를 알 수 있는 대목이다. 고향을 그리는 이유 중에 하나가 부모를 비롯한 조상을 모셔 둔 산소 때문임도 부정할 수 없는 사실이다.

어느 해인지 비 내리는 중양절을 홀로 맞이한 경재는 「중양우중重陽雨中, 독좌만음獨坐漫吟, 시춘세示春世」57)를 지어 이건방에게 보였다.

노쇠하여 뜻이 없어 억지로 누대에 올라	老衰無意强登臺
좋은 시절을 이 술잔으로 보답하네	報答良辰有此盃
아득한 고향산천 생각하니 울타리 아래 국화는	遙憶鄕山籬下菊
비바람 견대내고 누굴 위해 피었을꼬	耐風堪雨爲誰開
	(2수 중 제1수)

노쇠해진 경재는 9월 9일 중양절이 되어도 때를 즐기고 싶은 마음이 별로 생기지 않았지만 억지로 누대에 올라 술 한 잔을 마셨다. 그러다 경재는 아득한 고향 산천을 생각하게 되었고, 고향집 울타리 아래 피었던 국화꽃을 떠올렸다. 경재가 집을 지키고 있을 때에는 피어난 국화를 봐줄 자신이 있었다. 그러나 지금은 주인도 없는 집 울타리 아래에서 모진 비바람을 견뎌내고 피어난 국화를 누가 봐줄까 생각했다. 수시로 고향산천을 그리던 경재다. 고향산천의 것이라면 국화 한 송이도 의미 없이 핀 것 같지 않다. 모진 비바람을 견뎌내고

57) 李建昇, 『耕齋集』下, 「重陽雨中, 獨坐漫吟, 示春世」

피어난 국화가 지켜 봐주는 이 없이 홀로 시들어갈까를 생각하며 경재는 자신의 처지를 떠올렸을지도 모른다. 절개를 지키느라고 떠나온 망명지에서 알아주는 이 하나 없는데도 끝까지 지키고 있는 자신을 생각하면 국화와 경재는 같은 운명이 되는 것이다.

망명생활 중에 맞이하는 생일만으로도 고국에서와는 다른 느낌이 드는데, 환갑을 맞이하는 기분은 더 특별하였다. 아래는 경재가 무오(1918)년 11월 28일 환갑날에 쓴 시 「무오십일월이십팔일戊午十一月二十八日, 즉여유십일초도야卽余六十一初度也, 이시술회以詩述懷」[58]이다.

(상략)

구차하게 살아서 오늘에 이르렀으니	苟活至今日
무슨 마음에 축수 잔을 건배하랴	何心稱壽觥
	(5수 중 제1수)
부모님께는 헌수獻壽 잔을 올리지도 못했는데	未獻雙親壽
형제 또한 단명을 했다네	弟兄又短年
재주 없어 산림 속에서 살고 있으니	不才山木在
우러러 보고 굽어 보다 홀로 눈물만 주르륵	俯仰獨泫然
	(5수 중 제3수)
타국에서 형제 얼굴 마주하니	殊邦兄弟面
고향 떠나온 뜻 위로하기에 족하네	足慰去鄕情
	(5수 중 제5수)
(춘세[이건방]가 왔다)	(春世來)

58) 李建昇, 『耕齋集』下, 「戊午十一月二十八日, 卽余六十一初度也, 以詩述懷」

제1수에서는 망명까지 와서 구차하게 살아가는 사람이라 축수 잔을 들어 건배할 마음이 없음을 언급하였다.

제3수를 살펴보면, 군자유삼락君子有三樂 가운데 첫째 즐거움이 '부모구존, 형제무고父母俱存, 兄弟無故.'이다. 그런데 망명지에서 환갑을 맞이한 경재에게 부모님은 물론 형 이건창과 동생 이건면, 아들과 며느리 또한 이미 저 세상으로 가버리고 없다. 곁에서 축하해줄 피붙이 그 누구도 같은 땅은 고사하고 한 하늘 아래에서 숨 쉬고 있지 않아 경재는 세상에 홀로 남겨져있다. 못생겨서 쓸모없어 보이는 나무가 베여지지 않고 산림 속에 남아 있듯이, 가진 재주가 없어 산림 속에서 살아가는 경재는 군자삼락 가운데 둘째 즐거움인 '앙불괴어천, 부불작어인仰不愧於天, 俯不怍於人.'도 못하여, 하늘을 우러르고 땅을 굽어보아도 그저 부끄러워 홀로 눈물만 흘리고 있을 뿐이다. 그러나 당시 경재는 조카로부터 부친을 모시는 듯한 정성스러운 공양을 받고 있었다.[59]

제5수에서는 자주自註에서 밝혔듯이 재종제 이건방이 경재의 환갑을 축하해주기 위해 먼 길을 마다않고 왔다. 이때 경재와 이건방은 경재가 고국을 떠난 후 1914년[60]에 이어 두 번째 만남을 가졌다. 경재는 형제가 타국에서 몇 년 만에 얼굴 마주할 수 있었기 때문에 고향 떠나온 뜻을 위로받기에 충분하다고 하였다.

위의 시는 경재가 환갑을 축하받고 싶은 마음이 있어서 쓴 시는 아니다. 경재 스스로 생각하기에 자신은 환갑상을 받기엔 부족한 운

---

59) 李建昇, 『耕齋集』下, 「戊午十一月二十八日, 卽余六十一初度也, 以詩述懷」"有姪能供養, 藹然父子親."

60) 李建芳, 『蘭谷存稿』 卷十二, 「安郊理墓誌銘」"余於甲寅冬, 會耕齋於安東村舍, 得與公交. 公長不逾中人, 而神采燁然, 一見可知爲非常人也."

명이다. 그런데 자신을 위해 환갑상을 차려준 조카가 있고, 고국에서부터 축하해주러 온 재종제 이건방이 있는 것으로 보아 생각보다 자신의 운명이 박복한 것만은 아님을 술회하여 그들에 대한 감사한 마음을 전하고 있는 것이다. 겉으로는 그들에 대한 감사의 마음을 드러내고 있지만 내면을 들여다보면 죽지 않고 살아서 환갑까지 맞이한 자신의 생을 돌아보며 한스러워하고 있음을 알 수 있다.

망명지에서 맞이하는 환갑날에 대한 슬픔은 자신만의 이야기가 아니다. 고향에 두고 온 형제의 환갑날에 드는 슬픔도 있다. 수파는 갑인(1914)년 망명지에서 큰 동생 안필제安弼濟(1854~1930)의 환갑날을 맞이하여 아래의 시 「사제필제수조기시(갑인)舍弟弼濟晬朝寄詩(甲寅)」[61]를 지어 보냈다.

갑인년 정월 이십팔일은	甲寅正月廿八日
내 아우[卯君][62]의 환갑[初度]날	知我卯君初度年
부모를 모두 잃은 망극한 애통함에	靡恃靡怙罔極痛
두 줄기 눈물 줄줄 흘러내림 막을 수 없네	不禁雙淚自漣漣
높이 나는 외기러기 불평한 마음에 울어도	高飛隻鴈鳴不平
가을바람에 한 줄지어 돌아가지 못하네	秋風未作一行還

1854년 1월 28일에 태어난 수파의 큰 동생이 어느 덧 환갑을 맞이하게 되었다. 원래대로라면 고향에서 친지들이 모여 떠들썩하게 잔치도 베풀고 기쁜 마음으로 축하를 해주어야 하는 날이다. 그런데 부모

61) 安孝濟, 『守坡集』 卷之一, 「舍弟弼濟晬朝寄詩(甲寅)」

62) 卯君 : 干支에 卯字가 들어간 해에 출생한 사람, 또는 동생을 가리킨다. 蘇軾이 동생 蘇轍의 생일 축하 시에 '東坡持是壽卯君'이라고 썼던 것에서 유래하였다.

님은 이미 고인이 되셨고, 나라가 망하면서 형제들 또한 뿔뿔이 흩어져 살고 있다. 가을바람이 불면 기러기들은 남쪽으로 줄지어 날아가는데, 수파의 형제들은 가을을 지나 한 겨울인데도 외기러기처럼 각기 떨어져 살고 있다. "대체로 사물이 평온함을 얻지 못하면 운다[大凡物不得其平則鳴]"고 했듯이, 수파는 동생이 그리워 울기만 할 뿐, 환갑을 맞이한 동생을 마주하고 축하해줄 수 없는 현실에 대해 안타까워할 수밖에 없었다.

객고 가운데 견디기 힘든 것 중에 또 하나는 생활고이다. 아래는 경재가 낙토樂土로 유명한 마을 「안민촌安民村」63)에서 생활고로 힘든 삶을 살게 될 유민들을 생각하며 지은 시이다.

(상략)	
강 아랫녘엔 소금기가 땅에 가득하고	下江鹵滿地
강 윗녘엔 조수가 돌아오지 않아	上江潮不廻
오직 이 한 구역[안민촌] 땅만이	惟此一區地
해추海鰌가 풍년의 뚜쟁이가 되었네	海鰌爲豊媒
거주민들은 촌토를 아껴	居人惜寸土
만금萬金의 재물로도 바꾸지 않네	不易萬金財
옥토沃土는 급한 굶주림도 구할 수 있거니	沃土救飢急
어찌 백성들 재주 없다 말하는가	何論民不才
어찌하면 만경의 너른 들을 개간하여	安得萬頃闢
애달픈 우리 유민에게 두루 나누어 줄까	徧及韓僑哀

63) 李建昇, 『耕齋集』下, 「安民村」

* 이희목, 「耕齋 李建昇의 시와 '西行別曲'」, 『이건창 문학연구』, 성균관대학교 대동문화연구원, 2005. 266쪽 번역 재인용.

안동현 서쪽 30리의 안민산 아래 자리한 안민촌은 하루에 두 차례씩 밀물과 썰물이 드나든다. 그렇지만 안민촌은 강 윗녘에 자리하고 있어 소금기 있는 조수는 닿지 않고, 농사짓기에 적당한 물까지 얻을 수 있는 기름진 땅이다. 특히 안민촌은 유민들이 자리 잡고부터 강에 갑문閘門을 설치하는 등 관개 개선을 통해 가뭄 재해도 없는 낙토가 되었다. 그런 옥토에 자리 잡고 살던 안민촌 유민들의 삶이 좀 여유로워져갈 즈음, 논농사를 지을 줄 몰라 땅을 팔던 중국인들이 유민들로부터 농사짓는 법을 배우기 시작하여, 자기들 손으로 논농사를 짓게 되자 더 이상 땅을 빌려주거나 팔려 하지 않았다. 그래서 경재는 앞으로 유민들이 살아갈 길이 막막해질 것임을 술회하면서,[64] 만경의 너른 들을 개간하여 교민들에게 나눠줄 방법이 없을까를 고뇌하는 것으로 시를 마무리 짓고 있다. 유민들은 가난에서 벗어나기 위해 자신들의 손으로 부지런히 일궈낸 낙토에서 절망과 마주하게 되었다. 이는 유민들이 아무리 노력해도 토착 중국인들의 횡포에 휘둘릴 수밖에 없는 넘지 못할 현실이 버티고 있었기 때문이다. 비록 경재가 너른 들을 개간하여 유민들에게 나눠줄 방법을 찾지는 못했지만, 눈을 감는 순간까지 유민들의 먹고사는 문제에 대한 걱정은 경재의 가슴 한 곳에 자리 잡고 있었을 것임에 틀림없다.

---

64) 李建昇, 『耕齋集』下, 「安民村」 “安民山在安東懸西三十里, 山下有村曰安民村. 村以樂土聞, 蓋灌江潮種稻, 旱不爲災云. 余問潮鹹不害稼否. 曰; “海潮上亘, 淡水逆漲, 高三四丈, 可灌田, 說閘隨意呑吐. 滿州人始不曉治水田, 今學我人, 皆自種稻, 不肯賣田, 韓僑益無以爲生云.””

〈안민산도安民山圖〉65)

〈안민산이 소재한 북안민촌 간판(사진 : 이은영(2016.05.06.))〉

65) 盧相益, 別紙, 〈安民山圖〉 (본 자료는 大訥의 초상화 액자 뒷면에 있던 것을 小訥의 증손자 노규현 옹이 발견하여 필자에게 제공해준 자료이다.)

〈안민산 근처의 안민대시장(사진 : 이은영(2016.05.06.))〉

고향을 떠난 사람은 작은 사물에도 마음을 쓰게 되어 있다. 하물며 망명지에서의 삶이 녹록지 않은 유학자들에게 있어 망명지에서 대하는 사물은 그냥 지나치고 마는 사물이 아니다. 대눌 또한 작은 미물도 그냥 지나칠 수가 없어 모두 마음에 담아두었다. 그래서 대눌은 개미를 보고는 아래의 시 「유감有感」[66]을 지었다.

개미가 곡식을 이고 가는 것을 구경하다 보니	第看蟻戴粒
큰 거북이 산을 인 것과 어찌나 닮았던지	何似鰲冠山
각자 제 역량대로 힘쓰면	各自努其力
무겁고 가벼움은 모두 매 한 가지라네	重輕惣一般

위의 시는 5언 절구의 짧은 작품이지만 많은 느낌을 갖게 한다.

66) 盧相益, 『大訥手卷續編』 卷之一, 「有感」

일반적으로 개미가 곡식 알갱이를 이고 가는 것은 별로 어렵지 않은 일로 여기기 쉽고, 큰 거북이가 산을 등에 이고 있는 것은 아무나 할 수 없는 힘든 일로 여긴다. 그러나 대눌은 개미와 큰 거북이 등에 진 짐의 크기를 같은 맥락에서 보고 있다. 이것은 독립 운동가들이 국권회복을 위해 분투하는 것과 망명지에서 객고도 마다않고 힘겹게 살아가는 사람들, 또는 고국에서 일제 치하에서 괴로움을 당하는 사람들의 수고가 한 가지라고 생각했음을 의미한다. 독립 운동가들의 노고가 일반 백성들의 수고와 같다는 의미가 아니고, 한 사람 한 사람 각자 처한 상황에서의 수고가 모두 나름대로 가치를 지녔음을 말한 것이다.

망명지에서 들리는 매미 소리 또한 그냥 지나칠 수 있는 미물의 울음소리가 아니다. 아래는 이산이 매미소리를 듣고 지은 시 「문선유감聞蟬有感」67)이다.

십년 산정山亭에서 수풀을 지킬 때	十載山亭護樹林
가을이 오면 익숙하게 들려오던 요란한 매미 소리	秋來慣聽亂蟬音
묻노니 만 리까지 따라온 것은 아니냐고	問渠萬里相隨否
오늘따라 고국을 그리는 마음 금할 길 없네	此日難禁故國心

이산은 13세에 달성達城 증광시增廣試를 본 이래로 과거시험장을 열심히 찾아 다녔지만, 20여 세가 되도록 초시初試조차 합격하지 못하였다. 그때서야 이산은 진사시 합격은 모두 권문귀족의 자제들이나 부자富者가 아니면 얻을 수 없다는 사실을 깨달았다. 이에 이산은

67) 芮大僖, 『伊山文集』 卷之二, 「聞蟬有感」

과거 공부를 폐하고 봉동사鳳洞舍로 들어가서 소학小學을 다시 읽었다. 그 후 이산은 1895년 족질 예한기芮漢基와 박순승朴淳升과 함께 봉산 기슭에 터를 잡고, 1896년에 띳집을 짓고 '봉양재鳳陽齋'라 편액하였다.[68)]

위의 시에서 십년 산정山亭이라 한 것에 대한 정확한 기록은 찾을 수 없지만, 봉양재에서 10년 정도 거처한 것을 이른 것으로 여겨진다. 그 때 가을이 되면 계절을 재촉하는 매미가 요란하게 울어댔는데, 지금 망명지 노흑산老黑山에서도 매미소리가 들려왔다. 이에 이산은 혹시 고향에서부터 자신을 따라온 매미가 아닐까 의심하였다.

과거제도의 불합리를 알고 산정으로 들어갔을 때 들은 매미소리이고, 나라를 잃는 통탄할 처지를 겪고 이역만리 망명지에서 들은 매미소리이다. 이산은 망명지에서 들리는 매미소리를 통해 젊은 시절 듣던 매미 소리에 대한 추억을 소급하여 고향의 짙은 향수병과 함께 이루지 못한 청운의 꿈을 떠올린 것이다.

근심은 모든 망명 유학자들이 가지는 객고 중에 하나이다. 망명지에서는 마주하는 시간 시간이 근심일 수밖에 없다. 아래는 이산이 근심에 대해 읊은 시 「우憂」[69)]이다.

부친이 연로하시어 늘 기력이 축나고	親老恒添損
아이는 어리석어 책 읽기 게으르네	兒痴懶不讀

68) 芮大僖, 『伊山文集』 卷之七, 「自誌」 "十三觀光於達城增廣試, 自此奔走揚屋, 至二十餘歲不中一解, 始知所謂進士及第者, 皆出於權貴之手, 非富人不可得. 乃廢擧業, 入村北鳳洞舍, 更讀小學, 鄉人多譏笑. 乙未重九日, 與族姪漢基朴君淳升, 登鳳山俯林泉相地於其下, 丙申數椽茅屋成扁之曰鳳陽齋."

69) 芮大僖, 『伊山文集』 卷之二, 「憂」

빚이 많아 빚쟁이들은 돈을 요구하는데	債多人索錢
가뭄이 심한 들녘에는 곡식이 없네	旱甚野無穀
하늘가 길손 된 지 오래니	天涯爲客久
고향땅은 누가 회복시킬 수 있으려나	故國誰能復

위의 시에서 이산은 여러 가지 복합적인 근심을 풀어내고 있다. 부친의 연로하심도 걱정이요, 어리석은 손자들이 공부를 게을리 하는 것도 걱정이다. 더 나아가 생계를 꾸리기 위해 진 빚은 늘어만 가고, 그에 따라 빌려간 돈을 갚으라는 독촉에 시달린다. 가을걷이를 끝내면 빚도 좀 갚고 한숨을 돌릴 수 있으려나 기대했는데, 심한 가뭄으로 들녘에는 익어가는 곡식조차 없으니, 그 또한 근심이다. 한 발 더 나아가 하늘가 길손 된 지 이미 오래임을 헤아리다 보니, 고향땅은 누가 회복시킬 수 있으려는지 근심은 끝없이 이어진다. 이산의 근심은 부친과 자손에서 가족으로, 더 나아가 국가로 확대되고 있다. 근심은 확대되지만 해결책은 하나도 없다. 그래서 더욱 근심스러워지는 시이다.

수파 또한 접리수 농막에서의 생활을 술회한 「이서한예梨墅閒囈」[70]를 통해서 근심이 끊임없이 일어나고 있음을 고백하고 있다.

밤새도록 잠들지 못하고 밝을 녘까지 괴로운 건	終宵不寐苦遲明
고향생각 나라근심 모두 가볍지 않아서라네	鄕思國憂總不輕
(하략)	(7수 중 제2수)

70) 安孝濟, 『守坡集』 卷之一, 「梨墅閒囈七首」

수파의 몸은 망명지에 있지만 마음은 언제나 고향과 고국에 가 있다. 그래서 망명지의 수파 머릿속은 온통 고향생각과 나라근심으로 가득 차 있다. 전직관료였던 수파의 나라근심은 더 직접적이다. 그래서 수파의 걱정은 이산이 걱정한 고향땅 회복이라는 지역적인 걱정을 넘어 망한 조선 왕조에 대한 시간적인 걱정까지 포괄하게 된다. 아울러 수파는 전직관료로서 나라를 지키지 못한 책임에 망한 나라를 구제할 계책을 세우지 못한 자책까지 더해져 근심의 무게는 결코 가벼울 수 없었다. 이에 수파는 밤마다 편히 잠들지 못하고 새벽녘까지 뒤척이며 괴로워했다.

유학자들이 망명지에서 겪는 대부분의 것은 객고로 표현될 수 있다. 단 한 순간도 마음 편하게 지낼 겨를이 없기 때문이다. 형제나 가족 간의 이별, 함께 고생하던 망명객 간의 이별, 이별 뒤의 그리움, 병이 들어 노쇠해가는 현실, 고향생각으로 인한 향수병까지 망명생활의 모든 것이 다 고생이다. 이런 삶 속에서 때론 더디 가고, 때론 빨리 흐르는 세월로 인해 이들의 고통은 배가된다. 그러다보면 망명지에서 마주하는 사물 하나하나는 그냥 넘길 수 있는 사물이 아닌 것이다. 모든 사물에 다 의미가 부여되면서 망명생활의 함축된 고단함이 드러나게 된다. 그러는 동안 자손들과 가족, 더 나아가 나라 걱정까지 커져가는 근심 속에서 유학자들은 어려운 세월을 참고 견디며 망명생활을 하였고, 그 속에서 망명문학을 빚어냈다. 그래서 이들이 망명 중에 겪은 객고와 망향은 유학자들에게는 고통이었겠지만 오늘날 망명문학을 대할 수 있게 된 밑거름이 되었기에 의미가 큰 것이다.

3. 망명객으로서의 의지와 독립정신

망명 유학자들이 지닌 망명객으로서의 의지와 일제에 저항하고자 하는 독립정신은 이미 고국에서부터 시작되었다.

고국에 있을 때 수파는 은사금을 계속 거부하던 자신을 연행하기 위해 찾아온 일경日警을 향해 다음과 같은 말을 하였다.

> "나는 대한제국의 신하이다. 나라가 망했는데도 구하지 못했으니, 죽어서도 죄가 남는데, 원수 나라 임금이 나한테 무슨 은혜를 베푼다는 것이냐? 은혜가 아니고 욕을 보이는 것이다. 선비는 죽일 수는 있을지언정 모욕할 수는 없는 것이다. 만약 다시 나에게 이런 짓거리를 한다면 죽음이 있을 뿐이다."[71]

대한제국에서 녹을 받았던 수파는 망한 나라를 구할 계책을 세우지 못하고 지켜만 본 죄는 죽어도 남을 죄로 여기고 있었다. 그런데 지금 일제가 수파에게 은사금을 받으라며 거듭 모욕을 하였다. 이에 수파는 원수 나라로부터 치욕적인 은사금을 받고 사느니 죽음을 택할 것임을 천명하며 거칠게 항거하였다. 망한 나라를 구하지도 못하면서 숨을 쉬고 살아 있다는 그 자체가 죄스러웠기 때문에 일제가 은사금을 거절한다는 이유로 자신을 옥에 가두고 협박한다고 해서 절개를 굽힐 수파가 아니었다. 이를 통해 수파는 고국에서부터 일제에 대한 저항의지를 분명하게 드러내었다는 것을 알 수 있다. 이는 기본적으로 수파 사고의 근저에 독립정신이 자리하고 있음을 뜻한다.

---

71) 安孝濟, 『守坡集』 卷之八, 「家狀[安昌濟])」 "我大韓臣也. 國亡不能救, 死猶餘罪, 讎國之君, 於我何恩. 非恩伊辱. 士可殺, 不可以辱, 如有復我者, 有死而已."

망명 유학자들의 일제에 대한 저항의지와 독립정신은 사실 고국에서 망명을 떠나온 그 행위 하나만으로도 충분히 드러난다. 이는 애국지사들의 순절이 백성들의 애국심을 고취시킬 수 있었던 것처럼, 덕망 있는 유학자들의 망명 또한 백성들의 국권회복에 대한 의지를 일으킬 수 있었기 때문이다. 그래서 이들의 망명은 백성들의 독립정신을 고취시키는 역할을 한 만큼, 유학자들의 망명은 그 자체로 독립정신을 품고 있다고 해도 과언이 아니다. 그런데 이들 망명 유학자들은 망명지에서 일경日警에 대항함으로써 자신들의 의지와 독립정신을 더욱 적극적으로 드러내었다. 이는 앞서 살펴본 대눌의 「자지自誌」와 경재의 「경재거사자지耕齋居士自誌」를 통해서 알 수 있다. 한인들을 협박하여 입적시키려고 찾아온 일경을 향해 대눌과 경재가 저항하는 모습은 노쇠한 유학자로서 일제에 저항할 수 있는 최대의 의지이자 강력한 독립정신의 표출인 것이다. 이처럼 저항의지를 거칠게 드러냄으로써 이들은 일경으로부터 '군자'라는 말을 듣고, 중국인들로부터 '부적이로不籍李老'라는 칭호를 얻게 된 사실 등이 이를 뒷받침한다.

스스로를 광부狂夫라고 칭하던 서천 또한 망명을 떠나 올 때 정리해 온 거금을 이승희에게 주어 만주滿洲의 한교독립근거지韓僑獨立根據地를 만드는데 보탰다.[72] 이는 서천이 망명객으로서의 의지를 드러냄과 동시에 독립운동을 실현시키고자하는 실천적 유학자였음을 의미한다.

이러한 망명 유학자들의 망명객으로서의 의지와 독립정신은 충신열사들에 대해 읊은 작품을 통해 더욱 비폭력적 저항으로 표출되

72) 李承熙, 『韓溪遺稿』九(附錄), 「痛慕錄[李基元]」 "甲寅, 回住奉天, …… 與趙西川貞奎, 分擔巨金, 買得遼中縣德興堡土地二百八十日耕, 欲設滿洲韓僑獨立根據地."

었다.

수파는 충신열사들을 통해[73] 망명객으로서의 의지와 독립정신을 드러낸 대표 망명 유학자 가운데 한 사람이다. 『수파집守坡集』에는 총 80제의 시가 실려 있다. 그 중 망명 전에 지은 작품 29제 가운데 충신열사에 대해 지은 것은 2제[74]에 불과하며 인물 또한 4명을 각각 1번씩 언급하고 있을 뿐이다. 그러나 망명 후에 지은 작품 51제 가운데 충신열사에 대해 읊은 것은 16제[75]에서 31명을 총 45번에 걸쳐 언급하고 있다. 이를 통해 수파는 망명 후 충신열사들을 통해 자신의 국권회복에 대한 의지와 일제에 대한 저항 정신을 고취시키고자 하였음을 알 수 있다.

아래는 수파가 종형從兄 안경제安慶濟와 찰방察訪 백문행白文行에게 보낸 편지글「여종형(경제)與從兄(慶濟)」과「여백찰방(문행)與白察訪(文行)」이다.

> "매번 을사년 이후 사직社稷과 함께 순절한 여러 군자들을 생각하면 부끄러워하지 않을 수 없습니다."[76]

---

73) 安孝濟의 충신열사에 대한 작품은 필자의「수파 안효제의 서간도 망명과 우국시」,『漢文學報』 제25집, 우리한문학회, 2011. 452~457쪽을 수정 보완하여 서술하였다.

74) 安孝濟,『守坡集』 卷之一,「庚戌生朝二首」,「自昌犴歸入古山齋」

75) 安孝濟,『守坡集』 卷之一,「松京圃隱碑」,「奉天省臨江縣除夕」,「偶吟四首(幷小序)」,「贈李聚五(奎熙)」,「酬蔡春可(熙東)」,「遙贈文琪瑞(璟鍾)」,「示許堉(銆)」,「接梨樹酬李上舍(建昇)二首」,「沙河旅舍酬孟進士(輔淳)」,「次安復初(植源)」,「贈白察訪(文行)」,「送鄭侍郎(元夏)」,「多霞山酬蔡春可六首」,「梨墅閒囈七首」,「次李亨元(禧榮)禁湖臺韻」,「自挽六絶」

76) 安孝濟,『守坡集』 卷之二,「與從兄(慶濟)」"每念乙巳以後殉社諸君子, 不能無愧焉"

"저[안효제]는 이미 죽지도 못했고, 또 고국에서 낯을 들고 살 수도 없었습니다. 그래서 조상 묘소와 자손들을 버리고 이렇게 부득이하게 거동을 한 것이니, 어찌 사직社稷과 함께 순절한 여러 군자들에게 부끄럽지 않겠습니까?"[77)]

위의 편지글들을 통해 수파는 1905년 을사늑약 후부터 사직社稷과 함께 순절한 군자들에게 부끄러워하면서 살아왔음을 알 수 있다. 수파가 순절한 군자들에게 부끄러움을 느꼈다는 것은 자신 또한 순절한 군자들이 보여준 의지와 국권회복을 시키려던 독립정신을 강하게 본받고 싶었음을 뜻한다.

수파는 죽어야할 때 죽지 못했던 것을 수치스럽게 생각하며 망명을 떠나왔다. 그래서 강제적인 은사금 수여를 거부하다 음독 자결함으로써 일제에 대해 강력하게 저항하고 독립정신을 고취시킨 서비자 최우순을 기려 아래의 제문 「제최서비(우순)문祭崔西扉(宇淳)文」을 남겼다.

"아! 국가가 망해 없어지니 충신 · 의사의 죽음이 어찌 끝이 있으랴만, 능히 죽을 때에 죽기가 어려운 것입니다. 그러므로 우리 선생[공자]께서 필히 말씀하시기를, "몸을 죽여 인仁을 이룰지언정, 살기를 도모하여 인을 해치는 일은 없다."[78)]고 하였던 것입니다. 죽어서도 오히려 인을 이루지 못한다면 누가 살려고 하지 않겠으며, 살기를 도모하여도 오히려 인할 수 있다면 누가 기꺼이 죽으려 하겠는지요? 모두 지극한 정성으로 측은하게 여기는 생각에서 나와 털끝만큼도 인간의 사사로운 욕심이 없어진 뒤에야 바야흐로 그 인을 허락하니,

---

77) 安孝濟, 『守坡集』 卷之二, 「與白察訪(文行)」 "孝濟旣不得死, 亦不可抗顔於故國. 故棄墳墓子孫, 此不得已之擧, 曷不有愧於殉社諸君子耶."

78) 『論語』, 「衛靈公」 "子曰: 志士仁人, 無求生而害人, 有殺身而成仁."

> 죽고 사는 것이 또 어려운 것이 아니겠는지요? 지금 선생의 마음은 세 어진이[三仁]의 마음이요, 선생의 죽음은 백이 · 숙제의 죽음입니다. 죽을 때에 죽은 것이라고 할 수 있으니, 그렇게 죽기가 어렵다는 것입니다. …… 저[안효제]는 선생을 한 번 뵌 적도 없고, 또 편지 한 자 문안한 적도 없습니다만, 선생께서 의리를 지키다가 생을 마치셨다는 소식을 듣고, 적이 마음에 느낀 바가 있어 일성통곡하고 물러갑니다."[79]

경술국치 이래로 직위에 있던 사람은 물론이고 그렇지 않았던 사람들까지도 순절을 택한 경우가 많았다. 그 중에 직위에 있지 않으면서 순절한 대표 인물이 바로 윗글의 주인공 최우순崔宇淳이다. 최우순의 본관은 전주全州이고, 자는 순구舜九로, 영남 고성固城에 거주하던 사람이다. 호는 청사晴沙였으나 경술국치 후 동쪽 원수의 나라 일본을 향해 있던 문을 헐고, 서쪽으로 새로 문을 낸 후 자호自號를 '서비자西扉子'로 고쳤다. 최우순은 일제가 주는 은사금을 아홉 번에 걸쳐 거부하였었다. 그런데 일본 순사가 또다시 찾아와 은사금을 강요하자 늙어서 밤눈이 어두우니 날이 밝으면 가겠다며 순사를 안심시키고는, 순사가 잠든 사이 80세의 나이로 음독자결 하였다.[80]

---

79) 安孝濟, 『守坡集』 卷之四, 「祭崔西扉(宇淳)文」 "嗚呼. 國家喪亡, 忠臣義士之死何限, 而能死於死爲難. 故吾夫子必曰; "殺身成仁, 無求生以害仁." 死猶未仁孰不生, 生猶爲仁孰肯死. 蓋同出於至誠惻怛底意, 而無一毫人欲之私, 然後方許其仁, 則之死之生, 不亦難乎. 今先生之心, 三仁之心也, 先生之死, 夷齊之死也, 可謂死於死, 而其死也難. …… 孝濟於先生, 旣無一面之雅, 又曾無一字相訊, 而聞先生守義而終, 竊有所感於中, 一聲痛哭而退."

80) 李建昇, 『耕齋集』上, 「西扉子傳」 "西扉子, 姓崔氏, 其先全州人, 名宇淳, 字舜九, 居嶺南之固城郡. 家饒喜施躬行, 讀書老而靡懈. 及庚戌國變, 毀其門之向東者而西之曰; "吾惡夫對讎邦也." 因自號曰西扉子. 日本新幷我國, 詐用慰撫政以貨, 與國內知名之士, 所謂恩賜金也. 日巡査以金來, 西扉子却之, 招亦不往, 如是者九. 一日巡

수파 역시 은사금 거부로 옥고를 치른 일이 있지만 죽음으로까지 대항치는 못하였기 때문에 최우순의 자결은 수파의 가슴에 두고두고 각인될 수밖에 없었다. 더욱이 자신은 나라의 녹을 먹은 사람이지만 최우순은 직위에 있지도 않은 사람이었기 때문에 수파는 부끄러움에 앞서 더 없는 공경심마저 가지게 되었다.

수파는 사사로운 욕심이 없어진 뒤에라야 죽을만한 때에 죽어 '인仁'을 이룰 수 있는 만큼 최우순 같은 행동이 어려운 일임을 피력하고 있다. 서두에 수파는 국가가 망해 없어져 충신 · 의사의 죽음이 끝이 없을 것임을 말함으로써 자신은 충신 · 의사가 못 됨을 드러내었다. 아울러 수파는 최우순이 의리를 지키다 생을 마감하였음을 언급하여 죽음으로써 의리를 지키지 못한 자신을 자책하고 있다. 이에 수파는 최우순의 죽음을 옛날 주紂가 망할 때 은殷나라의 어진 신하로 간언하다 죽은 비간比干 · 다른 곳으로 달아난 미자微子 · 미친척하던 기자箕子 그리고 절개를 지키던 백이숙제에 빗대어 칭송하였다. 이는 어떠한 말로도 최우순의 자결에 대한 칭송을 다 드러낼 수 없기 때문에 충신 · 의사로 이름난 인물들을 열거한 것이다. 그래서 수파는 일면식도 없고 편지 한 자로 문안한 적도 없는 최우순을 위해 제문을 짓고 일성통곡까지 함으로써 최우순의 순절에 대한 칭송을 극대화시키는 결과를 가져왔다. 이를 통해 수파는 나라가 망했을 때 직위에 있지도 않으면서 죽음을 택해 의리를 지킨 충신 · 의사들의 순절을 높이기 위해서 최우순의 이름을 빌어 위의 글을 썼음을 알 수 있다.

査, 又以金來曰; "不受將執而去也." 西扉子曰; "日暮矣. 吾老不可昏行, 天明去可也." 天明巡査起視之, 西扉子已死矣. 巡査驚走, 家人乃覺. 盖西扉子, 嘗置毒懷中, 至是呑之, 時年八十. …… 乙巳庚戌以來, 不在位而死者, 皆足以光國家."

최우순처럼 자결한 사람들로 인해 한인들 사이에는 국권을 회복하고자 하는 주체의식이 생겨났고, 그로 인해 독립투쟁이 끊임없이 이어질 수 있었다. 이렇게 수파는 최우순의 자결에 대해 느낀 바가 있어 제문까지 지어 칭송하며 자신을 낮췄지만, 수파 또한 절개를 지킨 인물로 후인들에게 칭송을 받아 『기려수필騎驢隨筆』에는 수파와 최우순 두 사람의 이름이 앞뒤로 나란히 실려 있게 되었다.[81] 그러나 수파가 최우순과 일면식도 없고, 편지 한 장 보낸 적도 없다는 말과는 달리 최우순은 수파가 추자도로 유배된다는 소식을 듣고 수파를 위한 격려 시를 지은 것으로 확인된다.[82] 다만 위의 글을 통해 최우순이 지은 시가 수파에게 전달되지는 않았던 것으로 추측된다.

최우순에 대한 수파의 관심이 어느 정도였는가는 최우순의 행적을 수파로부터 전해들은 경재가 「서비자전西扉子傳」[83]을 지은 사실을 통해서도 알 수 있다.

수파가 순절한 인사들을 통해 망명객으로서의 의지와 독립정신을 표출해낸 사실은 충성과 절의로 드높은 이준 · 안중근 · 이재명의 행적을 소서小序와 함께 읊은 아래의 시 「우음(병소서)偶吟(幷小序)」[84]에서 보다 확실해진다.

---

81) 宋相燾 編, 『騎驢隨筆』, 安孝濟(202~204쪽), 崔宇淳(204~206쪽).

82) 崔宇淳, 『西扉先生文集』(국립중앙도서관 소장, 1920) 「安君舜中(孝濟)爲言官十年, 不得調人, 皆惜之時, 有妖巫以幻術承寵, 能禍福生殺人, 朝廷莫敢誰何, 而君獨抗疏論之, 竟加棘絶島, 聞臨行有詩, 余壯而和之」 “吾南正氣自優餘, 敢犯天顔抗直疏. 輪悃霜臺痲紙裂, 甘心嶺海葉身居. 仁天必有雷威霽, 擧國咸榮竹汗書. 鳴鳳朝陽今復覩, 如君不負讀書初.”

83) 李建昇, 『耕齋集』上, 「西扉子傳」 “吾友安舜仲道西扉子甚詳, 遂作西扉子傳.”

84) 安孝濟, 『守坡集』 卷之一, 「偶吟(四首)(幷小序)」

"이준李儁 · 안중근安重根 · 이재명李在明, 세 장사는 종묘사직이 전복되는 것을 보고 분개하여 자신을 돌보지 않고 단도와 권총을 가지고 스스로 호랑이 입으로 몸을 던졌다. 혹은 스스로 배를 가르기도 하고, 혹은 총으로 원수를 쏘아 죽여 이천만이 복종하지 않는 마음을 알리고, 자신을 희생하면서도 후회하지 않았다. 그 충성과 절의節義는 늠름하기가 뜨거운 태양이나 가을 서리와 같았으니, 아, 장하도다."[85)]

문명이 있는 단군檀君의 나라 사천 년에	文明檀國四千載
박복한 운명으로 나는 이 어려운 때를 만났네	薄命吾生際此難
평화회의 열린 화란和蘭은 어디던가	和會和蘭何處是
충신 한 번 죽음에 만방이 철렁했네	忠臣一死萬邦寒
	(4수 중 제1수)

장량張良이 떠난 뒤에 철퇴 하나 또 있었다며	張良去後一椎又
만국이 하얼빈 소식 떠들썩하게 전하네	萬國喧傳哈爾濱
불공대천 원수를 그 누가 갚았던가	不共戴讎其孰報
대한 천지에 우리 집안[安氏] 사람이라네	大韓天地我宗人
	(4수 중 제2수)

당당하게 단도를 배포 있게 휘두르니	堂堂尺鈒任剛腸
천고에 향기로운 이름은 이재명李在明일세	千古流芳李在明
흉괴 몸뚱이 찌른 솜씨 서툴지 않았으니	體解凶魁非手拙
짐짓 훗날 국가의 표창 기다리리	故俟他日以王章
	(4수 중 제3수)

85) 安孝濟, 『守坡集』 卷之一, 「偶吟(四首)(幷小序)」 "李儁 · 安重根 · 李在明, 三壯士見宗社顚覆, 憤不顧身, 以尺鈒短砲, 自投於虎狼之口. 或自剖其腹, 或砲殺讎賊, 以示二千萬不服之心, 而殺身不悔. 蓋其忠義, 凜凜如烈日秋霜矣, 猗歟壯哉."

섭정聶政보다 훌륭하고 형가荊軻보다 뛰어나　優於聶政勝於荊
어깨 겨룰 이는 저구杵臼와 정영程嬰[86]뿐이라네　伯仲之間見杵嬰
부끄럽구나, 해놓은 일 하나 없는 나의 무능함이여　愧我疎庸無一事
타국에서 지는 해에 눈물만 주르륵　殊邦落日淚滂滂
(4수 중 제4수)

제1수에서는 이준(1859~1907)이 1907년 일본의 침략 만행을 세계 만방에 알리기 위해 고종의 밀사로 만국평화회의에 파견되었지만, 계획에 실패하자 자결로써 일제의 만행을 만국에 알린 충신의 행적을 언급하였다.

제2수에서는 안중근(1879~1910)이 수파 자신의 집안사람이라는 생각에 뿌듯한 마음을 서술하고 있다. 장량張良은 박랑사博浪沙에서 한韓나라를 멸망시킨 진시황秦始皇을 저격했다가 실패하였지만, 안중근은 1909년 10월 26일 하얼빈 역에서 이토 히로부미 저격에 성공한 인물이기 때문이다. 이 시에서 수파는 불공대천의 원수 일제에 대한 안중근의 저항을 사실적 장면으로 유감없이 그렸다.

제3수에서는 이재명(1890~1910)이 향기로운 죽음을 맞이한 사실을 언급하였다. 이재명은 1909년 12월 22일 훌륭한 솜씨를 발휘하여 명동성당을 나서던 이완용에게 중상을 입혔다. 그리고 이 일로 체포

86) 杵嬰 : 杵臼와 程嬰을 가리킨다. 춘추 시대 晉景公 3년에 屠岸賈가 趙朔을 죽이고 멸족시켰을 때, 조삭의 친구인 정영과 조삭의 客人 公孫杵臼가 조삭의 유복자 趙武를 살릴 모의를 했다. 그래서 다른 아이를 조삭의 아이로 속여 공손저구가 다른 아이와 함께 죽는 길을 택해 먼저 죽고, 정영은 훗날을 도모하며 유복자와 함께 산중에 숨어 살다가 경공 15년, 韓厥의 주선으로 趙武를 趙氏의 후계자로 삼게 되었다. 그러자 정영은 조무가 관례식을 올리던 날 공손저구의 죽음에 보답하는 의리를 위해 자결하였다.

되어 죽임을 당했다. 아울러 수파는 국권이 회복되면 이재명이 반드시 국가로부터 빛나는 표창을 받을 것임을 예언하였다. 수파의 말처럼 이재명은 국권을 회복하고 들어선 대한민국정부로부터 1962년 건국훈장 대통령 표창에 추서되었다.

제4수에서는 전국시대 섭정聶政과 형가荊軻는 사사롭게 자신을 알아주는 사람을 위해 목숨을 바쳤지만 이준 · 안중근 · 이재명은 종묘사직이 전복되는 것을 보고 목숨을 바친 것이므로 그들과 비교 할 수 없게 뛰어난 인물임을 언급하였다. 이어서 수파는 춘추시대 저구杵臼와 정영程嬰이 의리를 지키다 죽은 정도는 되어야 뜨거운 태양이나 가을 서리 같은 충성과 절의를 지닌 세 사람의 공적에 어깨를 견줄 만하다며 이들에 대한 칭송을 아끼지 않고 있다. 또 이뤄놓은 업적 하나 없이 타국에서 눈물만 흘리고 있는 자신의 무능함을 열사들의 업적에 대비시켜 세 열사의 희생을 극대화시켰다. 위의 작품을 통해 수파는 망명객으로서의 자신의 의지와 독립정신을 집약적으로 드러내었다.

망명 유학자들은 자손들을 교육시킴으로써 조국 독립에 대한 의지를 구체화시켰다. 아래는 이산이 공부 때문에 집을 떠나있던 손자가 연말에 돌아온 기쁨을 읊은 시 「소아출취타숙小兒出就他塾, 세말귀래歲末歸來, 희이부지喜而賦之」87)이다.

(상략)

고국으로부터 온 벗이 있는데	有友自故國
글에도 능하고 글씨에도 뛰어나다네	能文筆亦奇

87) 芮大僖, 『伊山文集』 卷之二, 「小兒出就他塾, 歲末歸來, 喜而賦之」

90리길 고마령에서　三舍古馬嶺
한인 교민의 선생이 되어 살고 있네　寄作韓僑師
너를 보내 처음 학문을 배우게 한 것은　送汝始從學
서릿발 높은 시월이었네　霜高十月時
내가 안동에 갔다가　我作安東行
돌아오니 세밑이 드리웠네　歸來歲尾垂
이때 너 또한 돌아오니　于時汝亦還
과연 삼동의 기한을 채웠다네　果盡三冬期
얼굴과 눈빛은 사랑스럽고　面目堪可愛
절하고 읍하는 것 또한 예의가 있네　拜揖亦有儀
경서 한 권이 만 궤짝 재물 같다더니　一經當萬籯
옛사람이 어찌 나를 속였겠는가　故人豈余欺
몇 사람이 말하는 걸 들어보니　聞說二三子
물도 긷고 불 때서 밥도 짓는다네　汲水且爨炊
만사는 수고와 고생으로 이루어지니　萬事從勤苦
힘든 일을 또 어찌 사양하랴　努力亦何辭
어려서 해놓은 것이 없으면　少小做不得
늙어서 후회가 막급이란다　老大悔莫追
원하노니 너는 지금부터 계속　願汝繼自今
부지런히 더 힘쓰거라　勤勤且孜孜
훗날 압록강을 건너는 날　他時渡江日
문호門戶는 네 덕에 지켜지리라　門戶賴汝持

이산은 집안현輯安縣 고마령古馬嶺에서 글방을 연 한인韓人에게 손자의 가르침을 부탁했다. 3일 행군 거리[三舍]인 90리길을 가야 다다를 수 있는 먼 곳으로 14세 손자를 공부하러 떠나보내는 할아버지는 세 살짜리 어린아이를 물가에 내놓은 심정이었다. 그렇게 떠나보낸 손자가 세밑에 삼동三冬의 과업을 다하고 돌아왔다. 손자는 떠나기 전보다 더 훤해진 얼굴과 초롱초롱한 눈빛으로 모든 행동을 예법에 맞게 했다. 마냥 어리다고만 생각했는데 공부를 하더니 물도 길어오고 밥도 지을 줄 알게 되었다. '경서 한 권이 만 궤짝 재물과 같다'는 옛말이 틀리지 않음을 손자를 통해서 확인한 이산은 손자가 마냥 대견하다. 그런 손자에게 이산은 모든 일은 수고와 고생을 견뎌내야만 이루어지는 법이니, 더욱 힘쓰고 노력하라는 당부를 잊지 않았다. 이는 해방이 되어 고국으로 돌아가면 문호門戶를 지켜낼 막중한 임무를 지닌 손자이기 때문이다.

손자를 아끼는 마음에 좋은 스승을 찾아서 걱정 반 믿음 반으로 보낸 손자가 늠름해진 모습으로 돌아왔다. 이에 이산은 하루가 다르게 대견해지는 손자를 보는 것과 발맞추어 조국도 반드시 독립이 될 거라는 강한 믿음을 드러내고 있다.

이산이 후손들에 대한 믿음을 통해 망명객으로서의 의지를 굳히고 있음은 아래의 글 「호상문답湖上問答」을 통해서 드러난다.

> "어떤 객이 물어 말하기를, "지금 일본이 조선을 삼키고, 새로 만주를 건립하고, 재차 중원을 점령하는데, 시사의 결과가 장차 어떻게 될까요?"라고 하였다.
>
> (내가) 말하기를, "하늘의 기수氣數란 것이 그렇습니다. 무릇 물物이란 지극히 성해지면 반드시 쇠하게 되어 있습니다. 지금 백성들이 번성한데 장차 모두 다 베어버리는[芟夷] 변화가 있어, 중원이 망한다 해도 일본 또한 틀림없이 망하게 될 것입니다."라고 하였다.
>
> (중략)
>
> 객이 말하기를, "주인의 뜻이 이와 같다면, 어찌하여 손자들에게

신학교에 들어가서 왜倭나라 것을 배우게 하는 것입니까?"라고 하였다.

(내가) 말하기를, "이것은 내 뜻이 아닙니다. 아이들이 어리석어 강제로 그만두게 할 수 없어 머리가 지끈거리고 마음이 아프지만 어쩔 수 없어서였습니다."라고 하였다.

객이 말하기를, "지금 세상에 살면서 자손들로 하여금 신학문을 배우지 못하게 한다면, 장차 생활을 할 수도 없고 세상에서 사람 축에 낄 수도 없을 것이니, 어찌 자손들에게 우환을 남겨주는 것이 아니겠습니까?"라고 하였다.

내가 말하기를, "내가 자손들에게 신학문을 배우지 못하게 할 수는 없었으나, 내 자손들로 하여금 내 뜻과 같게 할 수는 있습니다. 차라리 이 세상에서 곤궁하고 주릴지언정 저기[일제]에 빌붙어 고기 먹고 비단옷 입는 것은 원치 않습니다."라고 하였다.

객이 다시는 말하지 않았다."[88]

이 글은 객과 나[余]의 문답체로 구성되어 있고, 전체 문장의 내용을 살펴보면 굴원屈原의 「어부사漁父辭」를 연상시킨다. 이산은 자손들이 시대의 흐름에 맞춰 어쩔 수 없이 신문학을 익히는 것을 막을 수는 없지만, 자신의 뜻에 따라 일제에 복종하거나 호의호식하는 일 따위는 하지 않을 것임을 단언하고 있다.

88) 芮大僖, 『伊山文集』 卷之五, 「湖上問答」 "客有問曰; "今日本吞朝鮮, 新建滿洲, 更占中原, 時事之結果, 將何如." / 曰; "天之氣數然矣. 凡物極盛則必衰. 今人民繁, 庶將有芰夷之變, 而中原雖亡, 日本亦將必亡而已矣." …… 客曰; "主人之意如此, 則何以使諸孫入於新學, 而學倭乎." / 曰; "此非吾志也. 兒曹無知, 强止不可, 疾首痛心, 無可如何." / 客曰; "居今之世, 不使子孫學新學, 則將無以生活, 世不齒人類, 豈非遺子孫之憂患乎." / 余曰; "吾不能使子孫不學新學, 使吾子孫如吾志也. 寧窮餓於此世, 不願附彼, 而食肉衣帛也." / 客不復語."

굴원이 어부와의 대화를 통해서 자신이 선택한 행위에 대해 정당성을 주장하였다면, 이산은 객과의 대화를 통해서 일제에 굽힐 수 없는 의지를 피력하고 있음을 알 수 있다. 굴원이 상강湘江에 가서 물고기의 뱃속에 장사지낼지언정 희디흰 순백으로 세속의 먼지를 뒤집어쓸 수 없었던 것처럼, 이산은 곤궁하고 주릴지언정 절조를 굽혀 일제에 빌붙어서 고기를 먹고 비단옷을 입는 일 따위는 할 수 없다는 말로 마무리 지었다.

여기까지 이해하고 글의 처음으로 돌아가보자. 이산은 하늘의 기수氣數가 그렇듯이 일제가 지금은 승승장구하는 것 같아도 반드시 망할 날이 올 것임을 확언하고 있다. 이를 통해 이산은 머지않아 일제가 망하고 자신이 고국으로 돌아갈 날이 올 것임을 믿어 의심치 않음을 알 수 있다.

이산은 후손들에 대한 강한 믿음을 드러냄으로써 망명객인 자신의 일제에 대한 저항 의지가 후손들에게까지 이어질 것임을 언급하였다. 이는 반드시 독립을 이루고야 말겠다는 국권회복에 대한 이산의 의지를 보다 확고히 드러낸 것이다. 그러나 한편으로 이산은 인정하고 싶지는 않지만 시대가 변하고 있음과 신학교에서의 교육을 통해 새로운 문화를 익히는 것은 거스를 수 없는 대세라는 것을 인지하고 있다.

유민 보호에 힘쓰던 이산 또한 절조를 지키며 국권회복을 위해 동분서주하는 열사들을 통해 자신의 망명객으로서의 의지와 독립정신을 드러내었다. 아래는 이를 확인할 수 있는 글로 이산이 수파를 생각하며 지은 제문 「제안수파(효제)문祭安守坡(孝濟)文」이다.

"오호, 경술년 이후 충신열사로 순국한 자가 한 사람이 아니나,

> 세상에서는 모두 민충정閔忠正[민영환]과 최면암崔勉菴[최익현]을 자자하게 칭찬해 마지않는 것은 어째서입니까? 그 칼을 들고 의병을 일으키는 것은 사람들이 쉽게 볼 수 있는 바이고, 자취를 감추어 절개를 지키는 것은 사람들이 알지 못하는 바이기 때문입니다. 공公이 조정에 섰을 때는 바르게 직간한 풍모가 있었고, 합병의 날을 당해서는 칼을 들고 의병을 일으키는 일을 할 수 없던 것은 아니었으되, 헛된 죽음으로는 구제할 수 없다는 생각에 동청남만東淸南滿 구역으로 은둔하여 10년 동안 압록강 이남으로 한 발자국도 밟지 않다가 원통하게 그 생을 마감하였으니, 어찌 이리도 비통합니까. 옛날 주紂가 망할 때, 비간比干은 간하다가 죽었고, 미자微子는 달아나버렸고, 기자箕子는 미친 척하였는데, 공자는 "은殷나라에 세 사람의 어진이가 있었다."라고 하였습니다. 지금 공公의 사적이 최면암·민충정 두 사람과는 비록 같지 않다고 말하나, 모두 지성至誠에서 나온 것입니다."89)

윗글을 통해서 이산이 생각하는 유학자로서의 처세와 삶에 대해 알 수 있다. 무기를 들고 의병을 일으킨 사람들의 행적은 쉽게 드러나지만, 절조를 지키기 위해 이역만리로 떠나온 사람들의 행적은 드러나지 않는다. 사람들은 보이는 것에 더 큰 가치를 두고, 보이지 않는 행적에 대해서는 관심을 두지 않기 때문이다. 이산은 공자가 말한 은殷나라의 어진 세 사람 가운데 수파는 미자微子에 해당하는

---

89) 芮大僖, 『伊山文集』 卷之六, 「祭安守坡(孝濟)文」 "嗚乎, 自庚戌以後, 忠臣烈士之殉國者不一, 而世皆稱閔忠正·崔勉菴藉藉不已者何也. 其蹈刃擧義, 人所易見, 而晦跡自靖, 人所未知也. 公之立朝, 有正直諫諍之風, 及當合併之日, 蹈刃擧義, 非曰不能, 而謂徒死無救, 及遁于東淸南滿之區, 十年不踐鴨綠以南一步之地, 幽憤以殞其生, 何其悲也. 昔紂之亡, 比干諫而死, 微子逃去, 箕子佯狂, 而孔子曰; "殷有三仁焉." 今公之事, 與崔·閔二公, 雖曰不同, 而皆出於至誠."

사람이라고 하였다. 또 이산은 수파가 망명을 떠나 온 일의 업적에 있어서는 면암勉庵 최익현崔益鉉이나 충정공忠正公 민영환閔泳煥과는 같지 않지만, 모두 각자의 자리에서 자신이 할 수 있는 지극한 정성에서 나온 행동이라는 점에서는 같다고 하였다. 이는 유인석이 '처변삼사' 중 자신의 처지에 맞게 행하면 된다며 어느 것도 우위에 두지 않은 것과 일맥상통하는 것이다. 위의 제문에서 이산은 수파가 유학자로서의 처세와 삶을 실천하기 위해 은둔한 것을 추켜세우면서, 다른 망명 유학자들의 의지도 함께 높이는 이중 장치로 해석할 여지를 남겨두었다.

수파가 동청남만東淸南滿 구역에 은둔하여 10년 동안 압록강 이남으로 한 발자국도 밟지 않았다는 말은 1911년 망명을 떠나 1916년에 생을 마감하지만 고국으로 반장返葬된 것은 1919년이기 때문이다.[90] 즉 망명부터 반장된 때까지 어림잡아 10년이라는 뜻이다. 따라서 위의 글은 이산이 1916년 환국한 후에 지은 글임을 알 수 있다.

경재는 독립을 위해 애쓴 열사들과 절개를 지킨 인물들의 전傳을 지음으로써 망명객으로서의 의지와 독립정신을 드러내었다. 『경재집』에는 「안중근전安重根傳」, 「이재명李在明 · 김정익전金貞益傳」, 「서비자전西扉子傳」[91], 「백삼규白三圭 · 김덕신전金德新傳」[92], 「이석대李

---

90) 呂運弼, 呂運弼, 「安孝濟의 삶과 文學」, 『白楊人文論集』 제1집, 신라대학교 인문과학연구소, 1996. 11쪽 참조.

91) 李建昇, 『耕齋集』上, 「安重根傳」; 『耕齋集』上, 「李在明 · 金貞益傳」; 『耕齋集』上, 「西扉子傳」

92) 李建昇, 『耕齋集』上, 「白三圭 · 金德新傳」 백삼규는 평안북도 泰川人으로, 자는 賢復이고 호는 溫堂이다. 1895년 을미사변 후 제천에서 기병한 유인석의 영향을 받아 고향에서 의병을 일으켰던 백삼규가 일본의 감시를 피해 만주 회인현으로 들어가 살게 되었는데, 당시 그를 따르던 제자 김덕신과 함께 두 사람이

碩大 · 황봉인黃鳳仁 · 봉신전鳳信傳」[93], 「천우거사가전川愚居士家傳」[94], 「오파거사집서전梧坡居士集敍傳」[95]등 총 7편의 전이 실려 있다. 작품은 7편이지만 한 편에 2~3명씩 실은 전도 있어서 모두 11명이 입전立傳된 셈이다. 망명 전에 사망한 사람부터 망명 후에 사망한 사람까지 순서 없이 서술이 된 것으로 보아 저술 시기는 불분명하지만, 모두 망명시기에 지어진 작품으로 파악하는데 큰 무리는 없다. 아래는 경재가 이재명 · 김정익에 대해 입전한 「이재명 · 김정익전」의 일부이다.

"(두 사람은) "오늘날 급히 힘써야 할 것은 정부政府의 이완용李完用과 일진회一進會의 이용구李容九 괴수들이다. 이 두 적을 죽이면 나머지 적들은 모두 스스로 위태롭게 여겨 감히 멋대로 굴지는 못할 것이다."라고 하고는 곧 각자 날카로운 칼을 품고 패수浿水(청천강淸川江)를 건너 서울로 들어가 두 사람의 동정을 살폈다. …… 완용이 과연 인력거를 타고 재명이 있는 곳에 다다르자, 인력거를 막고 그를 찌르려고 하였으나, 완용 집의 노비가 그를 막아서는 바람에 노비를 찔러 쓰러뜨렸다. 완용이 수레에서 떨어지자, 재명은 그 배에 걸터앉아 마구 찔렀다. 한 번 찌를 때마다 번번이 대한만세를 외쳤다. 칼날

일본 경찰의 회유와 협박에 대항하다 죽음에 이르게 되는 과정을 상세히 기록해놓았다.

93) 李建昇, 『耕齋集』上, 「李碩大 · 黃鳳仁 · 鳳信傳」

94) 李建昇, 『耕齋集』上, 「川愚居士家傳」는 1921년에 지은 작품이다. 川愚居士 柳絢秀는 後漢 때 賢者로 칭해지던 梁鴻과 의로운 행실로 칭송을 듣던 王烈 같은 사람으로, 을사늑약으로 국권이 상실되자 울분을 참지 못하고 이충무공이 水戰한 곳 등을 돌아보며 통곡하다 62세의 나이로 자결한 인물임을 상세히 기록해놓았다.

95) 李建昇, 『耕齋集』上, 「梧坡居士集敍傳」

이 들어가서 뱃속의 창자를 끊었는데, 일본 순사들이 그[이완용]를 구하고 재명을 체포하여 감옥에 가두고는 살인죄로 교수형에 처했다. 완용은 병원에 입원해서 개의 창자를 이어서 죽지 않았다."[96]

이재명(1890~1910)은 평양인으로, 조실부모하고 예수교에 입단하여 13세에 서양 선교사를 따라 미국으로 건너가 재물을 모아 귀국한 후, 국권회복의 기회를 엿보던 인물이다. 김정익(1889~?)은 집이 가난하여 낮에는 일을 하고 밤이면 야학에 나가 공부하던 청년이다. 당시에 두 사람은 지기知己로, 대한제국 합병설이 있자 이재명은 이완용을 죽이고, 김정익은 이용구를 죽이려는 계획을 갖고 실행에 옮기기로 했다. 그러나 이재명은 거사가 실패해 교수형에 처해졌고, 이용구는 일본 수색대에 의해 체포되어 살인 도모 혐의로 종신형에 처해졌다. 비록 그들의 거사는 실패로 끝났으나, 전해 듣는 것만으로도 흥미진진하다. 특히 이완용의 창자를 개의 창자로 표현한 부분에서는 경재가 이완용에 대한 증오심을 응축된 분노로 표출하고 있음을 알 수 있다. 경재는 이완용을 짐승으로 깎아내림으로 해서 이재명의 충절을 더욱 드높였다. 이를 통해 경재가 이완용이 죽지 않은 것에 대해서 얼마나 원통하고 분하게 여겼는지 헤아려볼 수 있음과 동시에 경재의 망명객으로서의 의지도 강하게 드러내고 있음을 알 수 있다.

경재는 수파로부터 최우순의 이야기를 듣고 「서비자전」을 지었다.

96) 李建昇, 『耕齋集』上, 「李在明金貞益傳」"爲今日急務, 政府之李完用, 一進會之李容九, 賊魁也. 殺此兩賊, 餘賊皆自危不敢恣橫. 乃各懷利刀, 渡浿入京師, 察兩賊之動靜. …… 完用果乘人力車至在明, 遮車欲刺之, 完用家奴捍之, 刺奴卽斃. 完用墜車, 在明跨其腹亂刺. 每一刺輒呼大韓萬歲. 刃入腹腸斷, 日巡查救之, 捕在明置獄, 乃以殺人律處絞. 完用入醫院, 取狗腸續之得不死."

그리고 글 말미에 "을사늑약과 경술국치 이래로 직위에 있지 않으면서 죽은 자들은 모두 국가를 빛내기에 충분하다."[97]고 하였다. 일본에 저항하는 방법은 여러 가지가 있겠으나, 최우순처럼 동쪽을 향해 있던 문을 헐고 서쪽으로 새로 내는 등의 작은 행동에서부터 저항은 표면화되고 있었다. 관직도 없던 최우순에게 아홉 번에 걸쳐 은사금을 받을 것을 독촉해온 일본 순사가 은사금을 받지 않으면 잡아가겠다고 최후통첩한 날 밤, 여든의 나이로 최우순은 음독자결을 했다. 경재는 이 글을 통해 을사늑약과 경술국치 이래 관직에 있지도 않으면서 자결한 사람들을 관직에 있으면서 자결한 사람들의 항일의식에 못지않다는 자신의 인식까지 드러냈다.

경재가 지은 「이석대 · 황봉인 · 봉신전」의 이석대의 본명은 진룡振龍이고, 황해도 평산 출신의 의병장으로 유인석의 문인이다. 국내에서의 항일운동이 여의치 않자 이석대는 만주로 건너가서 유인석 사망 후에 유인석이 지휘하던 독립단을 이끌면서 항일운동에 더욱 매진하였다. 1917년 5월 일본인들의 금을 빼앗아 군자금으로 쓰려던 이석대의 계획이 실패하자 일제는 현상금까지 내걸고 그를 찾아다녔다. 이에 그는 자신의 이름을 진룡에서 석대로 바꾸고 살다가 일제에 체포된 뒤 죽임을 당하였다. 그의 죽음을 전해들은 아내 우씨禹氏 역시 음독자결을 하였다.[98] 또 이석대가 감옥으로 이송될 때 그의 제자 황봉인 · 황봉신 형제가 그를 구출하려다가 실패하여 체포되었다. 그 후 두 형제는 이석대와 함께 평양으로 이송된 다음해에 모두 형장의

---

97) 李建昇, 『耕齋集』上, 「西扉子傳」 "乙巳庚戌以來, 不在位而死者, 皆足以光國家."
98) 윤병석, 『간도역사의 연구』, 국학자료원, 2003. 287쪽 참조. 西間島 寬甸縣 青山溝에 우씨부인 순절 직후인 1919년 3월에 건립된 烈婦禹氏 '義烈碑'와 '有明朝鮮國烈婦孺人禹氏之墓'가 새겨진 묘비가 나란히 서 있다.

이슬로 사라졌다.

열사들에 대한 전을 지으면서 경재는 세상을 떠들썩하게 만든 인물들만 입전한 것은 아니다. 각처에서 나름대로 저항하고 활약한 열사들이 많았던 만큼, 조국독립의 희망찬 날을 지켜볼 날이 머지않았다는 것을 경재는 예견하고 싶었을 것이다. 그래서 이들에 대해 입전함으로써 경재는 자신의 의지와 독립정신까지 함께 드러내었다.

아래는 경재가 찬바람이 몰아치던 동짓달 15일에 일본에 저항하다 억울하게 옥고를 치루고 있는 열사들을 생각하며 읊은 시 「지월십오일대풍한至月十五日大風寒」99)이다.

북풍아 불지 마라	北風且莫吹
눈 내리는 감옥엔 가릴 장막조차 없단다	雪獄無弊帷
줄줄이 쇠고랑 찬 사람들은	累累繫梏者
모두가 훌륭한 남아男兒들이건만	要皆好男兒
추위를 참느라 괴로워하는 소리 귓가에 들리니	波吒聲在耳
오늘 밤엔 언 시신 몇이나 있으려나	今夜幾凍屍
(중략)	
밥을 대하고도 달게 먹을 수 없음에	對飯不能甘
젓가락을 멈추고 생각에 잠긴 듯	停箸若有思

연평균 기온이 2~6℃밖에 안 되는 서간도에 동짓달 찬바람이 몰아치던 날 밤, 경재는 밥을 먹다 문득 옥고를 치르고 있는 열사들을 떠올렸다. 갖은 고문으로 몸이 성할 리 없는 열사들이 추위를 참느라 괴로워하며 신음하는 소리가 들리는 듯하자, 경재는 그 열사들이 어

99) 李建昇, 『耕齋集』下, 「至月十五日大風寒」

떻게 이 추운 밤을 견뎌낼 수 있을까 하는 걱정이 앞선 것이다. 그 안에서 생을 마감하게 될 열사들을 생각하자, 경재는 더 이상 젓가락질을 하며 밥을 넘길 수가 없었다. 매서운 바람소리와 고문을 당해 상처투성이가 된 몸으로 추위를 참느라 괴로워하는 소리가 들리는 장면이 있었다면, 생각하느라 젓가락을 멈춰선 동작이 대비되어 열사들의 고통은 배가 되어 전해진다. 위의 작품을 통해 경재는 하루 빨리 조국이 독립되어야 한다는 의지를 더욱 굳건히 하였을 것임에 틀림없다.

망명 유학자들이 망명객으로서의 의지와 독립정신을 충신열사들을 통해서만 드러낸 것은 아니다. 아래는 대눌이 형제봉에 올라 지은 시 「형제봉兄弟峯」100)이다.

두 개의 뿔 푸르게 한 줄기 맥으로 이어졌는데	兩角蒼然一脉連
높고 높아 홀로 상전벽해에 들지 않았네	峨峨獨不入桑田
바라노니 해내海內의 여러 형제들은	願言海內諸兄弟
이 같이 뜻을 세우고 하늘이 준 본분 지켜가기를	立志如斯守本天

망국의 시대를 맞이하여 망명을 떠나온 대눌은 우뚝 솟은 형제봉이 세상 변화에 휩쓸리지 않고 본연의 모습을 지키고 있는 것을 보았다. 이에 대눌은 고국의 동포들도 형제봉처럼 일제에 휘둘리지 말고 하늘이 준 본분을 지켜나가길 바라는 마음을 담아 위의 시를 지었다. 하늘이 준 본분이란 '군군신신부부자자君君臣臣父父子子', 즉 각자의 자리에서 자신의 본분에 맞는 역할을 다하는 것을 가리킨다. 대눌은 고국의

100) 盧相益, 『大訥手卷續編』 卷之一, 「兄弟峯」

동포들이 일제에게 절개를 굽히거나 좌절하지 말고 독립을 하겠다는 의지를 확실하게 세우고 각자의 자리에서 국권회복을 위해 최선을 다해주길 바라는 마음을 7언 절구의 짧은 시 안에 고스란히 담아낸 것이다.

그런가 하면 서천은 환국 후 곽종석이 파리장서에 민족대표로 서명했다는 소식을 접하고 「문곽징군파리장서희부일절聞郭徵君巴里長書喜賦一絶」101)을 지었다.

장부로 세상에 태어났으면	丈夫生於世
모름지기 천하를 자신의 임무로 삼아야 하는 법	天下須自任
세계만방이 다 모인 자리에서	萬邦咸大萃
한 선비가 유독 높은 소리를 냈다네	一士獨高音

제목의 징군徵君은 임금에게 관직 출사를 초빙 받은 인사를 일컫는 말로, 이는 곽종석이 1903년에 비서원승秘書院丞과 참찬參贊 등을 역임했기 때문에 지칭한 것이다. 위의 시는 서천이 귀국한 다음 해인 1919년 3월, 137명의 유림이 서명한 파리장서에 곽종석이 대표자로 이름을 올린 소식을 듣고 기쁜 마음으로 읊은 시이다.

서천과 곽종석은 1903년에 처음 만나 천하대세를 논하였다. 이때 곽종석은 서천을 '국사國士'라 하고, 서천의 글을 본 뒤에는 '지기志氣가 높고, 구기口氣 또한 높다'며 칭찬하였다.102) 기승구起承句에서 언급한 내용은 서천이 곽종석을 만나 천하대세를 논할 때 곽종석이 한

---

101) 趙貞奎, 『西川先生文集』 卷之一, 「聞郭徵君巴里長書喜賦一絶」

102) 趙貞奎, 『西川先生文集』 卷之五, 「墓碣銘(幷序)[盧相稷]」 "癸卯見郭俛宇鍾錫, 論天下大勢, 俛宇曰; "國士也." 見其文曰; "志氣高故口氣亦高.""

말로, 장부로 태어났으면 천하를 위해서 할 수 있는 일을 자신의 임무로 삼아야 한다고 했던 말을 뜻한다. 세계만방이 모인 파리강화회의에 한 선비가 유독 높은 소리를 냈다는 말은 파리장서에 대표자로 서명한 곽종석임을 가리킨 말이지, 곽종석이 직접 파리강화회의에 참석해서 소리를 높였다는 뜻은 아니다.

당시 파리강화회의에 보낼 파리장서는 심산心山 김창숙金昌淑(1879~1962)이 전달하는 책임을 맡아 상해上海로 가지고 갔다. 그곳에서 김창숙은 신채호申采浩 · 손진형孫晉衡을 만나 의논한 끝에 경비나 여러 가지 여건 등을 고려해 김창숙이 파리까지 직접 가는 대신 파리강화회의에 파견 나가 있는 김규식金奎植에게 우편으로 발송해서 전달하는 방법을 택했다. 그리고 이들은 한자漢字로 된 파리장서를 한글과 영문으로 번역하여 각국 대표와 해외 공관, 그리고 국내 향교 등에 우편으로 발송하였다.

그러나 서천이 파리장서 소식을 전해 듣고 위의 시를 지은 지 얼마 되지 않아 유림儒林들이 파리장서를 파리강화회의에 보낸 사실을 알게 된 일제는 서명자들을 투옥시켰다. 이때 곽종석은 고령의 나이로 투옥되었다가 병보석으로 풀려났으나 같은 해 8월 생을 마감하고 말았다. 당시 제자들과 함께 서명했던 소눌 또한 투옥되었다 풀려났다.

여기서 주목할 것은 유학자들이 자신들이 서명한 문서를 파리강화회의에 모인 서방국가들에게 전달할 생각을 했다는 사실이다. 이는 파리장서에 서명한 유학자들이 서양 국가를 금수禽獸나 이적夷狄으로 생각하지 않고, 배척관계가 아닌 협력관계로 인식하고 있음과 국제사회의 역할까지 염두하고 행한 일이기 때문이다.

서천이 파리장서 서명에 동참한 것은 아니다. 그러나 서명에 참여하지 못한 사람도 파리장서에 서명한 사람과 같은 마음이었음을 알 수 있다. 당시는 추범秋帆 권도용權道溶(1877~1963)이 민족운동 참여에 소극적인 유림들에게 반성을 촉구하던 시점이었기에[103] 서천은 곽종석을 중심으로 한 137명의 유학자가 민족의 독립운동에 적극적인 방법으로 파리장서에 서명한 것에 대해 자부심을 가졌다. 그래서 서천은 벅찬 가슴을 장황하게 드러내기보다 오언절구의 짧은 시로 언어를 절제함으로써 과거 망명객으로서 지니고 있던 국권회복 의지를 더욱 확실하게 부각시키는 효과를 가져왔다.

고국에서부터 시작된 유학자들의 일제에 대한 저항 의지는 망명을 통해서 더욱 분명하게 드러났다. 그리고 이들은 망명지에서 민단 입적을 강요하는 일경에 적극적으로 대항함으로써 자신들의 의지와 독립정신을 고취시켰다. 또 충신열사들에 대해 읊은 문학적 저항을 통해 망명 유학자들은 자신들의 독립정신을 드러냈다. 이들은 직접 부딪친 저항의 경험과 일제에 대한 반감 등을 자신들의 문학작품을 통해 망명객으로서의 의지와 독립정신으로 승화시켰던 것이다.

4. 저술활동의 성과와 의미

국권이 침해되면서부터 식자들의 역사에 대한 관심이 커졌다. 이는 국가 위기를 벗어나는데 있어 고증된 민족사가 지혜로운 자료로 쓰일 수 있기 때문이다. 그래서 의식 있는 식자들은 민족사 관련 저서들을 저술하였고, 독자들 또한 저술자와 같은 맥락에서 민족사 저술들을

103) 진재교, 위의 논문, 550쪽 참조.

읽었으며, 민족사를 읽은 식자들은 그 느낌을 또 자신들의 문학작품을 통해 재창작하였다.

경재는 1910년 압록강을 건넌 후 12월 7일부터 회인현 흥도촌에서 살았다. 그곳으로 1911년 5월 망명을 온 박은식朴殷植은 1912년 3월까지 윤세복尹世復의 집에 머물렀다. 이때 경재와 박은식은 처음 교유를 시작하였다.[104] 이 시기에 박은식은 한국사韓國史 관련 저술을 여러 편 남겼고,[105] 경재의 민족사에 대한 관심은 박은식의 저서를 통해 최고조에 달했던 것으로 보인다.

아래는 경재가 백암 박은식의 대표 역사 저술 중 하나인『동명왕실기東明王實記』를 읽고 느낌을 읊은「제박백암(은식)동명왕실기사론題朴白菴(殷植)東明王實記史論」[106]이다.

압록강 서쪽 혼수 북쪽은	馬訾江西渾水陽
동명왕이 기업 닦아 새로운 경지 열어놓은 곳	東明基業闢天荒
이천년 후 부질없이 슬퍼하노니	二千年後空怊悵
어찌 생각했으랴, 후손들 고향으로 되돌아올 줄	豈意兒孫返故鄕
	(5수 중 제2수)

104) 李建昇,『耕齋集』下,「朴白菴方留滬之靜安寺路, 修東國近史以詩寄之」"握管要扶大廈傾(國亡前爲新聞主筆), 苦心亦不計功成, 古來孤憤多良史, 海內神交一老傖, 興道村廬留昨夢(白菴始識余於興道村舍), 靜安寺路聽秋聲, 何當共酌江淮酒, 澆此胸中磈磊情."

105) 李建昇,『耕齋集』下,「題朴白菴(殷植)東明王實記史論」"(白菴嫻習東國歷史, 客游懷仁縣韓人尹世復留, 白菴著東明史論, 述東明事甚詳)"; 황재문,「서간도 망명기 박은식 저작의 성격과 서술 방식」,『진단학보』제98권, 진단학회, 2004. 153쪽 참조.

106) 李建昇,『耕齋集』下,「題朴白菴(殷植)東明王實記史論」

술 취해 깊이 잠든 우리들 불러일으키고　喚起吾人醉夢深
계림을 진동시킬 목탁소리로 울려 퍼지리라　聲聲木鐸動鷄林
붓끝에서 솟구쳐 나오는 것은 가슴속의 피　筆端滾出腔中血
누가 알랴, 이 늙은이 홀로 괴로워하는 마음을　誰識斯翁獨苦心
(5수 중 제5수)

제2수의 기승구起承句에서 언급한 서쪽 혼수(일명 혼하渾河)는 산서성과 섬서성의 경계를 흐르는 청수하淸水河, 곧 압록강의 혼수를 가리키는 것으로 동쪽 혼수와 구분된다. 서쪽 혼수 줄기에는 고구려 동명왕이 기업을 닦은 국내성과 안시성 등이 자리하고 있다. 그런데 경재가 우거하던 회인현 홍도촌은 바로 고구려 국내성이 있던 곳이다.[107] 전결구轉結句에서는 그렇게 민족혼이 서린 옛 고향으로 2천년 후 자손들이 찾아든 이유는 망명을 위해서였기 때문에 경재는 슬퍼할 수밖에 없음을 언급하였다.

제5수에서는 박은식이 『동명왕실기』를 저술하기 위해 고심한 흔적을 언급하였다. 박은식이 가슴속에서 피가 솟구쳐 나올 만큼 고심하며 지은 책이 바로 『동명왕실기』인데, 경재는 이 책을 술에 취해 깊이 잠든 것 같은 민족정신을 일깨워 우리나라를 진동시킬 목탁소리로 울려 퍼질 훌륭한 책이라며 칭송하였다. 그러나 『동명왕실기』는 아직까지 발견되지 않고 있다. 『동명왕실기』에 대한 존재는 경재가 지은 7언절구 5수로 이루어진 위의 시와 시 중간 중간 서술해놓은 소주小註를 통해서만 대략의 저술 방법을 짐작할 뿐이다. 그래서 현재 『동명왕실기』 연구에 있어 경재의 글은 상당히 중요한 위치를 차지하고 있는

107) 호광수, 「이건승의 망명 한시에 나타난 상황성」, 『중국인문과학』 제34집, 중국인문학회, 2006. 486쪽 참조.

것으로 알려져 있다.[108)]

이어서 경재가 박은식의 또 다른 대표 역사 저술 중 하나인 『한국통사韓國痛史』를 읽고 지은 「독통사讀痛史」[109)]를 살펴보도록 하겠다.

> 이미 다 씹어 삼켜졌는데도 소리 없이 적막하여 噬呑已畢寂無聲
> 혼마저 사라져 되살아나지 않을까 두려웠었네 秖恐魂亡不再生
> 다행히 새장 밖으로 날아간 새가 있어 幸有逸禽籠外在
> 슬픈 울음으로 육대주六大洲를 놀라게 하였다네 悲鳴能使六洲驚
> (10수 중 제2수)

경재와 함께 흥도촌에서 살던 박은식은 상해로 건너갔다. 그곳에서 박은식은 1914년에 저술한 『한국통사』를 1915년에 '태백광노太白狂奴'란 가명으로 발간하였는데, 위의 시는 경재가 그 『한국통사』를 읽고 느낌을 술회한 작품이다. 한문漢文으로 이루어진 『한국통사』는 우리나라 최초 종합근대사로 평가받는 책이다. 현재 『한국통사』에 실린 내용은 1863년 고종이 즉위하여 흥선대원군이 섭정을 한 때부터 1911년 일제에 의해 확대 조작된 민족운동 탄압사건인 '105인 사건' 때까지의 일들을 시대 순으로 열거하고, 중요한 사건에 대해서는 박은식의 개인 의견을 덧붙였다. 그런데 경재는 『한국통사』가 갑자(1864)년부터 경술(1910)년까지 기록된 것으로 파악하고 있는데, 이는 경재가 착오를 일으킨 것으로 여겨진다.

『한국통사』는 비록 나라가 멸망함으로써 국가라는 '형形'은 훼손되었지만 '국혼國魂'을 잘 보존하고 있으면, 국가라는 '형'은 때가 되면

---

108) 황재문, 위의 논문, 156쪽 각주 5) 참조.

109) 李建昇, 『耕齋集』下, 「讀痛史」

다시 부활될 것이라는 내용을 싣고 있어 독립운동을 고취시키는데 큰 역할을 한 책이다.

따라서 위의 기구起句에서 언급한 다 씹어 삼켜졌는데도 소리 없이 적막하다는 것은 일제에 의해 국토가 다 집어삼켜졌음에도 누구하나 제 목소리를 내는 사람이 없었음을 뜻한다. 승구承句에서 혼마저 사라져 되살아나지 않을까 두려울 뿐이었다는 말은 박은식의 책에서 언급한 국혼만 잘 유지하고 있으면 국가는 때가 되면 저절로 찾아질 것인데 국혼마저 다 사라져서 국가가 다시 부활되지 않을까 두려웠다는 뜻이다. 그러나 전구轉句와 결구結句에서는 새장 밖을 빠져나간 박은식이라는 새가 『한국통사』를 저술하여 한일합방 과정의 슬픈 역사를 세계에 폭로함으로써 육대주 전 세계인을 놀라게 하였음을 언급하고 있다. 그래서 경재는 『한국통사』의 가치를 높이 평가하여 거리낌 없이 '진량사眞良史'[110]라고까지 표현하였다.

망국적 위기 상황에서 벗어날 수 있는 방안을 모색할 때, 민족사에서 그 해답을 찾는 것은[111] 지극히 정당한 일이다. 국가적으로 어려움을 겪을 때마다 과거 역사의 웅장했던 시기를 돌아보며 민족의 자부심을 일깨워주는 작업들이 이어져 왔다. 박은식의 민족사 저술 또한 이러한 의도에서 비롯된 것이며, 경재가 고대 역사서를 한 시기에 집중적으로 읽은 것 또한 같은 맥락이다. 경재가 민족사를 공부한 것은 한편으로는 한민족에 대한 자긍심을 느끼고, 다른 한편으로는 그 옛날의 웅장한 기백을 되살려 하루빨리 독립을 했으면 하는 염원

110) 李建昇, 『耕齋集』下, 「讀痛史」 "(痛史者, 朴白菴所著刊行上海, 自甲子始, 終於庚戌, 恣言無諱, 眞良史也.)"

111) 이희목, 「愛國啓蒙期 漢詩에 나타난 民族的 傳統」, 『漢文學報』 제18집, 우리한문학회, 2008. 1235쪽 각주 5) 참조.

을 담고 있었기에 더욱 치열했다. 그래서 경재가 『동명왕실기』를 깊은 늪에 빠진 민족의 정신을 일깨울 것으로, 『한국통사』는 '진량사'라고까지 표현하였던 것이다.

이를 통해 경재가 박은식이 저술한 역사서를 읽고 이에 공감하는 마음으로 민족사에 대한 시를 지어 재창작 한 것 또한 박은식이 역사서를 저술한 맥락과 같은 의미를 가진다는 것을 알 수 있다.

다른 사람이 지은 역사서를 읽고 그 느낌을 술회하는 것도 의미를 가지지만, 이에 더해 직접 저술활동을 하는 것은 더 큰 의미를 가진다고 하겠다. 망명지에서 활발하게 저술활동을 펼친 대표 유학자로는 대눌을 들 수 있다. 대눌이 망명지에서 저술활동에 힘쓴 것은 망국의 신하로서의 사명의식에서 나온 것이다. 이러한 사실은 아래 대눌이 『동방국계고東方國界考(일명 동역고東域考)』를 저술한 후에 쓴 「서동역고후書東域考後」를 통해서 확인된다.

> "우리나라의 풍습은 유독 중화를 사모하여 무릇 학교에 입학하면 차례대로 중국의 고경古經을 강습하지만, 우리나라 역사를 아는 자는 거의 드물다. 하물며 나라를 떠난 지 오래 되어 후에 태어난 어린이들이 장차 어찌 조선 강역疆域의 변역變易과 국조國祚의 흥체興替를 알겠는가? 내가 매우 고민하다가 이에 열거하여 기록하고, 위와 같이 이름을 동역고東域考라고 하였다(모헌某軒에서 갑인(1914)년 5월에 쓴다)."[112]

112) 盧相益, 『大訥手卷續編』 卷之四, 「書東域考後」 "東俗偏慕中華, 凡入學次第講習中國古經, 而識東史者幾稀. 況去國日久, 後生小子, 將何以知朝鮮疆域之變易, 國祚之興替乎. 予甚悶焉. 乃列錄如右名曰東域考(某軒書 甲寅 榴夏)."

위의 글을 통해 대눌이 『동방국계고』를 저술한 것은 후손들에게 조선 강역疆域의 변역變易과 국조國祚의 흥체興替에 대해 알려줘야겠다는 사명의식을 갖고 의도적으로 집필한 것임을 알 수 있다. 이는 앞서 대눌이 「자지自誌」에 집필의도를 "애오라지 후인들의 정신이 어두워졌을 때 참고의 자료로 삼게 하려는 것이다."[113]라고 밝혀놓은 것과 일맥상통한다. 이를 미루어 대눌이 서간도에서 집필한 『동례편람東禮便覽』, 『동제고략東制考略』 등 다수의 책 또한 우리의 역사와 전장문물典章文物을 후손들에게 제대로 전해주고자 하는 사명의식에서 집필이 시작되었음을 알 수 있다. 즉 전직관료출신 대눌은 주권을 상실한 망국의 현실에서 번성했던 조선의 역사와 전장문물이 후손들에게 왜곡되어 전해질 것을 우려하여 이를 보존하고자 하는 사명의식으로 저술에 힘썼던 것이다. 특히 단군과 기자로부터 시작된 유구한 역사와 문명의 땅 서간도 망명지에서 대눌이 동방의 문헌 정리의 필요성을 느껴 저술활동에 힘쓴 것은, 국토와 주권은 빼앗겼지만 국혼國魂인 민족문화를 유지시키고자하는 비폭력 저항운동[114]의 한 가지이다. 그것은 국권이 회복되면 다시 정비해야 할 유구한 우리의 역사요, 자랑스러운 전장문물이라는 대눌의 강한 의지도 함께 포함된 것이다.

대눌의 저술 가운데는 망명지 저술로 알려진 목록에[115] 포함되지

---

113) 3장의 각주 53) 참고.

114) 정경주, 「20세기초 西間島 亡命 文學의 한 單面-大訥과 守坡의 경우」, 『문화전통논집』 제2호, 경성대학교 한국학연구소, 1994. 160쪽 참조.

115) 盧相益, 『渡江錄(草稿1)』 第三, 「自誌」 "編集則四禮類選 · 見聞瑣錄 · 歷代統言 · 幼年須知 · 顧本錄 · 小學考疑 · 東禮 · 東域 · 東制 · 痛言抄略 · 藏袠記目 · 隨聞劄錄, 諸生講儀十三册, 題詠安東縣 · 鳳凰城 · 寬甸縣 · 奉天府足跡所到處, 輓祭, 雜著問目, 百餘扁, 合以編之曰渡江錄."

않은 『통사절요痛史節要』116), 일명 『한사절요韓史節要』라고도 불리는 책이 있다. 이 책은 박은식의 『한국통사韓國痛史』를 대눌이 관료 출신의 시선으로 축약해놓은 책이다. 이 책의 뒷부분에는 별도로 「대한망국사열전大韓亡國史列傳」117)이 수록되어 있다. 그런데 그 「대한망국사열전」 바로 앞에는 「신유정월이십일辛酉正月二十日 동삼성공보東三省公報」, 「신유구월이십이일辛酉九月二十二日 동삼성공보東三省公報」, 「신유십월십구일辛酉十月十九日 동삼성공보東三省公報」로 시작되는 3편의 글이 있다. 이는 대눌이 「대한망국사열전」을 집필하던 시기를 짐작케 해줄 뿐 아니라, 동삼성공보 등을 통해서도 대눌이 집필 자료들을 수집하였음을 알 수 있는 대목이기도 하다. 따라서 「대한망국사열전」은 위 세 편의 글 중에 마지막으로 집필된 1921년 10월 19일 무렵까지도 집필이 된 것으로 파악되는 만큼 「대한망국사열전」은 모두 망명지에서 저술된 것으로 보아도 무리가 없다. 특히 이러한 사실을 뒷받침해주는 것은 「대한망국사열전」 가운데 추가할 내용이 생기면 종이를 덧붙여서 기록한 흔적들이 있어 대눌이 계속 시간을 두고 집필했음을 알 수 있기 때문이다.

「대한망국사열전」은 대눌이 망명 전후에 자신이 직접 보고 들은 이야기나 망명지에서 동아일보·동삼성공보 등을 통해서 알게 된 인물들에 대해 사실적인 내용을 기록한 것으로 대눌의 사사로운 감정을 드러낸 작품은 아니다. 그러나 대눌은 「대한망국사열전」에 나라가 망한 위기에 대처하는 다양한 한인들의 모습을 기록해 두었다. 그래서 대눌이 저술한 다른 역사서나 문물제도 등과는 달리 「대한망국사

116) 盧相益, 『痛史節要』

117) 盧相益, 『痛史節要』, 「大韓亡國史列傳」

열전」은 대눌 자신의 망국정서를 간접적이지만 분명하게 드러낸 저술이기 때문에 주목된다.

「대한망국사열전」은 공식적으로는 98명의 대표인물이 등장하는데, 김석진金奭鎭과 조정구趙鼎九가 각각 2번씩 등장하고 있어 실제 대표인물은 96명이다. 그러나 각 인물 아래 여러 명을 나열한 경우도 있어서 실제적으로 「대한망국사열전」에 실린 주인공은 96명을 훨씬 넘는다. 「대한망국사열전」은 이한응李漢應(1874~1905)을 시작으로, 강우규姜宇奎(1855~1920)를 끝으로 일단락된다. 그런데 모든 대표 인명 위에 '○'가 찍혀 있는데 반해, 마지막 인물 강우규 위에만 '○'가 없다.

아래는 「대한망국사열전」에 실린 인물을 표로 나타낸 것이다.

〈표 3〉「대한망국사열전」 인물표

(번호의 ■■: 중복 인물, 기타의 무無: 서술내용 없음)

번호	이 름	출신지	현 직	기타
1	이한응李漢應		주영서리공사무 駐英署理公事務	
2	한규설韓圭卨		참정대신參政大臣	
3	장지연張志淵		황성신문사장皇城新聞社長	
4	안병찬安秉瓚		법부주사法部主事	
5	민영환閔泳煥		참정參政	
6	조병세趙秉世			
7	홍만식洪萬植			
8	이상철李相哲		학부주사學部主事	
9	김봉학金奉學		징상대병徵上隊兵	
10	송병선宋秉璿		경연관經筵官	

11	반종례潘宗禮	중국 순천부順天府 통주인通州人	일본 유학생遊學生	
12	최재학崔在學 김인즙金仁濈 신상민申尙敏 전석준田奭畯	평양인平壤人		
13	김하원金河苑 이기범李基範 차병수車炳修		기독교인基督教人	
14	김태근金台根		농민農民	
15	기산도奇山濤 이종대李鍾大 김석항金錫恒 등 11인			
16	이건석李建奭			
17	최익현崔益鉉		찬정贊政	
18	나인영羅寅永			
19	이 준李 儁			
20	강태현姜泰鉉		동우회원同友會員	
21	박승환朴勝煥		시위제일대대장 侍衛第一大隊長	
22	민긍호閔肯鎬		원주진위대정교 原州鎭衛隊正校	
23	허 위許 蔿	선산인善山人		
24	이강년李康秊			
25	신돌석申乭石			무無
26	이은찬李殷瓚		유생儒生	
27	김 준金 準			
28	한치만韓致晩		군인軍人	

29	한정란韓廷蘭 이진룡李振龍			
30	연기우延基祐 김운선金雲仙		군인軍人	
31	김수민金秀民		농민農民	
32	전명운田明雲	재미在美 경성인京城人		
33	장인환張仁煥	재미在美 평양인平壤人		
34	이남규李南珪		참판參判	
35	안중근安重根	해주인海州人		
36	우덕순禹德淳	제천인提川人	잡화상雜貨商	
37	안병찬安炳瓚	의주인義州人	평리원주사平理院主事	
38	조도선曹道先 유동하劉東夏	재길림在吉林		
39	이재명李在明	평양인平壤人		
40	김정익金貞益	평양인平壤人		
41	홍범식洪範植		금산군수錦山郡守	
42	김도현金道賢	영양군인英陽郡人		
43	황　현黃　玹	구례군인求禮郡人		
44	이만도李晩燾	진성인眞城人	전직前職 승지承旨	
45	이범진李範晉	완산인完山人	주아공사駐俄公使	
46	반학영潘學榮		환관宦官	무無
47	이재윤李載允	완산인完山人	승지承旨	
48	송종규宋鍾奎	은진인恩津人	승지承旨	무無
49	이중언李中彦	진성인眞城人	정언正言	
50	송도순宋道淳	은진인恩津人	참판參判	무無
51	김석진金奭鎭	안동인安東人	판서判書	
52	정　鄭	금구군인金溝郡人	참판參判	무無
53	백　白	흥덕군인興德郡人	의관議官	무無

54	송익면宋益勉		의관議官	무無
55	정재건鄭在楗		정언正言	무無
56	김지수金智洙		감역監役	무無
57	이 李	보은군인報恩郡人	감찰監察	무無
58	이완명宋完命	동복군인同福郡人		무無
58	김천술金天述	태인군인泰仁郡人		무無
60	김영세金永世	태인군인泰仁郡人		무無
61	정동식鄭東植	익산군인益山郡人		무無
62	허 許	선산군인善山郡人		무無
63	이 李	문의군인文義郡人		무無
64	박 朴	충주군인忠州郡人		무無
65	조장하趙章夏	공주군인公州郡人		무無
66	이학순李學純	연산군인連山郡人		무無
67	오강표吳剛杓	전의군인全義郡人		무無
68	김영상金永相	태인군인泰仁郡人		무無
69	이근주李根周	홍주군인洪州郡人		무無
70	조정구趙鼎九	풍양인豊壤人	참판參判	
71	이상설李相卨		의정부참찬議政府參贊	
72	장기석張箕錫	성주군인星州郡人		
73	안명근安明根			
74	김홍량金鴻亮	안악군인安岳郡人		
75	김두원金斗源		원산항상민元山港商民	
76	김석진金奭鎭			
77	조정구趙鼎九			
78	권 숙權 潚	안동인安東人	단양군수丹陽郡守	
79	김규식金奎軾	청풍인清風人	충주관찰사忠州觀察使	
80	서상기徐相耆	대구인大邱人	청풍군수清風郡守	
81	이 설李 偰	연안인延安人		
82	김복한金福漢	안동인安東人		

83	이경직李耕植		궁내부대신宮內府大臣	
84	기우만奇宇萬			
85	홍계훈洪啓薰		시위연대장侍衛聯隊長	
86	맹영재孟英在 김백선金伯善			
87	유인석柳麟錫	제천군인提川郡人		
88	정 鄭 (자관녀)(字寬汝)			
89	정 鄭 (자좌겸字佐謙) (관녀의부寬汝의父)			
90	류 柳	안동하회인安東河回人		
91	<주구酒嫗>		주구酒嫗	
92	정인석鄭寅奭	거익산居益山	부장部將	
93	김광원金光遠	거익산居益山	박사博士	
94	장 張		승지承旨	
95	박 朴		학자學者	
96	남명직南命稷	경인京人	음사蔭仕	
97	유동열柳東說 양기택梁起鐸 안태국安泰國			
98	강우규姜宇奎		예수교 장로	

위의 표를 통해서 알 수 있듯이 「대한망국사열전」 집필 대상에는 현직 관료, 전직 관료, 일제로부터 남작男爵 작위를 받지 않고 자살한 김석진金奭鎭 · 조정구趙鼎九 등이 포함되어 있다. 또 일병日兵에 의해 피살된 궁내부대신宮內府大臣 이경직李耕植과 기우만奇宇萬 등 의병관련 인물들의 이름도 거론된다. 그밖에 기독교인, 예수교 장로, 환관宦

官, 군인, 상인, 술집노파에 이르기까지 다양한 인물들을 다루고 있다. 그런가 하면 중국인도 포함되어 있다. 중국인 반종례潘宗禮는 일본에서 유학하고 돌아가던 길에 들린 인천항에서 을사늑약 때 자결한 민영환閔泳煥의 유서를 보았다. 이때 반종례는 중국과 순치脣齒 관계인 한국이 이미 망했으니, 중국 역시 위험할 것임을 생각하고 피[血]로 시무時務 14조를 써서 친구에게 중국 정부에 전해줄 것을 부탁하고 24세의 나이로 바다에 투신하여 생을 마감한 인물이다.

대부분의 인물 아래 짧게는 1줄에서 길게는 8쪽에 이르도록 인물들의 행적 등을 기록해 놓았다. 그러나 '허許 선산군인善山郡人', '이李 문의군인文義郡人' 등처럼 이름도 없이 성씨와 출신지만 있거나, '조장하趙章夏 공주군인公州郡人', '이학순李學純 연산군인連山郡人' 등처럼 이름과 출신지만 있고 행적은 서술되지 않은 인물들도 있는 것으로 보아 정확한 자료를 찾으면 추후에 기록하려 했음을 알 수 있다. 이러한 사실은 이강년李康秊이라는 인물 아래 행적을 서술해놓지 않았다가 후에 종이를 덧대서 행적을 길게 서술한 점을 미루어 알 수 있다.

아래는 「대한망국사열전」의 마지막 인물인 예수교 장로 출신의 <강우규姜宇奎>에 대해 서술한 것이다.

"강우규는 평안남도 성천군成川郡 무릉면武陵面 제남리齊南里 출생으로, 33세에 함경남도 홍원군洪原郡 용천면龍川面 영덕리英德里로 이사하였다. 수십 년 동안 예수교 장로로 지내면서 사립학교를 경영하면서 동지들에게 영준한 자제들을 교육하게 하였다. 합병 다음 해 봄에 북간도로 건너가서 두다구溝에 거주하면서 길림성, 시베리아[西伯利亞], 연해주連海洲, 흑룡성黑龍省 등 각지를 역람歷覽하면서 길림성 요하현遼河縣 신흥동新興洞에 조선인 사립 광동학교廣東學校를 설립하였다. 기미(1919)년 양력 3월 1일 조선 경성에서 한국독립선언을 할 때 블라디보스토크 조선노인단朝鮮老人團으로 참가하였다. 같은 해 5월 새로운 총독이 온다는 소식을 듣고, 장차 습격하기 위해 탄환 1개를 구해서 러시아 사람에게 사용법을 배웠다. 같은 해 6월 11일 기선汽船을 타고, 14일 아침 원산항元山港에서 뭍으로 내렸다. 다음 날 경성부 암석동岩石洞 거리에서 러시아에서 동고동락한 최자남崔子南과 함께."[118]

위의 글 말미에서 알 수 있듯이 대눌은 글을 마무리 짓지 못하였다. 따라서 강우규 위에 '○'가 없는 이유는 글을 끝맺지 못하였기 때문임을 알 수 있다. 중간에 글이 중단된 이유는 서술 중에 대눌에게 급박한 일이 발생했거나, 1922년 갑자기 환국을 하면서였을 것으로 추측된다.

강우규는 1911년에 북간도로 망명을 떠나 1917년에는 광동학교를 세웠고, 1919년 양력 3월 서울에서 한국독립선언문을 선언할 때 블라디보스토크의 조선인 노인단老人團 자격으로 참석하였다가 돌아간 일이 있다. 그 해에 강우규는 새로 부임하는 총독 사이토 마코토[齋藤實]를 습격하기 위해 탄환 한 개를 구입해서 러시아 사람으로부터 사용법까지 익혔다. 6월 11일에 배에 오른 강우규는 14일 원산항에 내린 다음 날, 러시아에서 함께 동고동락했던 최자남崔子南(1876~1933)과

118) 盧相益, 『痛史節要』, 「大韓亡國史列傳」, 〈姜宇奎〉 "姜宇奎, 出生於平安南道成川郡武陵面齊南里, 至三十三歲移住於咸鏡南道洪原郡龍川面英德里. 數十年來爲耶蘇敎長老, 經營私立學校於同志敎育英俊子弟. 合併後明年春, 渡北間島, 居두다溝, 歷覽于吉林省西伯利亞連海洲黑龍省等各地, 而吉林省遼河縣新興洞, 朝鮮人私立廣東學校設立. 己未陽三月一日, 朝鮮京城韓國獨立宣言時, 參海參威朝鮮老人團. 同年五月聞新總督來, 將爲襲擊, 求彈丸一個, 學使用於露國人. 同年六月十一日乘汽船, 十四日朝元山港下陸, 翌日同府岩石洞街路, 與露領同苦人崔子南."

함께 서울의 암석동岩石洞 거리에 있었음을 소개하고 있다.

대눌이 뒤에 서술을 마치지 못한 내용은 다음과 같다. 강우규가 최자남에게 신임총독 사이토 마코토 암살 계획을 설명하고, 최자남의 집에 탄환을 맡겨두었다. 그 후 강우규가 탄환을 투척했지만 정무총감 등 37명을 사상하는 데 그치고, 정작 신임총독 암살은 실패하였다. 이에 강우규는 현장에서 벗어나 동지들의 집을 전전하던 중 일제 앞잡이 김태석金泰錫에게 잡혀 1920년 11월 서대문형무소에서 사형에 처해졌고, 최자남은 탄환을 집에 숨겨둔 죄로 3년형을 선고받아 복역하였다는 내용이다.

열전에 실린 인물 중 한 사람인 김두원金斗源은 원산항에서 소금 장사를 하던 사람이다. 김두원은 1898년 울산에서 일천팔백여두一千八百餘斗의 소금을 사가지고 오던 길에 울릉도에 정박해서 하룻밤을 묵는 사이 일본 선박회사 주인이 배를 갖고 잠적해버렸다. 이 일로 인해 김두원은 패업敗業하게 되어, 외무부에 이와 같은 사실을 호소하고 배상금을 요구하였다. 그러나 외무부에서 일제 측에 아무리 요구를 해도 돌아오는 답 한 마디가 없었다. 그런데도 끊임없이 김두원의 항의가 계속되자 일제는 김두원에게 휼금恤金이라는 명목으로 돈을 주었다. 이에 김두원은 "내가 당연히 배상받아야 할 것은 소금 값인데 휼금이라니 무슨 소리를 하는 것이냐? 내가 어째서 일본인의 휼금으로 살아야 한다는 것이냐?"라고 항의하였다. 그 후에도 일제의 배상이 이행되지 않자 이에 대해 격분한 김두원은 1903년 6월 일본 공사를 구타하였다가 3년간 복역한 인물[119]이라 소개하고 있다. 김두원에

119) 盧相益, 『痛史節要』, 「大韓亡國史列傳」〈金斗源〉"金斗源元山港商民, 光武二年往蔚山, 貿鹽一千八百餘斗, 裝載日人木村源一郎會社之船, 到鬱島止宿, 木村乘船

대해 황현의 『매천야록梅泉野錄』[120]보다 상세하게 소개되어 있는 대늘의 글도 여기에서 마무리된다. 그러나 김두원은 옥에서 풀려난 후에도 사업은 계속하면서 20여 년간 일제의 부당함을 호소하며 다녔고,[121] 임종 때 채권 16,000여 원을 포기하며 교육기관에 기부까지 하고 죽은 인물로[122] 유명하다. 대늘은 김두원의 끊이지 않는 항일정신을 높이 사서 「대한망국사열전」에 그의 이름을 넣었음이 틀림없다.

潛逃, 斗源因以敗業. 呼訴外部, 請交涉徵賠金, 外部屢照日館, 而無答. 及日人船至洪川長古島, 觸石敗沒, 林權助陛見奏請, 支撥償金三千元也. 斗源聞之奮曰; "彼船觸石而破, 徵賠我國, 而日人盜我鹽者, 無賠乎." 遂日訴外部, 見日使至輒大聲呼曰; "何不償我鹽價." 日使苦之, 每至外部輒問, 斗源在否, 乘間徑出. 斗源更訴日館書記國分象太郎, 欲以强詞拒之, 斗源怒叱曰; "爾以長古島觸礁之船, 徵賠我國, 而爾日民偸我鹽, 不欲賠償耶." 國分等辭屈退, 而相謂曰; "使全韓人民, 皆如斗源者, 國强無敵矣." 日使乃以金三百元, 送外部曰; "此斗源恤金." 斗源却曰; "我所當徵者鹽價, 而恤金何謂. 我豈以日人恤金, 而生者乎." 七年三月日使照覆曰; "所謂木村源一郎者已死, 家産亦無存, 無處徵出云." 斗源益怒, 六月二十三日, 逢日使黃土峴街上, 而詰鹽價, 日使拒之, 斗源忿激大喝一聲, 蹴日使墮車, 觀者如堵. 日使遷怒我外部曰; "此貴政府, 嗾斗源辱我至此." 遂處斗源三年役."

120) 黃玹, 『黃玹全集』下, 「梅泉野錄」 卷之六, 隆熙二年戊申(二月) "元山鹽商金斗源, 又訴于內閣, 已十度."; 「梅泉野錄」 卷之六, 隆熙三年己酉(十二月) "元山鹽商金斗源, 作長書數度, 送獻于日本總相桂太郎 · 前議長山縣有朋及長谷場純孝等, 督還鹽價."; 「梅泉野錄」 卷之六, 隆熙四年庚戌(二月) "元山鹽商金斗源, 更作鳴冤書四度, 付于桂太郎 · 曾彌荒助 · 長谷場純孝及東京滑稽社. 社論皆右斗源, 唾罵其官吏之在韓者, 報館揭以滑稽正論."; 「梅泉野錄」 卷之六, 隆熙四年庚戌(四月) "元山鹽商金斗源, 又投鳴冤書于倭政府."

121) 『東亞日報』(1920.05.17)「「余는 鹽商金斗源」, 여전한소곰장사김두원 이십여년의비참한분투」; (1920.05.20)「鹽商 金斗源氏의 鳴冤書, 鹽商金斗源氏의 鳴冤書 鹽商金斗源씨가日本內閣과朝鮮總督府에鳴冤한全文이如左하더라」(출처 : 한국사데이터베이스(http://db.history.go.kr/))

122) 『東亞日報』(1934.09.22) 「臨終때子孫에게遺言 債權萬六千圓抛棄 그리고 교육기관에 또 기부 茂山故金斗源氏特志」(출처 : 한국사데이터베이스(http://db.history.go.kr/))

대눌은 최재학이란 인물이 뜻을 같이 하는 사람들과 함께 일제에 항거하다 70여 일 동안 갇혔던 사건의 전말을 아래의 글 <최재학崔在學>에 실어놓았다.

> "최재학은 평양인으로 김인즙 · 신상민 · 전석준 등과 함께 피[血]로 '사수독립死守獨立' 4자 격문을 띄우고 국민들에게 알려서, 인하여 복합상소를 올리려는데, 일본헌병과 순사가 포박해서 데려가려고 하자 제생들이 분노하여 질타하며 말하기를 "우리들은 국가를 위해서 죽음을 결심하고 독립을 지키다 죽으면 죽을 뿐이다. 어찌 너희 같은 것들에게 포박의 욕을 받을 수 있겠느냐?"라고 하였다. 일본헌병이 군도軍刀로 그들을 공격하자 제생들은 더욱 분노하고 분투하여 맨 주먹으로 흰 칼날을 막자 일본 병사들이 그들을 몇 겹으로 둘러쌌다. 상민이 더욱 건투하여 일본 병사를 차서 땅에 넘어지면서 모자가 날려 떨어지자, 일본병사 한 소대가 달려와 제생들을 공격하였다. 찔리고 포박을 받으면서도 입에서 꾸짖음을 끊지 않았다. 또 한인을 향해서 '대한국독립만세'를 큰 소리로 외치자 일본병사들이 수건으로 입에 재갈을 물리고 칼로 등을 때리면서 비바람 몰아치듯 경청으로 끌고 가서 칠십 여일을 가두었다."[123)]

최재학은 국한문혼용체가 정착되어 가는 시대적 요구에 부응하여 1909년 국민 대중을 계몽하기 위한 작문 교육의 실용교재로 국한혼

---

123) 盧相益, 『痛史節要』, 「大韓亡國史列傳」〈崔在學〉"崔在學平壤人, 與金仁濈 · 申尙敏 · 田奭畯等, 血死守獨立四字, 發檄告國人, 仍伏閤上疏, 日憲兵巡查欲捕縛而去, 諸生怒叱曰; "我等爲國決死守獨立, 死則死耳. 豈受捕縛之辱於爾等乎." 日兵以軍刀擊之, 諸生益忿奮, 空拳捍白刀, 日兵圍之數匝. 申尙敏尤健鬪, 踢日兵倒地, 帽子紛墮, 日兵一小隊馳來, 突擊諸生. 被刺受縛, 罵不絶口. 且向韓人大呼, 大韓國獨立萬歲, 日兵巾箝其口, 刀打其背, 馳若風雨, 入警廳, 牢囚七十餘日."

용國漢混用의 규범서라 할 수 있는 『실지응용작문법實地應用作文法』을 저술하였다.[124] 또 최재학은 을사늑약 때 이시영李始榮 등과 함께 늑약 반대 상소를 올렸으며, 1909년에는 이동휘李東輝 · 안창호安昌浩 · 박은식朴殷植 등과 함께 서북학회西北學會를 조직하여 계몽운동을 전개한 인물이다.

위의 글은 평양인 최재학이 김인즙 · 신상민 · 전석준 등과 함께 피[血]로 '사수독립死守獨立' 네 글자를 쓴 격문을 통해 백성들에게 알리고 복합상소를 올리려고 하였는데, 일본헌병과 순사들이 이들을 포박해서 잡아가버리는 장면을 생생하게 묘사하고 있다. 당시 일본헌병과 순사들이 최재학 일행을 포박하자 이들은 국가의 독립을 위해 죽을 뿐, 저들에게 포박 당하는 욕은 받을 수 없다며 강하게 저항하였다. 저들이 군도軍刀로 공격해 와도 최재학 일행은 두려움도 없이 맨주먹으로 흰 칼날에 대항하면서 일본병사를 발로 차서 땅에 넘어뜨리고 모자까지 날려버렸다. 마침내 저들이 칼로 찌르면서 포박하기에 이르렀는데 최재학 일행은 죽음으로 맞서면서 꾸짖는 일을 멈추지 않음은 물론, 한인들을 향해 큰 소리로 '대한독립만세'를 외쳐댔다. 이에 일본병사들은 이들의 입에 재갈을 물리고 칼로 등을 때리면서 서둘러 끌고 가서 칠십 여일을 가두어두었던 사실을 기록하고 있다.

대눌은 맨주먹으로 칼날에 맞서면서도 두려워하지 않는 최재학 등의 모습을 사실적으로 서술함으로써 당시 일제에 대한 저항이 어느 정도였는지를 실감할 수 있도록 하였다. 또 아무런 무기도 가지지 않은 사람들을 무자비하게 대하는 일제의 모습까지 그려내고 있다.

---

124) 정우봉, 「근대계몽기 作文 敎材에 대한 연구 - 『實地應用作文法)』과 『文章指南』을 중심으로」, 『한문교육연구』 제28호, 한국한문교육학회, 2007. 152쪽 참조.

아래는 경술국치 때 곡기를 끊고 죽은 이만도李晩燾(1842~1910)[125]와 교유를 맺었던 <김도현金道鉉>에 대한 글이다.

> "김도현의 자는 명옥이고, 영양군 사람이다. 강개한 기개가 있어 이만도와 도의道義로 사귐을 맺었다. …… 경술년 나라가 망하자 이만도와 함께 죽고자 하였으나, 모친이 말하기를 "내가 살아서 차마 볼 수 있겠느냐?"라고 하기에, 끝내 부득이하게 꾹 참았다. 갑인(1914)년 십일월에 모친상을 당하자, 이에 영해寧海의 관어대觀於臺로 달려가 바다에 몸을 던졌으니 이달 7일 동지였다. 나이는 63세이다. 그 아들에게 유언하기를 "내 시신을 거두지 말라, 거두면 내 뜻을 어기는 것이다."라고 하였다. 원근 인사로 조문 온 수많은 이들이 '충효' 두 가지를 다 이뤘다고 칭송했다. 그 집안사람들은 바닷고기를 먹지 않는다. 무릇 죽음이란 한 순간에 결단하기도 하지만 지금 오년이나 지난 뒤에 마침내 뜻한 바를 이루었으니, 더욱 어렵지 않겠는가? 그 절명사에 이르기를,"[126]

나 조선 오백년 말엽에 태어나	我生五百末
붉은 피로 온 가슴 채우며	赤血滿空腸
19년을 지내는 동안	中間十九歲
머리터럭은 늙어 가을 서리가 내렸네	鬢髮老秋霜

125) 盧相益, 『痛史節要』, 「大韓亡國史列傳」 〈李晩燾〉 "李晩燾眞城人, 官承旨, 退居田里, 合邦絶食而死."

126) 盧相益, 『痛史節要』, 「大韓亡國史列傳」 〈金道賢〉 "金道賢字明玉, 英陽郡人. 慷慨有氣, 與李晩燾爲道義交. …… 庚戌國亡, 與晩燾欲俱死, 母曰; "我在忍見乎." 遂不得已而隱忍. 至甲寅十一月母喪, 乃走寧海觀於臺投海, 是月七日冬至也, 年六十三. 囑其子曰; "無收吾屍, 收之違吾志也." 遠近人士來弔者衆, 稱其忠孝兩全. 其家人不食海魚. 夫死或決於一時之頃, 而今歷五年之久, 卒遂所志, 尤不難哉. 其絶命詞曰;"

* 「大韓亡國史列傳」 원문의 金道賢은 金道鉉의 오기이다.

나라가 망해 눈물은 그칠 줄 모르고 　　國亡淚未已
부모님 돌아가시니 마음이 부질없이 아파와 　　親沒心空傷
만 리 밖 바다를 보고자 하니 　　萬里欲觀海
칠일은 양기가 회복되는 날이라네 　　七日當復陽
홀로 선 고향 산 푸르른데 　　獨立故山碧
백 가지 계책에 한 가지 방법도 없으나 　　百計無一方
희디 흰 천 길의 물이라면 　　白白千丈水
이 한 몸 감추기 족하리라 　　足吾一身藏

조선왕조 500년 말에 태어난 김도현은 을미사변이 일어난 1895년부터 모친상을 당한 1914년까지 19년 동안 붉은 피가 끓는 가슴을 억누르지 못해 머리터럭만 하얗게 변해버렸다. 김도현은 경술국치를 당했을 때 이만도와 함께 죽기로 약속을 했었다. 그런데 자신은 모친의 만류로 약속을 지키지 못하고 이만도만 혼자 죽었다. 그래서 1914년 모친상을 당하자 바로 영해의 관어대로 가서 바다로 뛰어들어 생을 마감하였다. 이때 그의 나이는 63세였고, 바다에 몸을 던진 음력 11월 7일은 바로 동지冬至로 양기가 새로 시작되는 때였다. 천길 바다는 한 몸을 감추기에 충분하다고 여긴 김도현은 바다에 뛰어들기에 앞서 아들에게 시신을 찾지 말라는 유언을 남겼다. 그래서 김도현 집안사람들은 바닷고기를 먹지 않는다는 내용이다.

이만도와 함께 죽기로 하였으나 모친 때문에 실행에 옮기지 못한 일을 햇수로 5년, 만 4년이나 되었을 때 뜻한 바를 지키기 위해 실행에 옮기는 일은 보통 어려운 일이 아니다. 그래서 대눌은 김도현의 신의와 절의를 높이 사서 「대한망국사열전」에 그의 이름을 당당하게 넣었던 것이다. 아울러 김도현이 동짓날을 자신의 순국 날짜로 삼은 것은 동짓날로부터 양기가 회복되듯이 조국도 이 날을 기해 국권회복이 시작될 것이라는 희망을 암시한다. 대눌은 김도현이 품은 희망을 언급함으로써 자신의 희망정서까지 함께 드러내었다.

대눌은 「대한망국사열전」에 이름도 성도 모르는 술집 노파 <주구酒嫗>에 대에서도 언급하였다.

> "노파는 길가에 주막을 열고 있었는데, 합방의 소문이 많이 들리자, 노파는 합방이 무슨 일인지 물었다. 사람들이 말하기를, "나라가 망하는 것이다."라고 했다. 노파는 탄식하며 말하기를, "나라가 없어지면 무엇을 믿고 살아갈까나?"라고 하였다. 어느 날 행인行人이 술을 청해서 잔에 따르면서 곁에 사람을 향해 말하기를, "어제 합방이 되었답니다."라고 했다. 노파가 깜짝 놀라 '합방'이라고 하더니, 술잔을 돌릴 사이도 없이 바로 죽고 말았다. 내가 고국에 있을 때 사람들이 이 소식을 전해 주었는데, 지금 늙고 어두워져 그 거주지와 성명을 잊어버렸다. 그 노파를 장하고도 슬프게 여겨 끝에 기록한다(의원이 말하기를, 심하게 놀라면 머리 뒤에 혈관이 막힌다고 한다)."[127]

위의 글은 주막에서 술을 팔던 일개 노파가 합방 소식에 놀라 죽은 이야기이다. 합방이라는 소문이 나돌자 노파는 술집에 온 손님들에게 합방이 무슨 뜻인지 물었다. 손님들로부터 나라가 망하는 것이라는 말을 들은 노파는 나라가 없어지면 무엇을 믿고 살아가야하나 생각하

---

127) 盧相益, 『痛史節要』, 「大韓亡國史列傳」 〈酒嫗〉 "酒嫗設店路傍, 多聞合邦驗說, 嫗問合邦是何事. 人曰; "國亡." 嫗嘆曰; "無國則何恃而生乎." 一日行人請酒方斟酌, 人謂傍人曰; "昨日合邦." 嫗驚動曰; "合邦." 盃未交手而卽殞. 余在國時, 人傳此報, 今老昏忘其居住姓名, 壯而悲之, 記其末(醫云, 暴驚則腦後脉絶)."

였다. 그러던 어느 날 노파가 어제 날짜로 합방이 되었다는 소식을 접하자마자 그 자리에서 죽고 말았다는 이야기다. 이 이야기는 대눌이 고국에 있을 때 전해들은 것으로 오래전 일이라 거주지도 이름도 잊었지만, 합방 소식에 놀라 뇌졸중으로 죽음을 맞이한 노파의 죽음이 장하기도 하고 슬프기도 해서 기록해둔다고 하였다.

그런가 하면 「대한망국사열전」에는 익산에 살던 부장部將 정인석鄭寅奭이 전주에 가서 공북루에 올라 왜장한테 욕을 한 후 대들보에 목을 매고 죽은 일,[128] 익산에 살던 박사博士 김광원金光遠이 바지 속에 모래를 채우고 우물에 빠져 죽은 일,[129] 수백 명의 제자를 거느린 나이 칠십의 학자 박朴 아무개가 곡기를 끊고 제자들이 모두 오기를 기다리는 동안 매일 자석을 핥아먹은 지 이십일일 만에 죽었는데 자줏빛이 삼일 동안 끊어지지 않은 일,[130] 연로하여 귀가 먹은 류柳 아무개가 합방 1개월여 만에 경술국치 소식을 듣고 그 자리에서 죽은 일[131], 농부 김태근金台根이 유람을 다니던 이토 히로부미 열차에 돌을 던졌다가 잡혀서 태형 100대에 처해진 일[132] 등이 실려 있다.

---

128) 盧相益, 『痛史節要』, 「大韓亡國史列傳」〈鄭寅奭〉“鄭部將寅奭, 居益山, 往全州, 登拱北樓, 罵倭將, 縊樑而死, 有遺書.”

129) 盧相益, 『痛史節要』, 「大韓亡國史列傳」〈金光遠〉“金博士光遠, 居益山, 袴裡充沙溺井死, 有遺書.”

130) 盧相益, 『痛史節要』, 「大韓亡國史列傳」〈朴 某〉“朴學者某, 年七十, 弟子數百人, 絶食而招弟子, 以待畢來, 每日含磁石, 一次最唾, 吮之至二十一日死, 有紫光三日不絶.”

131) 盧相益, 『痛史節要』, 「大韓亡國史列傳」〈柳〉“柳 安東河回人, 年老耳聾, 合邦月餘始聞卽死.”

132) 盧相益, 『痛史節要』, 「大韓亡國史列傳」〈金笞根〉“金台根農民也. 伊藤出都門外, 乘京釜車, 遊覽水原等地, 安養停車場, 有石入車幾中, 愕而回程. 及投石者被逮, 伊藤請輕勘, 處之笞一百釋之.”

「대한망국사열전」에는 죽음이나 저항으로 인해 세상에 큰 공훈을 남긴 인물도 실려 있다. 그러나 대눌은 나라에서 녹을 받은 사람도 아니고 유학자로서 지켜야 할 대의명분이 있는 것도 아닌데도 목숨을 초개같이 여기며 일제에 항거하여 몸부림 친 일반 백성들에 대해서도 주목하였다. 일반인들의 죽음이나 저항이 세상에 큰 업적을 세운 것은 아니다. 그러나 나라에서 녹을 받던 사람들 중에 일제에 붙어서 부귀영화를 누리는 사람들에 비한다면 이들의 죽음이나 저항 하나하나는 모두 동포들에게 조국독립의 열망과 국권회복에 대한 희망을 갖게 만드는 원동력이 된다. 그래서 대눌은 후손들에게 일제에 대한 조상들의 저항이 어느 정도였는가에 대한 실상과 함께 이들의 희생을 후손들이 잊지 않도록 하기 위해서「대한망국사열전」을 저술하였던 것이다.

대눌은 해외에서 국권회복을 위해 힘쓴 이름이 드러난 인물은 물론 활동이 세상에 크게 부각된 것은 아니지만 의병활동을 하다 피살된 인물, 일본의 부당함을 전하기 위해 애쓴 인물, 이름 모를 주막의 노파에 이르기까지「대한망국사열전」에 서술하고 있다. 이는 당시 대눌의 관심사를 대변하여 항일의식을 드러낸 저술이기 때문에 가치를 더한다.

저술활동은 역사나 전장문물典章文物 등에만 한정된 것은 아니다. 경재처럼 가문과 관련된 저술을 하기도 하였다.

경재는 망명지에서 집에 전해오던『가승家乘』에 이은『가승속家乘續』상·하권을 엮었다. 책 표지에는『가승속』상·하로 되어있으나 서문이「속승서續乘序」133)로 실려 있고,『경재집』에는「속가승서續家

133) 李建昇,『續家乘』上,「續乘序」

乘序」134)로 실려 있다. 두 서문이 몇몇 글자 출입은 있지만 내용은 동일하므로 『가승속』은 『속가승續家乘』으로 지칭하는 것이 옳다.

기존의 『가승』은 상권 220쪽, 하권 166쪽으로 구성되어 있다. 이에 더해 망명지에서 경재는 상권 140쪽, 하권 68쪽의 『속가승』을 구성하여 저술하였다.135) 『속가승』을 엮은 시기와 동기 및 구성 등에 대해서는 아래 「속승서」를 살펴보면 자세히 알 수 있다.

> "경술(1910)년 가을 나는 서쪽 청나라로 들어가 회인현으로 찾아 들었다. 다음해 조카 범하範夏가 권솔을 데리고 이르렀는데 선세先世의 문헌은 모두 가져오지 못하고 오직 『가승家乘』 2권과 선고先稿 몇 권만을 가지고 왔다. 가승家乘은 시조 덕천군德泉君으로부터 7세조 참판공參判公에 이르러 그쳤는데 그 이후는 빠뜨리고 찬수하지 못하였다. …… 지금 국가의 상황이 변해서 이민족이 뒤섞이고 자손들이 또한 다른 나라를 떠돌고 있다. 우리 선조의 명휘와 언행이 집안에 전해지지 않는다면 어찌 상고할 곳이 없는 것일 뿐이겠는가? 장차 이민족 사이에서 스스로를 변별할 수도 없을 것이다. 아아! 안타깝도다. 내가 이러한 두려움 때문에 이미 가보家譜를 찬수하고 또 세승을 속술續述한 다음 분묘도墳墓圖를 덧붙여 두 권을 만들었다."136)

---

134) 李建昇, 『耕齋集』上, 「續家乘序」

135) 이희목, 「耕齋 李建昇의 시와 '西行別曲'」, 『이건창 문학연구』, 성균관대학교 대동문화연구원, 2005. 291쪽 참조.

* 『家乘』上·下와 『續家乘』上·下는 모두 성균관대학교 존경각에 소장되어 있다. 이는 이건창의 후손 이형주씨가 최근까지 보관하고 있던 것을 기증한 것이다.

136) 李建昇, 『續家乘』上, 「續乘序」"庚戌秋建昇西入淸, 僦懷仁縣. 翌年從子範夏挈眷至, 先世文獻, 皆不得攜, 惟以家乘二卷. 先稿若干卷來, 乘自始祖德泉君, 至七世祖參判公而止, 後闕未修. …… 今國移而異種錯, 子孫又漂泊殊邦. 吾祖之名諱言行, 不傳於家, 則豈惟杞宋之莫徵. 將不能自辨於異種. 嗚呼傷哉. 建昇用是懼, 旣修家

경재가 1911년 가을에 기존의 『가승』을 이어 『속가승』을 저술한 이유는 나라가 망해 국가 계통이 무너져가는 현실 속에서 이민족과 뒤섞여 다른 나라에서 살아갈 자손들이 선조들의 이름과 행적에 대해 알지 못하게 된다면 후손들이 자신들의 정체성을 잃게 될 것이 두려웠기 때문이다. 이에 경재는 분묘도까지 덧붙여서 『속가승』을 저술하였던 것이다.

경재는 『속가승』을 저술함에 있어 무한 책임을 느꼈다. 경재는 삼형제 가운데 홀로 남았고, 자신은 망명지에서 생을 마칠 결심으로 떠나온 만큼 망명지에 남겨질 후손들에게 선조의 명휘와 언행을 전해주어 가문에 대한 자부심을 갖고 자신들의 정체성을 잃지 않도록 해줘야 한다는 절실함이 있었다. 아울러 경재는 국가의 운명과 가문의 운명을 공동체로 인식하고 있었기 때문에 가문을 지켜나가는 것은 곧 국권회복에 대한 희망인 것이다. 한마디로 경재의 『속가승』은 가문에 대한 걱정과 망국의 걱정을 함께 드러낸 저술이다.

이 외에 유학자들이 망명지에서 남긴 작품들 또한 모두 망명지 저술활동 범주에 들어간다. 그 중에서도 경재의 『경재집』과 대눌의 『대눌수권속편』이 특히 주목된다. 이는 경재가 『경재집』에 1910년 강화에서 출발해서 압록강을 건너기까지의 작품은 '서래우존西來偶存'으로, 회인현 흥도촌에 거주할 때 쓴 작품은 '흥도수초興道收草'로, 안동현으로 이사 한 후부터의 작품은 '접리음고接梨吟稿'로 나누어 차례대로 수록해 놓았고, 이에 덧붙여 그곳에서 주고받은 편지 등을 수록해 놓았기 때문이다. 또 대눌의 『대눌수권속편』은 대눌이 망명지 곳곳을 유람하며 지은 작품과 만시輓詩 등 100여 편을 합쳐서 『도강록渡江錄』

譜, 又續述世乘, 幷附以墳墓之圖, 爲二卷."

으로 편찬하였던 것을[137] 귀국 후 『대눌수권속편』으로 엮은 것이기 때문이다.

『경재집』과 『대눌수권속편』은 이들의 망명 동기부터 망명과정, 망명지에서의 생활상, 당시 망명 유학자들이 느낀 비애와 회한 등이 서려 있다. 따라서 이들 책은 유학자들의 망명생활상뿐 아니라, 유학자들의 삶을 재조명해볼 수 있는 귀중한 자료이다. 특히 『경재집』에는 시 제목에 서주序註를 붙여 보충 설명을 상세하게 수록하고 있어 서주만으로도 해당 작품에 대한 상황을 충분히 이해할 수 있도록 해두었다. 따라서 두 책을 통해서 다른 유학자들의 작품이 의도하고자 했던 의미를 파악할 수 있기 때문에 그 성과는 더욱 크다고 하겠다. 이는 이 작품들이 훗날 국권회복이 되어서 귀국 후 망명지에서의 삶을 회고하게 될 때나, 후손들이 훗날 나라 잃은 슬픔에 대한 자주적 각성을 염두에 두고 계획적으로 기록한 작품이기 때문이다.

이외에 경재는 1911년 망명지에서 별도로 장편의 국문가사인 「서행별곡西行別曲 셔힝별곡」을 지었다. 경재는 이 작품에 자신이 강화도를 떠나면서부터 회인현에 도착할 때까지의 심회와 만주를 거점으로 한 조국광복의 희망을 총 141장에 걸쳐 수록하였다.[138] 따라서 이 작품은 경재가 가학인 강화학이 문학을 통해 민족의식의 자주적 각성과 민족의 주체적 사관 확립을 위한 역사의식에 힘쓰던[139] 선대의

137) 盧相益, 『渡江錄(草稿1)』 第三, 「自誌」 "編集則四禮類選 · 見聞瑣錄 · 歷代統言 · 幼年須知 · 顧本錄 · 小學考疑 · 東禮 · 東域 · 東制 · 痛言抄略 · 藏袠記目 · 隨聞劄錄, 諸生講儀十三册, 題詠安東縣 · 鳳凰城 · 寬甸縣 · 奉天府足跡所到處, 輓祭, 雜著問目, 百餘扁, 合以編之曰渡江錄."

138) 이희목, 위의 논문, 275~283 참조.

139) 劉準基, 『韓國民族運動과 宗教活動』, 국학자료원, 2002. 351쪽 참조.

가르침에 따라 의도적으로 지은 작품으로 확인된다. 이는 경재의 5대 조인 이광명李匡明이 연좌죄로 이주夷州(일명 갑산甲山)로 유배되었을 때 유배지의 궁액窮戹을 잊지 않겠다는 의미를 넘어 모든 인문人文이 기호畿湖지방보다 낙후된 갑산에 훗날 누군가 관심을 기울여 주기를 염원하며 지은 「이주풍속통夷州風俗通 이쥬풍쇽통」[140]과 가사歌辭 「북찬가北竄歌」, 그리고 시조 3편 등을 국문으로 지은 이유와 같은 맥락이다. 이를 통해 경재는 후대에 남의 손에 지배되어 망명을 떠나는 일이 없게 되기를 바라는 의도에서 국문으로 「서행별곡西行別曲 셔힝별곡」을 지은 것임을 알 수 있다. 또 경재는 계명의숙에서 학생들을 가르친 일이 있던 만큼 머지않은 시기에 국문國文이 세상에 통용될 것임을 염두에 두고 다음 세대를 위한 배려로 국문으로 기록하였을 것임에 틀림없다.

유학자들은 현실에 타협하지 않고 자신들이 일제에 저항할 수 있는 방법을 찾아 망명을 떠났다. 그랬던 것처럼 이들은 민족사 관련 저술을 읽으면서는 역사에 대해 되짚어보고 자국사에 대한 자부심과 함께 국권회복의 희망을 가다듬었다. 이에 더해 이들은 망국亡國의 역사와 전장문물典章文物이 왜곡되어 후손들에게 전해질까 염려되어 확실한 고증을 통해 기록을 남겼다. 또 나라가 망해 이국을 떠도는 후손들이 자신들의 정체성을 잃게 될 것이 염려되어 가문의 정통성을 기록으로 남겼다. 이에 더해 일제에 저항하다 희생된 인물들을 잊지 않고 기억함으로써 망국에 대한 현실을 깨우치도록 하기 위해서 저술에 힘썼다. 아울러 이들은 자신들이 경험한 망명지에서의 체험을 문학작품으

140) 李亨周 · 李一影 편, 『明美堂의 生涯와 思想』, 沙器 · 寧齋兩先生記念事業會, 1983. 106쪽 참조.

로 남겼다.

망명 유학자들은 망명지에서 동방의 문헌과 가문의 정통성을 정리할 필요성을 느껴서 저술활동에 힘썼고, 망국에 대처한 인물들의 희생 및 자신들의 속내를 드러낸 문학작품을 창작하였다. 이러한 저술을 통해 자신들은 성찰의 기회를 삼고, 후손들에게는 조상들의 삶을 돌아보아 교훈으로 삼게 함은 물론 망국의 역사와 문장문물이지만 계속해서 가꿔나가야 할 소중한 자산으로 여기게 하는 성과를 거두었다. 이는 망명 유학자들이 망국의 현실 앞에서 역사와 가문을 바로 세우고자 하는 강한 의지가 이뤄낸 성과이다. 이러한 성과로 오늘날까지 망국의 역사와 문장문물, 가문에 대한 내용, 일제에 저항한 인물들과 망명지 체험 등이 왜곡 없이 올바르게 전달되고 있기 때문에 이들의 망명지에서의 저술활동은 깊은 의미를 갖는다.

V. 결 어結 語

본 책에서는 20세기 초 서간도로 망명을 떠난 유학자의 망명과 한문학에 대해서 살펴보았다.

20세기 초 유사 이래 경험해보지 않은 격변기를 지내면서 입산자정入山自靖만으로도 의義를 실천할 수 있는 환갑 전후의 노령으로 위험을 감수하며 망명을 떠난 유학자들이 있었다. 이들 가운데 본 책에서는 서간도로 망명을 떠난 경재, 수파, 대눌과 소눌 형제, 이산, 서천이 한문학적 소양을 갖고 망명지에서 엮어낸 문학작품들을 연구 대상으로 삼았다.

먼저 II장에서는 망명 유학자들이 시대현실에 대응하는 자세와 망명을 떠난 명분, 그리고 서간도를 망명지로 택하게 된 이유와 망명 과정 및 경로에 대해서 살펴보았다.

근대전환기인 19세기 말 20세기 초는 왕조 통치권이 무너지고 일제에 의한 강압통치가 극렬하게 자행되던 변혁의 시대였다. 시대현실을 민감하게 반영하는 문학을 전공으로 하는 유학자들이 시대에 대응하는 방식은 현실타협 순응방식, 비타협방식, 자결과 망명으로 구분된다. 현실타협 순응방식을 택한 유학자들은 국민들을 선동하는데 필요한 일제의 도구로 이용되었다. 또 비타협방식을 택한 이들은 국내에서 은둔을 하였다. 그리고 일제 치하에서 살수 없던 유학자들은 자결을 하거나 망명을 떠나는 방식을 택했다.

근대전환기의 시대현실 대응 자세로 '처변삼사處變三事'가 제시되었을 때, 유학자들은 평생 추구해온 학문과 가학의 영향 등을 받아 유학자로서의 양심과 애국심의 발로로 자연스럽게 자결과 망명 중 하나를 택하게 되었다. 그러나 망명을 결심한 유학자들은 자결만이 능사가 아니라는 생각에 '부해거수浮海去守'를 택했던 것이다.

그런가하면 시대현실에 대응하는 유학자로서의 자세는 유교전통 고수固守가 아닌, 유교전통의 폐단과 모순에 대한 비판적 자세로 변화를 모색하였다. 경재가 강화학자로서 고국에서부터 유교개혁에 마음을 쓰고 민족주의 교육에 힘썼다면, 경재를 제외한 망명 유학자들은 중국 공교孔教운동을 통한 유교개혁운동에 동참하였다. 이들은 유교개혁을 통해 항일의식을 키우고, 민족적 자각을 위한 대중 계몽의 일환인 교육활동에 주력하였다. 이는 이들이 역사에 대한 책임의식과 구국의 일환으로 유교개혁사상의 자세를 취하였음을 뜻한다.

유학자들의 망명명분에 대해서는 크게 세 가지, 계몽운동가로서의 명분, 전직관료로서의 명분, 지역사림으로서의 명분으로 분류해서 살펴보았다.

고국에서 계몽운동에 힘쓰던 경재는 일제 치하에서 사는 것을 수치로 여겨, 의義를 실천하는 방도이자 국가와 민족을 위해 할 수 있는 일을 찾아 망명을 떠났다. 또 전직관료 출신인 수파와 대눌은 일제의 끊임없는 은사금 독촉과 감시를 피해 망명을 떠났는데, 이는 개인과 가문, 나아가 전직관료로서 조선왕조의 자존심을 지키기 위해 망명이라는 저항의 방법을 택했던 것이다. 소눌과 이산·서천은 지역 사림으로서의 학자적 양심으로 피지避地의 의리를 실천하기 위해 망명을 떠났다. 그러나 이들 망명 유학자들의 망명명분에 있어 다소 표현의 차이는 있지만 '부해거수'를 위해 망명을 떠났음은 공통적인 사실이다. 이는 환갑 전후의 망명 유학자들이 할 수 있는 최대의 저항 표시였다. 그리고 이들은 국권회복이 되면 돌아올 것이라는 뚜렷한 목적의식을 갖고 망명을 떠났다.

또 이들이 서간도로 망명지를 택한 것은 민족고토民族故土라는 자부심·지리적 근접성·국권회복을 기대할 수 있는 땅 등의 이유 때문이었다. 이에 더해 이들은 관망만 하는 소극적 자세를 넘어 국권회복운동을 하는 사람들과의 소통의 장소로 서간도를 망명지로 택하였던 것이다.

망명 과정과 경로는 망명 유학자들이 의도적으로 남긴 작품을 통해서 확인할 수 있다. 1911년 11월 압록강 철교가 개통된 이후에는 만 이틀이면 서간도에 도착할 수 있었다. 그러나 경재는 압록강 철교 개통 전에 서간도로 향했다. 이때에는 압록강 물이 얼기를 기다렸다가 건너야 했기 때문에 오랜 시간이 소요됐다. 그래서 경재의 망명에는 두 달여의 시간이 걸렸는데, 이는 환갑의 노쇠한 몸으로는 견디기 힘든 일이었다. 이를 통해 경재의 망명에 대한 결의가 누구보다 확고했음을 알 수 있다. 그밖에 출발지에 따라 유학자들은 망명과정에서 무려 50개 이상의 기차역을 지나갔고, 이동 거리는 총 2,000~2,500리길 전후에 해당했다.

망명 여정에 걸린 시간의 차이는 있어도 경재, 수파, 대눌은 간단한 차림과 최소한의 짐으로 일본 경찰의 감시망을 뚫고 망명길에 올랐다. 그에 반해 이산과 서천은 여러 가구가 함께 망명을 떠났고, 농기구는 물론 나귀와 송아지까지 싣고 망명지로 향했다.

유학자들이 망명과정 중에 의도적으로 남겨둔 작품들을 통해서 이들이 망명 과정과 경로 속에 겪은 힘든 여정을 알 수 있었다. 그리고 이를 통해 고단한 망명과정도 마다하지 않고 망명을 떠난 이들의 확고한 망명 의지도 확인할 수 있었다.

III장에서는 망명 유학자들이 망명지에서 생활하는 동안 공통적으로 겪는 제반 생활상과 일제의 감시, 그리고 망명지에서 가진 교유와 소통에 대해서 고찰해보았다.

망명지에서 겪은 망명 유학자들의 생활은 크게 세 가지로 나누어보았다. 첫째는 정착지 선택, 둘째는 망명지의 생활, 셋째는 이국풍토의 적응이다.

첫째, 정착지 선택에 있어 유학자들은 자신들 또한 정착할 곳을 찾기 위해 서간도 지역을 유랑하고 다니면서도 유민들의 고달픈 삶을 외면하지 않고 안정된 삶을 도모해주기 위해 자신들의 재산을 기꺼이 내놓았다. 이로 인해 유민들은 유학자들의 도움으로 흩어지지 않고 모여서 어느 정도 안정된 삶을 유지할 수 있었다. 평생 배운 학문의 도道를 실현시키려는 유학자로서의 고민으로 떠나온 망명이었던 만큼, 이들이 망명 정착과정에서 보여준 유학자로서의 모범적인 삶은 그래서 인정받아야 마땅하다.

둘째, 망명지의 생활에 있어 망명 유학자들은 자신들의 삶 또한 빈곤하였지만 무엇보다 유민들의 농사일에 대해서 많은 걱정을 하였다. 이는 유민들의 유일한 생계수단이 농사였기 때문이다. 망명 유학자들은 가뭄으로 다툼이 일어난 유민들을 중재하기도 하고, 가뭄이 해갈되는 비에 기뻐하기도 하였다. 또 망명생활에 어느 정도 적응하고부터는 근교 나들이나 장거리 기행을 다니기도 하고, 낚시를 하거나 술을 마시는 등의 일상생활을 하였다. 그리고 이들은 틈틈이 언론을 통해 국내외 소식을 접하고 살았다. 이에 더해 강학을 하거나 저술활동을 하면서 망명생활을 하였다. 이런 생활은 겉으로 평범해 보이지만 망명생활을 하고 있던 유학자들에게는 그렇게 받아들여지지 않았다. 고국에서라면 범범히 넘어갈 일들도 이들에게는 모두 특별한 느낌으로 다가왔기 때문이다. 이러한 망명생활 가운데 일어나는 감흥을 유학자들은 작품 속에 고스란히 담아내었다. 그래서 오늘날 이들이 남긴 문학작품을 통해 유학자들의 망명생활을 투영해볼 수 있는 성과를 거두게 되었다.

셋째, 이국풍토의 적응에 있어 노령의 나이로 망명생활을 시작한 유학자들은 언어소통을 하기 위해 생활 한어漢語를 습득하고, 풍토병으로 고생하다 환국을 하는 등 현지생활에 적응하지 못해 앓는 일이 많았다. 또 고국과 다른 풍속으로 문화적 충격을 받기도 하고, 처음에는 호의적이던 중국이 한인들을 착취대상으로 여기고 세금을 가혹하게 거둬들이거나 소작료를 착취하는 바람에 한인들의 삶은 팍팍해졌다. 또 비적匪賊들의 습격으로 목숨을 잃거나 환국까지 하게 되는 등 망명지에서 적응해야 할 문제가 한두 가지가 아니었다.

망명생활에 적응하기 위해 환갑의 유학자들이 취했던 것은 망명생활을 포기하지 않기 위해 자신들이 할 수 있는 최대의 노력을 기울인 것이다. 이와 같이 고난의 연속인 망명지에서의 생생한 체험을 통해 유학자들의 망명생활을 투영해볼 수 있고, 이를 바탕으로 망명문학이 피어났기 때문에 이들의 문학작품은 그에 상응하는 가치를 인정받을 이유가 충분하다.

또 망명지에서 일제로부터 받은 감시와 핍박에 있어 망명 유학자들은 국내에서와 마찬가지로 망명지에서도 일제의 감시와 핍박을 받았다. 이들이 끊임없이 일제로부터 감시와 핍박을 받았음은 일제의 여러 문건을 통해서 확인되고 있다. 이들은 군자금모집 관련 요주의 인물로 지목되거나, 군자금 충당을 위한 중국화폐 위조사건 관련자로 일거수일투족을 감시받았는가 하면, 민적 입적 문제 등으로 협박을 받아 망명지 생활 내내 한시도 편히 지낼 수가 없었다. 이들이 망명지에서 끊임없이 일제의 감시와 협박을 받으면서도 그들에 굴하지 않은 것은 유학자로서의 양심적 행동에서 비롯된 것이다. 그렇기 때문에 이들의 행동은 친일파와 대비되어 더더욱 존중 받아야 한다.

망명지에서의 교유와 소통에 대해서는 크게 세 가지로 나누어 살펴보았다. 첫째는 망명 인사들 간의 교유, 둘째는 국내 인사들과의 교유와 소통, 셋째는 중국 인사들과의 소통이다.

첫째, 망명지에서의 망명 인사들 간의 교유 규모는 대눌의 글을 통해서 일정부분 파악할 수 있다. 대부분의 문인들은 함께 교유를 했지만, 각 문인들의 행동반경에 따라 교유한 인물들은 다소 편차가 있다. 고국에서부터 이미 교유가 있었던 유학자들도 있지만, 망명지에서 처음 교유를 시작한 유학자들도 있었다. 전국 각지에서 뜻을 갖고 망명을 떠나온 유학자들은 떠나온 곳도 다르고, 추구하는 학문의 방향도 차이가 있고, 소속 당파의 편차 또한 있었다. 그러나 교유의 깊고 얕음의 차이는 있을지라도, 각자의 학문과 당파 간의 갈등을 넘어서 망명지에서의 교유가 이루어졌다.

국내에서라면 실현되기 어려웠을 교유관계가 망명지에서는 서서히 융화되어 간 사실은 큰 의미를 가진다. 이는 국권회복이라는 거시적 명제 앞에서 학문도 당파 갈등도 뒤로 미뤄놓는 열린 사고를 가져야만 비로소 가능한 교유이기 때문이다.

둘째, 국내 인사들과의 교유와 소통의 방법은 압록강 철교 개통으로 서간도 방문이 수월해진 국내 지인들과는 서간도에서 만나 수창을 하였고, 국내에 머물던 지인들과는 편지나 엽서로 소통하였다. 이들은 속마음을 술회하기도 하고, 자손을 바르게 지도해달라는 당부 내용의 편지도 보냈다. 또 후학들에게는 학문적 질의에 답을 하거나 격려하는 글들을 써서 보냈다. 그러나 속내를 드러내지 못할 편지는 아예 쓰지 않거나, 일제의 검열에 빌미를 줄 편지글들은 모조리 없애기도 하였다. 그럼에도 불구하고 망명생활을 이어가기 위해 노력을 한 이들의 결연한 의지를 한 번 더 확인할 수 있었다.

고국에서 온 국내지인들과는 수창을 하고 국내에 있는 인사들과는 편지로 소통하는 동안, 유학자들은 망명생활을 하는데 있어 정신적으로 큰 위안을 받았다. 따라서 국내 인사들과의 교유와 소통은 망명문학 작품이 지속적으로 나오게 된 원동력 가운데 하나이기 때문에 의미를 가진다.

셋째, 중국 인사들과의 소통의 규모는 대눌 · 소눌 형제와 이산이 만난 지역의 몇몇 중국 인사들과의 소통을 통해 알 수 있듯이 아주 간략하게 사실 확인만 되었다. 이는 지역 중국인들 가운데 글을 아는 사람이 많지 않아 소통이 원활하지 못했기 때문이다. 또 이산과 서천은 중국 인사들과 보다 넓게 소통하기 위해 노력하였으나, 이산이 중국 정계 인사들과 가진 소통은 이산의 일방적인 소통으로 끝나고 말았다. 또 이산과 서천이 가진 나머지 중국 인사들과의 소통은 대부분 공교회 인사들에 한정되어 있고, 그 또한 오랜 소통으로 이어지지는 못했다.

이들은 중국 인사들과 소통을 하는 동안, 유학자로서의 한계도 드러내었다. 그러나 평생 배운 학문을 접고 재빠르게 새로운 문화와 학문으로 바꾸는 것은 쉽지 않은 일이다. 그래서 이들이 유학자로서의 한계를 드러낼 수밖에 없었던 것도 일부 수긍이 가는 부분이다. 이들은 중국인들과의 소통을 통해서 자기 학문에 대한 성찰과 앞으로 자신들의 학문이 나아가야 할 방향 등에 대한 고뇌 또한 했던 것으로 파악되었다. 또 중국 인사와의 소통을 위해 노력하는 동안 국권회복에 대한 필요성을 더욱 절실하게 느꼈던 것으로 확인된다. 그래서 이들이 가진 중국 인사와의 소통은 의미를 가진다.

마지막으로 Ⅳ장에서는 망명 유학자들의 작품을 통해 시대에 대한 비분과 망국의 정조, 객고와 망향, 망명객으로서의 의지와 독립정신, 그리고 저술활동의 성과와 의미 등을 통해 망명문학의 성격과 향방에 대해서 면밀히 분석해보았다.

망명 유학자들의 시대에 대한 비분과 망국의 정조는 다양한 부분에서 나타났다. 망국의 시대에 일제에 편승해서 호의호식하는 매국노들의 부끄러움을 모르는 행태, 평생 추구해오던 학문이 스러져가는 좌절감, 물질만능주의에 빠지게 될 앞날 등등에서 시대에 대한 비분은 응축된 모습으로 드러났다. 또한 나라가 망한 때부터 떠나오는 동안, 그리고 망명생활 내내 접하는 모든 사건과 사물마다 망국의 정조가 드러났다. 또 망명지에서 유학자들은 자전적 글쓰기를 통해 자신의 삶을 정리함과 동시에 객관적인 눈으로 자기 성찰을 하였다. 비록 자전적 글쓰기가 망명 유학자들의 전유물은 아니지만, 이들이 망명지에서 쓴 자전적 글쓰기는 고국에서보다 더욱 간절한 마음으로 쓰였기 때문에 가치를 더한다.

이들은 시대에 대한 비분과 망국의 정서를 문학작품으로 토해냄으로써 슬픔과 함께 일제에 대한 비폭력적 저항의식을 드러냈다. 그런데 시대현실에 있어서는 전형적 유학자로서의 사고를 버리지 못해 시대변화에 능동적으로 합류하지는 못하였다. 그러나 이 또한 평생을 유학자로 살아온 그들의 입장에서 바라본다면 이들이 선택한 망명이라는 행위는 노쇠한 나이에 그들이 실천할 수 있는 최대한의 적극적 저항이요, 실천이었다는 점에서 주목해야한다. 그렇기 때문에 이들의 망명이 주는 의미는 결코 가볍게 의미부여를 해서는 안 된다.

망명 유학자들이 망명지에서 겪는 대부분의 일이 객고이다. 객고가 깊어질수록 망명 유학자들의 고향에 대한 그리움은 깊어질 수밖에 없었고, 그 속에서 수많은 근심이 자라났다. 그러한 근심 속에서 흘러가는 세월을 견디다보면 망명지에서 마주하는 미물 하나하나에도 모두 의미부여를 하기 마련이다. 망명생활의 객고와 망향 속에 모든 사물에 다 의미가 부여되면서 이들의 문학작품에는 망명생활의 함축된 고단함이 드러나게 되었다. 이렇듯 유학자들은 어려운 망명생활을 견디며 망명생활을 하였고, 그 속에서 문학을 꽃피웠던 것이다. 즉 이들이 망명 중에 겪은 객고와 망향은 유학자들에게는 고통이었겠지만, 오늘날 망명문학작품을 대할 수 있게 된 밑거름이 되었기에 그 의미가 크다.

망명 유학자들의 의지와 국권회복에 대한 독립정신은 이미 고국에서부터 시작되었으며, 망명이라는 행위를 통해서 사실상의 의지와 독립정신을 다 드러내었다고 해도 과언이 아니다. 이들은 민단 입적을 강요하는 일본 경찰에 적극적으로 대항함으로써 자신들의 망명의지를 높이고 독립정신을 고취시켰다. 또 충신열사들에 대해 읊은 문학작품을 통해 망명 유학자들은 비폭력적 저항으로 자신들의 독립정신을 승화시켰기 때문에 이들의 망명객으로서의 의지와 독립정신은 더욱 의미가 있다.

망명 유학자들은 역사서 관련 저술을 읽으면서 유구한 역사와 전통이 있는 후손이라는 자부심을 갖게 되었고, 그 느낌을 작품으로 술회하며 재창작 활동을 하였다. 그리고 그 역사서들을 잠들어 있는 백성들을 깨어나게 할 수 있는 훌륭한 책으로 여기면서 국권회복에 대한 희망을 가지게 되었다. 또 이들은 망국의 역사와 전장문물典章文物이 후손들에게 왜곡되어 전해질 것을 염려하여 망명지에서 망국의 역사와 전장문물을 보수保守하였다. 그리고 나라가 망해 이국을 떠도는 후손들이 정체성을 잃지 않도록 하기 위해서 가문과 관련된 책들을 저술하였다. 동시에 망명생활을 문학작품으로 남김으로써 훗날 자신들은 성찰의 기회로 삼고, 후손들에게는 조상들의 삶을 돌아보아 교훈으로 삼게 하려는 의도로 저술 활동을 하였다. 이들은 국가의 역사나 영토 및 문물제도에 대해서도 잊지 말아야 할 소중한 자산으로 여기고, 가문의 혈통을 잊지 말아야 할 것 등 망국정서의 일면을 문학적으로 승화시켜 저술활동에 힘썼다.

신문화 · 신학문이 옛것을 구문화 · 구학문으로 치부하며 밀어내는 세상에서 이들이 망명지에서 드러낸 유학자로서의 한계가 역사와 가문을 바로세우고자 하는 강한의지를 키워내 망국의 전장문물과 가문 관련 책들을 저술하는 긍정적 성과를 이루어내게 되었다. 때문에 이들이 망명지에서 벌인 저술활동이 갖는 의미는 매우 깊다.

이상의 연구를 통해 본 책에서는 다음과 같은 결론에 이르렀다.

첫째, 20세기 초 유학자들이 처한 시대 현실에 대응한 자세와 이들의 망명 명분이 가지는 의의, 그리고 이들이 서간도를 망명지로 택한 이유와 함께 고단했던 여정이 밝혀졌다.

20세기 초 현실에 순응하며 일제에 협력하는 유학자의 문학작품이 일제의 선동 도구로 쓰이고 있는 동안, 이들 망명 유학자들은 평생 익혀온 학자로서의 양심과 애국심의 발로로 일제에 대한 비폭력적인 저항수단으로써 망명을 택하였음이 밝혀졌다. 또 망명 유학자들의 망명 명분은 표현에 있어서는 차이가 나지만 모두 '부해거수'를 위해 망명을 떠났음도 밝혀졌다. 따라서 이들은 환갑 전후의 나이로 자신들이 할 수 있는 최대의 저항 표시로 망명을 떠났기 때문에 망명명분으로서의 의의를 가지는 것이다.

이들이 망명지로 서간도를 택한 이유는 여러 가지가 있지만, 무엇보다도 우리의 영토라는 분명한 인식과 함께 국권회복의 기미를 엿보고 관망할 수 있는 기대의 땅으로 여겼기 때문이었다. 더욱이 이들은 국권회복운동을 하는 사람들과의 소통의 장소로 서간도를 망명지로 택하였음이 밝혀졌다.

그리고 이들이 의도적으로 남긴 작품을 통해서 정확한 망명 과정과 여정이 밝혀졌으며, 이들이 여정 중에 경험한 고단했던 망명 과정이 생생하게 밝혀짐으로써 이들의 망명 의지를 다시 한 번 확인할 수 있었다.

둘째, 유학자들이 망명 정착과정에서 겪는 생활상을 비롯한 일제의 감시와 핍박, 그리고 교유관계 등을 통해 망명지에서의 제반 생활상이 파악되었다.

망명 유학자들의 각 문집에 실린 작품만으로는 망명지에서의 전반적인 생활상을 파악하는데 있어 한계가 있었다. 그러나 본 책에서는 망명 유학자들의 문집에 실린 작품을 통합해서 연구한 결과, 망명 유학자들의 고난한 망명생활의 전반적인 생활상을 파악할 수 있었다. 또 이들이 망명지에서 일제로부터 받은 감시와 핍박은 일제의 문건을 통해서 사실로 확인되었다. 교유관계 또한 각 개인의 작품만으로는 한정적으로 드러나던 것을 유학자들의 작품을 통합해서 살펴본 결과 광범위하게 교유관계가 이루어졌음 또한 밝혀졌다.

이와 같이 망명지에서 망명 유학자들이 겪은 고난의 연속과 교유관계 등을 통해 유학자들의 망명지 생활상을 증명한 부분은 망명문학을 연구할 가치와 의미를 핵심적으로 보여주는 것이다.

셋째, 망명문학의 성격과 향방에 대해 분석된 결과를 토대로 망명 한문학이 지니는 문학적 특성이 분명하게 드러났다.

망국의 현실과 일제 치하에 대한 비분을 통해 강개함을 드러내고, 망국의 정조를 통해 구국의 필요성을 쏟아낸 작품들이 일제의 언론 통제가 국내보다 느슨했던 망명지에서 터져 나왔다. 또 충신열사에 대해 언급한 작품과 유구한 역사와 문명을 가진 단군과 기자의 후손이라는 자부심이 드러나는 작품이 많은 것도 서간도 망명문학의 특징 중에 하나이다. 그리고 이들 작품에는 모든 사건과 사물을 대할 때마다 망명 유학자라는 잠재의식이 투영되어 있으며, 우회적이고 장황한 표현보다는 사실적이고 직설적이며 절제된 언어로 표출된 작품들이 많은 것이 특징이다. 이는 그들이 처한 시대적 아픔과 자신들의 현실에서 빚어진 자연스러운 결과물이었다. 또 망명 유학자들의 문학작품은 모두 민족적 저항이 응축되어 표출된 저항문학으로서의 특징을 지녔다. 망명 유학자들이 직접적 행동으로 독립운동에 참여한 것은 아니지만 독립운동관련 일제 문건에 이름이 거론되고 있다는 것은 이들의 항일의식이 망명문학 작품 속에 자연스럽게 녹아들었음은 뜻한다. 따라서 이들의 망명문학은 현실대응 차원에서 이루어진 비폭력적 저항문학이 되었다. 마지막으로 이들 문학작품의 특징 중 하나는 유학자로서의 한계를 드러내고 있다는 것이다. 그러나 이들의 유학자로서의 고루한 한계는 망국의 전장문물典章文物을 망명지에서 보수保守하게 만드는 장점으로 승화되는 특징을 가지게 되었다.

넷째, 이상의 연구를 통해 한국문학사에 있어서 20세기 초 망명 한문학사의 위치를 확실하게 찾아줄 수 있게 되었다. 그동안 국문학사 중심으로 거론되던 망명문학의 범위를 넓혀 한문학사의 망명문학이라는 큰 틀을 만들 수 있게 되었다.

서간도 망명 유학자들은 현실 대응 방식의 하나로, 평생 배운 학문의 실천을 위해 자정에 그치지 않고 망명을 떠났으며, 이들은 자신들의 망명생활을 정신적 승리로 이끌어 문학작품으로 빚어냈다. 더욱이 노쇠한 환갑 전후의 나이로 고국을 떠나 어렵고 험난한 망명생활 가운데 꽃 피운 작품이니만큼 20세기 초 한문학을 조망한다는 입장에서 보면 그에 따른 정당한 평가가 조속히 이루어져야 하겠다.

본 책을 서술하면서 아쉬웠던 점은 서간도로 망명을 간 유학자들 가운데 아직까지 문집이 발굴되지 않은 홍승헌, 정원하, 맹보순, 신백우, 채희동 같은 인물들이 많다는 것이다. 따라서 서간도 망명 유학자들의 문집 발굴에 좀 더 힘써야 함은 물론, 그들과 관련된 연구도 병행해서 그들의 작품에 대한 평가가 조속히 이루어져야 할 것이다. 이는 후일의 연구 과제로 남겨둔다.

Ⅵ. 부록

송은松隱 안창제安昌濟의 서간도 망명시 연구*

목차

Ⅰ. 서 언序 言

1905년 을사늑약이 체결되면서부터 나라가 망했다는 것을 인식한 깨어있는 유학자들은 자결 또는 애국계몽운동으로 무지몽매한 백성들에게 국권회복 의지를 불어넣어주거나 의병항쟁을 통한 국권회복

---

* 본 논문은 2014년 대동한문학회의 『대동한문학』 제41집에 투고 게재된 필자의 논문 「송은松隱 안창제安昌濟의 서간도 망명시 연구」의 일부 내용을 수정 보완한 것이다.

투쟁에 나섰다. 그러나 이들의 노력에도 불구하고 1910년 경술국치를 당하고 말았다. 그러자 수많은 유학자들과 의병항쟁에 앞장섰던 인물들은 일제에 대한 저항으로 순국을 할 것인가, 계속 저항을 할 것인가, 망명을 할 것인가의 기로에 섰다. 그 중 죽고자 해도 상황이 여의치 않거나 죽음으로는 나라에 도움을 줄 수 없다고 생각한 유학자들은 무장항쟁에 앞장서고자 하였다. 그러나 평생 글을 읽으며 불혹을 넘긴 유학자들이 하루아침에 무기를 들고 항쟁에 나서는 일은 결코 쉬운 일이 아니었다. 그래서 그들 대부분은 은둔 또는 해외로의 망명을 택했다. 해외 망명지 가운데에서는 고구려의 옛 영토인 서간도로 망명을 떠난 유학자들이 많았다.

그곳으로 망명을 떠난 유학자 가운데 한 사람이 바로 송은松隱 안창제安昌濟(1866~1931)이다. 수파守坡 안효제安孝濟(1850~1916)의 동생이기도 한 그는 갑오개혁 때 상소를 올렸다가 옥고를 치렀고, 을사늑사 때는 전국 13도 유생 대표로 을사오적을 참斬할 것을 청하는 상소를 세 차례나 올린 인물이다.

송은은 부친의 명에 따라 무과 시험을 치르고 급제하면서 무관이 되었지만 도의道義에 힘쓰는 일은 궁마弓馬로 할 수 있는 것이 아님을 깨닫고 관직을 그만두고 돌아왔다. 이는 그가 평생 익혀온 유교의 가르침을 실천하고자 택한 길이었다. 이러한 송은은 1910년 11월, 45세의 나이로 망명을 떠났다. 그리고 그는 망명지에서 햇수로 22년이나 되는 기나긴 망명생활을 이어갔다. 그러나 1931년 일제의 간계에 의해 저질러진 만보산萬寶山 사건 이후 조선인을 일본인과 한 통속이라고 여기게 된 중국인들에 의해 가족과 함께 희생되었다. 그는 오랜 망명생활 동안 한 차례도 고국에 발을 들여놓지 않았다. 그런

그가 망명지에서 남긴 작품들은 상당히 많을 것으로 추측되는데, 안타깝게도 그의 유고인 『송은유고松隱遺稿』에는 많은 작품이 전해지고 있지는 않다. 이유는 그가 갑자기 희생될 때 그의 유고를 수습해야 할 처자妻子까지 함께 희생되면서 그의 유고를 제대로 정리할 사람이 없었기 때문이다. 그러나 『송은유고』에 실려 있는 작품들만으로도 그가 망명을 떠나게 된 동기와 망명생활, 그리고 망명객으로서 느낀 망명 정서 등을 살펴보기에 충분하다.

그런데 현재 송은에 대한 단독 선행연구는 시도된 적이 없으며, 필자가 20세기초 유학자의 망명과 관련된 논문에서 수파를 언급할 때 극히 일부만 언급하였을 뿐이다.[1] 따라서 본고에서는 그가 망명지에서 남긴 작품들을 통해 22년간 망명생활을 한 송은의 생애를 비롯해 그의 망명과 망명시에 대해 연구해보고자 한다.

우선 송은의 『송은유고』[2]를 기저로, 수파의 『수파집守坡集』[3]과 『국역 수파집』[4]을 보충 자료로 활용하여 송은의 생애와 『송은유고』에 대해 알아보고자 한다. 그 후 그가 망명을 떠나게 된 동기 및 망명생활을 통해 그가 지닌 망명 유학자로서의 자세 및 제반적인 삶을 살펴보고자 한다. 마지막으로 망명지에서 창작된 작품 가운데 객고와 망명의 정조, 그리고 광복에 대한 염원 등 그가 망명에 대한 정서를 술회한 작품들을 골라 그의 망명시에 대한 면모를 분석해보고자 한다.

---

1) 이은영, 「20세기초 유교지식인의 망명과 한문학－서간도 망명을 중심으로」, 성균관대학교 박사학위 논문, 2012.
2) 安昌濟, 『松隱遺稿』(국립중앙도서관 DB, 1965)
3) 安孝濟, 『守坡集』(慶北大學校 영인본, 1983)
4) 安孝濟 저, 박준원 외 역, 『국역 수파집』(신지서원, 2008)

Ⅱ. 생애와 서간도 망명

1. 생애와 『송은유고松隱遺稿』

1) 생애

안창제의 자는 중양仲陽이고, 호는 송은松隱 · 송와松窩이며[5], 본관은 순흥順興이다. 그는 임진왜란 때 곽재우 휘하에서 많은 전공을 세우고 선무원종공신 3등에 녹훈된 증 병조참판贈兵曹參判 안기종安起宗의 후손으로, 고조는 의암宜庵 안덕문安德文이고, 증조는 안종수安宗洙이며, 조부는 안희로安禧老이다. 부친은 시종신侍從臣 안효제로 인해 70세에 증 통정대부贈通政大夫 부호군副護軍에 증직된 구정龜亭 안흠安欽이고, 모친은 부친의 둘째 부인인 김호진金鎭浩의 딸 안동김씨安東金氏이다.

송은은 1866년(고종 3) 10월 1일 경상남도 의령군 부림면富林面 설산리雪山里[설뫼[立山]] 집에서 다섯째로 태어났다.[6] 형으로 첫째 형수파 안효제와 넷째 형 안영제安英濟, 동생으로 안필제安弼濟 등이 있다.[7]

송은은 1883년(고종 20) 부친의 명에 따라 치른 무과 시험에 급제하였으며, 다음 해인 1884년(고종 21) 용양위부사과龍驤衛副司果에 올랐다.[8] 그러나 도의道義에 힘쓰는 일은 궁마弓馬로 다스릴 수 있는

---

5) 安昌濟, 『松隱遺稿』 권3, 「松隱序[安和鎭]」 "吾在國居松山, 故以松窩爲號. 今寄此無松之邦, 更號以松隱者." 이하 『송은유고』는 ________ 로 표기한다.

6) 安昌濟, ________ 권3, 「行狀[許銆]」

7) 이은영, 위의 논문, 22쪽 참조.

8) 安昌濟, ________ 권3, 「行狀[許銆]」 "癸未龜亭公命擧虎榜. …… 翌年升龍驤衛副司果."

것이 아님을 깨닫고[9] 무관으로서 승진하는데 뜻을 두지 않고 돌아와 유업儒業에 뜻을 두고 학문에 정진하였다. 그 후 1894년(고종 31) 갑오개혁이 일어났다. 이에 앞서 죄를 짓고 일본으로 망명을 갔다가 돌아온 사람들이 일본 세력을 믿고 병력을 동원해와 협박을 하며 나라를 팔아먹으려고 하였다.[10] 그러자 송은은 청나라를 배반하고 일본과 협력할 것을 주장하는 사람들을 쟁척爭斥하는 내용의 상소문 「청불배청국소請不背淸國疏」[11]를 올렸다가 나문拿問하라는 명을 받았다.[12] 그로인해 송은은 옥에 갇혀 혹독한 고문을 받았으나 끝내 굴하지 않았다. 당시 그는 1년여[13] 옥중 생활을 『맹자』 책이 문드러지도록 암송하면서 보내다가 풀려났다.[14] 그 후 송은은 의령의 송산松山 골짜기로 들어가 책을 읽고 손수 농사를 지으면서 만구晩求 이종기李種杞(1837~1902)의 문하에서 수학[15]하며 학문에 더욱 정진하였다.[16]

---

9) 安昌濟, ________ 권1, 「述志百韻」 "余年廿有三, 筮仕入京闉. 逗遛看物態, 權貴賣爵官. 噫彼昏夜客, 非獸又非神. 莫如早還宅, 菽水奉昏晨. 道義須當勉, 弓馬不可馴."

10) 安昌濟, ________ 권3, 「行狀[許鉐]」 "甲午國政一變, 先是得罪亡命於日本之徒, 席藉日勢, 動兵來脅, 欲售其賣國之計. 公抗疏言逆虜之可斬, 卽逮禁獄."

11) 당시 안창제가 올린 것으로 알려진 「甲午討逆上疏」가 『松隱遺稿』에는 「請不背淸國疏」로 실려 있다.

12) 安昌濟, ________ 권3, 「(附)黃梅泉(玹)野錄一條(甲午十二月)」 "前司果安昌濟上疏, 諫背淸, 命拿問. 昌濟, 孝濟弟也."

13) 安昌濟, ________, 「松隱遺稿序[成純永]」 에는 '禁獄三年'으로 기록되어 있으나, 「行狀」 에는 '年餘'으로 기록되어 있어 행장을 기준으로 서술하였다.

14) 安昌濟, ________ 권3, 「行狀[許鉐]」 "公抗疏言逆虜之可斬, 卽逮禁獄. 亂被刑桁五毒備至無一言謬亂, 獄吏撓舌曰; "眞烈丈夫." 幽囚歲餘讀鄒經一部至爛誦."

15) 安昌濟, ________ 권1, 「晩求李先生挽」 1면; 李種杞, 『晩求先生文集』(국립중앙도서관 DB, 1907.) 권1, 「送安舜仲仲陽(昌濟)兄弟」 32면; 『만구선생문집』 권6, 「答安仲陽(昌濟○己亥)」, 「答安仲陽」, 「答安仲陽」

16) 安昌濟, ________, 「松隱遺稿序[成純永]」 "公繼以日賊伺釁侵淩, 抗疏爭斥, 見囚

1905년 일적日賊이 을사늑약 5조약으로 백성들을 협박하고 대한제국이 없어질 것이라며 부화附和하였다. 이에 송은은 전국 13도 유생 대표로 을사오적을 참할 것을 청하며 2,369자에 달하는 「동십삼도유생상소同十三道儒生上疏」[17]를 세 차례나 올렸다. 그러나 자신의 상소가 받아들여지지 않자,[18] 형 수파와 함께 통곡하고 돌아왔다.[19]

그로부터 5년 후인 1910년 8월 29일 경술국치를 당하자 그는 그해 10월 요동으로 떠났다가 한 달 만에 돌아왔다. 그리고는 나라가 망하는 꼴을 더 이상 지켜볼 수 없다며 송은은 그해 11월 25일 가솔들을 이끌고 서간도로 망명을 떠났다.[20] 그곳에서 송은은 여러 지사志士들과 교유를 갖고 광복을 도모하면서,[21] 수파에게 서간도의 정세를 편지로 알렸다.[22] 이에 당시 은사금 거부로 창녕 감옥에 갇혔다 풀려난 뒤 은거하고 있던 수파는 송은이 망명한 지 1년만인 1911년 11월 7일 일제의 감시를 피해 만주로 망명을 떠났다. 그리고 그해 겨울 형제는 송은이 살고 있던 서간도 유하현柳河縣에서 만났다.[23] 그 후

禁獄三年. 備嘗楚毒, 終不易 辭屈義赦歸, 隱松山峽中, 讀書課農, 摯謁晩求李先生爲問學依歸."

17) 安昌濟, ________ 권1, 「同十三道儒生上疏(乙巳十月變後凶徒反有自鳴疏故條卞上疏仍爲疏首)」

18) 安昌濟, ________, 「松隱遺稿序[成純永]」"至乙巳日賊脅我以五條約, 賊臣附和國將不國矣. 公首倡全國儒生, 疏請收外約斬內賊. 凡三上而不見省疏."

19) 安昌濟, ________ 권3, 「行狀(許鉐)」"守坡公亦構疏踵至, 見公疏曰; "吾所言者亦此也. 事已非矣, 後言奚益哉. 兄弟遂痛哭而歸."

20) 이은영, 위의 논문, 47쪽 참조.

21) 安昌濟, ________ 「松隱遺稿序[成純永]」"公挈家北州滿洲, 與我亡命諸志士, 交結圖光復."

22) 安昌濟, ________ 「松隱遺稿序[成純永]」"書報守坡公以情勢."

23) 安昌濟, ________ 「松隱遺稿序[成純永]」에는 "書報守坡公以情勢. 明年春遂兄弟

송은은 유하현에서, 수파는 안동현安東縣(현 단동)에서 망명생활을 하였다. 그런데 송은은 1916년 망명지에서 형 수파의 죽음을 맞이하였고, 1919년에는 수파를 고국으로 반장返葬하였다.[24] 그 즈음 봉천奉天으로 거주지를 옮긴[25] 송은은 그곳[26]에서 독립단의 총재總裁 화남華南 박장호朴長浩(1876~1922)와 총단장總團長 원석圓石 조맹선趙孟善(1872~1922) 등이 만주지역에 흩어져 있던 독립군 진영을 통합해서 1919년 4월에 조직한 대한독립단大韓獨立團에 참여하여 항일투쟁에 힘썼다. 이에 더해 그는 전국유교연맹全國儒敎聯盟 동삼성학회분회장東三省學會分會長을 역임하였다.[27] 그런데 대한제국을 병탄한 일제가 만주에까지 진출하고자 벌인 간계로 인해 1931년 7월 2일 길림성 만보산萬寶山 지역에서 조선인과 중국인 사이에 충돌이 일어났다. 그 후부터 중국인들은 조선인을 일본의 무리라고 여기고 조선인을 만

相聚."로 되어 있으나, 수파는 안창제가 1910년 망명을 떠난 다음해 11월에 망명을 떠났다. 그리고 두 사람이 만난 것은 安孝濟, 『守坡集』 권3, 雜著 「遼河日記」 "渡鴨江, 仍誦金籠巖去國詩. 投宿于崔某家留二日. 又發程騎馬車, 過通化縣. …… 所過六百里之路, 異服殊音, 駭於耳目. …… 留縣一日, 與鄭思叔邦繹, 徒步向柳河縣陽知. 所走雪登氷千有餘里, 其困難, 忍何言哉. 暮抵陽知淸人店, 是日卽十二月初五日也. 問昌弟所在, 則距此七十里, 名曰多知溝云. 早朝促行, 過小坦坪. …… 稍稍前進, 又入二十里, 迺舍弟所寓, 而四環皆山也."를 통해 그 해 12월 6일 무렵으로 확인되므로, 안효제의 「遼河日記」에 따라 1911년 겨울로 서술하였다.

24) 이은영, 위의 논문, 22~23쪽 참조; 安昌濟, ________ 권1, 「伯兄卜葬後述懷」 "欲埋吾伯奈無土, 今此安東古首陽. 猶愧首陽周地內, 肯令遺骨返家鄕."

25) 安昌濟, ________ 권1, 「自柳河縣搬移向奉天贈別諸益」

26) 공훈전자사료관(http://e-gonghun.mpva.go.kr) 〈포상자 공적조서〉-안창제 독립운동당시 주소 "滿洲 奉天省 淸原縣 大高可子"(공훈전사사료관의 大高可子가 『松隱遺稿』 권3, 「行狀[許銆]」에는 大孤家子로 되어 있다. 확인결과 大孤家子가 맞는 지명임을 밝혀둔다.)

27) 『한국민족문화대백과사전』 14권, 한국정신문화연구원, 1991. 553쪽 참조.

나면 제멋대로 죽이고 남겨두지 않았다.[28] 이때 송은 또한 피살되면서 1931년 8월 13일, 22년간 이어오던 망명생활을[29] 마감하였다. 당시 부인과 아들 또한 적[중국인]들에게 욕을 하며 저항하다 순국하였다.[30]

그로부터 5년 후인 1936년, 요행히 살아남은 사손嗣孫 안경세安炅世가 송은의 유골을 반장하여 의령의 설산리 옛 기슭에 안장하였다가 후에 의령의 단원리丹原里로 이장하였다.[31] 대한민국정부 수립 후 송은은 간도지역에서 독립운동에 헌신한 사실을 인정받아 1968년에는 대통령표창이, 1980년에는 건국포장이, 1990년에는 애국장이 추서되었다.[32] 현재 의령 세간리世干里에는 송은의 사적비事績碑가 수파의 행적비行蹟碑와 함께 세워져 있다.[33]

송은은 부인 이인한李寅漢의 딸 성산이씨星山李氏와의 사이에 1남 2녀를 두었다. 아들은 함께 피살된 안일상安一相이고, 딸은 송은을 따라 망명한 정방역鄭邦繹과 송도영宋道永에게 출가시켰다. 부형婦兄으로

---

28) 安昌濟, ________ 「墓誌銘[李憲柱]」“日本旣幷吾韓, 又欲進圖滿洲, 與滿人爭於萬寶山. 滿人旣敗, 乃目我人爲日屬, 遇之輒恣殺靡遺, 公亦遭不幸, 而家妻子同時被禍.”

29) 安昌濟, ________ 「松隱遺稿序[成純永]」“在滿二十二年, …… 卒爲滿洲敗殘亂兵所害”

30) 安昌濟, ________ 권3, 「行狀[許鉐]」“滿洲之亂, …… 公亦同時被害, 實辛未八月十三日也. 夫人李氏及子一相, 罵賊殉焉.”

31) 安昌濟, ________ 권3, 「墓碣銘 幷序[金榥]」“炅世幸不死, 乃以後五年丙子, 背負遺骸返葬于宜寧故居雪山里麓. …… 後又移窆于丹原里.”

32) 『대한민국독립유공인물록(大韓民國獨立有功人物錄)』, 국가보훈처, 1997. 281쪽 참조.

33) 慶尙大學校博物館 편, 『文化遺蹟分布地圖 :宜寧郡』, 宜寧郡:慶尙大學校博物館, 2007. 272쪽 참조.

대한제국 말기에 애국계몽운동에 힘쓴 홍와弘窩 이두훈李斗勳(1856~1918)이 있다.[34)]

2) 『송은유고』

송은은 망명지에서 많은 시문詩文을 남겼으나 1931년 만보산 사건 때 갑자기 처자와 함께 피살되는 혼란을 겪는 사이 대부분 유실되어[35)] 현재 전하는 작품이 많지는 않다.

송은의 유고집인 『송은유고』는 송은의 사손 안경세에 의해 1966년[36)] 진주[37)]에서 3권 1책으로 간행되었다. 권두에는 성순영成純永이 1965년에 지은 서문 「송은유고서松隱遺稿序」[38)]가, 권말에는 외종손外從孫 금주인金州人 허섭許涉이 1965년에 지은 발문跋文 「송은유고발松隱遺稿跋」[39)]이 붙어있다.

권1에는 64편의 시제詩題로 총 89수의 시詩와 2편의 소疏가 실려 있다. 64편의 시 가운데 부친의 생신날에 지은 「가대인생조家大人生朝」와 옥중에서 읊은 「전옥중우음典獄中偶吟」, 그리고 스승 만구 이종기에

---

34) 安昌濟, ________ 권3, 「行狀[許銗]」 "委禽于星山李寅漢女, 婦兄弘窩斗勳. …… 一男卽一相, 二女鄭邦繹 · 宋道永妻."

35) 安昌濟, ________, 「松隱遺稿序[成純永]」 "公有遺詩文, 多可傳者, 而放失於搶攘之中."

36) 현재 『松隱遺稿』는 1965년에 간행된 것으로 알려져 있다. 그런데 李憲柱가 지은 「墓誌銘」이 1966년[丙午年] 正月 立春節에 지어진 것으로 보아, 『松隱遺稿』는 1965년이 아니라 1966년 정월 입춘절 이후에 간행된 것이 확실하다.

37) 安昌濟, ________ [刊記] "晉州市東城洞一〇一番地 日新印刷所印刷"

38) 安昌濟, ________ 「松隱遺稿序[成純永]」 ""

39) 安昌濟, ________ 「松隱遺稿跋[許涉]」 "大韓光復之二十一年乙巳十二月望日外從孫金州許涉謹識"

대한 만시挽詩 「만구이선생만晩求李先生挽」을 제외한 나머지는 모두 망명지에서 지어진 작품이다.

망명지 작품은 크게 3가지로 분류할 수 있다. 첫째는 지인의 죽음을 애도하며 지은 만시, 둘째는 망명지에서 교유하며 지은 교유시, 셋째는 자신의 심경을 읊은 시이다. 그 가운데 만시는 다시 둘로 나눌 수 있는데, 하나는 실제 교유가 있던 인물에 대한 만시이고, 다른 하나는 교유는 없었으나 직접적인 행동으로 항일투쟁에 나선 인물에 대한 만시이다.

만시로는 고국에서 교유가 있던 소와素窩 남정섭南廷燮(1863~1913), 홍와 이두훈, 면우俛宇 곽종석郭鍾錫(1846~1919) 등에 대한 만시가 있다. 그리고 고국에서부터 또는 망명지에서 새롭게 교유를 가진 대계大溪 이승희李承熙(1847~1916), 서천西川 조정규趙貞奎(1853~1920), 주사主事 이주국李柱國(?~?), 경재耕齋 이건승李建昇(1858~1924) 등에 대한 만시가 있다. 그밖에 망명지에서 교유했던 중국인 영봉靈峯 하진무夏震武에 대한 만시 등이 있다.

또한 교유는 없었으나 행동으로 항일투쟁에 나선 의사義士 김도현金道鉉(1852~1914), 의암毅菴 유인석柳麟錫(1842~1915), 의병義兵 이석대李碩大(?~?)[40], 온당溫堂 백삼규白三圭(?~1920), 그리고 조맹선과 박장호 등에 대한 만시가 있다.

교유시로는 유하현에서 봉천으로 이사하면서 벗들에게 지어준 「자유하현自柳河縣, 반이향봉천搬移向奉天, 증별제익贈別諸益」, 서광西狂 안화진安和鎭 · 운포雲圃 정수鄭琇 · 오석午石 권병하權丙夏와 교유한 사실

40) 安昌濟의 『松隱遺稿』 권1에는 제목이 「挽李石大」로 되어 있으나 이는 李碩大의 오류이므로 바로잡았다.

을 알 수 있는 「동안서광同安西狂, 왕마화사往馬和寺, 여정운포(수)與鄭雲圃(琇)·권오석(병하)權午石(丙夏)공음共吟」 3수, 안화진의 동생 녹초綠樵·도암陶菴 정돈섭丁敦燮·서주西洲 김사진金思鎭·석주石洲 이문주李文周·봉산鳳山 이인섭李寅燮·이기정李基珽·고영한高永翰과 교유한 사실을 알 수 있는 「정사칠월기망丁巳七月旣望, 여서광녹초형제與西狂綠樵兄弟, 급정도암(돈섭)及丁陶菴(敦燮)·김서주(사진)金西洲(思鎭)·이석주(문주)李石洲(文周)·이봉산(인섭)李鳳山(寅燮)·이기정李基珽·고영한高永翰·공선유우정향둔동호共船遊于丁香屯東湖」, 운석雲石 정태호鄭泰鎬와 교유한 사실을 알 수 있는 「수정운포酬鄭雲圃·정운석(태호)鄭雲石(泰鎬)」 등이 있다. 그밖에 중국인과 필담을 나누며 교유한 사실을 알 수 있는 「여중국인필담시지與中國人筆談示志」 2수가 있다.

자신의 심경을 읊은 시로는 망명길에 읊은 「노중路中」 2수를 비롯해 「송은자음松隱自吟」, 「자탄自嘆」, 「탄세歎世」 9수, 「술지백운述志百韻」, 「우음偶吟」 3절絶 등이 있다.

이 외에도 송은이 망명지에서 임란 때 곽재우 휘하에서 화왕산성火旺山城 수성 등의 전공을 세우고 선무원종공신 3등에 녹훈된 선조 지헌止軒 안기종安起宗의 비碑를 세웠다는 소식을 듣고 감회를 읊은 「문선조지헌선생유허수비聞先祖止軒先生遺墟竪碑, 감이차운感而次韻」과 1919년 만형 수파를 반장하면서 읊은 「백형복장후술회伯兄卜葬後述懷」 등이 있다.

2편의 상소문 가운데 한 편은 1894년 갑오개혁 때 올렸다가 옥고를 치르는 계기가 된 「청불배청국소」가 있는데, 이는 「갑오토역상소甲午討逆上疏」라는 이름으로 더 많이 알려져 있다. 나머지 한 편은 1905년에 13도 유생들과 함께 을사오적을 처단할 것을 요구하며 올린 「동십

삼도유생상소」이다.

권2에는 송은의 교유관계를 파악할 수 있는 69편의 서간문書簡文과 5편의 제문祭文, 그리고 수파의 행장行狀이 실려 있다. 서간문에는 중국인 영봉 하진무에게 보낸 편지「여하영봉선생與夏靈峰先生」, 창강滄江 김택영金澤榮에게 보낸 편지「여창강(택영)與金滄江(澤榮)」, 대눌大訥 노상익盧相益에게 보낸 편지「여노대눌(상익)與盧大訥(相益)」3편, 홍와 이두훈에게 답한 편지「답이홍와(두훈)答李弘窩(斗勳)」, 소눌小訥 노상직盧相稷에게 보낸 편지「여노소눌(상직)與盧小訥(相稷)」2편, 금주錦洲 허채許埰와 주고받은 편지「여허금주(채)與許錦洲(埰)」·「답허금주答許錦洲」·「여허금주與許錦洲」, 추담秋潭 채희동蔡熙東에게 보낸 편지「여채추담(희동)與蔡秋潭(熙東)」, 심재深齋 조긍섭曺兢燮에게 보낸 편지「여조중근(긍섭)與曺仲謹(兢燮)」 등이 있다. 또 수파에게 보낸 편지「상백형수파공上伯兄守坡公」을 비롯해 족형族兄 안병두安炳斗에게 답한「답족형서칠答族兄瑞七」 등이 있다. 제문에는 송은이 1919년에 참여한 대한독립단을 조직한 박장호에 대한 제문「제화남박공문祭華南朴公文」을 비롯해 예포藝圃 정□□鄭□□에 대한 제문「제정예포문祭鄭藝圃文」 등이 있다. 아울러 수파 가문에 대한 가장家狀인「백형통훈대부행홍문관수찬수파공가장伯兄通訓大夫行弘文館修撰守坡公家狀」1편이 실려 있다.

권3은 부록으로 서문과 만시, 제문, 그리고 행장 및 송은과 관련된 기사와 묘갈명, 묘지명으로 구성되어 있다. 부록에 실린 서문은 안화진安和鎭과 김이신金履信이 지은 2편의「송은서松隱序」로,『송은유고』 권두에 실린 성순영成純永의「송은유고서」와는 별도의 서문이다. 그리고 허채 등 33인이 지은 만시와 남정우南廷瑀를 비롯해 서락서당유생 박재룡·정지순·이세민○등[西洛書堂儒生朴在龍·鄭之純·李民世○

等]이 지은 12편의 제문이 실려 있다. 행장은 1955년 수파의 사위 허석許銆이 지은 것이다. 기사는 매천梅泉 황현黃玹의 『매천야록梅泉野錄』에 실린 송은 관련 기사 1조條와 연재淵齋 송병선宋秉璿의 주차奏箚에 실린 송은 관련 기사 1조가 있다. 그밖에 1964년 중춘仲春에 김황金榥이 지은 「묘갈명」41)과 함께 1966년 정월 입춘절立春節에 이헌주李憲柱가 지은 「묘지명」42)이 있다.

2. 망명동기와 망명생활

1) 망명동기

1905년 을사늑약이 체결되자 송은은 일사보국一死報國의 뜻을 갖고43) 전국 13도 유생 대표로 을사오적을 참할 것을 청하는 상소를 올렸다. 이때 송은은 한 치의 땅도 한 사람의 백성도 이미 대한大韓의 소유가 아닌 게 되었기 때문에 살아서는 거처할 땅이 없고, 죽어서는 장사지낼 토지가 없어, 군신상하君臣上下가 모두 살 곳을 잃어버려 흩어지는 바를 면하지 못하게 되었다고 여겼다. 이에 더해 종묘사직은 장차 빈터로 변할 것이고, 살아남은 백성들 또한 어육魚肉의 신세를 면치 못하게 될 것임을 알았다. 그래서 그는 허위조약虛僞條約으로 독립 평등권을 스스로 포기하고 통감부統監部 및 이사청理事廳을 설치하고 국권國權을 조종하며 전횡을 일삼으며 나라를 팔아먹은 을사오적을 참해서 신명神明과 사람들의 분憤함을 확실하게 씻어줄 것과 함께

41) "甲辰中春義城金榥撰"

42) "丙午正月立春節星山李憲柱撰"

43) 安昌濟, ________ 권3, 「行狀[許銆]」 "公一死報國之志"

일본 대사가 강제로 체결한 허위조약을 여러 나라에 윤판장輪判狀을 돌려 즉각 철폐시키고 독립의 기반을 공고히 할 것 등을 청하였던 것이다.[44] 그러나 그의 상소는 받아들여지지 않았다.

그로부터 5년 뒤인 1910년 8월 29일 대한제국은 경술국치를 당했다. 그러자 송은은 죽으려고 했지만 죽을 곳조차 없다는 것을 알고 그해 10월 요동遼東으로 떠났다가 한 달 만에 돌아와 가산을 정리한 뒤 수파에게 망명할 결심을 알리고 하직 인사를 올렸다.[45]

당시 송은이 망명을 떠난 동기는 아래 수파가 은사금을 두 차례나 거부했다가 창녕昌寧의 감옥에 갇혔던 사건의 전말을 기록한 「창한일기昌犴日記」를 통해서 알 수 있다.

> "통곡하며 송별하는데 창제 역시 통곡하며 고하기를 "사람의 동생 된 자가 그 형에게 죽음에 가까운 일이 있는 것을 보고도 그것을 끝까지 지켜보지 못하는 것은 인륜의 정情을 저버리는 것입니다. 그러나 군신君臣의 대륜大倫은 폐할 수 없는 것이니, 어찌 앉아서 저 치욕을 받으며 임금과 부친을 저버리고 원수 나라의 노예가 될 수 있겠습니까?"라고 하였다.[46]

---

44) 安昌濟, ________ 권1, 18~22면「同十三道儒生上疏(乙巳十月變後, 凶徒反有自鳴疏, 故條卞上疏, 仍爲疏首)」"一自勒約之成, 尺土一民已非大韓所有. 生無居地, 死無葬土, 君臣上下, 不免失所離散, 則宗社其將丘墟矣, 生民其將魚肉矣. …… 自棄我獨立平行之權, 又置統監理事, 操縱國權, 管攝港務, 則一國賦稅, 無一非彼之府庫, 八域生民, 無一非彼之僕隷, 牛馬鷄犬, 無一非彼之畜, 米穀魚鹽, 無一非彼之食. …… 凡係賣國者, 一一鋤誅, 快雪神人之憤, 日使之勒成僞約者, 輪判列國, 刻期撤廢, 鞏固獨立之基焉."

45) 安孝濟, 『守坡集』 권3, 「昌犴日記」"舍弟昌濟, 亦欲死無地, 卽奔遼東, 月餘而還, 以掇家去國之意告別于余. …… 卽拜辭而去."

46) 安孝濟, 『守坡集』 권3, 「昌犴日記」"痛哭而送別, 昌濟亦痛哭而告曰; "爲人弟者, 見其兄之有事臨死, 而未見其終, 倫情蔑矣. 然君臣大倫, 不可以廢, 安可坐受彼辱,

송은이 수파에게 하직 인사를 올린 날은 11월 25일로, 경술국치를 당한 지 3개월도 안 된 시점이었다. 그런데 그날은 두 차례나 은사금을 거부한 수파가 강제 소환을 당했으나 불응한 날이었다. 그래서 수파가 앞으로 어떤 고초를 겪을지 모를 때였다. 그러나 송은은 수파에게 형이 죽음에 가까운 상황에 처해있는 것을 보고도 끝까지 지켜보지 못하는 것은 인륜의 정情을 저버리는 일이지만, 군신君臣의 대륜大倫은 폐할 수 없는 것으로 군부君父의 뜻을 저버리고 일제의 노예가 되는 치욕은 받을 수 없다며 자신의 망명의지를 분명하게 드러냈다. 그가 인륜의 정보다 군신의 대륜을 폐할 수 없음을 표명하고 망명을 떠난 것을 통해 그는 유학자로서의 삶을 마지막까지 추구하고자 망명을 떠난 것임을 알 수 있다.

송은이 자신의 입으로 말한 망명동기를 살펴보도록 하자. 아래는 송은이 중국인과 필담을 나누며 자신의 뜻을 드러낸 시 「여중국인필담시지與中國人筆談示志」[47] 2수 중 제2수이다.

어찌하여 다른 나라에서 자처하며 고생을 하는가	胡乃殊方自苦辛
우리나라[靑邱]엔 이 몸 의탁할 땅이 없어서라네	靑邱無地托斯身
차라리 노중련을 따라 동해東海를 밟을지언정	寧隨魯子蹈東海
원수 오랑캐에게 복종하여 복신僕臣되길 기꺼워하랴	肯服讐夷作僕臣

(2수 중 제2수)

위의 시는 송은이 망명을 떠나온 지 11년이 되던 해에 지은 작품이다.[48] 중국인이 고생을 자처하며 살아가고 있는 송은에게 망명을 떠

以負君父, 而爲讎國之奴隸乎."

47) 安昌濟, ________ 권1, 「與中國人筆談示志(二首)」

나온 이유를 물었던 모양이다. 이에 송은은 고국에는 자신의 몸 하나 의탁할 땅이 없어서 망명을 떠나왔다고 답하였다. 그러면서 그는 차라리 동해에 빠져 죽을지언정 예禮를 버리고 공功을 숭상하는 진秦나라에서 살수 없음을 언급했던 노중련魯仲連처럼, 자신 또한 망명객으로 살지언정 일제의 복신僕臣으로 살 수는 없어 망명을 떠나왔음을 거듭 밝히고 있다.

그래서 송은은 경술국치를 당하자 길에서 죽을지언정, 의리상 원수들과 하늘의 해를 함께 이고 살 수는 없다며 그날로 처자를 거느리고 압록강을 건너 북으로 3천리를 달려가 망명생활을 시작했다.[49)]

이상으로 송은의 망명동기에 대해 살펴보았다. 송은은 나라가 망해서 죽고자 해도 죽을 곳조차 없을 정도로 자신의 몸 하나 의탁할 땅이 없어진데다 일제의 복신이 되어 그들과 한 하늘을 이고 사는 일은 의리상 있을 수 없는 일이므로 군신의 대륜을 실천하기 위한 방편의 하나로 망명을 떠났던 것이다.

2) 망명생활

1910년 11월 25일 수파에게 하직인사를 올린 송은은 신의주까지는 1906년에 개통된 경의선을 이용했다. 그러나 신의주에서 서간도의 안동현까지 연결하는 압록강 철교는 1911년 11월 1일에 개통되었기 때문에 송은은 압록강을 건널 때 철교를 이용할 수 없었다. 당시 송은

---

48) 安昌濟, ________ 권1, 「與中國人筆談示志(二首)」 "孤臣不死國亡辰, 逋入中州願作民. 十一年前西渡客, 三千里外未歸人."(2수 중 제1수)

49) 安昌濟, ________ 권3, 「墓誌銘[李憲柱]」 "庚戌國亡, 則公尤痛, 不欲生曰; "吾寧死於道路, 義不可與讐人共戴天日也, 卽日率妻帑, 北走滿洲三千里."

보다 한 발 앞서 서간도로 향한 이건승은 1910년 9월 24일 강화도 집을 떠나온 후 신의주에서 압록강을 건널 수 없자 강이 얼 때까지 기다렸다가 얼음썰매를 이용해 압록강을 건넜다.[50] 따라서 송은이 압록강을 건넌 경위 또한 이건승과 유사한 과정을 거쳤을 것임에 틀림없다. 이를 통해 압록강 철교가 개통된 후 유학자들의 서간도 망명이 급속도로 늘어난 것에 비해 송은은 고생을 마다하고 누구보다 앞서 망명을 떠났음을 알 수 있다.[51]

아래는 송은이 망명길에 지은 「노중路中」[52] 2수 중 제1수이다.

나라 떠나는 부평초의 발자취 일마다 어려움이고	去國萍蹤事事難
처자식은 온전히 보호할 계책이 없네	妻帑無計護全完
임금도 없고 땅도 없고 집도 없는 나그네인데	無君無土無家客
또 어쩌자고 이역異域의 삭설 한풍은 불어대나	且奈殊方朔雪寒
	(2수 중 제1수)

위의 시에서 송은은 망명을 떠나 부평초처럼 살아갈 자신의 삶이 일마다 어려움일 것이고 처자식 또한 온전히 보호할 계책도 없이 떠나온 망명길임을 고백하고 있다. 이에 더해 임금도 없고 땅도 없고 집도 없는 망명객의 삶을 생각하면 답답하기만 한데 삭설 한풍까지 불어대서 앞으로의 삶이 심란하게 다가오고 있음을 토로하고 있다.

어려운 현실이 펼쳐질 것임을 예감하고 망명을 떠나온 송은은 무리

---

50) 李建昇, 『耕齋集』下, 「入西間島者, 乘氷躍車以行, 時氷尙未合, 不得發淹留四幕, 行資垂盡. 乃與汶園謀買長木, 臨發賣可得嬴, 及買木無可售, 因此又遲機日, 相視而笑」

51) 이은영, 위의 논문, 70쪽 참조.

52) 安昌濟, ________ 권1, 「路中(二首)」

를 떠나 사방이 보이지 않아 우물 안에서 하늘을 보는 듯한 깊은 산골에서 속세와 단절된 곳을 정착지로 삼았다. 그래서 수파는 송은에게 깊은 산골에서 벗어나 망명 온 사대부들이 모여 살고 있는 안동현으로 와서 함께 살 것을 제안하였다.[53] 그러나 송은은 수파가 생을 마감할 때까지 깊은 산골에서 나오지 않았다.

망명 유학자들은 더부살이와 셋집 살이 등을 하면서 망명지를 유랑하고 다녔다. 그들은 개인적인 삶의 질을 높이기 위한 방편으로, 더 나아가 국권회복을 도모할 기회를 찾기 위한 방편으로 거주지를 자주 옮겨 다녔다.[54] 그러한 점에서 송은 또한 예외가 아니다.

처음 유하현에 머물던 송은은 유하현으로부터 천리 거리 되는 봉천으로 이사를 하였다.[55] 현재 송은이 봉천으로 이사를 한 것이 언제인지는 확인되지 않고 있다. 그러나 수파가 죽은 뒤인 1916년 이후, 송은이 1919년 4월에 창단된 대한독립단에서 활약한 점을 미루어볼 때 1919년 4월 이전에 이주한 것으로 추측된다.

망명을 떠나온 송은은 망명지에서 여러 지사志士들과 교유를 맺으며 광복을 도모하는 삶을 살았다.[56] 그는 유리전폐流離顚沛하는 동안

---

53) 安孝濟, 『守坡集』 권2, 「答五弟昌濟」 “我兄弟旣逋, 入此天涯絶域, 當同死生同去就, 而汝之所居地, 柴木參天, 前不見後, 左不見右, 如坐井觀天. 汝以此謂桃源而處此, 然世人已知其處矣. 我將移于八道江率汝來, 而同甘苦以終餘年爲計矣. …… 故又移此安東縣, 與吾邦士大夫避世來者相從遊, 猶勝於隱峽. 汝亦搬來于此, 兄弟同死生可也. 不入籍, 不食祿, 不居讎人領土, 何往不可. 而何必離羣絶俗, 深居山谷爲哉. 汝量宜進退也.”

54) 이은영, 위의 논문, 100~108쪽 참조.

55) 安昌濟, ________ 권1, 「自柳河縣搬移向奉天贈別諸益」

56) 安昌濟, ________ 「松隱遺稿序[成純永]」 “後五年庚戌, 日賊竟呑噬我, 則公挈家北州滿洲, 與我亡命諸志士, 交結圖光復.”

에도 날마다 반드시 의관을 정제하고 책을 읽었다. 그러다 여유가 생기면 더러 회포 한 구절 반 마디를 읊으며[57] 망명생활을 이어갔다.

망명지에서의 고달픈 삶은 그 곳에서 가진 교유 관계를 통해서 서로 위로 받을 수 있었다. 그러한 만큼 망명지에서의 교유 관계는 망명 유학자의 생활을 가늠하는 척도가 될 수 있다. 누구와 어울렸느냐에 따라서 행동반경이 달라지기 때문이다.

무리를 떠나 속세와 단절해서 깊은 산골에서 생활하던 송은 또한 같은 마을에 사는 사람들을 제외하고 교유관계가 많지 않았을 것으로 생각할 수 있겠지만 꼭 그런 것만은 아니었다. 송은은 당시 수파가 안동현에서 교유했던 인물 가운데 상당수와 교유하였다. 『송은유고』에 의하면 망명 유학자들 가운데 많은 사람들이 송은의 이름을 듣고 송은을 방문을 하였다는 기록이 있다. 예를 들면 기당綺堂 정원하鄭元夏[58], 대눌 노상익, 대계 이승희, 경재 이건승 등은 모두 나이를 잊고 교유하였다고 한다.[59] 그 중에는 수파와 함께 고국에서부터 알고 지내던 노상익 형제나 이승희같은 인물들이 있다. 그러나 수파가 망명지에서 처음 대면한 이건승, 문원汶園 홍승헌洪承憲, 정원하처럼 송은 또한 처음으로 대면한 인물들도 있다. 그런데 현재 정원하, 노상익, 이승희, 이건승 등이 송은을 방문한 실상은 드러나지 않고 있다. 따라서 이건승 등과의 교유는 송은이 수파의 안부를 물으러 안동현에 왔

57) 安昌濟, ________ 권3, 「行狀[許銆]」"雖流離顚沛中, 日必冠衣讀書禔躬, 或吟哦遣懷一句半辭."

58) 安昌濟, ________ 권3, 「行狀[許銆]」에는 "鄭汶園元夏"로 되어 있으나, 이는 행장을 지은 許銆이 綺堂 鄭元夏와 汶園 洪承憲의 호를 헷갈려서 잘못 기록한 것이다.

59) 安昌濟, ________ 권3, 「行狀[許銆]」"本國人避地者, 聞公名, 而多來家焉. 如鄭汶園元夏 · 盧大訥相益 · 李大溪承熙 · 李耕齋建昇, 皆許以忘年."

을 때 처음 대면한 후부터 이루어진 교유였을 것임이 확실하다. 이건승의 경우 새로 가진 교유임에도 불구하고 수파는 자신의 행장을 부탁할 정도로 깊은 교유를 가졌다.[60] 그러한 만큼 송은 또한 이건승에게 깊은 신뢰감을 갖고 교유[61]했을 것임에 틀림없다. 이들 외에 송은은 1919년 4월 박장호[62] · 조맹선[63] 등이 조직한 대한독립단에 참여하여 활약한 사실이 있는 만큼 대한독립단 인사들과의 교유는 당연한 것이다.

그리고 송은은 중국인 하진무夏震武의 추천으로 전국유교연맹의 동삼성학회분장東三省學會分長을 지내는 동안 편지를 주고받으며 그 규획規畫을 협찬하였는데,[64] 당시 언어가 통하지 않던 현지인들과는 필담筆談으로 의사소통을 하였다.[65] 따라서 송은의 교유관계는 그의 『송은유고』에서 드러난 것 이상으로 상당히 폭이 넓었을 것으로 추측된다. 그런데 현재 송은의 망명 전[66]이나 망명 후[67]의 교유관계를

60) 이은영, 위의 논문, 147~149쪽 참조.

61) 安昌濟, ________ 권1, 「輓李耕齋(建昇)」 "十載殷薇飢可療, 中宵袁枕淚留痕. 吾兄泉下應相待, 鬱抱邀公更一論."

62) 安昌濟, ________ 권1, 「挽朴華南(長浩)」; 권2,「祭華南朴公文」

63) 安昌濟, ________ 권1, 「挽趙圓石(孟善)」

64) 安昌濟, ________ 권3, 「行狀[許銆]」 "中國靈峯夏氏, 以儒教自任, 而薦公以東三省學會分長, 往來書牘協贊其規畫."

65) 安昌濟, ________ 권1, 「與中國人筆談示志(二首)」

66) 鄭載圭, 『老柏軒先生文集』 권16, 「答安仲陽(昌濟)○甲辰」; 柳遠重, 『西岡先生文集』 권1, 「送安仲陽(昌濟)渡鴨綠江二首」; 南廷瑀, 『立巖集』 권1, 「呈安仲陽(昌濟)」, 「送松隱安仲陽去國之遼東」 등.

67) 李觀厚, 『偶齋文集』 권1, 「輓安仲陽(昌濟)」; 南昌熙, 『夷川集』 권1, 「挽安司果仲陽(昌濟)」, 권5 「與安仲亮(昌濟)○甲寅」; 南廷瑀, 『立巖集』 권4, 「答安仲陽(昌濟)○辛亥」; 宋鎬坤, 『靖山先生文集』 권4, 「答安仲陽(昌濟)○丁卯」; 李斗勳, 『弘窩文集』 권7, 「答安仲陽(昌濟)○甲寅」 등.

확인할 수 있는 다른 사람들의 작품은 많지 않다. 시기가 확인되지 않거나[68], 그밖에 송은의 이름이 확인되는 자료[69] 등을 합쳐도 자료 찾기가 쉽지 않다. 이는 망명 전에는 「청불배청국소」를 올린 일로 옥고를 치른 후 의령의 송산松山 골짜기로 들어가면서 사람들과 시문으로 교유하는 일에 무심했기 때문으로 여겨진다. 또 망명을 떠나온 이후에는 깊은 산골에서 속세와 단절된 곳을 정착지로 삼았던 만큼 시문을 주고받는 교유를 가질 기회가 많지 않았던 때문으로 여겨진다. 이에 더해 대한독립단에서 활약한 만큼 항일투쟁 중 그들과 시문을 주고받을 시간적 여유도 없었을 뿐더러, 설령 주고받은 시문이 있다고 해도 고스란히 전해지기는 더욱 어려웠기 때문일 것으로 추측된다.

이상으로 송은의 망명생활에 대해 살펴보았다. 송은은 처음 망명을 떠나오면서 예감했던 대로 유리전패하는 삶을 살았다. 그러나 날마다 의관을 정제하고 책을 읽거나 더러 회포를 푸는 시를 읊으며 망명생활을 하는 한편, 여러 지사들과 교유를 맺으며 광복을 도모하는 삶을 살았다. 그리고 송은은 망명지에서 자신의 이웃에 거주하던 유학자를 비롯해 고향에서부터 알던 인물, 또는 수파를 통해 새롭게 알게 된 인물들과 교유하였다. 일제가 다스리는 하늘 아래서 살 수 없어 망명을 떠나온 사람들과의 교유는 교유 시간과 깊이가 비례하지 않는다. 누구보다 서로의 심정을 헤아리고 있었기 때문에 그들은 교유 기간이 짧아도 충분히 깊은 교유를 할 수 있었다.

---

68) 李寅梓, 『省窩文集』 권2, 「答安仲錫(昌濟)」 등.

69) 李承熙, 『大溪先生文集』 권30, 「疏行日記」; 李正浩, 『棲山先生文集』 권5, 「西川趙先生行狀」; 權載奎, 『而堂先生文集』 권46, 「素窩南君行狀」 등.

그러나 1910년 오로지 일제 때문에 망명을 떠나온 송은은 망명생활 22년이 되던 1931년 도리어 일속日屬으로 여겨져 피살되면서[70] 천수를 누리지 못하고 망명지에서 생을 마감하고 말았다.

Ⅲ. 망명의 정서

1. 객고와 망명의 정조

망명객에게 생활의 곤궁함은 필연적으로 따라온다. 아래는 망명객으로서 곤궁함을 대하는 송은의 자세를 알 수 있는 「노중路中」[71] 2수 중 제2수이다.

남의 밭을 빌리고 마을 동쪽을 개간하고	借人田畝撫縣東
부자가 몸소 밭 갈면 곤궁함은 보낼 수 있으리라	父子躬耕可送窮
먹고 입는 것만으로 어찌 족한 계획이라 하리오	穀腹絲身何足計
채미가採薇歌로 나라 연모하며 하늘을 우러르리라	薇歌戀國仰蒼穹
	(2수 중 제2수)

2수 중 제1수에서 송은은 망명을 떠나올 때 계책 없이 떠나왔기 때문에 앞으로 해쳐나갈 망명객의 삶이 심란하기만 하다[72]는 고백을

70) 安昌濟, ________ 권3, 「墓碣銘幷序[金梶]」 "去國之行, 專爲讐日之故, 而卒乃反以日屬, 而同死."

71) 安昌濟, ________ 권1, 「路中(二首)」

72) 安昌濟, ________ 권1, 「路中(二首)」 "去國萍蹤事事難, 妻帑無計護全完. 無君無土無家客, 且奈殊方朔雪寒(2수 중 제1수)."

하였다. 그러나 위의 2수 중 제2수의 기승구起承句에서 송은은 남의 전답을 빌려 자식과 함께 몸소 밭을 갈면 그런대로 곤궁함은 면할 수 있을 것이라는 긍정적인 해결책을 제시하고 있다. 그리고 전결구轉結에서는 자신이 망명지에서 추구하고자하는 삶에 대해 언급하고 있다. 여기서 송은은 의식주를 해결하는 것으로 만족하는 삶이 아니라 수양산에서 고사리를 캐먹던 백이숙제의 절개를 연모하며 하늘을 우러러 부끄럼 없이 사는 삶을 추구할 것이라는 각오를 드러내고 있다. 이를 통해 송은은 망명객으로서 겪는 곤궁함에 대해 달관의 자세를 취하고 있음을 알 수 있다.

그러나 객고는 곤궁에서 끝나는 것이 아니다. 견디기 어려운 객고 가운데 하나는 바로 고국에 두고 온 피붙이에 대한 그리움이다. 아래는 송은이 형제들에 대한 그리움을 담아서 중형仲兄에게 보낸 시 「기정중형寄呈仲兄」[73] 2수 중 제2수이다.

한 기운에서 나뉘어져 두 나라 사람이 되었어도	一氣分爲兩國人
서로 그리고 잊지 못함은 천륜이라네	相思不忘是天倫
바라는 것은 앞서 간 백형伯兄 상일祥日에	願言先伯終祥日
눈물로 서로 만나 회포를 풀 수 있었으면	淚眼相逢所抱伸
	(2수 중 제2수)

위의 시는 1916년 12월 17일에 망명지에서 죽은 형 수파의 대상大祥을 앞에 둔 1918년 12월 17일 이전에 고국에 있는 중형에게 지어 보낸 작품이다.

---

73) 安昌濟, ________ 권1, 「寄呈仲兄(二首)」

헤어져 있는 피붙이를 그리는 고통의 뒤를 잇는 것은 함께 망명생활을 하던 지인들의 죽음이라고 할 수 있을 것이다. 그런데 그냥 지인도 아니고 자신처럼 망명지에서 살던 형의 죽음을 맞이한 송은의 심적 아픔은 이루 말할 수 없었다. 고국에 두고 온 피붙이에 대한 그리움에다 함께 망명을 떠나온 피붙이의 죽음까지 더해졌으니 송은의 천륜에 대한 그리움은 더욱 깊어질 수밖에 없었다. 그래서 송은은 수파의 대상 때는 중형과 함께 백형의 대상을 지내며 그동안 쌓인 회포를 풀 수 있을까 하는 기대를 담아 시를 지어 보냈던 것이다. 그러나 당시 송은은 수파의 대상 때 중형을 만나 그동안 쌓인 회포를 풀지는 못한 것으로 파악된다. 왜냐하면 송은은 망명을 떠난 후 한 번도 고국에 발을 디딘 일이 없기 때문이다. 따라서 위의 시는 송은이 실천 불가능한 자신의 바람을 적어 보낸 작품이라는 것을 알 수 있다. 그래서 송은의 천륜에 대한 그리움은 더욱 배가 되어 읽는 이로 하여금 안타까움을 자아내게 한다.

몸은 망명을 떠나왔지만 고국에 대한 생각까지 떨쳐낼 수는 없었다. 아래는 송은이 정안보靜安堡에서 눈이 내린 모습을 보고 망명의 정조를 드러내려 읊은 시 「정안보설중회화靜安堡雪中會話」74)이다.

진눈깨비 막 걷히자마자 온 뜰에 눈이 내리더니	凍雨纔收雪滿庭
잠깐 사이 대지大地가 진형眞形을 감추었네	須臾大地隱眞形
산새들의 날개 짓 끊어져 온 숲은 고요한데	山禽飛絶千林靜
철마의 포효소리가 온 경내境內를 깨우네	鐵馬聲吼一境醒
달아난 자취 절로 한스러워 부평초처럼 떠도니	逋踪自恨浮萍轉

74) 安昌濟, ________ 권1, 「靜安堡雪中會話」

망한 나라는 누가 있어 푸르렀던 역사 전해주랴　亡國誰傳汗竹靑
백발로 시詩를 탐耽하며 말없이 앉아 있으니　白髮耽詩無語坐
한로寒鷺[75]가 차가운 물가에서 잠든 듯하네　恰如寒鷺睡寒汀

위의 시는 어느 날 송은이 만주 요녕성遼寧省 서편 요하연안遼河沿岸인 심양손판교자審陽孫板橋子 부근의 정안보靜安堡[76]에 갔을 때 눈이 내린 풍경을 보고 지은 시이다.

수련首聯과 함련頷聯에서는 눈이 내려서 산새들의 날개 짓마저 끊어져 적막하기 이를 데 없는데 철마가 달리며 내는 기적소리가 온 경내境內를 깨우고 있음을 읊고 있다. 풍경의 고요한 시각과 청각을 깨우는 기적소리가 대를 이루고 있다.

경련頸聯에서는 망명을 떠나와 부평초처럼 떠돌고 있는 자신의 신세가 한스럽고, 나라는 이미 망해버렸기 때문에 조선의 찬란했던 역사를 전해줄 사람이 없음에 대해 언급하고 있다. 이를 통해 송은은 망명객으로 떠도는 자신이나 망한 조선의 성했던 역사나 모두 제자리를 잡지 못함에 대한 안타까움을 드러내고 있음을 알 수 있다. 그리고 미련尾聯에서는 백발白髮로 시를 탐耽하며 시상을 떠올리려는데 그 또한 쉽지 않아, 시상을 떠올리느라 골몰하고 있는 자신의 모습이 한로寒鷺가 차가운 물가에서 잠든 모습을 닮아 있다고 하였다. 부평초처럼 떠도는 삶과 제자리를 찾지 못하고 있는 조선의 역사가 동적動的이라면 시상을 떠올리느라 말없이 앉아있는 자신이나 물가에서 잠든 것 같은 한로는 정적靜的으로 경련과 미련은 서로 대비가 되고 있다.

---

75) 寒鷺 : 鷺鳥近水, 常栖食于水中, 水邊, 故稱寒鷺.

76) 1929년 8월 6일 『동아일보』 5면의 기사 「七百餘同胞 滿洲에서 露宿」 참조.

위의 시를 단순 풍경을 읊은 시로 볼 수도 있다. 그러나 고요한 기적소리가 경내를 깨우듯 조용히 살고자 하나 주변에서는 놀라게 하는 일들이 벌어지고 있다. 이에 더해 부평초처럼 떠도는 자신의 삶처럼 조선의 푸르렀던 역사를 전해줄 사람이 없음에 대한 답이 나오지 않아 골몰하는 자신의 모습을 통해 고국에 대한 근심으로 가득 찬 망명의 정조를 드러내고 있음에 틀림없다.

이상으로 송은의 객고와 망명의 정조에 대해 살펴보았다. 객고는 곤궁함에서 나아가 피붙이에 대한 그리움으로 이어지고 있다. 그리고 이러한 객고는 고국에 대한 근심까지 더해져 송은의 객고는 날이 갈수록 더욱 깊어질 수밖에 없었다. 그러나 송은은 의식주를 해결하기 위해 떠나온 망명이 아니었다. 오직 백이숙제의 절개를 연모하여 하늘을 우러러 부끄럼 없이 사는 삶, 바로 그것을 실천하기 위해 망명을 떠나온 만큼 송은은 자신의 객고에 대해 달관의 자세를 취하고 있다. 이러한 자세야말로 송은으로 하여금 망명생활 중에 겪은 고통과 망명 중에 일어난 각각의 정조를 작품 활동으로 승화시키면서 22년간의 망명생활을 유지할 수 있게 해준 원동력이 되었음은 두 말이 필요 없다.

2. 광복에 대한 염원

망명지에서 송은은 날마다 의관을 정제하고 책을 읽다가 더러 회포한 구절 반 마디를 읊었는데, 하나도 '비풍하천匪風下泉'의 생각이 아닌 것이 없었다.[77] 비풍과 하천은 『시경』의 「회풍檜風」과 「조풍曹風」

77) 安昌濟, ________ 권3, 「行狀[許鉐]」 "雖流離顚沛中, 日必冠衣讀書禔躬, 或吟哦

의 편명으로, 모두 현자賢者가 주周나라 왕업의 쇠퇴함과 정사가 가혹해짐을 슬퍼하는 내용이 담겨 있다. 그만큼 『송은유고』에 실린 시 대부분은 대한제국의 멸망을 슬퍼하는 내용으로 이루어져 있다고 해도 과언이 아니다.

아래는 송은이 자신에 대해 읊은 「송은자음松隱自吟」78)이다.

(상략)

춘추의 역적을 토벌하려던 뜻 끝내 어긋나고	春秋討逆終違志
천지간에 이름 숨기고 죽지 않은 몸	天地逃名未死身
풍상風霜 이겨내고 소나무 아래 은거하니	排遣風霜松下隱
날씨는 추워도 오히려 한 자락 봄 같구나	歲寒猶有一端春

7언율시로 지어진 위의 시에서 송은은 을사오적을 참할 것을 청하던 상소도 받아들여지지 않고, 나라가 망한 때 죽지도 못한 몸이지만 망명지에서 세월을 이겨내고 소나무 아래 은거하자니, 날씨는 추워도 오히려 한 자락 봄 같다고 하였다. 이처럼 송은은 미련尾聯에서 봄에 대한 기대감을 드러내고 있다. 이는 곧 추운 겨울을 견뎌내면 봄이 오는 것처럼 언젠가 조국이 광복될 것이라는 송은의 강한 염원을 드러낸 것임을 알 수 있다.

이어서 송은이 스스로를 탄식하며 지은 시 「자탄自嘆」79)을 살펴보도록 하겠다.

遣懷一句半辭, 無一非匪風下泉之思也."

78) 安昌濟, ________ 권1, 「松隱自吟」

79) 安昌濟, ________ 권1, 「自嘆」

(상략)

십년 만주 벌판에서 보낸 세월 싫증나　十年滿野星霜飽
한 조각 마음은 물에 비친 달처럼 공허하네　一片靈臺水月空
간 것은 반드시 돌아오는 것이 하늘의 운세일지니　無往不還天運在
충심으로 조화옹이 공적 이룰 차례를 기다리리　丹心第待化翁功

7언율시로 지어진 위의 시 경련頸聯의 '십년성상十年星霜'이라는 표현을 통해 송은이 망명을 떠나온 지 10년이 되는 1920년 무렵에 지어진 시임을 추정해볼 수 있다.

위의 시는 제목에서 드러나듯이 스스로 탄식하기 위해 지은 시이다. 망명을 떠나온 지 이미 10년, 낯선 망명생활에 적응할 때도 되었지만 싫증이 날 때도 되었다. 그래서 그는 망명생활에 대해 탄식을 하였던 것이다. 그러나 그는 거기서 그치지 않았다. 미련尾聯에서 그는 떠난 것은 반드시 돌아오는 것이 하늘의 운세이니만큼 조화옹造化翁이 고국의 운세를 다시 예전처럼 회복시켜줄 차례를 기다린다고 하였다. 이를 통해 송은이 10년 망명생활에 싫증이 났다고 한 표현은 10년간 충심으로 조국 광복에 대한 기대를 갖고 있었음을 에둘러 표현한 것임을 알 수 있다.

송은은 자신에 대한 탄식을 넘어 세상에 대한 탄식으로 「탄세歎世」[80] 9수를 짓기도 하였다. 아래는 그 중 제9수이다.

목숨 버리기는 쉬워도 공을 이루기는 어려워　捨生猶易立功難
예부터 사람의 계책은 극한 처지에서 보인다네　從古人謀極處看
아, 저 원수의 나라에 하늘이 변화를 보일 때　噫彼讐邦天示變

---

80) 安昌濟, ________ 권1, 「歎世(九首)」

기회를 탄다면 우리 삼한三韓 광복될 수 있으리　乘機可復我三韓
(9수 중 제9수)

위의 시에서 송은은 목숨을 버리기는 쉬워도 살아서 공을 이루기는 어렵다고 하였다. 한 순간 죽음으로 자신의 절개를 드러내는 것은 쉽지만 살아서 공을 이루기는 정말 어렵다는 말이다. 죽음으로 절개를 드러내는 것을 폄하하려는 의도가 아니라, 살아서 조국이 광복이 되도록 공을 이루는 일이 그만큼 고된 것임을 강조하기 위해서 쓴 표현이다. 위의 시 전결구에서도 송은은 대한제국은 광복될 수 있을 것이라는 기대를 놓지 않고 있다.

아래는 송은이 우연히 읊은 시 「우음偶吟」[81] 3절 중 제2절이다.

사람을 만나 흥망의 일을 말하지 않아도　逢人休道興亡事
천운은 돌고 돌아 반드시 기약이 있다네　天運循環必有期
분수 밖의 경영은 모두 헛된 생각이요　分外經營皆妄想
말년에 한가로운 취미는 자손들 가르치는 걸세　暮年閒趣教兒孫
(3절 중 제2절)

위의 시는 송은의 말년에 지어진 시로 추측된다. 기승구에서 송은은 사람을 만나서 대한제국의 흥망에 대해 말하지 않아도 천운은 돌고 도는 것이니만큼 반드시 다시 광복을 기약할 수 있다는 기대감을 드러내고 있다. 그래서 그는 전결구에서 분수 밖의 경영을 도모하기보다 대한제국의 광복을 편안하게 기다리며 말년에 자손들을 가르치는 것으로 한가로운 취미를 삼고 있음을 언급하였다.

81) 安昌濟, ________ 권1, 「偶吟(三絶)」

자손들은 광복이 된 대한제국을 지키고 가꿔나갈 희망이다. 그가 어린 자손들을 가르치는 것으로 말년의 한가로운 취미로 삼고 있다는 말은 조국의 미래를 희망적으로 생각하며 광복에 대한 강한 기대감을 드러낸 것이다.

송은은 박장호와 조맹선 등과 함께 대한독립단에 참여하여 몸소 항일투쟁을 벌이기도 했던 만큼 그의 광복에 대한 염원은 생을 마칠 때까지 이어졌다. 그렇기 때문에 송은은 자신의 평생을 읊은 「술지백운述志百韻」[82)]에서 광복을 기대하도록 동기를 부여해준 민영환閔泳煥을 비롯해 조병세趙秉世, 홍만식洪萬植, 김봉학金奉學, 송병선宋秉璿, 이상철李相哲, 최익현崔益鉉 등의 충혼忠魂을 조문하며 부끄러워하였다. 이에 더해 다른 나라에서 장사지낸 충혼忠魂 이준李儁, 안중근安重根 등에 대해서도 읊으며,[83)] 자신의 광복에 대한 염원을 드러냈다.

그래서 송은은 항일투쟁에 전념하며 사생취의捨生取義한 인물들에 대한 만시를 많이 지었다. 그 중에는 송은과 함께 대한독립단에서 활약했던 조맹선과 박장호에 대한 만시, 대한독립단 부총재로 항일투쟁을 하다 일본군에게 체포되어 순절한 백삼규에 대한 만시 등이 있다. 이에 더해 함께 항일투쟁을 한 인물은 아니지만 1914년 국권 상실을 이유로 순절한 김도현, 한말 때 의병장으로 국내외에서 항일의병을 주도하다 중국 봉천성奉天省 관전현寬甸縣 방취구芳翠溝에서 병사病

---

82) 安昌濟, ________ 권1, 「述誌百韻」

83) 安昌濟, ________ 권1, 「述誌百韻」 "未能殲國賊, 良愧弔忠魂. 權戚閔輔國, 自刎忠義熵. 忠良趙相國, 仰藥一朝捐. 世臣洪判書, 自殉兄累澗. 親兵金上士, 蹈刃見義專. 堂堂宋祭酒, 殉道酬君恩. 同疏李員外, 獄死極可憐. 俘死崔勉菴, 孤骨還海巒. 旣奪自主權, 又使解吾軍. …… 奉命李密使, 刳腹共開筵. 華夷彝性同, 一辭喝忠賢. 無雙安壯士, 萬古雪讐怨. 旋被賊手毒, 萬邦一時喧. 他邦葬忠魄, 心月耀黃昏. 嗟乎禹德淳, 烈勳可同班."

死한 유인석, 그리고 유인석의 문인으로 10년 동안 압록강 주변에서 의병활동을 하다 1917년 5월 일본인들의 금을 빼앗아 군자금으로 쓰려던 계획이 실패한 뒤 일제에 체포되어 죽임을 당한 이석대[84]와 남편의 죽음을 전해듣고 음독자결한 부인 우씨禹氏[85]에 대한 만시 등이 있다. 이들에 대한 만시를 지으면서도 송은은 광복에 대한 염원을 놓지 않고 있다. 이는 송은이 광복 후 조선의 역사가 수속修續되는 날 사생취의한 그들의 이름이 세상에 찬란하게 빛날 것이[86]라는 기대를 놓지 않은 것 등을 통해서 확인된다.

이상으로 송은의 광복에 대한 염원에 대해 살펴보았다. 송은의 망명지 시에는 대한제국의 멸망을 슬퍼하는 내용들이 주를 이루고 있다. 그러므로 송은의 글 중에 '비풍하천' 아닌 것은 없다는 『송은유고』의 서문에 쓰인 말이 과언이 아님을 알 수 있다. 그러나 송은의 시에는 대한제국의 멸망을 슬퍼하는 것으로 끝나는 작품을 찾아보기 어렵다. 그가 조국의 멸망에 대해 언급한 작품 말미에는 조국 광복에 대한 기대감을 강하게 드러내고 있기 때문이다. 이는 망명지에서 깊어가는 병으로 고통을 받던 수파가 망국의 한恨을 주로 읊은 것과는 대조적인 것으로 송은의 망명시의 대표적인 특징이자, 그의 망명생활을 점철한 바탕이 되었다.

---

84) 安昌濟, ________ 권1, 「挽李石大」
安昌濟의 『松隱遺稿』 권1에는 제목이 「挽李石大」로 되어 있으나 이는 李碩大의 오류이므로 바로잡았다.

85) 이은영, 위의 논문, 219, 232쪽 참조.

86) 安昌濟, ________ 권1, 「挽李碩大」 "平山壯士氣如山, 懷義徘徊鴨水間. 十載藏兵謀襲擊, 一朝敗事被擒還, 男子舍生猶可貴, 夫人殉烈最難攀. 左海春秋修續日, 君家雙節必斑斑."

Ⅳ. 결 어結語

이상으로 송은의 생애와 서간도 망명동기와 망명생활, 그리고 망명지에서 지은 작품들을 통해 드러난 그의 객고와 망명의 정조, 그리고 광복에 대한 염원 등 송은의 망명정서에 대해 살펴보았다.

형 수파처럼 강직한 성품을 지녔던 송은은 경술국치를 당하자 일제의 복신이 되어 그들과 한 하늘을 이고 살 수 없었다. 그래서 그는 경술국치를 당하자마자 고구려의 옛 영토인 서간도로 망명을 떠났다. 그는 망명지에서 손수 농사짓고 책을 읽으며 잠시 여유가 생기면 시를 읊었다. 그리고 그는 망명지에서 자신이 할 수 있는 역할을 찾아 항일투쟁에 힘쓰기도 하고, 기울어가는 유교儒教를 부흥시키기 위해 노력했다. 이에 더해 그는 22년간 한 차례도 고국에 발을 들여놓지 않고 망명생활을 이어갔다. 그러던 1931년 일제의 간계에 의해 벌어진 만보산 사건 이후 조선인은 일본인과 한통속이라고 여기게 된 중국인들에 의해 송은은 가족과 함께 희생되었다. 일제와 한 하늘을 이고 살 수 없어 떠난 망명지에서 일본과 한 통속이라는 오해를 받고 희생되었던 것이다.

이러한 인생을 산 송은이 망명지에서 남긴 작품에는 대한제국의 멸망을 슬퍼하며 지은 시들이 주를 이루고 있다. 그래서 그의 시는 서문序文에 쓰인대로 '비풍하천'처럼 조국의 멸망에 대해 읊은 시들이 많다. 그러나 그는 조국의 멸망에 대해 언급한 시 말미에 항상 조국광복에 대한 강한 기대감을 드러냈다. 이는 송은의 망명시의 대표적 특징이자, 그의 오랜 망명생활을 이겨낼 수 있었던 원동력이었음은 부인할 수 없는 사실이다.

참고문헌

1. 자료

盧相益,『見聞瑣錄』(후손 소장)

______,『大訥手卷』(부산대 소장)

______,『大訥手卷續編』(후손 소장)

______,『渡江錄(草稿1)』(필자 소장)

______,『渡江錄(草稿2)』(필자 소장)

______,『東方國界考略』(후손 소장)

______,『東制考略』(후손 소장)

______,『痛史節要』(후손 소장)

盧相稷,『小訥先生文集』(남명학고문헌DB)

安孝濟,『守坡集』, 1983.(慶北大學校 영인본)

______, 박준원 외 역,『국역 수파집』, 신지서원, 2008.

芮大僖,『伊山文集』, 1940.(국립중앙도서관 소장)

李建昇,『耕齋集』(국사편찬위원회 소장 복사본)

______,『海耕堂收草』(서울대학교 규장각 소장)

______,『續家乘』, 1911.(성균관대학교 존경각 소장)

趙貞奎,『西川先生文集』, 1922.(국립중앙도서관 소장)

權尙夏 · 黃仁儉 編,『寒水齋先生文集』, 1761.(국립중앙도서관 소장)

權泰直,『平齋文集』, 1974.(국립중앙도서관 소장)

金時讓 撰,『荷潭破寂錄』(국립중앙도서관 소장)

金濟 · 金澍 著, 金養善 編,『雙節錄』, 1803.(국립중앙도서관 소장)

朴容大, 『增補文獻備考』, 1908.(국립중앙도서관 소장)
宋相燾 編, 『騎驢隨筆』, 국사편찬위원회, 1985.
安益濟, 『西岡遺稿』(남명학고문헌DB)
安昌濟, 『松隱遺稿』, 1965.(국립중앙도서관 소장)
安鼎鉉, 『靜窩遺稿』, 聚友亭, 1935.(국립중앙도서관 소장)
李建芳, 『蘭谷存稿』, 靑丘文化社, 1971.
李肯翊, 『練藜室記述』(국립중앙도서관 소장)
李相龍, 『石洲遺稿』, 高麗大出版部, 1973.
李承熙, 『韓溪遺稿』, 국사편찬위원회, 1982.(한국사데이터베이스)
李裕元, 『林下筆記』, 成均館大學校 大東文化硏究院, 1961.(성균관대학교 존경각 소장)
李種杞, 『晩求先生文集』, 1907.(국립중앙도서관 소장)
張錫英, 『晦堂先生文集』, 녹洞書堂, 1932.(국립중앙도서관 소장)
______, 『遼左紀行』, 2001.(국립중앙도서관 마이크로필름)
蔣華植, 『復菴先生文集』(남명학고문헌DB)
翟伯恒(淸) 編, 『格言楷則』, 裵英館, 1887.(서울대학교 규장각 소장)
鄭虎信 編, 『東田文集』, 學民文化社, 2001.
丁若鏞, 『經世遺表』(한국고전번역원DB)
鄭寅普, 『薝園文錄』, 연세대학교출판부, 1967.
______, 정양완 옮김, 『薝園文錄』, 태학사, 2006.
鄭寅杓, 『春耕臺集』, 민창사, 2007.
丁泰鎭, 『畏齋文集』, 1961.(국립중앙도서관 소장)
趙　旅, 『漁溪先生集』(한국고전번역원DB)
趙昺澤, 『勿窩先生文集』(남명학고문헌DB)
崔宇淳, 『西扉先生文集』, 1920.(국립중앙도서관 소장)
黃　玹, 『黃玹全集』, 亞細亞文化社, 1978.
許　格, 『新庵先生文集』, 뿌리문화사, 2002.

畊夫申伯雨先生紀念事業會 編,『(畊夫)申伯雨』, 畊夫申伯雨先生紀念事業會, 1973.
신암선생문집발간편찬위원회,『以會書室資料選集』, 뿌리문화사, 2002.
편자 미상,『小訥先生編年』(후손 소장)
『見聞疾書』(국립중앙도서관 소장)
『고등경찰요사』, 경상북도경찰부, 1934.(공훈전자사료관DB)
『高麗史節要』(한국고전번역원DB)
『司馬榜目』(한국역사정보통합시스템DB)
『承政院日記』(한국고전번역원DB)
『國譯 承政院日記安南』(한국고전번역원DB)
『朝鮮王朝實錄』(한국고전번역원DB)

李家源, <通訓大夫 行弘文館侍講 大訥先生盧公竪碑告由紀文>
盧相益, 別紙, <「中国南滿洲安東縣接梨樹圖」由安東縣南距參拾里, 西溝結社錄>(후손 소장)
______, 別紙, <安民山圖>(후손 소장)
李承熙 외, <東三省韓人孔敎會趣旨書>
엽서 9장(필자 소장)

2. 단행본

강만길 · 성대경,『한국 사회주의 운동 인명 사전』, 창작과 비평사, 1996.
慶尙大學校博物館 편,『文化遺蹟分布地圖 :宜寧郡』, 宜寧郡:慶尙大學校博物館, 2007.
국가보훈처,『대한민국독립유공인물록(大韓民國獨立有功人物錄)』, 국가보훈처, 1997.
국사편찬위원회,『한민족독립운동사 2』, 1897.
김 영,『근대 만주 벼농사 발달과 이주 조선인』, 국학자료원, 2006.
노상직 저, 이은영 외 역저,『철로 위에 선 근대 지식인』, 민속원, 2015.

대종교교종경종사편수위원회, 『대종교중광60년사』, 대종교총본사, 1971.
閔泳珪, 『江華學 최후의 광경』, 又半, 1994.
孫章權 · 金應烈 외, 『中國朝鮮族의 社會發展과 韓 · 中 關係의 位相』, 峨山社會福祉事業財團, 1995.
송건호, 『송건호 전집(3) 한국현대사1』, 한길사, 2002.
신정일, 『다시 쓰는 택리지(3)』, 휴머니스트, 2004.
아더 핸더슨 스미스 저, 민경삼 역, 『중국인의 특성』, 경향미디어, 2006.
연변조선족략사편찬조, 『조선족략사』, 서울;논장, 1989.
劉準基, 『韓國民族運動과 宗教活動』, 국학자료원, 2002.
윤병석, 『간도역사의 연구』, 국학자료원, 2003.
李亨周 · 李一影 편, 『明美堂의 生涯와 思想』, 沙磯 · 寧齋兩先生紀念事業會編, 1983.
정 민, 『18세기 조선 지식인의 발견』, 휴머니스트, 2007.
趙東杰, 『白下 金大洛의 망명일기』, 한국근현대사학회 월례발표회 요지문, 2000.
최승효, 『黃梅泉 및 관련인사 「文墨華編」』, 未來文化社, 1985.
한국정신문화연구원편찬, 『한국민족문화대백과사전』 14권, 한국정신문화연구원, 1991.
玄圭煥, 『韓國流移民史』, 語文閣, 1967.

3. 연구논문

강동욱, 「경상우도 性齋 許傳의 學團을 중심으로 : 性齋 許傳의 江右地域 門人 考察」, 『南冥學硏究』 제31집, 남명학연구소, 2011.
금장태, 「근대적 변혁기의 한국양명학」, 『종교학연구』 제26집, 한국종교학연구회, 2007.
______, 「한국근대유교와 종교운동」, 『대동문화연구』 제37집, 대동문화연구원, 2000.
______, 「韓國 儒敎文化의 特徵」, 『韓國學論集』 제27집, 한양대학교 한국

학연구소, 1995.

金義煥, 「守坡 安孝濟의 生涯와 思想」, 『又軒丁仲煥博士還歷紀念論文集』, 又軒丁仲煥博士還曆紀念論文集刊行委員會, 1974.

김철범, 「小訥 盧相稷의 저술 및 문헌출간활동-구한말 영남 지식인의 지식소통의 공간과 방식」, 『동양한문학연구』 제27집, 동양한문학회, 2008.

김철범 · 정수미, 「小訥 盧相稷의 女性 敎育觀」, 『文化傳統論集』 제11권, 경성대학교 한국학연구소, 2003.

백두현, 「애국지사 김태린이 지은 『동몽수독천자문(童蒙須讀千字文)』」, 『어문학』 제95집, 한국어문학회, 2007.

서동일, 「1910년대 한인의 안동 이주와 접리수 한인촌 형성」, 『한국사연구』 171집, 한국사연구회, 2015.

송정숙, 「소눌 노상직의 「女士須知」 분석-서문과 입교(入敎)편을 중심으로」, 『서지학연구』 제32집, 서지학회, 2005.

呂運弼, 「安孝濟의 삶과 文學」, 『白楊人文論集』 제1집, 신라대학교 인문과학연구소, 1996.

柳承宙, 「朝鮮後期 西間島移住民에 대한 一考察-'江北日記'의 해제에 붙여」, 『아세아연구』 제21집, 고려대학교 아세아문제연구소, 1978.

柳鐸一, 「星湖係 實學者 文集刊行의 出版社會學的 硏究」, 『교사교육연구』 제30집, 부산대학교 사범대학, 1995.

______, 「『小訥先生文集』(小訥 盧相稷) 刊行攷」, 『교사교육연구』 제38집, 부산대학교 사범대학, 1999.

尹浩鎭, 「西川 趙貞奎 의 삶과 詩世界」, 『한암의 인물과 학문(Ⅰ)』, 함안군 · 함안문화원, 도서출판 술이, 2010.

李相瞳, 「淸道 漢文學의 歷史的 展開-地域 漢文學 硏究를 위한 試論」, 嶺南대학교(박사논문), 2010.

이은영, 「守坡 安孝濟의 西間島 망명과 憂國詩」, 『漢文學報』 제25집, 우

리한문학회, 2011.
______, 「20세기 초 유교지식인의 망명과 한문학－서간도 망명을 중심으로」, 성균관대학교(박사논문), 2012.
이희목, 「寧齋 李建昌 硏究」, 『성균한문학연구』 제10집, 성균관대학교 성균한문학교실, 1983.
______, 「耕齋 李建昇의 시와 '西行別曲'」, 『이건창 문학연구』, 성균관대학교 대동문화연구원, 2005.
______, 「小訥 盧相稷 漢詩 硏究－<辛亥記行>을 中心으로」, 『漢文學報』 17집, 우리한문학회, 2007.
______, 「大訥 盧相益의 亡命生活과 遺民詩」, 『漢文學報』 제19집, 우리한문학회, 2008.
______, 「愛國啓蒙期 漢詩에 나타난 民族的 傳統」, 『漢文學報』 제18집, 우리한문학회, 2008.
______, 「日帝强占期 漢詩 小考」, 『인문과학』 제45집, 성균관대학교 인문과학연구소, 2010.
임형택, 「東國詩界革命과 그 歷史的 意義」, 『韓國文學史의 視角』, 창작과비평사, 1984.
______, 「수당 이남규와 그의 주의에 대한 이해－근대 전환기의 한 대응논리」, 『한국문학사의 논리와 체계』, 창작과 비평사, 2002.
정경주, 「20세기초 西間島 亡命 文學의 한 斷面－大訥과 守坡의 경우」, 『문화전통논집』 제2호, 경성대학교 한국학연구소, 1994.
______, 「小訥 盧相稷의 생애와 학문 경향」, 『東洋漢文學硏究』 제18집, 동양한문학회, 2003.
진재교, 「秋帆 權道溶의 민족운동과 현실 대응의 양상」, 『漢文敎育硏究』 제32호, 한국한문교육학회, 2009.
정순우, 「자암서당의 성격과 그 교육사적 의미－소눌 노상직의 서당교육론」, 『문학전통논집』 제10집, 경성대학교 한국학연구소, 2003.
정우봉, 「근대계몽기 作文 敎材에 대한 연구－『實地應用作文法』과 『文章

指南』을 중심으로」, 『한문교육연구』 제28호, 한국한문교육학회, 2007.

정우락, 「嶺南儒學의 傳統에서 본 小訥 盧相稷 學問의 實踐的 局面들」, 『南冥學硏究』 제24집, 남명학연구소, 2007.

韓相奎, 「小訥 盧相稷의 書堂敎育論」, 『文化傳統論集』 제9집, 한국학연구소, 2001.

한철호, 「일제의 한국병탄에 대한 한국민의 대응과 인식」, 『史叢』 제72집, 고려대학교 역사연구소, 2011.

황재문, 「서간도 망명기 박은식 저작의 성격과 서술 방식」, 『진단학보』 제98권, 진단학회, 2004.

호광수, 「이건승의 망명 한시에 나타난 상황성」, 『중국인문과학』 제34집, 중국인문학회, 2006.

<기타 자료>

* 공훈전자사료관 포상자 공적조서.(공훈전자사료관DB)
* 국사편찬위원회, 『滿蒙 各地에서의 鮮人의 農業關係 雜件(1)』(한국사데이터베이스)
* 국사편찬위원회, 『不逞團關係雜件－朝鮮人의 部－在滿洲의 部(3)』(한국사데이터베이스)
* 국사편찬위원회, 『不逞團關係雜件－朝鮮人의 部－在滿洲의 部(4)』(한국사데이터베이스)
* 국사편찬위원회, 『不逞團關係雜件－朝鮮人의 部－在滿洲의 部(14)』(한국사데이터베이스)
* 국사편찬위원회, 『不逞團關係雜件－朝鮮人의 部－在滿洲의 部(31)』(한국사데이터베이스)
* 국사편찬위원회, 『不逞團關係雜件－朝鮮人의 部－在滿洲의 部(32)』(한국사데이터베이스)
* 국사편찬위원회, 『不逞團關係雜件－朝鮮人의 部－在滿洲의 部(39)』(한

국사데이터베이스)
* 국사편찬위원회, 『중국 · 대만 소재 한국사 자료 조사보고 Ⅱ』(해외자료 총서)(한국사데이터베이스)
* 『東亞日報』(한국사데이터베이스)

색인

(ㅇ)

(ㅊ)

(ㅌ)

이은영

서울 출생. 건국대학교 중문학과와 성균관대학교 한문학과 대학원을 졸업하고, 20세기 초 서간도로 망명을 떠난 유교지식인의 한문학에 대한 연구로 박사학위를 받았다. 논문으로는 「수파 안효제의 우국시 연구」, 「송은 안창제의 망명시 연구」, 「이산 예대희의 우국시 연구」, 「대눌 노상익의 저술 개략」 등이 있다. 책으로는 공동역저서인 『철로 위에 선 근대지식인』이 있다. 현재 성균관대학교 초빙교수로 재직 중이며, 시사문단의 등단 수필가이기도 하다.

요동의 학이 되어

– 서간도 망명 우국지사 이건승 · 안효제 · 노상익 · 노상직 · 예대희 · 조정규와 안창제를 중심으로 –

2016년 7월 31일 초판 1쇄 발행

지은이 이은영
펴낸이 김병환
펴낸곳 학자원
주 소 134-814 서울시 강동구 천호대로 1121
전 화 02) 6403-1000
팩 스 02) 6338-1001
E-mail hakjaone@daum.net
등 록 2011년 3월 24일 제2011-14호

HAKJAONE Publishing Co.
1121 Cheonho-Daero Kangdong-Gu Seoul

ISBN : 979-11-85395-02-9 93810

값 30,000원